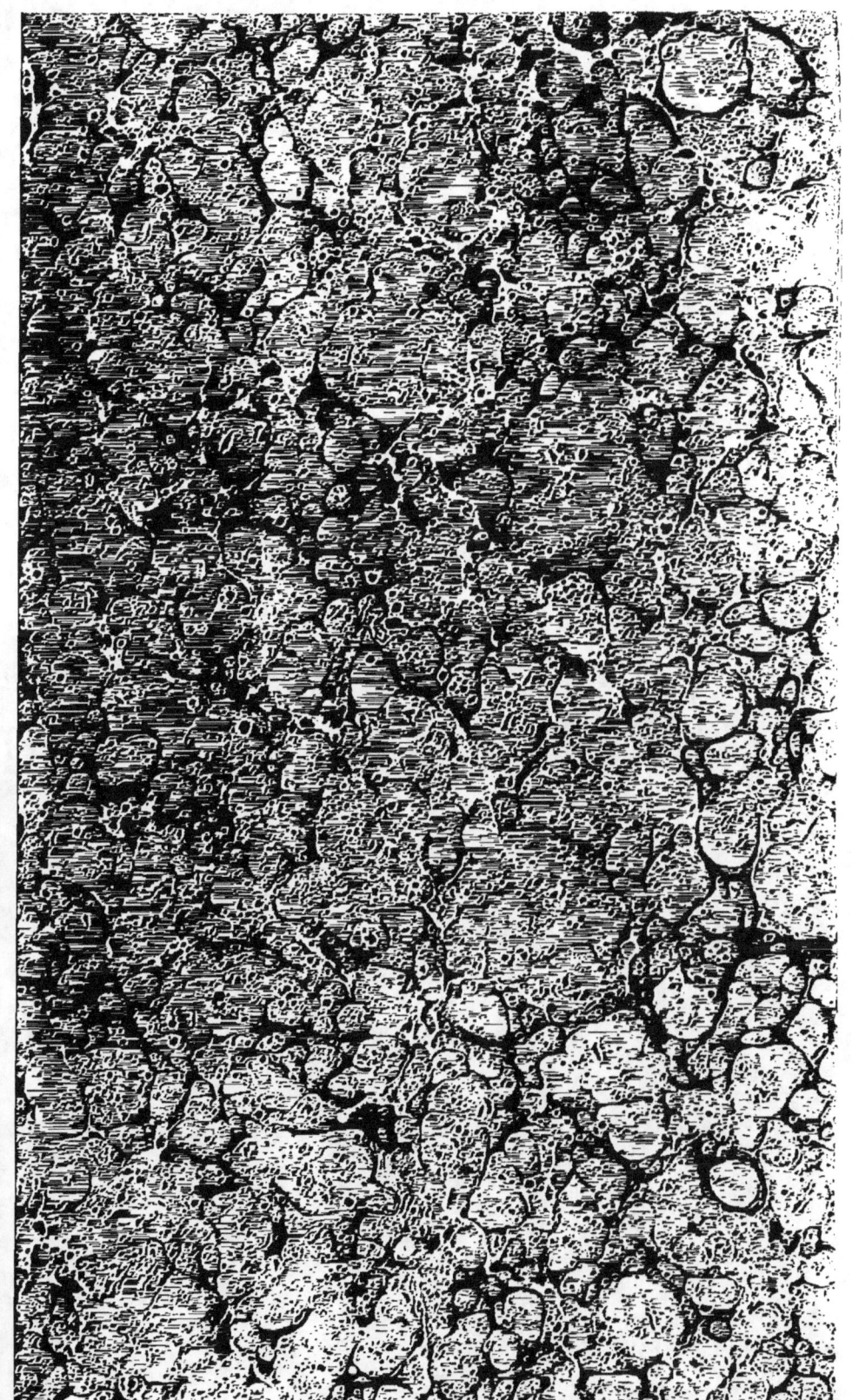

ROBERT 1986

Lк 7/600

HISTOIRE

DE

la Ville d'Auxerre.

HISTOIRE

DE LA

VILLE D'AUXERRE,

JUSQU'AUX ÉTATS GÉNÉRAUX DE 1789,

PAR M. CHARDON,

CHEVALIER DE L'ORDRE ROYAL DE LA LÉGION D'HONNEUR,
PRÉSIDENT DU TRIBUNAL CIVIL D'AUXERRE,
MEMBRE DE L'INSTITUT HISTORIQUE.

TOME SECOND.

AUXERRE,
IMPRIMERIE DE GALLOT-FOURNIER.

1835.

Avertissement.

Heureusement pour les Auxerrois qui ont vécu pendant les deux derniers siècles, et jusqu'à la révolution de 1789, l'histoire du pays cesse d'inspirer beaucoup d'intérêt. Les événemens n'y ont plus l'importance de ceux qui, dans les temps antérieurs, ont pu, par fois, émouvoir la sensibilité, et presque toujours captiver l'attention. Leur monotonie et le peu de liaison entre eux m'ont même contraint de ne les rapporter que sous la forme d'annales. Mais pour atténuer, autant qu'il m'a été possible, ce que cette forme a de rebutant pour le lecteur, le faisant passer brusquement, d'un fait intéressant qui n'est pas consommé, à un autre qui souvent ne l'est pas davantage, ou à un récit qui pique moins sa curiosité, j'ai attaché aux faits de chaque année un numéro, et renvoyé, pour la suite de ceux qui s'étendent à une autre époque, au numéro soit de la même année, soit d'une autre, où ce fait se continue.

J'ai rarement cité les sources dans lesquelles j'ai puisé, c'eut été fort inutilement grossir le volume. Ces sources sont l'Abbé Lebeuf pour les six derniers Évêques avant M. de Caylus; pour celui-ci, sa vie écrite par l'Abbé Dettey; les registres et papiers des corps religieux et civils qui sont aux Archives de la Ville, à celles du Palais, et à celles de la Préfecture. J'ai trouvé à la Bibliothèque publique une partie de ceux de la Société des sciences, ainsi que l'Histoire d'Auxerre manuscrite par Bargedé, et les nombreux écrits publiés par les deux partis dans les dissensions religieuses et politiques du dernier siècle.

FAUTES A CORRIGER.

Page 31, 1re ligne, Cravant, *lisez* Cravan.
    68, 8e ligne, les hommes, *lisez* les honneurs.
    153, 17e ligne, de M. Broc, *lisez* M. de Broc.
    186, 22e ligne, 1590, *lisez* 1591.
    273, 2e ligne, autour, *lisez* au tour.
        5e ligne, les quatre autres villes, *lisez* les députés des quatre autres villes.
    363, 14e ligne, Archevêché, *lisez* Evêché.

HISTOIRE DE LA VILLE D'AUXERRE.

CHAPITRE XIII.

DIX-SEPTIÈME SIÈCLE.

ÉTAT DE LA VILLE AU COMMENCEMENT DE CE SIÈCLE.

ORDRE RELIGIEUX.

L'Évêque et ses grands vicaires.

Chapitre de la Cathédrale : un Doyen, deux Archidiacres, un Chantre, un Sous-chantre, un Trésorier, 46 Chanoines et 7 Semi-prébendés.

Chapitre de la Cité : un Chantre, un Trésorier et 18 Chanoines.

Abbaye de S.-Germain : un Abbé commendataire, et une Communauté de Bénédictins de l'Ordre de Cluny.

Abbaye de S.-Marien : un Abbé régulier et une Communauté de Chanoines réguliers de l'Ordre de Prémontré, desservant la paroisse de Notre-Dame-la-d'hors.

Abbaye de S.-Pierre en Vallée : un Abbé commendataire, et une Collégiale composée de Chanoines séculiers desservant la paroisse.

Communauté de Cordeliers, ayant noviciat.

Communauté de Dominicains, ayant aussi noviciat.

Abbaye de S.-Julien : une Abbesse et une Communauté de Religieuses de l'Ordre de S.-Benoît. Leur monastère ayant été démoli, en 1590, par les habitans, elles s'étaient retirées à Charentenay.

Abbaye des Iles : une Abbesse et une Communauté de l'Ordre de Citeaux. Leur monastère était dans le faubourg S.-Gervais, à une demi-lieue de la ville, sur la rive droite de l'Yonne. On en aperçoit les vestiges près de la ferme des Iles.

Communauté de Béguines d'Abbeville, desservant l'hospice des malades, appelé alors les Grandes-Charités.

Paroisses : huit dans la ville : S.-Pierre-en-Château, S.-Regnobert, S.-Pierre-en-Vallée, Notre-Dame-la-d'hors, S.-Eusèbe, S.-Loup, S.-Mamert et S.-Pélerin ; quatre dans les faubourgs : S.-Amatre, S.-Martin-lès-S.-Julien, S.-Gervais et S.-Martin-lès-S.-Marien.

Commanderie de l'Ordre de Malte, réunissant les huit Commanderies qu'avait dans le Diocèse l'Ordre du Temple, supprimé au XIVe siècle.

ORDRE JUDICIAIRE.

Bailliage et siége Présidial, dont le ressort, aussi étendu que celui du Diocèse, allait jusqu'à la Loire : un Grand-Bailli, un Lieutenant général, un Lieutenant criminel, un Lieutenant particulier, neuf Conseillers, deux Commissaires enquêteurs, un Avocat du Roi, un Procureur du Roi, plusieurs Greffiers, 35 Avocats, 62 Procureurs, 12 Notaires.

Élection, dont le ressort n'était que celui du Comté : un Lieutenant civil Président, douze Conseillers, un Avocat et un Procureur du Roi.

Prévôté royale, n'ayant de juridiction que sur la ville et son territoire : un Prévôt, un Lieutenant, un Conseiller et un Procureur du Roi.

Prévôté des Maréchaux de France : un Prévôt, un Lieutenant, un Procureur du Roi et 12 Archers.

Gruerie : un Gruyer, un Lieutenant et un Procureur du Roi.

Grenier à Sel : un Grenetier, un Lieutenant et un Procureur du Roi.

Justice Consulaire : un Juge-Président et deux Consuls.

Deux Officialités : celle de l'Evêque et celle du Chapitre S.-Etienne : dans chacune, un Official, un Vice-Gérant et un Promoteur. Pour les deux, sept Procureurs.

Quatre Bailliages seigneuriaux : celui de l'Evêché, celui du Chapitre S.-Etienne, celui de l'Abbaye de

S-Germain et celui de l'Abbesse de S.-Julien. Dans chacun, un Bailli, un Lieutenant et un Procureur-fiscal.

ORDRE ADMINISTRATIF.

L'administration supérieure appartenait aux États de Bourgogne, aux Élus généraux et à l'Intendant.

Les rapports du Comté d'Auxerre avec cette province sont très-confus dans les anciens monumens, et ont souvent varié. Une explication, à ce sujet, me paraît nécessaire. Le pays Auxerrois n'a jamais fait partie de la Bourgogne. On a vu dans le Tome Ier de cette Histoire, Chapitre IV, que les conquêtes des Bourguignons dans la Gaule n'ont pas dépassé au Nord, les montagnes du Morvan et de l'Avalonais; que la Cité d'Auxerre fut conservée avec plusieurs autres par Syagrius, jusqu'à la conquête qu'en fit Clovis sur lui. Lors de l'établissement du régime féodal, cette Cité fut érigée en Comté relevant directement de la Couronne, comme le Duché de Bourgogne. Il est vrai que, presque toujours, quand ce Duché a été donné en apanage, les Rois y ont ajouté le Comté d'Auxerre, mais séparément, et en lui conservant sa qualité de Grand-Fief, que les Ducs gouvernaient par un Vicomte. Dans ces cas même, le Comté n'avait aucun rapport avec les Autorités de la Bourgogne. Il relevait de celles de Paris. Le Bailli de Sens l'avait dans son ressort, et celles des affaires contentieuses dont la Prévôté du Comté ne pouvait pas connaître, étaient portées au Bailliage royal de Villeneuve-le-Roi.

Cependant, en 1417, les Auxerrois ayant pris parti pour le Duc de Bourgogne dans la guerre des Bourguignons et des Armagnacs, ils se trouvèrent de fait dans la dépendance entière des Ducs, jusqu'au traité d'Arras qui les y mit de fait et de droit. Mais après le retour du Duché au Roi, par la mort de Charles-le-Téméraire, comme ils avaient beaucoup souffert pour avoir tenu son parti, ils sollicitèrent de Louis XI la confirmation des lettres patentes de Charles V, particulièrement leur rétablissement dans le ressort du Parlement, de la Cour des Aydes, et de la Chambre des Comptes, de Paris.

Ils n'en restèrent pas moins attachés à la Bourgogne pour l'administration civile et militaire. Les trois Ordres continuèrent d'envoyer leurs Députés aux Etats qui se tenaient, au moins une fois, tous les trois ans. Dans les Antiquités de Bourgogne, par S. Julien, p. 68, on voit François de Dinteville, Evêque d'Auxerre, présider la Chambre du Clergé de ces Etats, à Dijon, sous le règne d'Henri II, c'est-à-dire, de 1547 à 1559. Sur la table par laquelle cet historien indique le rang des Députés, l'Evêque d'Auxerre est même le second des Evêques. Aussi le Clergé et la Noblesse du Comté faisaient-ils partie de ce qu'on appelait la *Roue* de la province, et fournissaient-ils à leur tour un Elu général. Mais le Tiers-Etat était privé de cet avantage, parce que le Comté avait conservé une Election; c'est-à-dire, un corps administratif et judiciaire, qui recevait des Elus généraux le contingent du Comté dans les impositions, en faisait la répartition sur les paroisses, et jugeait les ré-

réclamations auxquelles cette répartition, ainsi que l'assiette, pouvaient donner lieu.

CORPS MUNICIPAL.

Un Maire élu pour deux années, et pouvant être réélu pour une troisième.

Un Gouverneur du fait commun, choisi par le Corps municipal, entre deux ecclésiastiques élus par le Clergé.

Un second Gouverneur du fait commun, élu comme le Maire.

Douze Jurés ou Echevins élus de même, savoir : quatre de la paroisse S.-Eusèbe, deux de celle de Notre-Dame-la-d'hors, deux de celle de S.-Père, un de chacune des paroisses S.-Loup, S.-Mamert et S.-Pélerin, et un pris alternativement sur celles de S.-Regnobert et S.-Pierre-en-Château. Aucun n'était pris dans les faubourgs.

Pour procéder à ces élections, les habitans étaient convoqués *à son de trompe et cri public dans les carrefours.* Quiconque payait la moindre cotte de taille, faisait partie de l'assemblée. La convocation ne pouvait se faire qu'en vertu d'une ordonnance du Bailli ou d'un de ses Lieutenans. Elle avait toujours lieu quelque temps avant la S. Remi, 1er octobre, qui était le jour où cessaient les pouvoirs des officiers en activité, et commençaient ceux des nouveaux. Elle était présidée par le Magistrat qui l'avait convoquée; et, chaque année, elle renouvelait par moitié le Corps municipal. Elle élisait, aussi pour deux ans, un Procureur du fait commun, qui était chargé de toutes les affaires contentieuses, un Receveur des deniers communs, et trois Administrateurs des Grandes-Charités. Indépendamment de ces assemblées périodiques, le Corps municipal, qui n'avait que l'administration exécutive, en demandait d'extraordinaires, chaque fois qu'il s'agissait de nouvelles dépenses, d'imposer de nouvelles charges, ou d'aliéner des biens communs. Le Bailli pouvait refuser la convocation, sauf le recours au Parlement. Enfin, toutes ces élections et ces décisions se faisaient à la pluralité des voix; sans scrutin, procédé alors peu connu.

Le Maire n'entrait en fonctions qu'après avoir prêté, devant le Bailli, serment de s'en acquitter fidèlement. C'était lui, ensuite, qui recevait le serment des autres Officiers, lesquels juraient de s'acquitter fidèlement de leurs fonctions, et de ne rien révéler de ce qui intéressait la Communauté des habitans.

A l'égard de l'administration, elle appartenait au Corps municipal, dont le Maire n'était que le chef.

Les habitans n'étaient ainsi réunis sous une administration générale que pour leurs intérêts communs, c'est-à-dire, la garde, la défense et la salubrité de la ville; l'entretien des grandes-chaussées, des fortifications, du pont, du pavé des rues, et des établissemens publics. Ils étaient ensuite divisés et subdivisés en une infinité de Corporations et de Communautés, gardiennes de leurs intérêts particuliers.

ADMINISTRATION DES PAROISSES.

Pour avoir une juste idée des mœurs et des habitudes de ce temps, il faut reconnaître l'importance qu'avait alors cette administration. Chaque paroisse formait, en quelque sorte, une communauté indépendante de la communauté générale des habitans. Elle avait ses biens, ses administrateurs et ses assemblées générales. Elle avait à acquitter des charges parfois considérables. C'était elle qui entretenait le mobilier de l'église, faisait à la nef les réparations nécessaires ; et quand il fallait la reconstruire, c'était à ses frais ; le Seigneur ne devant l'entretien et la reconstruction que du chœur et du sanctuaire. Cette nef n'était pas seulement le temple de la prière, elle était encore l'hôtel commun des paroissiens. Ils s'y assemblaient pour délibérer sur leurs intérêts communs; pour y élire leurs Marguilliers, les asséeurs et les collecteurs de la taille de la ville, répartie par des rôles particuliers sur chaque paroisse. Ils y élisaient aussi les Officiers de la milice bourgeoise, également organisée par paroisse. Cette communauté d'intérêts religieux et civils les réunissait nécessairement tous et fréquemment. Celui que la religion trouvait indifférent, ne l'était pas sur les charges qu'il avait à supporter, encore moins sur les marques de considération auxquelles, dans tous les temps, le commun des hommes aspire ; et c'en était alors une grande, que d'être Marguillier, ou Officier de la milice ! On peut donc dire qu'à cette époque, la paroisse était la patrie au premier degré.

La population se subdivisait encore en autant de corps ou Communautés qu'il y avait de professions, d'arts et de métiers ; Communautés qui avaient survécu à la suppression des Confréries, prononcée en 1539 ; d'où vient encore ce lien moral entre les individus d'une même profession, qu'ils rappellent eux-mêmes, en se traitant de *confrères*.

Le Clergé avait pour chef l'Evêque. Ce corps nombreux, riche et puissant, s'assemblait à l'Evêché, sous la présidence de l'Evêque, ou du Doyen de la cathédrale. Il supportait des contributions particulières, appelées décimes et dons gratuits, qui, souvent, égalaient la taille du Tiers-Etat ; et élisait, chaque année, une Commission de cinq membres, sous le nom de Chambre-ecclésiastique, qui, avec l'Evêque, en faisait l'assiette, et surveillait la recette. Ce corps envoyait des Députés aux Etats de la province, à l'assemblée provinciale de la métropole, ainsi qu'à l'assemblée générale du Clergé à Paris ; il était aussi représenté dans le Corps municipal par un Gouverneur du fait commun, pris dans son sein ; et dans le gouvernement de l'hospice des Grandes-Charités, par un administrateur de son choix.

La compagnie du Bailliage avait pour chef le Bailli ;

Celle de l'Election, son Lieutenant-civil ;

L'ordre des Avocats, son Bâtonnier ;

La chambre des Notaires, un Syndic,

Celle des Procureurs, également un Syndic ;

La Communauté des Chirurgiens, qui étaient en même temps Barbiers, *avec enseigne et boutique ouverte*, v. 1627, n. VII, avait un chef appelé *Prévôt de la santé*.

Les commerçans, dont les principaux étaient les apothicaires, orfèvres, épiciers, drapiers, merciers, grossiers, joailliers, voituriers par eau, marchands de marée, et courtiers de vins ; avaient, pour chaque espèce de négoce, une Communauté gouvernée par des Syndics.

Il en était de même pour chacun des arts et métiers.

Ces Communautés de marchands, artisans et gens de métier, n'avaient aucune des prérogatives inquisitoriales des maîtrises et jurandes établies dans d'autres villes. Celle d'Auxerre mettait, au contraire, la liberté du commerce au rang de ses *franchises*. On la verra s'opposer avec persévérance, et aussi long-temps qu'elle l'a pu, à l'admission du monopole, chaque fois qu'il a voulu y accaparer une branche de négoce ou d'industrie. V. 1658, n. III.

Enfin les marchands, indépendamment de leurs Communautés séparées, en formaient une générale, depuis l'érection de la juridiction consulaire, en 1564. Ayant leur hôtel, qu'on appelait *la place commune des marchands*, (1) ils s'y assemblaient souvent, y délibéraient sur leurs intérêts particuliers, parfois en opposition avec ceux des autres habitans. Tous les ans, ils y élisaient un Juge-président et deux Consuls, qui prêtaient serment entre les mains de ceux de l'an-

---

(1) Il était situé entre les rues d'Eglény, des Nobles et celle appelée depuis des Consuls, parce qu'il y avait son entrée. L'acquisition en a été faite, le 26 septembre 1565, devant Royer et Rousse, notaires, par cinq marchands, au nom de tous, du sieur de la Porte, moyennant 1800 liv. Les dépenses d'appropriation s'élevèrent à 1200 liv. Cette somme de 3000 liv. équivalente à 10000 f. de la monnaie actuelle, fut acquittée par tous les marchands, suivant la répartition faite par 14 d'entre eux, élus dans leur assemblée, à l'hôtel de ville, le 15 février 1565.

née précédente (1) ; et dans le même hôtel jugeaient toutes les instances commerciales, non-seulement entre les marchands, pour leur négoce, mais entre les artisans et gens de métier, à raison de leur industrie, quoique ces derniers ne participassent jamais ni à ces fonctions judiciaires, ni même au choix de ceux qui les remplissaient. Aussi, les lettres pour l'établissement de cette juridiction dans Auxerre, n'avaient-elles été enregistrées au Bailliage, que sur le vu du consentement donné par les Communautés d'arts et métiers, par procurations notariées.

MILICE BOURGEOISE.

Tout homme tenant ménage dans l'enceinte de la ville, était réputé Bourgeois, et comme tel devait contribuer de sa personne à la garde et à la défense communes. Aucun rang, aucun titre n'en exemptait. Les Prêtres séculiers, comme les Magistrats, y étaient assujétis. On tirait même les Religieux de leurs cloîtres dans les momens de danger. Cependant les Chanoines de S.-Etienne avaient obtenu, dès le 15 avril 1452, des lettres patentes, renouvelées le 29 juin 1571, qui les exemptaient *de guet et de garde, sinon en occurrences et nécessités très-urgentes dans lesquelles les*

---

(1) Les premiers nommés, Jacques Chrétien, juge, François Leprince et Germain Graille, consuls, furent obligés d'aller prêter serment au Parlement. Ces voyages dispendieux eurent lieu jusqu'aux lettres patentes qu'obtinrent les marchands, le 27 août 1577, par lesquelles il fut ordonné que les nouveaux juges seraient reçus au serment par les anciens.

Religieux sont tirés de leurs cloîtres. Mais c'était au Corps municipal à décider de la nécessité; et il usait largement de cette faculté. V. 1621, n. I et IV; 1612, n. I; 1651, n. I.

La milice était divisée en sept compagnies fournies, les six premières, par les six plus fortes paroisses, et la septième, par celles de S.-Pierre-en-Château et S.-Regnobert réunies. Chacune de ces compagnies avait un capitaine, un lieutenant, un enseigne et un sergent. Indépendamment de ce corps, dont le service était obligatoire, très-souvent il y avait une huitième compagnie organisée en cavalerie, composée volontairement des jeunes gens des huit paroisses, et commandée par un capitaine, un lieutenant, un cornette et deux maréchaux des logis. Chaque compagnie nommait ses Officiers. Celle *des garçons*, pour cette élection, s'assemblait à l'Hôtel de ville.

Cette milice n'avait pas d'Etat-major. Elle était immédiatement sous les ordres du Corps municipal, qui, dans les circonstances graves, recevait lui-même, et devait faire exécuter, les instructions, soit du Gouverneur de la province, soit de son Lieutenant, soit du Bailli, investi alors du pouvoir militaire. Quand plusieurs compagnies étaient employées pour une expédition extérieure, le Corps municipal désignait un des Capitaines pour commander en chef.

Les habitans des faubourgs, ne partageant pas les avantages de la clôture de la ville, n'étaient astreints à aucun service; si ce n'est lorsqu'en cas d'alerte ou de siége, ils s'y réfugiaient.

INSTRUCTION PUBLIQUE.

Le savant Amyot, devenu Évêque d'Auxerre en 1571, fut peu satisfait de ce qu'on y appelait *les Grandes écoles*. Un Principal et quatre Professeurs y enseignaient les langues française, latine et grecque ; mais ni la rhétorique, ni la philosophie n'y avaient de chaire ; l'exiguité du local, et plus encore celle des revenus communs, ne permettaient pas d'augmenter le professorat. Amyot, qui ne devait qu'à l'instruction gratuite l'honorable position à laquelle il s'était élevé, en connaissait tout le prix. Il conçut la généreuse résolution de la procurer complète à ses Diocésains ; et pour cela, d'ériger et fonder un grand établissement, qui serait, en même temps, collége et séminaire. Dans cette pensée, il avait acheté, moyennant 2400 fr., un vaste emplacement sur lequel étaient les ruines de la maison du trop fameux capitaine Laborde (1); et y avait construit une maison qu'il ne désignait lui-même

---

(1) En 1568, après l'expulsion des Huguenots, la population, pour se venger de la tyrannie que Laborde avait exercée dans la ville, se porta à sa maison et la dévasta. Un incendie allumé dans le même moment, en acheva la destruction ; il n'en resta que les quatre murailles. Cet évènement est ainsi rapporté par deux témoins entendus dans une enquête faite en 1604, au sujet des dixmes de Serin, où est le manoir dont Laborde avait tiré son nom. Un de ces témoins croit que le feu avait été mis à dessein. L'autre dit qu'il prit fortuitement à des caques de poudre ; ce qui bouleversa la maison. Il résulte aussi de l'enquête que cette maison, du temps même du capitaine Laborde, n'était connue que sous le nom de *maison S. Xiste*. (Archiv. départem.)

que sous le nom de *Collége des Jésuites*. En effet, il avait fait, avec les Pères Mathieu et Pigenat, un traité par lequel la société de Jésus s'obligeait à y tenir un Recteur et des Régens en nombre suffisant, pour donner à la jeunesse du pays, et même à celle qui se destinerait au Sacerdoce, un enseignement complet. Il assurait à l'établissement 3000 liv. de revenu, indépendamment de la prébende préceptoriale déjà attachée aux écoles, et de 1200 liv. qu'il promettait pour l'ameublement: mais l'oppression sous laquelle la Ligue tint Auxerre jusqu'en 1594, ne lui avait pas, probablement, permis de mettre la dernière main à tous ces projets; et la mort l'avait enlevé le 5 février 1593. On trouva bien, en faisant son inventaire, un testament écrit en latin, et de sa main; dans lequel il déclarait n'avoir acheté et fait construire cette maison, que pour servir de collége et de séminaire au Diocèse d'Auxerre, et qu'il la léguait à la ville; mais cet écrit n'était ni daté, ni signé, et se trouva déchiré par le milieu (1). La ville se vit donc sans autre titre que

---

(1) Le Bailli du Chapitre, Germain Chevalier, qui faisait cet inventaire, crut, pour l'intérêt de la ville, devoir insérer dans son procès-verbal, une copie entière de ce testament. En voici le texte en ce qui concerne le Collége : « Si ita Domino Deo nostro videbitur,
» non potero ad finem perducere opus quod ego institueram ad
» laudem Dei et utilitatem populi provinciæque, totius Autissio-
» dorensis, nempè Collegium et scholam publicam sacerdotum Con-
» gregationis Jesu, in quo juvenes bonas litteras cum bonis sanctisque
» et piis moribus docerentur ; et mox etiam Seminarium tironum
» Ecclesiæ ministerio destinandorum fundaretur, aream tamen et
» domum Sancti Xisti quam in eum usum comparaveramus, com-
» muni civitatis Autissiodorensis dono damus, in eum tamen usum

ce testament informe, la notoriété publique et la disposition du local, qui par la grandeur des cours et des salles et la petitesse des chambres, comme par la Chapelle dédiée à S.-Xiste, n'offrait à l'œil impartial qu'une grande maison d'éducation.

L'Abbé Lebœuf, ainsi que Bargedé, rapporte que les Officiers municipaux ne s'en mirent en possession qu'après l'arrêt de 1607. C'est une erreur : le caractère seul du procès suffirait pour indiquer le contraire ; puisque les neveux d'Amyot étaient demandeurs en revendication. Les registres des conclusions du Corps municipal, depuis 1586 jusqu'en 1594, manquant aux Archives, on ne peut pas savoir précisément ce qui fut fait à ce sujet, lors du décès d'Amyot ; mais on lit dans la vie de cet Evêque, insérée dans l'édition de sa traduction de Plutarque, publiée en 1784, qu'en 1595, son Secrétaire, pour qu'on connût son intention, fit placer au-dessous de l'inscription disposée pour le Collége, ces mots : *Jacobus Amyotus Episcopus Autissiodor. huic Gymnasio quod extruendum curavit, hanc inscriptionem apponi voluit.* 1595. Cette attention prouve indubita-

» et non in alium quam in scholæ publicæ constructionem, reliqua
» devotioni et pietati successorum, multo que magis providentiæ et
» bonitati divinæ, perficienda relinquimus ; nullâ ultra re ejus
» fundationis ergo hæredes nostros gravare volentes. » C'est à
M. Quentin, archiviste du département, que je dois la découverte
de cette pièce précieuse. L'abbé Lebeuf, qui ne l'a pas connue, n'a
inséré dans ses mémoires, (t. 1. p. 644, et aux preuves, n° 286)
que le testament d'Amyot du 16 mai 1588, dans lequel il n'est fait
aucune mention du Collége.

blement que déjà l'enseignement public était établi dans la maison sur la porte de laquelle on lisait et l'inscription, et les deux lignes qui l'expliquaient.

En effet, de cinq délibérations, des 26 juin, 10 juillet, 20 août, 28 et 30 septembre 1600, il résulte que les neveux de cet Evêque, dont trois étaient présens à son inventaire, Nicolas Amyot, Grenetier de Bouy, le sieur Lordereau, Avocat au Parlement et sa femme, n'ayant fait aucune démarche pour s'approprier cette maison, les Officiers municipaux, tout en la regardant comme la propriété des habitans, n'étaient pas sans crainte; que dans cet état d'incertitude, ils n'entretenaient de réparations, ni ce qu'ils appelaient *le vieil Collége*, parce qu'il devenait inutile, si le nouveau leur restait; ni celui-ci, parce que, s'il leur était repris, leur dépense aurait été perdue. On voit encore dans ces délibérations qu'ils avaient néanmoins établi les études dans le nouveau local, sans oser disposer de l'ancien; qu'enfin, le 26 juin 1600, ils envoyèrent deux d'entre eux reconnaître l'état dans lequel étaient les deux maisons; que le 10 juillet, sur le rapport des deux commissaires, ils arrêtèrent *qu'après avoir vu les ruines étant ez écoles, tant du Collége des Jésuites, qu'anciennes*, les réparations à faire au Collége des Jésuites seraient constatées judiciairement, et que les anciennes écoles seraient *baillées à louage*; que le 20 août ils chargèrent M. Bargedé, l'un d'eux, d'en faire bail à M. Torinon, qui y demeurait déjà; qu'enfin, le 30 septembre, il avait été fait au Collége des Jésuites pour 26 écus de réparations. V. 1601, n. VI.

Tel était donc l'état des choses au commencement du siècle. L'enseignement se faisait dans le beau local préparé par Amyot pour les Jésuites ; mais il y était aussi incomplet qu'à l'avénement de cet Evêque. Le Principal et les quatre Professeurs étaient choisis par les Députés de tous les Corps, convoqués et présidés par l'Evêque. La prébende préceptoriale, et 200 liv. de gages pour le Principal payées par la ville, étaient toutes les ressources de ce Collége, ce qui donne à penser que les écoliers payaient un droit scolaire. Alors, comme aujourd'hui, les maîtres de pension étaient tenus d'y conduire leurs élèves.

Les Religieux de S.-Germain entretenaient aussi une maison appelée *les petites écoles*, où ils enseignaient les premiers élémens de l'instruction. On y faisait encore un cours de logique ; faible vestige des écoles renommées qui florissaient dans cette Abbaye, du temps de Louis-le-Débonnaire.

HOSPICE DES GRANDES-CHARITÉS.

Les malades y étaient soignés par des Religieuses appelées Béguines, tirées du couvent d'Abbeville, en 1479; le Curé de S.-Georges en était l'Aumônier, et le soin du temporel était confié à quatre Administrateurs, appelés aussi *Gouverneurs et Maîtres*. Leurs fonctions duraient deux ans ; et avant de les exercer ils prêtaient, devant le Maire, le même serment que les Officiers municipaux. Ils pouvaient être réélus, mais une fois seulement.

HOSPICE S.-ROCH.

Cet Hospice, construit en 1586, sur le bord de

l'Yonne, à l'extrémité du petit faubourg auquel il a donné le nom de *la Maladière*, n'était ouvert que dans les temps de contagion. Alors deux Religieuses de l'Hospice des Grandes-Charités, aidées par un ou plusieurs *Commis adventuriers*, allaient y soigner les malades, sous la surveillance du Prévôt de la Santé.

LÉPROSERIE.

Dans le vallon qui est entre la montagne S.-Simon et celle des Chesnés, était un Hospice où l'on retirait les lépreux. Les monumens qui nous restent à ce sujet, semblent dire qu'il y avait deux léproseries, l'une sous l'invocation de S.-Simon, l'autre sous celle de Ste-Marguerite ; je crois qu'il faut les expliquer dans ce sens que les deux sexes avaient leurs habitations séparées, ainsi que leurs Chapelles ; mais que le tout ne formait qu'un Hospice ayant une seule dotation, et un seul Aumônier, comme on le verra en 1624, n. II, et 1673, n. IV. Les deux Chapelles n'ont été détruites que depuis 1790, et leur emplacement est encore facile à reconnaître, sur le côté gauche de la route en venant du vallon à Auxerre. Celui de la Chapelle Ste-Marguerite est à onze mètres du pont, et celui de la Chapelle S.-Simon à dix-sept mètres de la première. Entre ces deux emplacemens se trouve la belle fontaine qui servait aux deux corps de logis.

REVENUS MUNICIPAUX.

Produits annuels des Fermes ; savoir :
du droit de péage des vins et autres marchandises

sur la rivière. . . . . 512 écus » sols
du droit sur les vins vendus en gros. . 500
de celui sur les vins vendus en détail, appelé la petite pinte. 302
de celui de Jaûge sur les tonneaux. . 50
de celui sur les Harengs. 15
Produit du droit de sept sols un denier sur chaque minot de sel vendu
   au grenier. 479   18
Portion des tailles et du taillon. . . . 126
Loyers des tours et des corps-de-garde 23   10

       Total. . . . . 2,007 écus 28 sols

DÉPENSES ORDINAIRES.

Il était payé annuellement pour gages au Maire, aux
   deux Gouverneurs, au Procureur et au Receveur
   trois écus un tiers pour chacun,
   ensemble. . . . . 14 écus 40 sols
A chaque Echevin, un tiers d'écu,
   ensemble. 4
Au Concierge-Greffier de l'Hôtel de
   Ville, tant pour ses gages que
   pour fourniture de bois et chan-
   delle. . . . . , . . 33   20
Au même, conjointement avec *le*
   maître Joueur d'Instrumens trom-
   pette de la Ville, pour publications dans les carrefours des Mandemens du Roi, et du Corps

      A reporter. 52   ««

CHAPITRE XIII,

Report	52 écus	«« sols
municipal, des annonces des processions générales et des assemblées.	6	40
Au Principal du Collége.	66	40
A l'Imprimeur.	12	
Au Guetteur et conducteur de la Cloche et de l'Horloge.	13	20
Aumônes aux Révérends Pères *qui prêchent la parole de Dieu*, pendant l'Avent et le Carême. . . .	66	40
Total.	217 écus	20 sols

Le surplus des recettes était employé à l'entretien des fortifications, du pont sur la rivière, des chaussées (grande route) depuis le pont-de-pierre jusqu'au finage de Quéne (1), qui étaient pavées en partie, et du pavé des rues de la ville. On employait encore à ces dépenses le bénéfice que faisait la ville sur les sels par elle fournis au grenier public, par suite des concessions qui lui en avaient été anciennement faites par les Ducs de Bourgogne et confirmées par les Rois. Ce bénéfice lui était souvent enlevé par des Fermiers généraux; et elle le perdit définitivement dans les premières années de ce siècle.

IMPOSITIONS DIRECTES.

Les Gentilshommes n'en payaient aucune.

---

(1) La route passait alors par Quéne, Préhy, Noyers, etc, et ne conduisait qu'à Dijon.

Les Ecclésiastiques ne payaient pas seulement des décimes et des dons gratuits qui se renouvelaient sans cesse, mais ils supportaient encore l'animadversion du Tiers-Etat; qui, parce qu'ils ne payaient pas avec lui, et comme lui, les jalousait autant que s'ils n'eussent rien payé.

Parmi les Bourgeois, les plus aisés, en assez grand nombre, achetaient des offices, ou exerçaient des emplois, qui, en leur procurant des gages, les assimilaient aux Gentilshommes.

Enfin, ceux qui n'avaient ni dans leur naissance, ni dans leur fortune ou leur état, le moyen de s'affranchir, avaient à payer trois espèces d'impositions.

1° La taille royale, assise, pour la première fois, en 1444, par Charles VII, pour la solde des troupes régulières par lui prises à la place des milices que devaient fournir les Seigneurs, et qui, mal disciplinées, désolaient souvent le royaume par leurs brigandages ; je n'ai pas pu en découvrir la quotité.

2° Le taillon établi, en 1549, par Henri II, pour le service des étapes, et dispenser les habitans de nourrir les gens de guerre. Cet impôt, réuni au don gratuit que les Etats de Bourgogne accordaient chaque année au Trésor royal, montait pour le Comté à 3,709 écus. Et la ville en payait 950.

3° La taille de l'équivalent, créée, en 1583, par Henri III, pour remplacer les droits d'Aydes qui se percevaient auparavant sur la vente de menues denrées, et dont le montant fut fixé de manière à ce qu'il fut *équivalent* au produit de ces droits. Elle servait à payer les gages des Officiers, tant du Bailliage, que de l'Election, et s'élevait pour le Comté à 1,129 écus 56 sols; la ville en payait à peu près la moitié.

POPULATION.

Elle était, au moins, de 18 à 20,000 ames. V. 1785, n. 1.

PERSONNAGES NOTABLES.

Illustrissime et Révérendissime François de Donadieu, Evêque.

Vénérables et discrètes personnes MM.
- Guillaume de Rigny, Doyen du Chapitre de Monsieur S.-Etienne.
- Claude Duvoigne, Vicaire général.
- Pierre Du Lion, Abbé commendataire de Monsieur S.-Germain.
- Laurent Fauchot, Abbé commendataire de Monsieur S.-Pierre-en-Vallée.
- Jean-Gaspard Damy, Official.
- Jean Chardon, Promoteur.
- Claude Légeron, Chanoine, Gouverneur ecclésiastique du fait commun.
- Martin Brusselet, Docteur en Théologie, Principal du Collége.

Révérend Père en Dieu Edme Martin, Abbé régulier de Monsieur S.-Marien.

Frère Claude Louis, Commandeur d'Auxerre et du Saulce, Ordre de Malte.

Haut et puissant Seigneur René Viault, Seigneur de Champlivaut, grand Bailli d'Epée.

DIX-SEPTIÈME SIÈCLE.

Nobles Hommes et sages Maîtres.
- Henri Leclerc, Lieutenant général du Bailliage et Maire de la Ville.
- Germain Leclerc, Lieutenant criminel.
- Melchior du Voigne, Lieutenant particulier.
- Jean Naudet, Avocat du Roi du Bailliage.
- Joachim Ferroul, Procureur du Roi.
- .... Vincent, Lieutenant civil, Président de l'Election.
- Pierre Berault, Lieutenant.
- Pierre Liron, Avocat du Roi.
- Germain Simonet, Procureur du Roi.
- Germain de Prou, Prévôt des Maréchaux.
- Jean Papon, Lieutenant.
- Gilles Thierriat, Prévôt royal.

Maître Jean Rousselot, Grenetier.
Maître François Roy, Gruyer.

Honorables Hommes.
- Pierre Boursault, Juge-Consul.
- Lazare Chameron, Consul.
- Claude Borote, Consul.
- Joseph Lemuet, marchand, Gouverneur civil du fait commun.
- Charles Rousselet, Receveur des deniers communs et d'octroi.
- Claude de Frasnay, Receveur des Domaines.
- Nicolas Girard, Greffier du Bailliage.
- Pierre Vatard, Imprimeur.

1601.

I. Le 18 mars, MM. Jean Bargedé, Avocat et Echevin, et Etienne Baujard, Procureur du fait commun, furent députés par le Corps municipal aux Etats de la province convoqués extraordinairement à Dijon. La Bourgogne ressentait encore les effets désastreux des guerres civiles; des dettes énormes absorbaient les recettes de l'Administration et mettaient en souffrance tous les services publics. Pour faire cesser ce désordre, il s'agissait d'établir des droits d'entrée dans la province et de sortie sur les marchandises. Auxerre avait un grand intérêt dans le choix de celles qui seraient frappées ou exemptes de ces droits. Il importait que ses vins, principale production du pays, continuassent de sortir en franchise. Placé à l'extrémité de la province, les merrains pour les tonneaux ne lui étaient fournis que par le Nivernais, et les échalas pour les vignes par l'Orléanais. En conséquence, la même délibération qui nomma des Députés, les chargea expressément de consentir le droit de sortie sur toute espèce de marchandise, même sur les blés, pourvu que les vins en fussent affranchis; de demander que celui d'entrée fût de préférence imposé aux draps de soie et aux marées salées; mais surtout de s'opposer, *par tous les moyens de droit*, à ce qu'il s'étendît *sur ce qui servait à la façon des vignes*. Toute la Bourgogne ayant le même intérêt, ce vœu des habitans fut accueilli par les Etats.

II. 18 avril, arrivée du nouvel Evêque, François

de Donadieu. Depuis la mort de Jacques Amyot, le siége épiscopal d'Auxerre était resté vacant. Les persécutions que ce Prélat y avait éprouvées, et dont d'éminentes qualités ne l'avaient pas garanti, avaient répandu au loin de fâcheuses idées sur le caractère des habitans. Plusieurs ecclésiastiques à qui le siége avait été offert, l'avaient refusé. Jean Lourdereaux, Abbé de S.-Marien, avait fini par l'accepter; mais en revenant de Paris, il était mort de poison. Enfin, M. de Donadieu avait été, de son consentement, présenté par le Roi au Pape Innocent IX, le 12 février 1598. Le Chapitre de S.-Etienne, informé du mérite de ce jeune prêtre, s'était empressé de le demander au Souverain Pontife, en lui exposant les funestes conséquences de la longue vacance du siége. Mais la Cour de Rome, qui ne recevait pas sans défiance les présentations d'Henri IV, ne cessa d'hésiter qu'après que M. de Donadieu s'y fut présenté, et qu'elle eut pu l'apprécier. Il suivit les cours du Collége de la Sapience, et y fut reçu Docteur. Enfin le Pape le nomma Evêque d'Auxerre et le consacra lui-même.

Il fit son entrée à Auxerre, monté sur une mule, et descendit à l'Abbaye de S.-Germain. Le lendemain, qui était le Jeudi-Saint, il fut porté de cette Abbaye à la Cathédrale, par les fondés de pouvoir des quatre Barons du Diocèse. Arrivé devant la grande porte, il y fut reçu par le Clergé, en présence de tous les Corps de la ville, puis intronisé (1).

(1) Pour le cérémonial de l'intronisation des Evêques d'Auxerre, v. 1705, n. 11; et pour celui de leur réception par le Corps municipal, v. 1672, n. 1.

Il est très-probable qu'un des témoins de sa réception fut Claude Trahy, le plus obstiné des persécuteurs d'Amyot. Ce qui est certain, c'est qu'il était encore Gardien des Cordeliers, et qu'il prêcha dans son église tous les jours de l'octave de la Fête-Dieu de cette année.

III. 24 juin, assemblée des habitans. M. Jean Leprince, Seigneur de Soleine, est élu Maire, et M. Claude Berault, Gouverneur civil du fait commun. Le même jour, le Corps municipal choisit pour Gouverneur ecclésiastique du fait commun, entre les deux candidats élus par le Clergé, M. Pierre Leclerc, Chanoine et Trésorier du Chapitre.

IV. Sur la fin de décembre, ce que les habitans redoutaient depuis la mort de l'Evêque Amyot, se réalisa. Ses neveux les traduisirent aux Requêtes du Palais, réclamant la grande maison par lui construite. V. 1602, n. 1.

V. Dans cette même année, le Roi accorda à la ville 2,000 écus à recevoir sur les tailles du Comté de Tonnerre, pour indemnité des dépenses faites en 1594, à l'occasion de la reprise du Château de Régennes sur les Ligueurs.

1602.

I. 2 janvier, sentence des Requêtes du Palais, par défaut contre les habitans, qui les condamne à restituer à MM. Amyot, les bâtimens du Collége. Les Officiers municipaux en interjetèrent aussitôt appel au Parlement, et le 14 avril, M. Chacheré, l'un d'eux, fut envoyé à Paris, pour faire rédiger un mémoire par M. Choppin, ou M. Dubuisson, célèbres Avocats. Mais, en même temps, ils le chargèrent d'entamer une négociation avec MM. Amyot. V. 1603, n. 11.

II. Dans les premiers jours de mai, le Corps municipal députa à la session ordinaire des Etats de Bourgogne, convoquée à Dijon pour le 20, MM. Leprince, Maire, Ducrot, Avocat et Echevin, et Rousselet, Receveur. Se conformant au désir de la majorité des habitans, ces députés eurent le courage de dénoncer aux Etats les Officiers de l'Election, comme coupables d'abus de pouvoir, en s'attribuant pour leurs chevauchées et la répartition des tailles, des droits arbitraires et excessifs, qui élevaient l'impôt au quart, et, par fois, au tiers du principal. V. 1605, n. 1.

Ils demandèrent aussi qu'Auxerre fût du nombre des villes qui, à leur tour, donnaient l'Elu général du Tiers-Etat ; sous la réserve néanmoins qu'on lui conserverait ses juridictions de l'Election et du Grenier à sel, dont les appels continueraient à être portés à la Cour des Aydes de Paris. Les Députés d'Arnay-le-Duc, Noyers, Saulieu, Montréal, Flavigny et Bourbon-Lancy, s'élevèrent contre cette demande, prétendant avoir plus de droits qu'Auxerre à participer à l'administration générale, comme étant de l'ancien ressort de la province. Sans s'arrêter à cette opposition, l'assemblée prononça l'admission de la ville, mais à la condition qu'elle ferait les démarches nécessaires pour faire supprimer son Election, en indemnisant à ses frais les Officiers qui la composaient ; et que les appels des décisions soit des Etats, soit des

Elus généraux, seraient portés au Parlement de Dijon. Les Députés protestèrent de se pourvoir auprès du Roi contre ces conditions.

La ville se pourvut en effet au Conseil, et obtint, le 29 août suivant, un arrêt portant qu'elle serait admise à donner à son tour l'Elu du Tiers-Etat, à la seule condition que les appels des décisions des Etats ou des Elus généraux seraient portés au Parlement de Dijon, sans que, dans aucun autre cas, on pût distraire ses habitans de la Cour des Aydes de Paris.

III. 14 juin, sentence du Bailliage contre le Duc de Nevers et les Officiers de la Baronie de Donzy. Depuis long-temps les Ducs de Nevers s'efforçaient de détacher le Donziais du ressort du Bailliage. Dès 1459, Charles VII ayant érigé le Comté de Nevers en Duché-pairie, en faveur de François de Clèves, celui-ci, en 1552, voulut unir sa Baronie de Donzy au nouveau Duché, et créer à Donzy un siége ressortissant directement au Parlement de Paris; ce qui lui fut accordé par lettres patentes d'Henri II. L'Évêque, la ville et les Officiers du Bailliage, également menacés dans leurs intérêts, formèrent opposition à l'arrêt du 15 novembre 1554, qui avait enregistré ces lettres patentes, sans qu'ils eussent été appelés. De-là était résulté un procès immense, que de nombreux Avocats et Procureurs entretenaient, sans solution définitive, depuis 40 années. Malgré l'indécision sur le sort de ces lettres, les Officiers de la justice de Donzy, impatiens de leur infériorité, se permirent ce qui leur aurait été interdit lors même que l'érection de leur siége eut été consommée. Ils se dispensèrent, d'abord, de se rendre aux assises du Bailliage d'Auxerre, auxquelles, chaque année le 11 novembre, tous les Juges du ressort devaient comparaître pour répondre aux plaintes qui pouvaient être portées contre eux, soit par les gens du Roi, soit par des particuliers. Non contens de déserter leur juridiction supérieure, ils entreprirent sur ses attributions. Il restait encore à régler des taxes pour les dépenses des députés du Donziais aux Etats de Blois, ainsi que pour celles du ban et de l'arrière-ban dans les dernières guerres. Ils s'en emparèrent, et délivrèrent des exécutoires aux parties intéressées. La plupart des Seigneurs ainsi poursuivis se pourvurent par appel devant le Bailliage. Le Procureur du Roi se joignit à eux, et se plaignit particulièrement du défaut de comparution de ces Officiers aux assises. C'est à ce sujet que fut rendue la sentence du 14 juin, qui condamna les Officiers de la justice de Donzy à se rendre exactement aux assises du Bailliage, à peine d'amende; fit défense d'exécuter les taxes par eux faites pour les Députés aux Etats, comme pour l'appel des gens de guerre; et ordonna que, dans la quinzaine, le Duc de Nevers, alors Charles de Gonzague-Clèves, viendrait répondre aux plaintes portées contre ses Officiers, sur les taxes par eux faites. Le Duc et ses Officiers en appelèrent au Parlement. V. 1604, n. II.

IV. Le 13 juillet fut un jour d'effroi pour l'hospice des Grandes-Charités; tous ses revenus furent saisis au nom du Grand-Aumônier. Cette mesure, qui fut générale dans le royaume, avait pour but d'arrêter les dilapidations commises dans beaucoup de villes sur les biens des hospices. Il n'en était pas ainsi à Auxerre, et peu de jours après, sur la demande des Administrateurs et des Officiers municipaux, cette saisie fut levée par le Bailliage.

V. Dans les premiers jours du mois d'août, la nouvelle de la fin tragique du Maréchal de Biron, décapité à Paris, le 31 juillet, plongea la ville dans l'affliction. Au mois de mai 1594, il y avait passé plusieurs jours, et avait achevé de soumettre la contrée à l'obéissance du Roi. Dans le même temps, ayant réduit également toute la Bourgogne, Henri IV lui en avait donné le gouvernement. Il en avait tenu trois fois les Etats. Souvent il avait séjourné à Auxerre, et s'en était attaché les habitans par son affabilité. On déplora la fatalité qui l'avait entraîné, après avoir servi le Roi avec zèle et dévouement, à conspirer contre lui.

On fut aussi informé que l'administration militaire de la province était confiée au Duc de Bellegarde, mais en qualité de Lieutenant général seulement; la conduite de Biron ayant prouvé à Henri IV, qu'un Gouverneur, dont le pouvoir alors était immense, s'il n'était très-utile, devenait très-dangereux.

Peu de temps après, le Duc de Bellegarde fit son entrée à Auxerre, et les honneurs qu'on lui rendit coutèrent 342 écus.

VI. 20 août, lettres patentes d'Henri IV, qui accordent aux habitans un droit de dix sols sur chaque minot de sel vendu dans le Grenier de la ville, pour en employer le produit à rembourser aux Officiers du

Grenier à sel de Cravant le prix de leurs offices. La vente du sel dans Auxerre était une des plus abondantes resources pour l'acquit de ses charges municipales. On a vu dans les détails préliminaires, que c'était la ville qui fournissait le sel au Grenier public; ce qui lui procurait un bénéfice considérable; mais au milieu du siècle précédent, les habitans de Cravant avaient obtenu la création d'un Grenier à sel, et avaient pour ressort tous les pays plus voisins de leur ville que d'Auxerre. Sur les plaintes du Corps municipal, Henri III, par des lettres patentes de 1579, avait supprimé ce nouveau Grenier, à la charge par les habitans de rembourser aux Officiers leur finance et leurs faux frais. Les troubles civils n'avaient pas permis de s'en occuper alors; mais aussitôt l'obtention du droit de dix sols par minot, MM. Leprince, Maire, Berault, Gouverneur du fait commun, Beaujard, Procureur du fait commun, et Bargedé, Echevin, empruntèrent une somme de 400 écus avec laquelle ils indemnisèrent les Officiers du Grenier de Cravant. Dès cette année, celui d'Auxerre recouvra tout son ressort, et la ville tous les bénéfices qu'il lui avait anciennement procurés.

VII. Dans le même temps, elle obtint encore un avantage fort important. Le Château des Comtes, appelé la Maison royale depuis que le Comté appartenait au Roi, lui avait été concédé pour servir de Palais de justice; mais durant les deux derniers siècles, on n'y avait fait que des réparations, et sur la fin du seizième, la guerre civile les avait fait négliger en telle sorte que sa chute était imminente et sa reconstruction indispensable. Sur la demande des Officiers du Bailliage et du Corps municipal, un arrêt du Conseil autorisa le Bailliage à faire procéder à cette reconstruction, et à faire lever sur tous les pays de son ressort les deniers suffisans; mais v. 1612, n. v.

VIII. Ces diverses améliorations dans les finances de la ville donnèrent au Corps municipal la faculté d'employer les deniers communs aux choses dont les habitans avaient l'usage le plus habituel et le plus nécessaire. Ainsi dans l'automne il fit faire des réparations à la tour de l'horloge pour 110 écus, à la flèche pour 506, aux portes et aux murs pour 1322.

1603.

I. Au printemps, le Corps municipal s'occupa d'achever l'hôpital S.-Roch, destiné aux pauvres atteints de maladies contagieuses, et commencé en 1586, sans que, depuis, on eut pu le terminer. On construisit la Chapelle; et l'on entoura de murs toutes les dépendances de cet hospice, environ deux arpens.

II. Le premier juin, la négociation entamée avec MM. Amyot faisant espérer une issue favorable, le Maire, M. Leprince, fut député à Paris avec autorisation de transiger aux conditions déjà à peu près arrêtées, pourvu surtout que le Collége restât à la ville. V. n. v.

III. 14 juin, sentence du siége de la Table de marbre du Palais à Paris, au sujet du droit de chasse prétendu par les habitans, sur les finages environnans. A l'automne précédent, trois Bourgeois trouvés en chasse sur le territoire de Villefargeau, avaient été traduits à ce tribunal par la Dame de la Ferté. Ils y avaient soutenu que, jadis, les Comtes d'Auxerre avaient concédé aux habitans de la ville le droit de chasser avec des chiens et des bâtons, dans toute l'étendue du Comté, pourvu que, chaque jour, ils pussent rentrer chez eux. Le Corps municipal était même intervenu pour réclamer le maintien de ce prétendu privilège, mais en invoquant des titres qu'il ne représentait pas. La sentence condamna les trois Bourgeois à 80 livres d'aumône ; fit défenses provisoires aux habitans d'Auxerre, de chasser sur le terrain d'autrui sans sa permission ; et ordonna que, dans deux mois, le Corps municipal rapporterait les titres dont il articulait l'existence. V. 1606, n. v.

IV. 19 juin, passage de M. le Duc de Bellegarde allant à Dijon. Le Corps municipal lui fit présent de *deux feuillettes de vin, avec confitures, venaison et poisson.*

V. Le 8 juillet, M. Leprince parvint à clôre l'arrangement désiré pour le Collége. La transaction par lui passée devant Chauvin et Delapie, Notaires à Paris, et dans laquelle MM. Amyot stipulent, tant pour eux que pour les enfans mineurs de Jean Amyot, leur frère, porte qu'ils cèdent à la ville d'Auxerre tous leurs droits sur le Collége, à la condition qu'elle en jouira comme d'une école publique ; qu'elle fondera quatre services solennels, pour le salut de son bienfaiteur, dans la Cathédrale ; qu'elle fera placer une tombe de marbre noir sur son sépulcre, et contribuera de 100 livres à la dépense que la famille du

Prélat se dispose à faire pour avoir son effigie en marbre dans la même église. V. 1604, n. 1.

1604.

I. Quelques mois après la transaction passée avec MM. Amyot, et qui semblait devoir rassurer les habitans, la Dame Amyot, mère et tutrice des enfans pour lesquels ses beaux-frères s'étaient portés forts, ne craignit pas de les désavouer ; et les habitans furent de nouveau traduits aux Requêtes du Palais, pour avoir à déguerpir les bâtimens du Collége. Ne pouvant concevoir aucune espérance de conciliation, le Corps municipal fut conseillé de porter sa défense directement au Parlement ; et après avoir laissé la Dame Amyot prendre un jugement par défaut, il en saisit la Cour par un appel. V. 1607, n. 1.

II. Le 18 mai, l'appel du Duc de Nevers et des Officiers de son Bailliage de Donzy fut aussi porté à l'audience de la Grand'Chambre du Parlement. L'Avocat général, Servin, conclut en faveur du Bailliage d'Auxerre. Il opposa au Duc et à ses Officiers que la Pairie ne pouvait pas nuire aux droits du Roi ; que suivant les Capitulaires de Charlemagne et de ses successeurs, les gens du Roi seuls devaient surveiller ceux des Seigneurs ; que dès-lors, ceux-ci devaient se rendre aux assises des Juges royaux ; qu'il en était de même des taxes pour l'appel des gens de guerre, et pour les dépenses des Députés aux Etats généraux, ces deux cas étant essentiellement royaux. L'arrêt confirma la sentence du Bailliage d'Auxerre dans toutes ses dispositions. V. 1625, n. III.

III. 24 juin, assemblée des habitans. M. Guillaume Berault, Seigneur de Pierrefite, est élu Maire, et M. Pierre Boursault, Gouverneur du fait commun. Ils furent installés le premier octobre; ainsi que l'Abbé de Rigny, Doyen du Chapitre, en qualité de Gouverneur ecclésiastique du fait commun.

IV. 17 octobre, nouvelle assemblée des habitans, provoquée par le Maire. Il y exposa que, de temps immémorial, il avait été d'usage de ne pas imposer à la taille les personnes revêtues des fonctions municipales, comme un faible dédommagement du temps qu'elles enlèvent à leurs intérêts, pour s'occuper de ceux de la Communauté; que sans y avoir égard, les Officiers de l'Election venaient d'adresser aux asséeurs, choisis dans les paroisses pour la taille de 1605, l'ordre formel de comprendre dans leur répartition, le Maire ainsi que tous les Officiers municipaux, à moins qu'ils n'eussent un privilége personnel; qu'il était désirable que les habitans s'expliquassent sur le maintien ou l'abolition de cet usage.

D'une voix unanime, l'assemblée arrêta que ce procédé envers tous les membres du Corps municipal, ayant une cause légitime et consacrée par le temps, MM. les Officiers de l'Election seraient priés de révoquer l'ordre par eux donné à ce sujet. Il y a tout lieu de penser que cet ordre n'avait été déterminé que par les plaintes portées aux Etats de 1602, par les Députés du Corps municipal, contre l'Election. V. 1606, n. III.

V. 11 novembre, à la reprise des audiences du Bailliage, réception et installation de M. Hubert, Baron de la Rivière, Grand Bailli, successeur de M. de Champlivaut.

1605.

I. 16 mai, MM. Berault, Maire, Lebossu, Echevin, et Chacheré, Procureur du fait commun, sont députés aux Etats convoqués à Dijon pour le 31 du même mois. Ces Députés, conformément à leurs cahiers, y renouvelèrent les plaintes des habitans sur les exactions qu'ils reprochaient aux Officiers de l'Election; mais, cette fois, ils n'en demandèrent pas la conservation; piqués d'avoir été mis par eux à la taille, ils en sollicitèrent, au contraire, la suppression. Les Députés de Mâcon se plaignirent également des leurs. Les uns et les autres donnèrent des renseignemens si précis, que le vœu des trois Ordres fut de demander au Roi la suppression des deux Elections, *comme étant à la foule et incommodité du peuple.* Le Roi accueillit cette demande peu de temps après, et un arrêt du Conseil prononça la suppression; mais à la charge par les deux Comtés de rembourser aux Officiers supprimés le prix de leurs offices. V. 1613, n. v.

II. 14 octobre, délibération du Corps municipal portant que, nonobstant l'incertitude sur l'issue du procès pour le Collége, il sera fait aux bâtimens des réparations reconnues urgentes, et dont l'état s'élève à 426 livres.

II. L'état permanent d'hostilités dans lequel étaient

les Officiers municipaux et ceux de l'Election, n'avait pas disposé favorablement ces derniers à faire droit à la demande des premiers en radiation de leurs noms sur le rôle des tailles. Non-seulement les ordres pour 1605, n'avaient pas été révoqués, mais ils avaient été renouvelés pour 1606. Les Officiers municipaux, croyant trouver plus de faveur auprès des Elus généraux, arrêtèrent, le 4 décembre, de soumettre à leur approbation la délibération par laquelle les habitans avaient reconnu la justice de leur demande. Par cette démarche irréfléchie, ils ne gagnèrent qu'un affront; les Elus généraux déclarèrent abusif l'usage dont ils se prévalaient. Depuis ce temps, les Officiers municipaux ont été assujettis à la taille; et cependant, pour se placer dans leurs rangs, il n'y eut pas moins de souplesses et d'ardeur qu'auparavant.

1606.

I. Au mois de mai, un Capucin, (1) frère Just Dalendard, parent d'un des Echevins, et probablement né à Auxerre, vint y passer quelque temps, et prêcha à la Cathédrale, en présence de l'Evêque, trois dimanches consécutifs. La satisfaction fut si générale, qu'après le troisième sermon, le 11 juin, M. de Donadieu, en sortant de l'Eglise, suivit la foule jusqu'à l'hôtel de ville, où spontanément une

---

(1) On prononçait et on écrivait alors *Capuchin*.

grande partie de la population se trouva assemblée. Il y eut unanimité pour reconnaître qu'il était désirable d'avoir dans la ville un Couvent de Religieux qui, avec le zèle et le savoir du frère Just, se vouaient à la pauvreté et à l'instruction des habitans de la campagne ; que cet établissement ne serait pas dispendieux, puisque ces Religieux, ne vivant que d'aumônes, n'avaient besoin que d'une maison, une Eglise et quelques meubles. L'Evêque, qui avait conçu le même désir, déclara qu'il participerait à cette bonne œuvre de tout son pouvoir. Aussitôt les offres d'y contribuer devinrent générales, et furent si fermement exprimées, que le Corps municipal députa, sur-le-champ, M. Germain Lauvergeat, Conseiller, et l'un des Echevins, à Paris, pour solliciter l'autorisation ; qu'il obtint facilement, par les bons offices du Duc de Bellegarde.

M. de Donadieu acheta seul tout le terrain que ces Religieux occupaient encore en 1790, et fit commencer l'Eglise. Sa dépense s'éleva à 4,600 livres ; le Corps municipal y ajouta 3,600 livres, et une quête abondante procura tout le surplus de ce qui était nécessaire. Dans le même été, l'Eglise et les bâtimens indispensables furent achevés, ainsi qu'un grand Calvaire devant la porte du Couvent. La bénédiction en fut faite par l'Evêque, en présence du clergé et de toutes les autorités. Cette cérémonie eut aussi pour témoins le P. Raphaël, Provincial de l'ordre des Capucins, et cinq de ses Religieux, parmi lesquels on remarquait, malgré lui, le frère Ange, ancien Comte du Bouchage, Duc de Joyeuse, Pair de France, Chevalier des Ordres du Roi, et Maréchal de France. (1).

II. 16 mars, Arrêt de la Cour des Comptes, faisant très-expresses défenses aux Conseillers du Bailliage de s'immiscer, à l'avenir, dans l'administration des deniers publics, sous peine d'en être personnellement responsables. Des habitans poursuivis en paiement de droits d'octroi, avaient porté leurs oppositions au Bailliage, et les Juges avaient cru pouvoir leur faire des remises. Dans l'examen du compte du Receveur, la Cour découvrit cet excès de pouvoir, et c'est à ce sujet qu'elle crut devoir rappeler aux Magistrats les limites de leur compétence.

III. 24 juin, M. Berault est réélu Maire pour un an, ainsi que l'abbé de Rigny, Gouverneur ecclésiastique du fait commun.

IV. 28 septembre, Etienne Deselle, maître écrivain, à qui le Corps municipal avait, en 1602, loué l'ancien Collége pour un loyer modique, attendu que son école offrait aux classes inférieures de la population l'instruction qui leur convenait, et qu'il n'y avait trouvé qu'un très-faible produit, prie les Officiers municipaux de lui continuer la jouissance de ce

---

(1) Bargedé, de qui j'emprunte ces détails, t. II, p. 218, ajoute que le frère Ange a prêché à la Cathédrale, pendant l'avent de 1610; le fait est probablement vrai, mais à coup sûr, il y a erreur de date: le Duc de Joyeuse est mort à Turin, en revenant de Rome, le 6 octobre * 1608, suivant l'auteur de sa vie.

* Moréri dit le 27 septembre.

local, mais à titre gratuit. Sa demande est trouvée juste. On le charge seulement d'employer six livres en réparations, dans chacune des six années qu'on lui accorde. V. 1613, n. II.

V. Sur la fin de cette année, le procès sur le droit de chasse dans lequel les Officiers municipaux avaient eu l'imprudence d'intervenir, en 1603, annonçant des titres qu'ils ne purent pas trouver, fut terminé par un arrêt qui, attendu leur impuissance de justifier leur intervention, les y déclara non recevables, et les condamna aux dépens de la Dame de Villefargeau taxés à 1918 livres.

1607.

I. Le 10 avril mit fin aux perplexités des habitans sur le Collége. Leur appel du 2 février 1604, avait donné lieu à trois années de procédure. Par un premier arrêt, le Parlement avait choisi dans son sein trois Commissaires chargés de visiter l'édifice d'Amyot, et de lui en rendre compte ; ce qui était déjà d'un heureux présage. Ces Conseillers étaient venus à Auxerre, et probablement avaient reconnu l'exactitude de ce qui avait été allégué par la ville sur la destination donnée à cet édifice en le construisant. Enfin l'affaire fut plaidée solennellement à la Grand'Chambre. Aux moyens dont j'ai déja donné les détails, l'Avocat de la ville ajouta l'offre de prouver le traité fait entre Amyot et les PP. Jésuites, pour établir l'enseignement public dans ce qu'il appelait lui-même *le Collége d'Auxerre*. Il se prévalut, surtout, de l'inscription qu'il avait composée pour être placée sur la porte du Collége, et conçue en ces termes :

CHRISTO SERVATORI OPTIMO
SACRUM.
RELIGIONIS VERITAS, MORUM PROBITAS,
ET BONARUM ARTIUM POLITURA
HÎC
PROMERCALES HABENTUR, NON ÆRE,
SED STUDIO, PIETATE ET LABORE :
PRO INDE, TURPES IMPII
ET IGNAVA SEGNITIE DEGENERES
AB ISTIS FORIBUS PROCUL FACESSITE.

L'Evêque, de Donadieu, intervint comme chef de l'Instruction publique dans son Diocèse; articula que tous les bois employés dans les bâtimens avaient été pris dans les réserves de l'Evêché, et sans les autorisations nécessaires; il conclut au maintien de la ville dans sa possession; dans le cas contraire, à ce que les héritiers Amyot fussent tenus de payer le prix de ces bois.

Enfin, le Parlement, par un arrêt définitif prononcé en robes rouges, « sans s'arrêter aux nouveaux
» faits articulés, et mettant au néant la sentence,
» ordonna que le Collége bâti par le défunt Evêque
» d'Auxerre, demeurerait comme lieu public, avec
» ses appartenances, à la ville d'Auxerre; lequel, les-
» dits Maire et Echevins seraient tenus d'entretenir
» pour y loger, faire instruire la jeunesse aux bonnes
» lettres; et à cet effet, tenir Précepteurs et Régens

» capables, sans qu'à l'avenir, il pût être employé
» à autre chose, ni aliéné; qu'en outre, ils seraient
» tenus de remplir les obligations contenues dans la
» transaction de 1603; et compensa les dépens. »
Cet arrêt est rapporté par Denisart, au mot Pollicitation. Il l'est également par Lacombe, Montholon et Bouguier.

II. 24 juin, M. Claude de Tournai, l'un des Trésoriers généraux de la Généralité de Bourgogne, résidant à Auxerre, est élu Maire.

III. Les revers éprouvés par les Auxerrois pour leur prétendu droit de chasse sur les territoires de la banlieue, ne les rendirent pas plus réservés. Au mois de septembre, ils se réunirent à des habitans des villages voisins, et se jetèrent, au nombre de 3 à 4,000, sur le finage de St-Bris. Le Prévôt de Chablis fut commis par les Juges de la Table de marbre du Palais de Paris, pour informer sur les faits dont le Seigneur du lieu avait porté plainte. Il y procéda les 23, 24 et 25 du même mois. Les suites de cet évènement ne sont pas connues; mais V. 1686, n. VII.

1608.

I. 27 juin, M. de Buffévant présente aux Officiers municipaux des lettres patentes du Roi qui le nomment Capitaine de la ville et du Château d'Auxerre. Ils lui déclarent « qu'ils ne s'opposent pas à ce qu'il
» soit Capitaine du Château, en lui observant que
» dudit Château, il ne reste que des ruines et des
» masures, dans lesquelles sont les prisons royales,

» et des chambres, où se fait l'expédition de la ju-
» stice ordinaire du Bailliage et siége présidial; à la
» charge, toutefois, par M. de Buffévant, de prendre
» ses gages du Receveur du Domaine du Roi, et
» non sur les deniers communs de la ville; qu'à
» l'égard de la clause de Capitaine de la ville, Au-
» xerre est du Gouvernement de Bourgogne, et n'a
» jamais connu d'autre Gouverneur qui est, de
» présent, Monseigneur le Prince de Condé; que
» si M. de Buffévant insiste à cet égard, ils forme-
» ront opposition à sa réception. » Il se retira, peu
satisfait de son brevet, et l'on n'en entendit plus parler.

1609.

1. Parmi les droits d'Aydes, il en était un si énorme qu'on l'appelait *Gros*. Il était, en effet, le vingtième
du prix de la vente du vin. Mais le Comté d'Auxerre
en était exempt, par un motif que toutes les subtilités
du fisc ne pouvaient pas ébranler. Ce droit avait été
créé en 1356, pour la délivrance du Roi Jean, alors
prisonnier en Angleterre. Les habitans de l'Auxerrois
avaient eu, dans le même moment, à faire la rançon
de leur Comte Jean III, qui était, avec le Roi,
renfermé dans la Tour de Londres; et y avaient
consacré pendant trois années le dixième de leurs
vins. Néanmoins cette année, Jean Duvernay, fermier du Comté, voulut assujettir le pays à ce droit.
Heureusement c'était à Auxerre et dans les environs
qu'Henri IV faisait acheter tous ses vins. Les Officiers municipaux ne craignirent pas de solliciter de
lui-même une recommandation auprès de son Conseil,

et ils l'obtinrent. Le 16 mai, un arrêt, en rejetant la demande du fermier, ordonna que les habitans continueraient de jouir de l'exemption pour le vin de leur cru, et qu'à l'avenir la ferme ne serait donnée qu'à la charge de cette exemption.

II. 24 juin, M. Matherat, Chevalier de l'Arbalète, abat le Papeguay, pour la troisième fois. Sur l'attestation de 19 Chevaliers, il est proclamé Empereur par le Corps municipal, et admis à jouir, pendant sa vie, des priviléges et exemptions qui lui sont dus. L'exercice de ces Chevaliers se faisait sur le rempart, appelé *les Buttes*, depuis la porte d'Eglény jusqu'à la Tour S.-Vigile, au nord de cette porte. V. 1616, n. III.

1610.

I. 16 mai, jour de deuil universel. Le Roi a été assassiné! il est mort! Ces cris, en un instant, retentirent dans toute la ville. Le Maire venait de recevoir une lettre du Duc de Bellegarde, lui donnant les détails de ce crime, commis l'avant-veille, par Ravaillac. Le Duc recommandait, en même temps, de veiller avec le plus grand soin à la garde de la ville. Recommandation superflue ; au premier mot de cette nouvelle, tous les Bourgeois avaient couru aux armes, et fermé les portes. On jouissait, depuis douze à treize ans, des fruits abondans d'une paix générale. Henri IV, avec la loyauté de son caractère, avait tenu ses promesses envers les Catholiques ; on connaissait son mot pour que l'aisance se répandît dans toutes les classes de la société ; et le voyant succomber sous le fer d'un assassin, on regardait cet attentat audacieux comme le signal du retour des calamités du siècle précédent. Cependant quelques temps après, on sut qu'aucun mouvement n'avait eu lieu, ni dans la Capitale, ni dans les provinces ; que le Parlement avait déclaré la Reine Régente, et que tous les Ministres du Roi étaient conservés. Les alarmes cessèrent, il ne resta que de vifs regrets.

Pendant un mois, des services funèbres furent successivement célébrés dans toutes les églises de la ville et du Diocèse, suivant l'ordre réglé par un mandement de M. l'Evêque. A celui de la Cathédrale, l'oraison funèbre fut prononcée par un Auxerrois, Edme Martin, Abbé régulier de S.-Marien ; et il la fit *avec succès*, suivant l'expression de l'Abbé Lebeuf.

II. Le 23 août, M. Octave de Bellegarde, encore laïc, et âgé seulement de 23 ans, mais fils du Duc de Bellegarde, Lieutenant général de la province, prit possession de la riche Abbaye de S.-Germain, dont le Roi, quelques jours avant sa mort, l'avait investi. Le Pape, en agréant sa présentation, lui avait imposé la condition de faire profession dans l'ordre de S. Benoît. Il fit, en effet, son noviciat, prononça ses vœux dans l'Abbaye même de S.-Germain, et y résida jusqu'en 1614, qu'il fut promu à l'Evêché de Couserans. V. 1629, n. v.

III. Au mois de novembre, M. Claude Girardin fut installé Prévôt royal, en remplacement de M. Gilles Thierriat, décédé.

1611.

I. 24 juin, M. de Tournay est réélu Maire. Les deux Gouverneurs du fait commun furent l'Abbé François Armand, Chanoine, et M. Claude Delafaye, marchand.

II. Dans le même mois, il y eut à l'hôtel de ville une assemblée des trois Ordres du Comté, pour élire des Députés, afin de solliciter de la Reine, mère du Roi, la confirmation, au nom de son fils, des priviléges du pays, et particulièrement de l'exemption du droit de *Gros*, si vivement attaquée deux ans auparavant. Ces Députés, recommandés par le Prince de Condé, Gouverneur de la province, et par le Duc de Bellegarde, Lieutenant général, obtinrent une confirmation pleine et entière. Le Ministre par excellence, le Duc de Sully, administrait encore, et ne fut congédié que deux mois après.

III. 30 septembre, un arrêté du Corps municipal ordonna au Receveur de payer 10 livres au *Roi des albalétriers*, pour les réparations qu'il avait fait faire au jeu de l'arbalète ; à la charge d'en rendre compte aux *Chevaliers de sa Compagnie*. C'est le dernier signe d'existence de ces Chevaliers, qui soit dans les archives de la ville ; mais v. 1614, n. 1.

1612.

I. Dans tout ce qui a été fait pendant cette année pour le bien-être des habitans, on aperçoit l'état de prospérité que le règne, trop court, d'Henri IV, avait rendu à la ville.

Au mois de mars, le Corps municipal donna aux Cordeliers, à titre *d'aumône*, une somme de 50 livres, pour les aider à rétablir leur église, leur cloître et leur *librairie*, ruinés par les Calvinistes. Les Jacobins, en reçurent autant, et par le même motif. Les Capucins, qui, depuis deux ans, avaient prêché l'avent et le carême à la Cathédrale, furent gratifiés de 90 livres, remises pour eux à leur père temporel, M. Gilles Girard, Conseiller au Bailliage.

II. Au mois de juin, on voulut mesurer la quantité des eaux de la fontaine Ste-Geneviève, et savoir si elles étaient assez abondantes, pour être conduites *par canal*, comme jadis celles de Vallan, jusqu'au bassin de la place du Pilori; ou du moins jusqu'aux Capucins, ce qui les rapprocherait de la ville, et surtout du faubourg S.-Amatre, dont les maisons couvertes de chaume, étaient fréquemment la proie des flammes. On employa à cette expérience environ 300 journées de terrassiers; mais on trouva le volume trop faible pour la ville, et on l'abandonna aux Capucins. Ces Religieux, sans autre ressource que celle de leurs bras, parvinrent à faire passer leur Couvent de son état naturel d'extrême aridité à celui d'une irrigation abondante et continue; en sorte que, tandis que l'eau potable manquait aux habitans, les Capucins portaient la décoration de leurs jardins jusqu'au luxe innocent des jets d'eau.

III. Au mois d'août, des travaux considérables furent entrepris pour éviter la chute des trois premières arches du pont du côté de la ville, qui étaient *en grand péril*. Il fallut *les racoustrer* depuis les fondations. La maçonnerie seule coûta 1,000 livres. Elle fut garnie de 680 livres pesant de fer, pour crampons, bandes, boulons et anneaux, dont le prix, y compris la main-d'œuvre, fut de 102 livres.

IV. En même temps, on s'occupa du *racoustrement* des deux montres de l'horloge, rompues et gâtées par les injures du temps. On dépensa 320 livres pour *les dorures et peintures des feuillages, Daulphins, Salamandres et pieds droits.* On voit qu'il y avait alors beaucoup plus de recherche qu'aujourd'hui dans les ornemens de ces montres. V. 1772, n. VI.

Pendant qu'on réparait le cadran, dans la nuit du 8 au 9 septembre, les ressorts de la sonnerie se cassèrent, et c'était alors une calamité quand l'horloge cessait de sonner les heures! Les pendules et les montres étaient encore infiniment rares et chères. Les cadrans solaires n'ayant de mérite qu'en l'empruntant du soleil, en manquent plus souvent qu'ils n'en ont. Le Corps municipal s'assembla donc extraordinairement, et autorisa *le maître horlogeur*, Alexandre, à faire tout ce qui serait nécessaire pour rendre à l'horloge la faculté qu'elle avait perdue. Quinze jours après, l'accident était réparé.

V. Ainsi tout se renouvelait dans Auxerre; mais le Château servant de Palais de Justice, qui, dès 1602, menaçait d'écraser plaideurs et Magistrats, attendait encore sa reconstruction, ordonnée la même année par le Conseil. Ce retard désolant, n'avait pas eu d'autre cause que l'accomplissement des formalités. La dépense devait être supportée par tous les habitans du ressort du Bailliage, proportionnellement à leur contingent dans la taille royale ; et ce ressort s'étendait sur trois Généralités, Paris, Orléans et Dijon. Pour réunir les élémens de la répartition, il avait fallu les demander à trois Intendans, qui ne pouvaient les obtenir que des Officiers de six Elections, Auxerre, Vézelay, Clamecy, Gien, Joigny et Tonnerre. Dans le long voyage qu'avait fait l'arrêt à travers toutes ces autorités, il s'était trouvé frappé de *surannation*, et une nouvelle instruction était devenue indispensable. Le Procureur du Roi du Bailliage s'était, en effet, adressé de nouveau au Conseil, qui, le 14 juillet de cette année, avait chargé les Trésoriers généraux de Dijon de vérifier ce qu'il convenait de faire pour la réparation ou la réédification de ce bâtiment. M. de Tournay, l'un d'eux, habitant Auxerre, fut délégué pour cette visite, et la fit le 29 octobre. Malgré son zèle pour la ville, dont il avait été Maire, peu de temps auparavant, il fut d'avis qu'une dépense de 15,800 livres, pourrait conserver le bâtiment. En conséquence, un second arrêt du Conseil, du 8 novembre, autorisa les Trésoriers généraux à adjuger les travaux au rabais ; et provisoirement le Lieutenant général, avec les gens du Roi du Bailliage, et les Officiers de l'Election, à faire l'assiette de 10,000 livres sur toutes les paroisses du ressort. V. 1617, n. III.

VI. 28 décembre, Charles de Gonzague-Clèves, Duc de Nevers, l'un des quatre Barons de l'Evêque, vint à Auxerre, lui rendre foi et hommage pour sa Baronie de Donzy.

CHAPITRE XIII,

1613.

I. Au mois de mars, Jean Cailleau, ancien marchand, séparé de biens d'avec sa femme, plusieurs fois emprisonné pour dettes, et ne vivant que d'intrigues, imagina de dénoncer au Conseil du Roi les Officiers municipaux, ainsi que deux Receveurs de la ville, comme coupables de concussions et de malversations ; et leur fit notifier un arrêt du Conseil qui l'autorisait à en faire informer par le premier Juge royal. Au lieu de remettre cette commission au Bailliage, Cailleau la remit au Prévôt, M. Claude Girardin, qui était en procès avec les Officiers du Bailliage, et traduisit devant lui tous ceux qu'il accusait pour qu'ils eussent à représenter *les commissions, départemens et impositions des deniers des recettes, et de celles provenant des fermes des Aydes, avec les états des recette et dépense par eux faites depuis* 1609. Les deux Receveurs, Seurat et Petitfou, crurent pouvoir arrêter cette procédure en s'adressant aux Officiers du Bailliage. Ces Officiers, en effet, mandèrent le Prévôt, pour qu'il eût à justifier de la commission qu'il disait avoir. Mais il n'y eut aucun égard, et de ce conflit résulta une scène qui prouve combien sont précieuses les formes protectrices de la liberté individuelle instituées depuis ; scène qu'on aurait de la peine à croire, si M. Girardin ne la rapportait pas lui-même dans un procès-verbal.

Le 20 avril, M. Ferroul, Procureur du Roi du Bailliage, voulut forcer le Prévôt à l'obéissance, et sachant que celui-ci allait passer sur la place de la Fénerie, s'y embusqua avec le sergent Bardot. Au moment où Girardin parut, il lui reprocha de n'avoir pas obéi au mandat du Bailliage. Sur sa réponse que, porteur d'un ordre du Roi, il se compromettrait en obtempérant à un mandat illégal, Ferroul ordonne à Bardot de se saisir de Girardin, et de le conduire devant le Bailliage. Bardot hésitant à mettre la main sur le Magistrat, Ferroul le menace de la prison, s'il n'exécute pas l'ordre qu'il lui a donné, et prend les devans pour se trouver à l'audience avant le Prévôt. Alors Bardot et Girardin se colletent, et tout en se tiraillant, marchent également vers le Palais, entourés d'une multitude curieuse de voir le dénouement de ce combat singulier. Arrivé près du Palais, Bardot se croyait déjà vainqueur; mais il était aussi devant la porte de la prison; et Girardin, plus fort que lui, l'y entraîne, frappe, la porte fatale s'ouvre et Bardot est pris. Ferroul, qui attendait le Prévôt à l'audience, apprend le triste sort de son sergent. Furieux de l'aventure, il court à la geole, et crie à Girardin qui faisait l'écrou de Bardot : c'est toi que je déclare prisonnier ; et moi, réplique Girardin, j'ordonne au geolier de te garder. Chacun deux, en même temps, recommande à ce geolier de garder l'autre ; mais Ferroul s'élance vers la porte restée ouverte, la tire en sortant, et le Prévôt se trouve pris comme le sergent. Trois fois, en vain, il ordonne au geolier de lui ouvrir la serrure mystérieuse de la porte; trois fois le geolier flotte entre les deux ordres, qui l'effrayent également. Enfin, au quatrième commandement du Prévôt, son ordre l'emporta et la porte s'ouvrit ; mais Ferroul était là, et au moment où Girardin met le pied dehors, Ferroul le saisit par les deux pans de son manteau, et le repousse en disant. « il faut que tu rentres en prison ! » En même temps, il crie à la foule qui le presse, fermez la porte du château ! Girardin de son côté résiste et crie au secours. Le Procureur du Roi et le Greffier de la Prévôté accourent aux cris de leur Prévôt ; des Conseillers du Bailliage descendent aussi, et se joignant aux premiers, contraignent Ferroul de lâcher sa proie. J'ai désiré savoir quelles avaient été les suites de cette scène, particulièrement pour le pauvre Bardot ; je n'ai rien pu découvrir. Mais il est certain que le Prévôt a exécuté sa commission, et que le 2 mai suivant, les Officiers municipaux, effrayés des poursuites de Cailleau, firent partir M. Naudon, l'un des Echevins, pour aller dans la Bresse, chercher le Maire, M. de Tournay, qui seul pouvait répondre aux imputations de Cailleau, et le prier de revenir sans délai arrêter des procédures *qui étaient à l'oppression et ruine des habitans.* V. 1627, n. II.

II. 23 mai, les Officiers municipaux continuent pour six années, au sieur Deselle, la location gratuite du *vieil Collége, attendu le fruit que la jeunesse tire de son instruction en l'art d'écrire, en l'arithmétique et autres honnêtes sciences, où il a acquis beaucoup de capacité, sans en tirer grand profit.* Ils y mettent pour condition que, si les Religieuses de S.-Julien réclament cette maison, Deselle en sortira. V. n. VI.

III. 24 juin, élection de M. Petitfou, Maire; les deux Gouverneurs du fait commun furent MM. Thierriat, Chanoine, et Delafaye, marchand.

IV. 24 juillet, traité entre le Corps municipal et Laurent Chrétien, par lequel ce dernier s'oblige de construire dans le Couvent des Capucins un dortoir et *une librairie*, moyennant 1,200 écus. V. 1621, n. I.

V. 20 octobre, assemblée à l'hôtel de ville, présidée par M. le Lieutenant général, et composée de Députés de toutes les paroisses du Comté, pour délibérer sur plusieurs intérêts communs qui étaient en souffrance.

1° Les Officiers de l'Election, dont la suppression avait été ordonnée en 1605, pesaient encore de tout leur poids sur le pays, parce qu'on n'avait rien fait pour remplir la condition de leur suppression, en leur remboursant le prix de leurs offices. Il en résultait aussi que le moment où le Comté aurait un défenseur de ses intérêts dans l'Elu général que la ville fournirait à son tour, était d'autant retardé, la période de ce tour ne devant commencer son cours, que du jour de la suppression effective.

2° Les fermiers du fisc, pour accroître leurs profits, avaient imaginé divers procédés attentatoires aux priviléges du pays, et particulièrement à l'égard des vins.

3° Le fournisseur du Grenier à sel se permettait d'en couper la mesure jusqu'à ce qu'il n'y eût pas le moindre excédant, au mépris d'un arrêt de 1587, rendu contre un fournisseur précédent, qui lui défendait de couper plus d'une fois.

Il s'agissait, en conséquence, de solliciter du Conseil du Roi l'autorisation de lever sur le Comté les deniers nécessaires pour rembourser aux Elus le prix de leurs offices, et d'y traduire les fermiers du fisc, ainsi que le fournisseur du sel, à l'effet d'avoir justice de leurs exactions. On ne pouvait parvenir à ces fins que par des commissaires nommés par toutes les paroisses. Tel était le but de cette assemblée provoquée par les Officiers municipaux d'Auxerre. Ils y reçurent un témoignage flateur. Ils furent unanimement priés de faire, au nom du Comté, toutes les demandes qu'ils jugeraient conformes aux intérêts communs, et de les poursuivre jusqu'à solution définitive; les dépenses devant être supportées par toutes les paroisses dans la proportion de leur population.

VI. Le 15 décembre, Deselle ayant quitté le vieux Collége, où son profit avait encore probablement diminué, M. l'Evêque demanda au Corps municipal cette maison, pour *d'honnêtes demoiselles* qui désiraient se consacrer à l'instruction des jeunes filles de la ville. Le Corps municipal accéda à sa demande, en imposant à ces demoiselles la même condition qu'à Deselle, de sortir sans indemnité de cette maison, si elle était réclamée par les Religieuses de S.-Julien. V. 1617, n. iv. Dans cette singulière réserve, on découvre un fait historique. Le vieux Collége appartenait très-légitimement à la ville, puisqu'elle l'avait acheté en 1538. V. tom. I. p. 298. Si, depuis, les Religieuses de S.-Julien y avaient acquis des droits, c'est infailliblement parce qu'en 1591, les habitans, pour ôter aux ennemis qui les menaçaient d'un siége, la faculté de se loger dans le faubourg, avaient détruit le Couvent de ces Religieuses retirées à Charentenay, et n'avaient obtenu leur consentement qu'en leur promettant le vieux Collége, quand celui que construisait alors Amyot serait achevé.

1614.

I. Le prix des armes à feu et particulièrement de l'arquebuse, qui, dans les premiers temps de leur invention, avait été excessif, étant, depuis, descendu à la portée des moindres fortunes, l'arbalète bannie des armées devait inévitablement être négligée; et par suite les compagnies formées dans les villes pour s'exercer au *noble jeu* de cette arme, que les Rois avaient favorisées par des exemptions et des priviléges, ne pouvaient pas subsister long-temps. Celle d'Auxerre paraît n'avoir pas survécu à 1611; car, dès le mois de janvier de cette année, plusieurs jeunes Auxerrois obtinrent des lettres patentes du Roi, autorisant les Maire et Echevins à organiser une *compagnie d'arquebusiers*, qui s'exerceraient au jeu de cette arme dans le cours de l'année, et une fois par an tireraient *le Papeguay*, avec la condition que celui qui l'abattrait, serait exempt de toutes tailles, aydes et impositions. Ces lettres, comme on le voit, ne faisaient que transférer aux compagnies d'arquebusiers, à peu près les mêmes concessions que celles faites dans l'origine aux arbalétriers. Il y eut cependant opposition à leur enregistrement au Parlement, de la part de MM. Chevalier, Lieutenant général, et Labbé, Lieutenant criminel. V. 1616, n. III.

II. A Auxerre, comme dans tout le royaume, depuis l'assassinat d'Henri IV, les esprits étaient agités de cette vague inquiétude qui précède et annonce les orages politiques. La Reine, mère du Roi, gouvernait comme Régente, mais elle était, sans cesse, entravée dans ses mesures par les intrigues. Les Princes et les Seigneurs de la Cour se disputaient sa confiance pour participer au pouvoir, et puiser dans le trésor de l'Etat. Elle avait à peine satisfait une ambition, qu'une autre s'en faisait un titre pour exiger au moins autant; et toujours en menaçant de recourir à la force, en cas de refus. De-là, des alarmes continuelles qui, chaque jour, faisaient redouter une violente catastrophe.

Enfin, le 20 février, les Magistrats de la ville reçurent deux lettres: l'une de la Reine, l'autre du Duc de Bellegarde, leur recommandant toutes deux de veiller à la garde de la ville et à la fidélité des habitans. On apprit, en même temps, que le Prince de Condé, les Ducs de Nevers, de Mayenne, de Longueville, de Bouillon, et autres Seigneurs, jaloux de tous ceux que la Reine employait à la direction des affaires, surtout de l'italien Concini, peu satisfaits, d'ailleurs, des faveurs que leur importunité lui avait arrachées, s'étaient tout-à-coup retirés de la Cour, sans prendre congé du Roi; que de Mézières, où ils s'étaient réunis, ils avaient adressé à la Reine une lettre, véritable manifeste, dans lequel, suivant l'usage des factieux de tous les temps, le bien public servait de prétexte, et ils demandaient les Etats généraux. On fut encore informé qu'ils avaient déjà rassemblé 4 à 5,000 hommes, et que la Régente, décidée à leur résister, avait obtenu 6,000 Suisses. A ces nouvelles, la guerre civile parut imminente. La Bourgeoisie reprit aussitôt les armes, et le Corps municipal, par une ordonnance, organisa le service *pour la garde de nuit et de jour, aux portes, poternes, tours et remparts.*

Le 6 mars, une seconde ordonnance défendit *de tirer arquebuses et pistolets, après les gardes posées, et le matin avant la Diane.*

Le 9, les habitans ayant été réunis en assemblée générale, le Maire, M. Petitfou, leur exposa que depuis la soumission de la ville à Henri IV, c'est-à-dire depuis vingt ans, la paix intérieure dont on avait joui, avait permis de ne faire que de faibles dépenses pour l'entretien des fortifications, et de ne pas surcharger les habitans pour un entretien plus parfait, qui paraissait inutile ; que l'état de ruine qui en était résulté pour les tours, et les brèches nombreuses que le temps avait faites aux murs, non-seulement exigeaient de multiplier les postes, mais ouvraient un trop facile accès à l'ennemi s'il tentait un assaut ; qu'il fallait donc s'occuper des moyens de les remettre, sans délai, dans le meilleur état possible de défense. Toutes les propositions du Maire à ce sujet furent accueillies. Il fut arrêté qu'une taille spéciale serait levée sur tous les habitans, sans exception, pour être employée à cette dépense, et qu'en attendant, le Corps municipal emprunterait les deniers nécessaires. Jamais les capitalistes ne se rendent plus faciles à prêter, que lorsqu'il s'agit de les garantir du pillage ; dès le jour même, 12,000 livres furent versées dans la caisse municipale ; tous les ouvriers qu'on put réunir furent employés, et en peu de temps la ville se trouva dans l'état de défense ardemment désiré par la population effrayée.

Le 24, on reçut de nouveaux ordres de la Reine et du Comte de Clermont-Tonnerre, commandant en Bourgogne, faisant défense d'assembler des gens de guerre, et de tenir la campagne sans permission du Roi. Dans le même moment, on eut aussi des lettres du Prince de Condé, qui voulait entraîner les habitans dans sa révolte, se présentant, ainsi que ses confédérés, comme *armés uniquement pour faire tomber les exactions et monopoles qui écrasaient le peuple*. On ne se laissa pas séduire par ses paroles artificieuses. On savait qu'il avait profité des premiers embarras de la Régente, pour se faire donner par elle 200,000 livres de rente et l'hôtel de Gondi ; on se rappela aussi tout ce que les habitans avaient souffert, chaque fois qu'ils avaient pris parti pour les Princes contre le Roi. Vingt années seulement s'étaient écoulées depuis qu'ils avaient brisé le joug de la Ligue, et la plupart avaient encore dans la mémoire toutes les misères qu'ils avaient endurées, lorsque, trop confians dans les Ducs de Guise, ils avaient marché sous leur bannière contre leur Souverain. Les Magistrats renvoyèrent donc au Prince ses lettres sans réponse. Les ordres du Roi furent, au contraire, ponctuellement exécutés. Les défenses qu'ils contenaient furent, par les soins du Lieutenant général, publiées et affichées dans tout le ressort du Bailliage, comme dans la ville. On s'occupa encore de faire réparer *les petites pièces d'artillerie* dont les affuts et les montures étaient hors de service, et particulièrement *vingt tant fauconnaux qu'arquebuses à croc.*

II. A ces causes d'agitation et de dépense vinrent se mêler les exigences du fisc, contre lesquelles il fallut aussi se mettre en défense. Le sieur Christophe Leclerc, nouveau fermier des Aydes dans le Comté, ne pouvant pas attaquer les habitans à l'égard du droit de gros, si formellement jugé et confirmé en 1609 et 1611, voulut, au moins, le restreindre aux vins par eux récoltés dans le Comté, et faire payer ce droit pour ceux provenant des vignes qu'ils avaient dans le Comté de Tonnerre, comme à Vallan, Vaux, etc. Les Officiers municipaux, ayant pris le fait et cause des habitans poursuivis, prouvèrent que le privilége était attaché à la personne de l'Auxerrois, et non au territoire; ce qui fut reconnu par le Conseil. Son arrêt, du 4 mars, décida que l'exemption s'étendait aux vins récoltés dans toutes les vignes dont l'habitant était propriétaire, et qui, de ces vignes, étaient amenés à Auxerre. V. 1621, n. II.

III. Le 27 avril, un des régimens suisses attendus par la Régente passa par la ville, qui fournit le pain des soldats, et offrit des vins de choix aux Officiers. Le 14 mai, les Officiers municipaux ajoutèrent aux précautions prises contre le coup de main qu'on redoutait, l'ordre aux mariniers de tenir constamment leurs bateaux du côté de la ville, et la défense de passer personne, afin qu'aucun étranger ne pût s'introduire dans les murs, sans soumettre ses papiers à l'Officier de garde. Mais bientôt on sut que, le 13 du même mois, un arrangement avait été conclu à Ste-Menehould, entre la Reine et les Princes ; et l'on put juger du peu de sincérité de leurs déclarations sur les motifs qui leur avait mis les armes à la main. Ils voulaient, à les entendre, soulager le peuple par la diminution des impôts, et les conditions de leur désarmement furent pour les chefs, de nouveaux emplois richement salariés, et 450,000 livres à distribuer à leurs troupes, suivant qu'ils le jugeraient convenable. Ils tinrent, néanmoins, pour paraître conséquens dans leur conduite, à ce que les Etats généraux fussent convoqués ; et ils le furent à Sens, pour le 25 août.

Cette convocation entretint les alarmes, et fit croire que les prétentions des agitateurs n'étaient pas suffisamment satisfaites ; aussi ne se relâcha-t-on pas à Auxerre des mesures prises pour la garde. Les Officiers municipaux, s'apercevant même qu'il n'y avait plus de fabrique de poudre dans la ville, comme autrefois, et qu'en cas de siége la provision serait bientôt épuisée, en rétablirent une sous la direction des sieurs Pichory et Carouge.

Dans le même moment, furent publiées et affichées l'ordonnance du Roi, pour la convocation des Etats généraux, et celle du Grand Bailli, appelant dans cette ville tous les Ecclésiastiques possesseurs d'un bénéfice, ainsi que tous les Gentilshommes et les Députés des villes, bourgs et villages de tout le ressort du Bailliage, à l'effet, par chacun de ces trois Ordres, de rédiger le *cahier de ses doléances* et de nommer, suivant l'ancien usage, deux Députés à l'assemblée générale des Etats. Ces Députés furent, pour le Clergé, l'Evêque de Donadieu, l'Abbé de Vézelay, Hérard de Rochefort; pour la noblesse, Aymard de Prie, Baron de Toucy, et Olivier de Chastellux, Sieur de Coulange; pour le Tiers-Etat, Claude Chevalier, Lieutenant général du Bailliage, et Guillaume Berault, marchand, Juge-Consul d'Auxerre. Peu de jours après ces élections, parut une nouvelle ordonnance du Roi qui, motivée sur ce que le 27 septembre, il atteindrait sa majorité, ajournait l'assemblée au 27 octobre, et la convoquait à Paris. V. 1615, n. II.

IV. Le 20 septembre, les Etats particuliers de la province furent réunis à Dijon. Le Corps municipal y députa MM. Chacheré et Maillard, Echevins.

V. 1er octobre, installation de M. Henri Brichelet, marchand, nouveau Gouverneur du fait commun, élu le 24 juin.

VI. 27 novembre, le Corps municipal accorde aux frères Prêcheurs 40 livres d'aumône, pour les aider à achever leur librairie.

1615.

I. Dès le premier jour de cette année, les Auxerrois ne purent pas douter que la tranquillité apparente du royaume n'était qu'une trêve, et que la Régente avait la crainte de la voir rompre au printemps. Un

Inspecteur, envoyé par les Elus généraux, vint visiter les fortifications de la ville, et reconnaître si elles pourraient résister à un siége. Il trouva très-insuffisans les travaux sur lesquels les habitans avaient jusque-là appuyé leur sécurité; et l'on se hâta d'y faire toutes les augmentations qu'il jugea nécessaires. Néanmoins, pendant l'hiver, le service de la milice fut suspendu; on se borna à tenir fermées, la nuit et le jour, les portes d'Eglény et de Chante-pinot; à ne fermer les trois autres que pendant la nuit, et à surveiller ceux qui y entraient pendant le jour. On n'en fit pas davantage jusqu'au mois de mai. Dans les premiers jours de ce mois, les Officiers municipaux, informés que, dans quelques villages des environs, on enrôlait secrètement des gens de guerre, et craignant une surprise, envoyèrent à Paris M. Theveneau, Echevin, en prévenir le Duc de Bellegarde. Sa réponse fut un ordre du Roi de donner à la garde de la ville toute l'exactitude possible, et surtout de n'y laisser entrer aucuns gens de guerre, sans passe-port régulier, pendant le voyage que la Reine et son fils allaient faire dans la Guyenne. On rétablit donc les corps-de-garde aux portes du Pont, du Temple et de S.-Simon, qui ne restèrent ouvertes que le jour. Le Guetteur reprit aussi son poste dans le clocher de S.-Eusèbe.

II. Sur la fin de mars, MM. Chevalier et Berault étaient de retour des Etats généraux, dont le Roi avait prononcé la clôture le 24. On sut par eux que les doléances de trois Ordres étaient tellement contradictoires, que la Cour, pour rejeter celles d'un

Ordre, n'avait eu besoin que de lui opposer celles des deux autres; en sorte qu'il n'y avait rien à espérer de cette mesure, qui n'avait fait que raviver les antipathies originelles des trois Ordres; que, d'ailleurs, le Maréchal d'Ancre et sa femme abusaient si insolemment de la faveur de la Reine, qu'infailliblement avant peu, la plupart des grands, et le Prince de Condé à leur tête, pour expulser ces italiens qu'ils détestaient, lèveraient, encore une fois, l'étendard de la rébellion.

III. 24 juin, M. Chevalier est nommé Maire; les deux Gouverneurs du fait commun sont MM. Jean Dassis, Grand Archidiacre, et Thomas Marie, marchand.

III. Au mois de juillet, les prévisions de MM. Chevalier et Berault se réalisèrent. Le Prince de Condé se retira à Sedan, où les nombreux mécontens se réunirent à lui; il eut bientôt une petite armée avec laquelle il prit quelques villes. Il voulut ensuite gagner la Loire pour joindre ses forces à celles que les Protestans avaient au-delà de ce fleuve; et son chemin était par Sens et Auxerre. Au moment où la nouvelle en parvint dans la ville, on apprit qu'aux environs d'Ecan et de Diges, on avait vu des gens de guerre armés dont on n'apercevait pas les Officiers. Aussitôt on doubla la garde, et des commissaires furent envoyés dans les villages pour leur recommander de s'opposer à tout ce qui pourrait compromettre le service du Roi.

Le 4 octobre, on sut que l'armée du Prince s'approchait de Sens. Aussitôt, par l'ordre du Corps municipal, dans chaque paroisse, les Officiers de la milice, assistés d'un Echevin, parcoururent les maisons des hommes de leur compagnie, pour reconnaître l'état de leurs armes et de leurs munitions; enjoignant à ceux qui n'avaient pas tout ce qu'ils devaient avoir, suivant leurs facultés, de s'en procurer dans la huitaine, et les prévenant que, s'ils ne se mettaient pas en règle à cet égard, on viendrait saisir et vendre une partie de leur mobilier, pour, avec le prix, leur fournir ce qui leur manquait. On s'empressa aussi de porter sur les remparts tout ce qui restait d'artillerie dans la tour Paradis, consistant *en fauconneaux, pièces de campagne, grandes couleuvrines et celles bâtardes.*

Le 8, les Députés de plusieurs villes et villages du ressort vinrent annoncer que des troupes s'établissaient chez eux sans ordre du Roi; les pillaient et les ruinaient; que réduits au désespoir, ils demandaient qu'on les en débarassât, et qu'on les autorisât à user de la force contre eux, et *à leur courir sus.* Le Corps municipal, ne pouvant rien prendre sur lui, fit partir M. Theveneau, Echevin, accompagné d'un archer du Prévôt des Maréchaux, pour Dijon; le chargeant d'en rendre compte au Gouverneur de la province. MM. Sotiveau, Echevin, et Charles, Receveur, se rendirent à Nevers, avec la même mission, auprès du Gouverneur pour les pays dépendant de son Gouvernement.

On apprit, le 15, que l'ennemi était près de Sens; que l'armée royale couvrant cette ville, le Prince se portait sur Villeneuve-le-Roi; le 19, qu'il était entre cette ville et Joigny; enfin le 21, qu'il passait l'Yonne à Bonnard; que déjà le château de Régennes était en son pouvoir; qu'Appoigny avait été pillé; que des meurtres et des viols y avaient été commis jusque dans l'Eglise. Alors l'effroi est à son comble, le Maire dépêche un courrier à l'Armée royale; la population entière est appelée sur les remparts; la proclamation porte *que tout habitant doit être en armes, et fidèle au poste qui lui est assigné, à fin que chacun soit à son devoir, sans désordre ni confusion.* Cependant un peu de calme succéda à cette épouvante; le Marquis de Mirebeau, Aide de Camp du Duc de Bellegarde, vint, de sa part, rassurer les habitans; leur annoncer qu'il serait à Auxerre avant l'ennemi, et que l'armée royale commandée par M. de Bois-Dauphin, poursuivant celle du Prince, l'empêcherait de faire le siége de la ville. En effet, le 22, le Duc de Bellegarde se présenta à la porte du pont, qui lui fut ouverte par le Maire, à la tête de presque toute la population, dont sa présence dissipait les alarmes. L'armée du Prince ne dépassa pas Appoigny; se jetant sur Branches, Charbuy, Pourrain, etc., elle se rapprocha de la Loire.

L'Evêque, M. de Donadieu, fut celui à qui ce passage coûta le plus. Il venait de faire d'énormes dépenses dans son château de Régennes, ruiné lors des guerres du siècle précédent; et comme on vient de le voir, le Prince s'en était emparé. Tout en conduisant son armée vers la Loire, il y avait laissé une garnison commandée par le Capitaine de S.-Georges, très-probablement pour rançonner l'Evêque.

Effectivement, M. de Donadieu fut obligé de traiter avec ce Capitaine, qui exigea 3,000 livres, et rejoignit l'armée du Prince. Pour éviter une nouvelle surprise, M. de Donadieu mit dans son château une garnison de 36 hommes, et l'y entretint à ses frais, jusqu'à la fin des troubles.

La ville eut aussi à payer les dépenses faites par le Marquis de Mirebeau et le Duc de Bellegarde, venus sur les instantes prières des habitans. Leur suite était composée d'un nombre considérable de Gentilshommes, Arquebusiers, Carabiniers et Valets. L'état de leurs dépenses dans 14 logis s'éleva à 2,034 livres 12 sols 6 deniers.

Cette année de transes et de fatigues militaires fut terminée par des réjouissances. Le 10 novembre, une lettre du Duc de Bellegarde informa le Corps municipal du mariage du Roi avec Anne d'Autriche, Infante d'Espagne: il fut en conséquence arrêté que, le 14, un Te Deum serait chanté dans l'Eglise de S.-Etienne; que le soir il serait allumé un feu de joie sur la place de cette Eglise; *que les canons et artillerie seraient tirés, et que le public en serait prévenu par publication.*

1616.

I. 7 janvier, M. Bérault, Echevin, est Député par le Corps municipal aux Etats convoqués à Dijon.

II. Les Officiers municipaux, croyant s'apercevoir que leurs démarches pour parvenir à la suppression de l'Election, et l'état de guerre ouverte subsistant entre les deux autorités, nuisaient un peu à l'impartialité des Conseillers de ce siége, chaque fois qu'ils avaient à y être jugés, soit pour leurs intérêts personnels, soit pour ceux des habitans, demandèrent au Roi que les instances les concernant sous ces deux rapports, et déjà portées devant ces Conseillers, comme celles qui, par la suite, devraient leur être dévolues, fussent attribuées au Conseil d'Etat. Leur demande fut accueillie par des lettres patentes du 13 avril.

III. Le 17 du même mois, les Chevaliers de l'Arquebuse, qui avaient obtenu l'enregistrement de leurs lettres patentes, nonobstant l'opposition de MM. Chevalier et Labbé, les présentèrent au Bailliage, où elles furent également enregistrées ; et au Corps municipal qui en ordonna l'exécution : « pourvu qu'il ne
» fût admis dans cette compagnie que des gens de
» probité, d'honnête et louable conversation ; et à
» condition que les Chevaliers feraient serment de
» vivre dans la religion catholique, apostolique et
» romaine, comme aussi de servir le Roi en toute
» occasion ; et qu'ils feraient connaître le lieu où ils
» établiraient le jeu, pour reconnaître s'il était con-
» venable. » Six jours après, ils se réunirent dans le cloître des Cordeliers pour élire leur Capitaine. Ce fut M. Duval, Officier de Mesdames, sœurs du Roi. V. 1620, n. v.

IV. 20 juin, enregistrement au Bailliage, affiche et publication dans la ville, d'un Edit donné à Loudun le mois précédent, pour l'entière pacification des troubles. Par cet Edit, sous le nom du Roi, la Reine mère, qui continuait à gouverner, ou plutôt à laisser gouverner le Maréchal d'Ancre, semblait avoir conquis la paix, en prodiguant les hommes, ainsi que l'argent du trésor, aux Grands qui avaient pris les armes contre la Cour. Mais des écrits secrètement imprimés, et qu'on appelait *livrets*, faisaient voir qu'il n'y avait, dans cette suspension d'hostilités, de sincérité ni du côté de la Cour, ni du côté des Princes. Aussi voit-on dans une délibération du Corps municipal du 18 août, que, loin de se livrer à la sécurité qu'inspire une paix faite de bonne foi, le Maire fut autorisé à acheter 120 piques et 74 bois de pique en frêne. Bientôt, en effet, on lut dans les *livrets*, que les dissensions de la Cour s'étaient rallumées plus vives encore qu'auparavant; que le 1er septembre, le Prince de Condé, arrêté dans les appartemens du Roi, avait été conduit à Vincennes, et qu'à l'exception du petit nombre de Seigneurs attachés par l'intérêt à la fortune du Ministre, tous les autres Princes et Seigneurs avaient couru s'emparer de quelques places pour leur sûreté. Ces nouvelles furent d'autant plus effrayantes pour Auxerre, que le Duc de Nevers était du nombre des mécontens; qu'il levait des troupes dans son Duché, et que la rébellion s'étendait jusque dans le ressort de l'Evêché et du Bailliage, à Clamecy, Entrains, Donzy, etc. Cependant le 19 octobre, le Maire reçut de M. de Clermont-Tonnerre, nouveau Lieutenant général de la province, une lettre du 16, qui l'autorisait à suspendre le service de la garde. V. 1617, n. II.

V. Cette année, le pavillon de la porte du Temple fut reconstruit et couvert en plate-forme, comme l'ancien.

1617.

I. 13 janvier, acte par lequel le P. Provincial des Capucins, après avoir énuméré tout ce que les habitans d'Auxerre avaient fait pour les Religieux de son Ordre, cède à la ville 2000 livres à recevoir sur les libéralités du frère Pascal, l'un des membres de cet Ordre. Sous cet humble nom, se tenait caché un jeune de Chabannes, issu d'une famille noble et riche de Picardie, qui, à l'exemple du Duc de Joyeuse, avait quitté le monde, pour s'ensevelir dans le plus pauvre des Ordres monastiques ; et comme, avant d'être admis à s'y lier par des vœux irrévocables, il fallait qu'il se réduisît à la mendicité, il avait légué sa fortune à son frère aîné, en le chargeant de distribuer une somme importante aux plus pauvres des couvens de son Ordre. Les Capucins d'Auxerre saisirent cette occasion pour obtenir de leur Provincial les 2000 livres ; qui, réunies à de nouvelles largesses des habitans, servirent, d'abord, à payer les 1200 écus dus à M. Chrétien, pour les constructions par lui faites dans ce couvent, en exécution de la délibération du 24 juillet 1613 ; puis à y construire une infirmerie, et à mettre une porte à l'Eglise qui n'en avait pas encore.

II. Au mois de février, les rigueurs de l'hiver ne suspendant pas les actes de rébellion des Princes contre la Cour, de nouveaux ordres du Roi firent reprendre le service de la garde. Le 20, le Bailliage fit publier et afficher une ordonnance du Roi, qui déclarait les Ducs de Nevers, de Vendôme, de Mayenne, le Maréchal de Bouillon, le Marquis de Cœuvres et le Président le Jay, rebelles et criminels de lèze-Majesté ; mais les *livrets* firent connaître les lettres adressées au Roi par ces Seigneurs, dans lesquelles, en protestant de leur fidélité envers Sa Majesté, ils lui déclaraient que ceux qui gouvernaient sous son nom, avaient porté *leurs tyrannies et déportemens à un tel excès, que chacun les détestait publiquement* ; que c'était le Maréchal d'Ancre, sa femme et leurs adhérens, qui, par leur avarice, étaient la seule cause des désordres.

Un mois après, le Bailliage fit publier et afficher une seconde déclaration du Roi, prononçant la confiscation des biens, des titres et des offices des Seigneurs rebelles. On distribua, en même temps, et avec profusion, dans la ville, comme dans tout le royaume, la copie imprimée d'une lettre du Maréchal d'Ancre au Roi, par laquelle il lui annonçait avoir levé 5000 hommes et 800 chevaux pour son service ; et qu'il les solderait pendant quatre mois. Mais aussi vinrent les *livrets*, qui, sur cette imprudente publication d'un Ministre généralement abhorré, relevaient, avec une énergie menaçante, l'offre d'une dépense aussi considérable, faite au Roi de France par un Italien, qui, disait-on, n'avait pas, en arrivant à Paris, de quoi payer un laquais !

La guerre ne se faisait pas seulement par des écrits ; dans plusieurs provinces et jusqu'aux portes d'Auxerre, les troupes royales étaient aux prises avec celles des Seigneurs coalisés. Dans le Nivernais elles étaient victorieuses ; le Maréchal de Montigny avait déjà enlevé au Duc de Nevers la plupart de ses places, particulièrement celles qui avoisinent Auxerre: Cussy, Donzy, Entrains, Clamecy, etc. Aussi, les Auxerrois mirent-ils le plus grand soin à ne rien faire qui donnât à ce Général occasion d'entrer dans le pays. La prudence des Officiers municipaux, à cet égard, alla si loin que, le 23 avril, le bruit ayant couru que la Duchesse de Nevers avait envoyé à la ville une sauve-garde, ils arrêtèrent d'en porter plainte au Procureur du Roi, « attendu que, fidèles » au service du Roi, ils n'avaient jamais pensé à de- » mander cette sauve-garde ni à Madame de Nevers, » ni à aucun des Seigneurs compris dans la Déclara- » tion du Roi. »

On attendait donc, avec une vive anxiété, la catastrophe qui devait terminer cette lutte à mort entre la Cour et les Seigneurs, lorsque, le 26, on apprit la fin tragique du Maréchal d'Ancre. On sut que Louis XIII, déjà parvenu à sa seizième année, supportait avec impatience la tutelle de sa mère, surtout depuis la retraite des Princes de sa Cour, devenue presque déserte ; que de jeunes Seigneurs, et particulièrement M. de Luynes, l'avaient pénétré de la vérité des accusations surgissant de toutes parts contre le Maréchal d'Ancre et sa femme ; que le Roi, décidé à prendre enfin le pouvoir, et à punir des étrangers qui mettaient sa couronne en péril, avait donné à Vitry, Capitaine de ses Gardes, l'ordre d'arrêter le Maréchal *mort ou vif ;* qu'au moment où Vitry s'était présenté au Maréchal, et lui avait déclaré l'ordre du Roi, le Maréchal ayant porté la main à son épée, Vitry, d'un coup de pistolet, l'avait renversé mort ; qu'au même instant, le Roi avait rappelé les anciens Ministres éloignés par le Maréchal ; pour gouverner avec eux et M. de Luines ; que pardonnant à tous les Seigneurs qui s'étaient armés, à l'exception du Prince de Condé, il les avait rappelés auprès de lui ; qu'enfin, Marie de Médicis était reléguée à Blois, et que cette révolution avait terminé la guerre civile. V. n. IV.

III. Dans le même mois d'avril, les habitans virent, après 15 années d'attente, poser la première pierre du Palais de justice. Pendant les nouveaux délais qu'avait nécessités l'exécution de l'arrêt du 8 novembre 1612, l'état de ruine du vieux château avait fait de si grands progrès, que lorsqu'on avait voulu travailler aux réparations indiquées par M. de Tournay, il avait fallu y renoncer ; et la reconstruction entière, reconnue indispensable, avait été ordonnée par le Conseil. Le sieur Claude Martin, architecte du Roi, à Fontainebleau, d'abord chargé par M. Camus, l'un des Trésoriers généraux, de faire les plans et devis des nouveaux bâtimens, en avait ensuite entrepris la construction, le 11 janvier, moyennant 78,000 livres ; s'obligeant de l'achever en six années, en sorte que le service de la justice et des prisons ne pourrait y être rétabli qu'en 1622. Mais la dépense à ce sujet ne se borna pas au paiement de l'architecte ; dans les pièces relatives à cette opération, on découvre combien alors, pour l'assiette et le recouvrement des impôts, les frais accessoires étaient excessifs, par la multiplicité des fonctionnaires appelés à y participer, et l'énormité des droits qui leur étaient attribués.

Dès 1615, pour avoir 10,000 livres effectives, on avait imposé 14,148 livres. L'excédant se composait des attributions du Conseil, de celles des Trésoriers généraux, du Lieutenant général du Bailliage, des douze Elus, des deux Avocats du Roi, des deux Procureurs du Roi, des Greffiers, Receveurs, Commis, et enfin, de la Chambre des comptes elle-même. Pour ne faire payer à l'architecte que 10,000 livres par chacune des sept premières années, et 8,000 livres la huitième, il a fallu, tous les ans, renouveler les mêmes formalités, et satisfaire aux mêmes exigences. Ainsi les 78,000 livres, prix des travaux, ont coûté aux habitans du ressort 110,000 livres, et plus; ce qui équivaut à 275,000 livres de la valeur actuelle de l'argent. Le marc à cette époque n'était qu'à 20 liv. 4 s. 5 d.

Je ferai néanmoins observer que les habitans d'Auxerre obtinrent un beau Prétoire; et que, cotisés seulement à 1,200 liv. sur les 14,148, ils n'ont eu à payer, pendant les huit années, que 9,350 livres. V. 1620, n. II.

IV. 15 mai, publication et affiche d'une déclaration du Roi, du 12, portant qu'attendu la prompte obéissance rendue à ses commandemens, depuis la mort du Maréchal d'Ancre, par les Princes, Ducs, Pairs, etc., désignés dans ses déclarations de mars et avril, il les rétablissait dans tous leurs biens, honneurs et charges.

Le 18, les habitans furent convoqués pour entendre la lecture d'une lettre qui leur était adressée, comme aux Maire et Echevins, par le Roi lui-même sur ces événemens. Elle portait : « qu'il avait eu bien
» agréable la fidélité et l'affection qu'ils lui avaient fait
» paraître dans cette occasion ; qu'il était aussi dans
» son intention de leur faire ressentir, dans toutes
» celles qui se présenteraient, les effets de sa bonne
» volonté envers eux. »

V. Les *honnêtes Demoiselles* à qui, sur la recommandation de M. l'Evêque, le vieux Collége avait été abandonné en 1613, pour s'y livrer à l'instruction des jeunes filles, avaient répondu parfaitement aux espérances des habitans; mais sans cesser de remplir ce devoir, elles voulurent embrasser la vie monastique, et former une Communauté dans laquelle elles feraient *vœu de la religion réformée* sous les règles des Ursulines, Ordre de S. Augustin. Elles en avaient déjà obtenu l'autorisation de l'Evêque ; et le 23 juin, elles demandèrent le consentement des Officiers municipaux. Il leur fut accordé, à condition qu'elles observeraient la clôture ; qu'elles ne seraient plus capables de recueillir de successions ; qu'elles ne pourraient transférer leur Couvent dans un autre quartier de la ville, et qu'elles continueraient l'instruction des jeunes filles, moyennant la rétribution qui serait fixée par l'Evêque. Ces premières Ursulines de la ville étaient Louise Pontin, Marguerite Légeron, Etiennette Gervais, Marie

Prévôst, Marie Coullant, et Eugène Garnier, toutes nées à Auxerre. Leur Communauté est restée propriétaire du vieux Collége à titre gratuit. C'est aujourd'hui une caserne d'infanterie. V. 1638, n. II.

VI. 24 septembre, assemblée des habitans. M. Chevalier y est réélu Maire pour un an. Il fut installé le premier octobre, avec M. Edme Berault, Chanoine, Gouverneur ecclésiastique du fait commun.

1618.

I. Au mois de janvier, M. Jacques de la Rivière, Baron de Couloutre, est reçu Grand-Bailli.

II. La récolte des blés, en 1617, ayant été très-faible, le prix en doubla pendant l'hiver, et il y eut de vives inquiétudes à Auxerre. On voit dans une délibération du Corps municipal du 29 avril, que des enlèvemens de grains se faisaient dans les environs, et jusque dans la ville ; qu'on n'en apportait plus au marché ; qu'une grande quantité de bateaux chargés de blés descendaient la rivière, sans en laisser un seul sac à Auxerre ; que, le prix du blé augmentant, le peuple s'inquiétait, murmurait, et que la disette était imminente. Cette même délibération porte que ces faits seront dénoncés au Lieutenant général du Bailliage, pour qu'il soit pris les mesures convenables. Probablement ces mesures réussirent, car rien dans les archives ne signale les moindres troubles à cette époque. Mais on peut croire qu'une de ces mesures fut la création des *Juges politiques* qui eut lieu cette année, pour la première fois. C'étaient quatre Bourgeois, choisis dans chaque paroisse par le Corps municipal, pour veiller à l'exécution des réglemens de police, constater les délits, traduire les délinquans devant les Juges, et même les faire arrêter, lorsqu'ils jugeraient les cas assez graves. Ils étaient renouvelés tous les ans.

III. 23 septembre, M. Chevalier est encore réélu Maire. M. Chrétien-Fernier est élu Gouverneur du fait commun.

IV. 18 novembre, le Corps municipal député M. Chevalier, Maire, aux Etats convoqués à Dijon, pour le 30, et charge deux Echevins, MM. Leprince et Berault de Vézilly, d'aller à Paris, solliciter une décision du Conseil, sur une demande fort importante qui lui avait été adressée depuis long-temps, et restait sans réponse. Il s'agissait de faire au pont de fortes réparations, pour lesquelles une addition au péage était indispensable. Il en était de même des fortifications, auxquelles on n'avait fait, en 1614 et 1615, que les travaux les plus urgens. Mais cette dernière dépense ne pouvait être faite qu'au moyen d'une imposition directe, que les habitans, déjà surchargés, supporteraient difficilement ; et pour en alléger le poids, le Corps municipal demandait qu'elle fût répartie sur toutes les paroisses du Comté, attendu que la ville était leur chef-lieu, et renfermait les autorités qui les administraient. Cette seconde demande n'était pas d'une justice tellement évidente qu'on pût se dispenser de la recommander par d'autres moyens. En conséquence, on avait acheté 52 feuillettes de vin, et les deux Echevins étaient envoyés à Paris, *pour les distribuer tant à Monsei-*

gneur le Chancelier, Monsieur le Garde des Sceaux, Monsieur le Président Jeannin, qu'à aucuns de Messieurs du Conseil. Le Chancelier alors était M. Pompone de Bellievre, et le Garde des Sceaux, M. Manyot. Le vin fut probablement trouvé fort bon et les demandes très-justes ; car, dès le 15 décembre, un arrêt du Conseil ordonna qu'il serait levé, sur tout le Comté, une imposition de 15,000 livres, pour être employée aux affaires pressantes et nécessaires de la ville ; et dix jours après, des lettres patentes autorisèrent la levée de cinq sols par muid de vin passant dessus et dessous le pont, affectés à sa mise en état, indépendamment du péage de 15 deniers déjà perçu.

1619.

I. Le 1er mars, après plus d'une année de sécurité, il fallut, tout-à-coup, lever les passerelles, fermer les portes, et garnir de Bourgeois armés les tours et les remparts. Le Maire venait de recevoir du Lieutenant général de la province, l'ordre de garder la ville avec le plus grand soin ; et de n'y laisser entrer personne qui détournât les habitans de leur fidélité envers le Roi. On apprit, en même temps, la cause singulière de cette alerte. C'était la prise d'Angoulême par Marie de Médicis, mère du Roi. Après avoir, pendant neuf ans, commandé en Reine, elle s'était vue brusquement privée, non-seulement du pouvoir, mais de sa liberté ; et n'ayant pas pu supporter ce renversement de fortune, elle n'avait pas craint de se mettre en état de rébellion contre son fils. Aidée du Duc d'Epernon, elle s'était échappée du Château de Blois; et avec des troupes secrètement levées pour elle, elle s'était emparée de Loches et d'Angoulême : elle n'avait fait que changer de prison, mais elle commandait dans celle-ci. Cette extravagance ne donna pas de vives alarmes; et deux mois après on sut que, le 30 avril, par les soins de l'habile Evêque de Luçon (depuis Cardinal de Richelieu), un accord avait été conclu entre la mère et le fils. Le 23 juin, en effet, le Bailliage fit publier et afficher dans la ville une déclaration du Roi, accordant amnistie à tous ceux qui avaient servi Marie de Médicis dans cette folle entreprise.

II. 24 juin, M. Jean Bargedé, Avocat, est élu Maire, et M. Claude Bourote, marchand, Gouverneur du fait commun.

III. 15 novembre, les Officiers municipaux accordent 150 livres aux frères Prêcheurs, *pour les aider à reconstruire leur grand dortoir, ruiné par ceux de la religion prétendue réformée.*

1620.

I. 20 janvier, à cette époque, la justice consulaire d'une ville avait pour ressort tous les pays plus rapprochés d'elle que des autres justices consulaires; et comme il n'y en avait autour d'Auxerre qu'à Troyes, Sens, Orléans, Nevers et Saulieu, celle d'Auxerre avait une banlieue qui s'étendait au delà de Tonnerre, Joigny, Avallon, Clamecy, Toucy, etc., et appelait à Auxerre les nombreux commerçans de ces contrées. Les habitans d'Avallon, voyant avec envie l'heureuse position d'Auxerre, voulurent lui en enlever une partie, et se pourvurent au Conseil pour obtenir l'érection d'une semblable juridiction dans leur ville. Déjà, sur leur requête, un arrêt les avait autorisés à l'établir; mais les Juges-Consuls d'Auxerre, ainsi que le Corps des marchands, y ayant formé opposition, le Corps municipal fut invité à se joindre à eux. Il arrêta en effet d'intervenir, la ville ayant un intérêt sensible à conserver ce concours des commerçans, qui était une des sources de sa prospérité. Cette opposition réussit. Il y a à peine 30 ans, qu'Avallon et Joigny ont un Tribunal de commerce.

II. 11 avril, la reconstruction du Palais de justice, demandée par les Officiers du Bailliage, était dirigée par eux. Les deniers levés pour cette dépense étaient versés chez le Receveur des domaines, M. de Frasnay, et ordonnancés au profit de l'architecte par le Lieutenant général du Bailliage; enfin, les comptes en étaient rendus à la Chambre des comptes de Dijon; en sorte que le Corps municipal était tout-à-fait étranger à cette importante opération. Tant que M. Chevalier, Lieutenant général, avait été Maire, il n'avait pas fait mystère de toutes ces opérations aux autres Officiers municipaux. Mais depuis le mois d'octobre, le Maire, un des deux Gouverneurs du fait commun, et six Echevins étaient nouveaux, et s'étonnaient qu'on ne leur rendît aucun compte, ni des trois rôles, de 14,148 livres chacun, levés dans les trois années précédentes, ni du quatrième auquel on travaillait pour 1620; le public, suivant eux, s'effrayait de cette surcharge, et d'autant plus que la construction était loin d'être achevée. Ils arrêtèrent, en conséquence, que MM. les Officiers du Bailliage seraient priés de communiquer au Corps municipal l'adjudication faite de ces travaux, pour en connaître le prix et les conditions. Les Officiers du Bailliage n'ayant pas déféré à cette demande, le 24, une seconde délibération motivée, comme la première, sur les plaintes du public, autorisa le Maire 1° à faire sommation aux Greffiers du Bailliage et de l'Election, de lui communiquer toutes les pièces concernant les impositions de 1617, 1618 et 1619, ainsi que l'emploi des fonds ; 2° à former opposition à la levée annoncée pour 1620, jusqu'à ce qu'il en eût été délibéré par les habitans, en assemblée générale. Cette collision entre les deux autorités, n'eut pas de suite ; probablement la curiosité des nouveaux Officiers municipaux fut satisfaite : la levée de deniers fut continuée jusqu'en 1622, et la même année vit achever la Maison royale. Cependant v. 1637, n. VIII.

III. 30 avril, M. Duval présente au Corps municipal son brevet de Capitaine de la Compagnie des arquebusiers, et demande qu'il lui soit indiqué le lieu où sa compagnie pourra faire ses exercices. Les Magistrats arrêtent qu'ils ne s'opposent pas à la mise en activité de cette Compagnie, mais qu'avant tout, les statuts réglant ses droits et ses devoirs doivent leur être communiqués ; que les membres de cette Compagnie doivent aussi prêter le serment dont la formule est fixée par la délibération du 17 avril 1616, et qu'ensuite, il sera délibéré sur leur demande. V. 1621, n. III.

IV. 19 mai, arrêt du Conseil, qui proroge l'octroi de 5 sols par muid de vin, jusqu'à ce que son produit ait fourni 72,000 livres, somme reconnue nécessaire pour compléter les réparations du pont.

V. 1ᵉʳ juillet, nouvelle alerte; le Maire reçoit, directement du Roi, l'ordre de faire reprendre les armes, et de veiller à la garde de la ville. Un nouvel essai de rébellion de Marie de Médicis en était l'unique cause. Par suite de la pacification de l'année précédente, ayant le gouvernement d'Angers, elle avait trouvé la garnison disposée à lui obéir; et, cette fois son entreprise inspira de sérieuses alarmes. Comme elle voulait ne retourner à la Cour qu'autant que son fils expulserait M. de Luynes, et partagerait le pouvoir avec elle, elle trouva dans les Seigneurs de la Cour, jaloux de la faveur de ce jeune Ministre, un bien plus grand nombre de bras prêts à servir sa cause. « Depuis la fameuse » guerre du bien public, sous Louis XI, dit le Vassor, » la France n'avait pas vu de parti plus puissant que » celui à la tête duquel se mit Marie de Médicis. »

En effet, le 10 août, le Bailliage fit publier et afficher, dans Auxerre, une déclaration du Roi, du 28 juillet, portant que le Comte de Soissons, la Comtesse sa mère, le Duc de Vendôme et Grand-Prieur de France, les Ducs de Longueville, de Nemours, de Mayenne, d'Epernon, de Retz, de la Trimouille, de Rohan, de Rohanais, le Maréchal de Bois-Dauphin, les Comtes de Candalle, Marquis de la Valette, l'Archevêque de Toulouse, et autres, eussent à mettre bas les armes dans le mois; que, faute de ce faire, ils étaient déclarés criminels de lèze-majesté, et seraient poursuivis comme tels. Néanmoins la division se mit entre les membres de cette coalition, que des ambitions déçues, et non l'amour du bien public, avaient formée; elle se dissipa aux premiers revers, et le 18 août, le Maire reçut, du Comte de Clermont-Tonnerre, une lettre par laquelle il informait les habitans du traité de pacification conclu entre le Roi et sa mère. Il avait été obligé d'assiéger en personne, avec 3,000 hommes de pied, 400 chevaux et 3 pièces de canon, la ville dans laquelle Marie de Médicis avait bravé, pendant quelques jours, l'armée royale. Mais après quelques escarmouches, par l'entremise du Cardinal de Sourdis et de l'Evêque de Luçon, elle avait enfin abandonné ses prétentions au pouvoir, et la paix était jurée. Cependant le service de la garde ne cessa dans Auxerre, que le 3 septembre, sur une lettre écrite par le Roi aux habitans, et datée de Tours. Le même jour, le Bailliage fit publier et afficher une déclaration du Roi, du 16 août, par laquelle il accordait amnistie à tous ceux qui avaient pris les armes pour sa mère, à la condition de se séparer dans les huit jours suivans.

VI. Jadis, un *Roi des merciers*, dans chaque ville et sa banlieue, exerçait par lui et ses Officiers sur tous les merciers, c'est-à-dire les marchands et les ouvriers, un pouvoir fort étendu. Il donnait les brevets d'apprentissage et les lettres de maîtrise. Il faisait lui-même, et faisait faire par des subalternes, des visites pour les ouvrages, les marchandises, ainsi que pour les poids et mesures. Cette institution, qui remonte au siècle de Charlemagne, et avait été fort utile dans les temps où la police n'avait pour surveillans que les agens des Seigneurs, avait dégénéré; et les derniers revêtus de ce singulier office avaient commis des abus si multipliés, qu'ils furent supprimés par un édit d'Henri IV, en 1597. Malgré cet édit, on découvrit que, dans Auxerre même, et dans plusieurs endroits du Comté, des individus, usurpant encore ce titre de *Roi des merciers*, extorquaient de l'argent des petits marchands. Ces faits ayant été dénoncés par les Officiers municipaux au Procureur du Roi, le 30 septembre, une sentence du Bailliage fit défense à qui que ce fût, de prendre cette qualité, et d'en faire les fonctions, à peine d'être poursuivis comme coupable de crime de faux.

VII. 1er octobre, installation de M. Jean Bailly, Chanoine, Gouverneur du fait commun.

VIII. 8 novembre, MM. Bargedé, Maire, et Duvoigne, Procureur du fait commun, sont députés aux Etats convoqués à Dijon, et chargés d'y présenter un nouveau mémoire contre les Officiers de l'Election, au sujet des honoraires énormes qu'ils s'attribuent sur les rôles de toutes les impositions dont ils font la répartition. V. 1628, n. IV.

IX. 27 décembre, Denis Vatard, imprimeur et libraire, voulant empêcher les merciers, qui jusqu'alors avaient vendu des livres, de continuer ce commerce, les traduisit devant le Prévôt. La Communauté des merciers intervint, et le Prévôt ordonna que les pièces du procès seraient communiquées aux Officiers municipaux. Leur réponse fut « que les

» poursuites de Vatard étaient contraires à la liberté
» de ce qui s'était pratiqué, de tout temps, dans la
» ville, dans laquelle il a été libre à toute personne
» de mettre en vente heures, bréviaires et prières
» approuvés par la Sorbonne, et tous autres livres
» approuvés et non censurés. » Sur cet avis, la
demande de Vatard fut rejetée par le Prévôt.

1621.

1. 9 janvier, le Maire reçoit une lettre du Roi,
du 25 décembre, annonçant une tentative des Protestans sur la ville de Navareins, et portant qu'il juge à propos de pourvoir à la sûreté des autres villes; qu'*Auxerre est du nombre de celles dont la conservation lui importe le plus ;* qu'en conséquence, il ordonne de faire tout ce que le Duc de Bellegarde, plus particulièrement informé de ses intentions, prescrira, ou qui le sera par le sieur de la Rivière. Le Duc, en transmettant cette lettre, recommande d'apporter à la garde de la ville le plus grand soin.

La cause de ces mesures était l'état hostile des Protestans dans le Vivarais, le Béarn, et à la Rochelle. Au mois d'octobre, le Roi ayant visité Bordeaux et le Béarn, avait changé les Gouverneurs de plusieurs places, notamment celui de Navareins. Mais, à peine s'était-il éloigné, que cette ville avait failli lui être enlevée. Cette tentative et plusieurs autres dans diverses provinces, révélèrent que le parti Protestant concevait encore de coupables espérances.

Le jour même de la réception de ces lettres, la porte d'Eglény et celle de Chante-pinot furent fermées, les ponts-levis levés et les grils abattus. Une escouade de la milice fut placée à chacune des autres portes, pour y faire *le service de jour et de nuit, avec les rondes accoutumées.* Il fut enjoint à tous les habitans, privilégiés ou non privilégiés, de quelque qualité qu'ils fussent, de se rendre à cette garde, quand ils seraient commandés, à peine de soixante sols d'amende. Les murs de la ville depuis la porte du Temple, jusqu'à celle d'Eglény, étaient dans un tel état de ruine qu'ils n'étaient plus susceptibles de réparation. En peu de jours, 197 toises en furent reconstruites à raison de 67 livres 10 sols la toise. On reconstruisit aussi en partie la grande arche du pont, et les deux premières du côté du faubourg ; ce qui coûta 42,000 liv. Le seul étayement du pont fut payé 18,000 livres à Louis Vatard, charpentier.

II. Le fermier des Aydes dans le Comté de Tonnerre crut qu'il serait plus heureux que ne l'avait été, en 1614, celui du Comté d'Auxerre, et qu'il parviendrait à assujettir les Auxerrois au droit de Gros, pour les vins provenant de leurs vignes situées dans le ressort de Tonnerre ; mais, par arrêt du Conseil, du 13 février, celui du 4 mars 1614 fut maintenu. V. 1658, n. IV.

III. 10 mai, après sept années d'efforts, le sieur Duval, parvient à faire reconnaître sa Compagnie de Chevaliers de l'arquebuse. Un arrêt du Conseil, du 24 avril, avait rejeté l'opposition de MM. Chevalier et Labbé à un premier arrêt. Sur le vu du dernier, le Corps municipal les autorise *à se réunir au son du tambour, et à se livrer à leur exercice*. Les contradictions que cet établissement avait éprouvées, se prolongèrent probablement après cette autorisation, car il ne reste dans les archives aucune autre trace de son existence ; et l'on verra, en 1730, une autre Compagnie se former, sans même qu'il soit fait mention de celle-ci.

IV. 22 juin, on répand le bruit qu'il se forme des réunions mystérieuses dans les environs. Les Officiers municipaux en furent tellement effrayés, qu'ils demandèrent au Duc de Bellegarde l'autorisation de prendre, sur les deniers destinés aux réparations du pont, ce qui serait nécessaire pour réparer de nouvelles dégradations survenues aux fortifications. Mais dans leur supplique à ce sujet, on voit toute la peine qu'ils avaient à obtenir de la milice bourgeoise un service régulier. Ils disent au Duc que *les habitans sont négligens et paresseux dans la garde de la ville*, et qu'il importe que des peines rigoureuses les rappèlent à leurs devoirs. Le Duc autorisa l'emploi des fonds comme il était demandé, et recommanda aux Magistrats de provoquer un règlement sévère pour le service de la milice. En conséquence, une assemblée des habitans eut lieu, devant le Lieutenant général, le 8 juillet, et il y fut arrêté « que tous les
» habitans, tant ecclésiastiques que laïcs, prétendus
» privilégiés ou non, qui seraient commandés, obéi-
» raient à tous ordres, à peine de 60 sols d'amende,
» pour la première contravention, de dix livres pour
» la seconde, et de peine arbitraire pour les sui-
» vantes ; que tout habitant serait tenu d'avoir *arme*

» *et même bâton à feu* (fusil); que des rondes seraient
» faites en dehors, comme en dedans de la ville,
» pour réprimer *les gredins et autres mauvaises gens.* »

Les Officiers municipaux s'empressèrent aussi de profiter de l'autorisation du Gouverneur pour la mise en état des fortifications, et y dépensèrent 12,000 liv.

Au mois de décembre, les rigueurs de l'hiver rassurant sur les mouvemens des gens de guerre, les Officiers municipaux devinrent plus tolérans pour la garde, et finirent par en suspendre le service.

1622.

I. Dans les premiers jours du mois de mai, on sut que l'armée des Protestans se remettait en campagne. Aussitôt le Maire fit publier, à son de trompe, que les réglemens de l'année précédente, pour la garde de la ville et le service de la milice, seraient exécutés dans toute leur rigueur. Le Corps municipal prit, en outre, une délibération portant « que les Chanoines
» de S.-Etienne, prétendant à être exempts de la
» garde, et de payer les impositions que nécessitent
» ses dépenses, M. le Doyen serait prié de les avertir
» qu'ils ayent à assister aux gardes, et à faire payer
» le bois de la garde, comme d'ancienneté, sinon
» qu'ils y seront contraints par la saisie et la vente
» sans déport de leurs biens, *comme d'ancienneté.* »

II. Les Etats de la province furent réunis à Dijon, deux fois en très-peu de temps, le 13 juin et le 17 août. Chaque fois, indépendamment des intérêts particuliers du pays, il y fut demandé et accordé des subsides extraordinaires, que nécessitaient l'audace et l'opiniâtreté des Protestans, particulièrement à la Rochelle, dans le Poitou et la Saintonge. A ces deux sessions, la ville eut pour Députés, le Maire, M. Bargedé, et un Echevin, M. Leprince.

III. 19 septembre, un convoi considérable de poudre à canon, destiné pour le camp de Montpellier, et devant remonter la rivière jusqu'à Cravan, s'arrêta devant le port S.-Nicolas. Le sieur de la Bruyère, Lieutenant d'artillerie, et préposé à ce convoi, vint déclarer aux Officiers municipaux, qu'il était prévenu que les rébelles se disposaient à le lui enlever, dans le trajet qu'il avait à faire par terre, de Cravan à Chalon-sur-Saône ; qu'en conséquence, il demandait, au nom du Roi, qu'il lui fût fourni tous les voituriers nécessaires pour le transport par terre, et une escorte de 100 hommes de pied, au moins, avec un Capitaine et des Sergens. On s'empressa de répondre à ses désirs, Les Capitaines de la milice furent invités à se réunir, à l'effet de choisir dans toute la milice 100 à 120 hommes d'élite et de bonne volonté, pour en former une Compagnie temporaire, et de leur donner également des Officiers et Sous-Officiers, pris parmi ceux qui se présenteraient d'eux-mêmes pour faire ce service. Ces Officiers furent MM. Bounon, Capitaine, Bernier, Lieutenant, Delye, Enseigne. On y ajouta quatre Sergens. Il fut aussi arrêté
« que cette troupe serait conduite par M. Soufflot,
» Echevin ; qu'elle marcherait tambour battant, en-
» seigne déployée, et que pour empêcher qu'il ne
» se fît désordre dans le plat pays, le Receveur dis-

» tribuerait aux personnes de l'expédition, les sommes
» qui seraient fixées par le Maire et M. Soufflot. »
Cette petite troupe remplit sa mission, sans avoir
éprouvé la plus légère escarmouche.

IV. 1er octobre, installation de M. Chevalier, Lieutenant général, nommé Maire pour la quatrième fois, et de M. Guillaume Berault, marchand, Gouverneur du fait commun.

V. Le même jour, les Jésuites, à qui la direction du Collége venait d'être confiée, en ouvrirent les classes, à la grande satisfaction des familles dont les enfans allaient recevoir une instruction vivement désirée.

On a vu, dans les notions historiques que j'ai données sur le Collége, au commencement du siècle, que l'Evêque Amyot, en le construisant, le destinait à cette société; et que le vœu des habitans, à ce sujet, était si conforme au désir de l'Evêque, que, malgré la disgrâce dans laquelle étaient alors ces Religieux, et le peu d'espoir qu'on pouvait avoir de les obtenir, on continuait néanmoins de donner à la maison d'Amyot le nom de *Collége des Jésuites*, qu'il lui avait donné lui-même.

Cependant, il ne paraît pas qu'il ait été fait des démarches pour les y établir, avant 1617. On voit dans les registres du Chapitre que, le 31 décembre de cette année, trois Conseillers du Bailliage, MM. Germain Leclerc, Germain Lauverjat et Nicolas Bargedé, se présentèrent comme députés de leurs collègues et des Officiers municipaux, lui firent part du projet conçu par ces deux autorités, d'appeler les Jésuites au Collége, pour procurer aux enfans du pays un enseignement plus étendu que celui qu'ils y recevaient, et que cette proposition fut agréée par le Chapitre. On y lit encore que, le 16 juin 1619, trois autres députés du Bailliage vinrent inviter le Chapitre à contribuer aux sacrifices que la plupart des Corps et des Bourgeois étaient disposés à faire à ce sujet, et que le Chapitre promit 1,600 livres.

Probablement on n'obtint que difficilement tout ce qui était nécessaire pour ce grand établissement, car ce n'est qu'après trois années de négociations, que le Maire et le P. Provincial des Jésuites furent d'accord sur les conditions. Le P. Imbert Bouete, fondé de pouvoir du P. Provincial, vint à Auxerre le 21 septembre, et le traité fut signé. Il ne fut pas seulement souscrit par les Officiers municipaux; ils n'y stipulèrent qu'avec le concours des députés du Clergé, du Bailliage, de l'Election et de la Prévôté.

Ce traité portait en substance que le Maire, pour les habitans, s'obligeait à payer aux Jésuites 4,000 livres par an, à la charge par eux d'avoir un Recteur, quatre Régens pour les classes, et quatre Pères pour les prédications et les confessions. La société s'obligeait, en outre, d'avoir, par la suite, une chaire de rhétorique, moyennant 400 livres de plus par an, si la ville la demandait; et même deux Régens de philosophie, en ajoutant encore 1,000 livres. Indépendamment de ces promesses pour l'avenir, ils reçurent, afin de se procurer des livres et des meubles, de la ville 3,500 livres, de l'Evêque 1,600 livres, du Chapitre 1,600 livres, d'une souscription faite par 13 Conseillers du

Bailliage et six Bourgeois 4790 livres. Deux Bourgeois de Vézelay, dans l'espoir que les jeunes gens de leur ville pourraient participer aux avantages de cet établissement, ajoutèrent à tous ces dons 600 liv. La ville avait encore fait de grandes dépenses pour la mise en état des bâtimens, qu'elle avait agrandis par l'achat de plusieurs maisons voisines. Enfin, M. de Bellegarde, Abbé de S.-Germain, leur assurait 100 livres par chacun an, sur sa mense.

Les Jésuites, flattés et reconnaissans de la confiance dont ils recevaient des témoignages si évidemment sincères, invitèrent les autorités et les notables à se réunir, le 18 du même mois, dans la grande salle des exercices. L'assemblée fut très-nombreuse; l'Evêque et tous les dignitaires du Clergé et de la Magistrature s'y trouvèrent. Après qu'un des Régens eut exprimé la reconnaissance de la Société envers les habitans, un autre prononça un discours latin, parfaitement conforme aux idées qui alors dominaient les esprits dans la ville. Son sujet était l'éloge de l'Eglise d'Auxerre : *de laudibus et sacrâ majestate Ecclesiæ Autissiodorensis.* V. 1624, n. 1.

1623.

I. Le traité avec les Jésuites n'avait été fait que sous la condition qu'il serait agréé par le Roi. En conséquence, M. Lalouat, Avocat, avait été envoyé à Dijon, pour obtenir la recommandation de M. le Duc de Bellegarde, qui, plein de bienveillance pour les habitans, l'avait donnée; et, le 26 décembre, un brevet avait approuvé l'établissement, avec autorisation, pour les Jésuites, de recevoir des dons jusqu'à concurrence de 600 livres de revenu. M. Duval, savant interprète des langues étrangères, né à Auxerre, qui avait aussi employé son crédit pour l'obtention de ce brevet, voulut l'apporter lui-même, *convaincu du grand avantage qui devait résulter pour le pays, de l'instruction donnée par ces savans Religieux.* C'est ainsi qu'il s'en est expliqué, lors de la remise qu'il fit de ce brevet aux Officiers municipaux, et que ces derniers l'ont constaté dans leur délibération du 8 janvier.

II. Il n'existait alors ni pont ni chaussée pour traverser, dans le faubourg S.-Martin-lès-S.-Julien, les divers cours d'eau qu'y formaient le ruisseau de Vallan et ceux de la fontaine S.-Amatre. L'écoulement de toutes ces eaux était même obstrué par les ruines de l'Abbaye de S.-Julien, détruite en 1591 ; il en résultait une espèce de marais qu'on ne franchissait, à pied, qu'à l'aide de planches mobiles, ce qui occasionnait de fréquens accidens. Ce n'était même pas sans danger, pour peu que ces ruisseaux fussent gonflés par les pluies, qu'on y passait à cheval ou en voiture. Depuis long-temps, le Corps municipal avait reconnu qu'il était indispensable d'y construire une chaussée et un pont, au moins sur la branche de ces eaux la plus rapprochée de la ville, et appelée le ru de Rentheaume. Une délibération du 28 novembre précédent, portait même qu'on s'occuperait de ces travaux, aussitôt que la caisse municipale pourrait en fournir les fonds. Mais, dans le mois de janvier, les eaux s'étant élevées à une hauteur extraordinaire, les communications entre la ville, le faubourg et les pays au-delà, furent totalement interrompues. Des imprudens, ayant voulu braver les difficultés, y périrent. On cessa d'ajourner cette dépense. Elle fut ordonnée le 15 janvier, exécutée au mois d'août, et coûta 3,200 livres, y compris l'achat des terrains dont il fallut élargir la voie publique.

III. Au mois de février, il y eut à Auxerre, et pendant quelques jours, une conférence mystérieuse entre le Prince de Condé, le Connétable Albert de Luynes, le Duc de Bellegarde, et plusieurs Conseillers de la Cour des comptes de Dijon. Son seul résultat pour les habitans fut une dépense de 1,484 liv. 18 sols, qu'il fallut faire pour les recevoir et les traiter pendant leur séjour, sans avoir pu pénétrer le sujet de leur réunion.

IV. 31 mars, lettres patentes du Roi qui accordent aux Grandes-Charités un droit de douze deniers à percevoir, pendant six ans, sur chaque minot de sel vendu au Grenier; pour servir à agrandir les bâtimens, et entourer de murs le grand cimetière.

V. 28 juillet, audience solennelle du Bailliage, pour la réception de M. Jacques Regnier, Vicomte d'Aulnay, en qualité de Grand-Bailli, sur la résignation de M. de la Rivière. Le Maire, les Gouverneurs et les Echevins intervinrent, et demandèrent acte de leur protestation contre le titre de Gouverneur de la ville, que lui donnaient ses provisions; déclarant qu'eux seuls ont toujours eu la clé des portes, donné le mot de garde, et fait toutes les fonctions de Gouverneur, quoique les provisions de ses prédécesseurs continssent la même erreur.

VI. 6 octobre, le Chapitre de S.-Etienne, informé que M. de Donadieu, cédant aux instances de sa famille, venait d'être nommé Evêque de Comminges, crut pouvoir déclarer le siége vacant et la régale ouverte. Il s'empara, en conséquence, de l'administration du spirituel et du temporel du Diocèse, mais M. de Donadieu, prétendant que tant qu'il n'avait pas été préconisé à Rome, il ne cessait pas d'être Evêque d'Auxerre, traduisit le Chapitre au Parlement. V. 1624, n. III.

1624.

I. 28 janvier, assemblée des habitans : le Maire, au nom du Conseil municipal, leur expose que l'enseignement des Jésuites, pendant la première année scolaire, a fait faire aux écoliers des progrès si satisfaisans, qu'on désire généralement de voir les jeunes gens du pays achever leurs études, sous des maîtres aussi capables. Il propose, en conséquence, d'user de la faculté que la ville s'est réservée dans son traité avec les Jésuites, et de leur demander un Régent de rhétorique, pour 400 livres par an. Cette proposition fut accueillie unanimement, et peu de jours après la classe fut ouverte.

II. La léproserie rebâtie, en 1582, par Michel le Caron, médecin d'Auxerre, tombait en ruine; Jehan Lavaux, qui en était Chapelain et Administrateur, étant mal payé des rentes dues à cet établissement, et hors d'état de faire les dépenses de la reconstruction, proposa au Corps municipal de résigner ce bénéfice moyennant une modique pension. Ses offres furent acceptées par une délibération du 11 avril, qui autorisa les maîtres des Grandes-Charités à traiter avec lui, et à faire, auprès du Grand-Aumônier, les démarches nécessaires pour en obtenir l'incorporation de la léproserie au grand hôpital, *à la charge d'en réparer les bâtimens, et satisfaire à toutes les charges selon les occasions qui se présenteraient*. L'incorporation, en effet, a été prononcée, et l'Hôtel-Dieu, en 1790, possédait encore l'emplacement assez étendu où existait cet établissement. V. 1673, n. IV.

III. 15 avril, arrêt du Parlement qui déclare abusif l'acte capitulaire du 6 octobre, par lequel le Chapitre de S.-Etienne s'est emparé de l'administration de l'Evêché, et lui fait défense de troubler M. de Donadieu dans ses droits.

IV. 6 mai, arrivée du Cardinal Barberin, neveu du Pape Urbain VIII, et son Legat en France. Conformément aux ordres du Roi, il fut reçu hors de la ville, par toutes les autorités, ayant pour escorte une Compagnie d'élite de la milice bourgeoise. Les clés de la ville lui furent offertes. On le conduisit ensuite, *sous un dais rouge*, jusqu'à son logis. Toutes les rues sur son passage étaient tapissées. Il avait avec lui le Dataire Pamphile. Le 7, il célébra la messe dans la Cathédrale, et, le 8, il continua son voyage, se rendant à Paris.

V. 28 juillet, le Connétable Albert de Luynes repassa par Auxerre. D'après les instructions du Gouverneur, le Duc de Bellegarde, il fut reçu comme *chef d'armes*. Tout le Corps de la milice alla au-devant de lui, hors de la ville. La porte S.-Simon, par laquelle il arriva, et celle du pont, par laquelle il devait sortir, étaient garnies de canons, pour le saluer à son arrivée et à son départ. Cette cérémonie fut troublée par un fâcheux accident. Au moment où le Connétable accepta les clés de la ville, que le Maire lui présentait, toutes les armes, canons et fusils, furent tirés, et un père de famille, Claude Mallot, fut blessé. Le Maire et les Echevins en prirent soin, et lui donnèrent une indemnité après sa guérison.

VI. 1er octobre, installation de M. Boyrot, avocat, élu Maire le 24 juin.

1625.

I. 17 janvier, la translation de M. de Donadieu à l'Evêché de Comminges, ayant été rendue publique, le Chapitre de S.-Etienne reprit, sans difficulté, l'administration du Diocèse, et nomma à cet effet quatre Grands Vicaires.

M. de Donadieu fut généralement regretté. Il avait beaucoup de fortune, et en faisait l'emploi en bonnes œuvres. On a vu avec quelle générosité il a aidé les Auxerrois dans tous les établissemens qui se sont faits de son temps. Il ne voulut jamais qu'on payât, soit à lui, soit à ses Officiers, la moindre chose pour les dispenses relatives aux mariages, ainsi que pour les provisions des Officiers à sa nomination. Lorsqu'il revenait des assemblées du Clergé, tout ce qu'il y avait reçu d'honoraires était distribué aux pauvres.

Plein de piété, mais d'une piété éclairée, il fit disparaître des cérémonies religieuses, des usages devenus ridicules. Le jour de la fête du patron d'une confrérie, le chant du *Magnificat* servait à jouer une pantomime plus risible qu'édifiante. Au verset *Deposuit potentes de sede*, l'officiant retirait le bâton des mains de l'ancien Bâtonnier, et au verset *Suscepit Israël*, son successeur s'en emparait comme d'une chose conquise par sa valeur.

Aux processions de la Fête-Dieu, on voyait les douze apôtres en perruques, avec de fausses barbes, des habits superbes et des auréoles.

Ces spectacles bizarres ne se mêlèrent plus aux exercices de dévotion.

II. Au mois de mai, on reconstruisit l'arche du pont sur laquelle était élevé le pavillon de la porte de la ville. Ce travail, pendant lequel il fallut tenir la presque totalité de cette masse énorme suspendue, avait été préparé par les Ingénieurs de la province, et fut surveillé par deux Echevins. La dépense s'éleva à 6360 livres.

III. Au mois d'août, MM. Boyrot, Maire, Chevalier, Lieutenant du Bailliage, Fernier, Conseillier, et Thibault, Avocat du Roi, vont à Varzy, conférer avec les Officiers de M. le Duc de Nevers, sur l'affaire du Donziais. V. 1602, n. III, et 1703, n. I.

1626.

I. Les récoltes de 1625 ayant été presque nulles, Auxerre, comme dans une grande partie du royaume, éprouva, pendant l'hiver, une affreuse disette. Elle fut telle que, le 18 mars, le Maire et les Echevins s'apercevant que le marché ne recevait plus de grains, et qu'à la vue des nombreux bateaux qui, chaque jour, descendaient des blés à Paris, le peuple, malgré tous les secours qu'il recevait, faisait entendre les murmures précurseurs de la révolte, arrêtèrent que le premier bateau qui serait aperçu serait saisi, et que le blé serait conduit au marché, où il serait vendu pour le compte du propriétaire. Cette mesure ne déconcerta pas ceux qui voulaient une sédition. Quand le peuple souffre, il compte pour rien les causes naturelles, et en imagine d'autres pour avoir occasion de satisfaire sa malveillance. Cette fois, ce fut aux impôts que les agitateurs attribuèrent la cause de leur misère; et comme la taille venait d'être augmentée de 400 livres pour la classe de rhétorique, il ne fut pas difficile d'émouvoir les artisans et les vignerons sur une dépense qui ne devait profiter qu'aux enfans des Bourgeois. Le but des séditieux fut donc de piller et de massacrer les Officiers de l'Election, qui avaient fait cette addition à la taille, et les Jésuites qui devaient en profiter.

Le dimanche 29 mars, sur le midi, le Corps municipal étant en délibération à l'hôtel de ville, on s'aperçut que 50 à 60 hommes, groupés sur la place, s'excitaient mutuellement. On en fit venir sept à huit, à qui le Maire demanda la cause de leur réunion; ils répondirent qu'ils se plaignaient des tailles; et sur ce que le Maire leur répliqua qu'ils devaient se pourvoir par les voies ordinaires, et non se révolter, comme ils y paraissaient disposés, deux vignerons audacieux, Bourdin et Marchant, lui dirent que le mécontentement était général, et que s'ils l'avaient voulu, ils auraient amené avec eux plus de 300 personnes. Aucune représentation ne fut écoutée ; ils se retirèrent en murmurant. Cependant le tumulte parut s'apaiser ; mais vers les cinq heures, les séditieux, maîtres du clocher de S.-Père, sonnèrent le tocsin, et l'effroi se répandit dans la ville. Le Maire fit de vains efforts pour assembler la milice ; les Bourgeois qui prirent les armes, se trouvèrent en si petit nombre, qu'on crut qu'il y aurait imprudence à les envoyer au lieu du désordre. Il dura toute la nuit, et le tocsin ne cessa pas un instant. Néanmoins, les révoltés se bornèrent à quelques tentatives pour s'introduire dans une maison, dont ils furent repoussés. Mais, au point du jour, le 30, le rassemblement devint plus nombreux et plus menaçant. Le Maire, les Echevins, tout le Bailliage en corps, allant au-devant de ces furieux, essayèrent vainement de les calmer. La multitude enhardie par la terreur qu'elle inspirait, quitta le quartier S.-Père, pour se porter sur le Collége. Heureusement, déjà le Maire, pendant qu'on parlementait, y avait conduit ce qu'il avait pu réunir de la partie saine de la milice. Cette opposition à la résistance n'en imposa pas aux séditieux, qui attaquèrent les premiers ; mais la defense fut vive, et l'un des plus obstinés étant tombé mort aux pieds de ses camarades, en un instant la foule disparut. (1)

(1) V. les lettres du P. Pintreau, jésuite, publiées en 1654.

Toutefois, ce premier moment de terreur passé, les groupes se reformèrent dans le quartier de S.-Père, et redoublèrent de menaces. Les autorités, qui étaient restées réunies, voyant cette opiniâtreté, envoyèrent en toute hâte à Tonnerre, instruire M. le Comte de Clermont-Tonnerre, Lieutenant de Roi de la province, de la position critique de la ville, et le conjurer de venir y rétablir l'ordre. En l'attendant, les Capitaines de quartier furent chargés de contenir la populace mutinée, autant qu'il leur serait possible; ce qu'ils exécutèrent avec plus de succès qu'on ne l'avait espéré. La nuit du 30 au 31 se passa dans des transes continuelles, mais au point du jour, le courrier envoyé à M. de Clermont rapporta sa réponse, portant qu'il arriverait le jour même, avec sa Compagnie de Gendarmes. Cette nouvelle, qu'on fit promptement circuler, fit seule, sur les mutins, plus d'effet que toutes les démarches conciliatoires. L'effroi passa de leur côté, quand tous les hommes de bien se rassurèrent. M. de Clermont et sa troupe arrivèrent peu d'heures après sa lettre. Le Corps municipal, escorté de la Compagnie d'hommes d'armes de la mairie, auxquels on avait fait renouveler le serment d'obéissance, alla le recevoir à la porte du Pont. Les Magistrats, après l'avoir remercié, le conduisirent à l'hôtel de la Grande-Madelaine, où il fut défrayé de toutes ses dépenses. On logea dans les hôtelleries ses Gendarmes, qui y furent également nourris aux frais de la ville. Dès le lendemain, les Jésuites réfugiés à Monéteau, dans la maison de campagne de M. le Lieutenant général Chevalier, rentrèrent dans le Collége, dont les classes avaient été fermées pendant deux jours.

Le Comte de Clermont resta jusqu'au 7 avril, et ne se retira qu'après qu'on eut fait prévôtalement justice des chefs de la révolte, bien connus des Magistrats, avec lesquels ils avaient osé parlementer, quand on avait voulu les rappeler à la raison. Par ce coup d'autorité, la populace fut comprimée, mais sa haine contre la Bourgeoisie n'en fut que plus ardente, et se faisait remarquer à chaque instant. Les craintes qu'elle inspirait étaient si fortes, que, le 15 mai, le Maire et les Echevins, apprenant que M. Chevalier, Lieutenant général, dont l'influence avait été d'un grand poids dans la crise qu'on venait d'éprouver, allait s'absenter, prirent une délibération pour le prier de différer son voyage, « des bruits alarmans faisant » craindre de nouveaux désordres, contre lesquels il » était à désirer qu'on pût avoir ses bons avis. » Une aussi honorable invitation ne le trouva pas insensible.

Quelques jours après, la perplexité des habitans s'accrut encore. On apprit que le Parlement de Dijon venait, le 20 du même mois, de rendre un arrêt, prononçant défense de faire sortir les blés hors du Duché de Bourgogne, et ce n'était que de cette contrée que la ville recevait le peu de grains qui nourrissait ses habitans. On envoya aussitôt M. Bargedé, Echevin, à Dijon, solliciter une exception pour Auxerre; qui, sans être du Duché, en supportait toutes les charges, et n'avait pas d'autres ressources pour son approvisionnement. La réponse du Gouverneur fut pleine de bienveillance pour les habitans.

Le 3 juillet, la tranquillité publique reçut une nouvelle secousse. La délibération du 18 mars, par laquelle les Magistrats de la ville avaient décidé d'arrêter une partie des blés qui descendraient la rivière, avait été sévèrement improuvée et annulée par un arrêt du Conseil, comme compromettant l'approvisionnement de la Capitale; il était, au contraire, enjoint aux Magistrats de protéger de tout leur pouvoir, la circulation des grains, mais au moment où deux bateaux immensément chargés de blés, allaient passer le pont, quelques hommes trouvèrent le moyen de les arrêter, et à leurs cris, une multitude effrénée se joignit à eux et couvrit les bateaux. Le pillage allait commencer, quand le Maire, un des deux Gouverneurs, le Prévôt, son Lieutenant, un Conseiller et le Procureur du Roi, accoururent pour l'empêcher. Ils y réussirent, mais ce ne fut qu'à la condition que le blé serait vendu de suite, à raison de 3 livres 7 sols le bichet. Les Magistrats, malgré les représentations de la dame Surebert, femme du marchand, se virent contraints de satisfaire cette foule, décidée à ne pas lâcher sa proie. Ils ordonnèrent donc la vente, et la firent faire sous leurs yeux, pour éviter un plus grand mal. On en vendit pendant vingt-quatre heures, à tous ceux de la ville et des environs qui se présentèrent. La vente monta à 1,070 bichets, et il ne se trouva plus d'acheteurs. La dame Surebert fut invitée à recevoir le prix de ce qui était vendu, et à disposer des 24 bichets qui restaient. Sur son refus, ces 24 bichets furent conduits et vendus au marché suivant. Il y eut, à ce sujet, une instance entre la ville et le sieur Surebert, mais au mois de décembre, il vint à Auxerre, et reçut les 3,586 liv., prix de son blé.

La nouvelle récolte, aussi faible que la précédente, ne fit qu'augmenter la crainte des désordres, au point que, le 26 juillet, l'Abbesse et les Religieuses des Iles, par les conseils des Officiers du Bailliage, demandèrent au Corps municipal l'autorisation de transférer leur Communauté dans la ville. Elles y furent admises, à la condition que, lorsqu'elles voudraient des novices, elles donneraient la préférence aux filles des Bourgeois de la ville. Il parait néanmoins qu'elles se rassurèrent, et qu'attachées à leur Monastère, elles y restèrent jusqu'à ce que de nouveaux dangers les contraignissent à l'abandonner. V. 1636, n. v.

Il paraît qu'indépendamment des troubles intérieurs dont Auxerre était alors agité, on n'y était pas sans inquiétude sur les suites que pouvait avoir sur la ville, la division ouverte entre Louis XIII, voulant conserver son Ministre, le Cardinal de Richelieu, et Gaston, frère du Roi, ennemi déclaré du Cardinal. On voit effectivement le Corps municipal, par une délibération du 8 septembre, faire reprendre, par la milice, la garde des portes de la ville, pendant le jour et la nuit.

II. 9 septembre, MM. Boyrot, Maire, et Delachasse, Echevin, sont députés aux Etats convoqués à Dijon pour le 13.

III. 1er octobre, installation de MM. Boyrot, réélu Maire, et Petitfou, Gouverneur du fait commun.

IV. 15 octobre, arrivée imprévue de M. Gilles de Souvré, successeur de M. de Donadieu, sur le siége épiscopal. Instruit des maux sans nombre qui affligeaient le pays, il voulut échapper à une réception solennelle. Sans se faire annoncer, il descendit de voiture à sept heures du soir, se fit conduire au Palais épiscopal, et prévint ensuite le Chapitre et les autorités. Le lendemain, le Chapitre l'intronisa avec le moins d'éclat possible. Quoique fort jeune, son esprit, son instruction et son amabilité firent espérer qu'on retrouverait en lui tout ce qu'on avait perdu par l'éloignement de M. de Donadieu. Le surlendemain, il fut invité à un exercice public dans le Collége. Le Régent de rhétorique en prit occasion de rappeler, dans un discours latin, les vertus éminentes et les actions mémorables de la plupart des anciens Evêques d'Auxerre. Cet exposé frappa le jeune Prélat, le fortifia, ainsi que, depuis, il l'a dit, lui-même, dans le parti qu'il avait déja pris, de remplir avec un entier dévouement, les nombreux et difficiles devoirs de l'Episcopat; il y persévéra jusqu'à sa mort. V. 1631, n. VI.

V. 11 Décembre, réception de M. le Comte de Cormarin, en qualité de Lieutenant général au gouvernement de l'Auxois, Autunois et Auxerrois, en remplacement de M. de Clermont-Tonnerre. Dès le 29 mars, une lettre du Roi l'avait annoncé aux

Maire et Echevins, qui, de concert avec les Capitaines de la milice avaient arrêté le cérémonial. Indépendamment du canon qui était toujours sur la porte du Temple par laquelle M. de Cormarin devait entrer, quatre autres canons furent placés sur la plate-forme qui était entre cette porte et celle d'Eglény; douze fauconneaux furent disposés sur la place de la Féncrie, et douze autres sur la plate-forme de la porte du Pont, par laquelle il devait sortir. Escortées de cent hommes d'élite de la milice, les autorités allèrent au-devant de lui, jusqu'à la porte du Temple. Au moment où il reçut les clés, toutes les pièces d'artillerie furent tirées pour annoncer et célébrer sa prise de possession. Sa suite était fort nombreuse ; les hôtelleries furent remplies par ses Gentilshommes et ses Gendarmes. Sa femme et sa fille furent logées chez une dame Chrétien, qui reçut 170 livres d'indemnité.

VI. 12 Décembre, réception d'une lettre du Roi, par laquelle il prévient le Maire et les Echevins que, la rareté et la cherté des blés augmentant chaque jour, il vient d'en défendre l'exportation, et les invite à lui adresser leur avis sur les mesures à prendre pour sauver le peuple des maux dont il est menacé jusqu'à la nouvelle récolte.

1627.

I. L'état de misère et de terreur dans lequel on passa l'hiver à Auxerre, est naivement exprimé dans une délibération du Corps municipal du 18 avril. Des comédiens voulant donner un spectacle, et vendre

leur orviétan à des gens qui mouraient de faim, désiraient l'annoncer par le tambour ; il est arrêté que l'autorisation leur en sera refusée : « eu égard à la cala-
» mité du temps, et qu'il est plus besoin de prier
» Dieu, que de faire de telles assemblées ; joint le
» tumulte qui est arrivé, et les menaces qui sont
» tenues. »

II. 27 juin, transaction entre le Corps municipal et le sieur Cailleau. La plainte par lui portée en 1613, fut suivie d'un énorme procès au Conseil. Il fallait reviser tous les comptes antérieurs à 1613 ; sur chaque article, Cailleau trouvait quelques critiques à faire. Il paraît qu'en effet les deniers communs avaient souvent été détournés de leur destination, mais toujours au profit des habitans, lorsqu'on était contraint à ces irrégularités par les malheurs des temps, et que jamais il n'y avait eu d'infidélité réelle. Néanmoins on n'apercevait pas le terme de ce procès, s'il était suivi dans toutes les tortuosités que savait lui donner Cailleau, qui voulait lasser les Magistrats, et faire payer son prétendu zèle pour le bien public. Il y parvint après 21 ans de chicanes. Le 12 juin, les notables assemblés devant le Lieutenant général, convaincus que les torts des anciens Officiers municipaux n'étaient que dans les formes, et qu'aucune prévarication n'avait été commise, autorisèrent le Corps municipal à transiger avec le dénonciateur, moyennant 6000 livres, au moyen de quoi il consentit à prendre un expédient au Conseil qui prononça un hors de cour. Ce qui prouve parfaitement l'injustice de ses plaintes, c'est que les Officiers qui terminèrent le procès n'étaient plus ceux qu'il avait dénoncés, et que ni le Procureur général, ni le Conseil ne se refusèrent à l'expédient.

III. 12 août, Arrêt du Conseil d'Etat, qui réunit à la communauté des habitans l'office de Receveur des deniers patrimoniaux récemment créé, et qu'exerçait provisoirement le Directeur des Aydes, en payant 14,160 livres pour la finance; le même arrêt accorde aux habitans le renouvellement de l'octroi de 3 deniers sur le pain mollet, afin de se libérer de cette dette.

IV. 8 septembre, M. Jacques Leprince est élu Maire, et M. Petitfou Gouverneur du fait commun.

V. 22 septembre, chûte subite du clocher de l'Eglise de Notre-Dame-la-d'hors, qui écrasa le Jubé. Bargedé avait vu ces deux monumens d'architecture, et rapporte qu'ils étaient *magnifiques*.

VI. 7 novembre, à son audience de rentrée, le Bailliage reçoit M. Pierre Camus Trésorier général des finances en Bourgogne, en qualité de Grand-Bailly.

VII. Le 19 décembre, les Officiers municipaux nomment chirurgien du grand hôpital de la Madelaine et de celui de S.-Roch, en cas de contagion, le sieur Billecaut, à qui il est promis 50 livres par an, et, s'il y a contagion, un habit de camelot; on l'autorise aussi *à tenir boutique ouverte, comme les autres chirurgiens*.

VIII. Les récoltes de l'année furent, à peu près, comme celles des trois années précédentes, fort au dessous des besoins du pays. On le voit dans une délibération prise le 30 décembre par une assemblée des Députés du Comté. Le Roi venait de créer des offices de *Courtiers de vin*, et de *Greffiers des dépris des vins*, à qui il était attribué, savoir : aux premiers cinq sols et, aux autres deux sols six deniers, sur chaque muid de vin récolté, ce qui formait un impôt énorme. Il fut arrêté qu'on formerait opposition à l'établissement de ces offices dans le Comté, comme destructifs de ses priviléges ; qu'on adresserait la réclamation au Roi, *en priant sa débonaireté de considérer la misère et la pauvreté du pays, qui est si grande que la disete se prépare, quasi comme l'année précédente.* V. 1628, n. VI.

1628.

I. 20 janvier, passage et séjour d'un *Milour anglais*, qui était conduit à Paris par M. de Bourbonne, avec une suite de 180 personnes. Malgré la détresse de la ville, il fallut supporter cette dépense.

II. 20 février, les Officiers municipaux reçoivent deux lettres, l'une de la Reine-mère, qui les prévient que les Protestans méditent des entreprises sur plusieurs villes, et leur recommande de faire bonne garde de la leur ; l'autre de M. de Cormarin, qui leur fait la même recommandation, ajoutant : *votre ville est une des plus importantes de ma charge.* Le Roi et le Cardinal de Richelieu étaient alors occupés au siége de la Rochelle, dernier boulevard des Protestans, et avaient avec eux la plus grande et la meilleure partie de l'armée. Pour le contraindre à diviser ses forces, ceux des chefs des Protestans qui ne s'étaient pas renfermés dans La Rochelle, firent, en effet, des tentatives sur plusieurs villes de l'intérieur.

Au reçu de cet avis on reprit la garde de la ville, de nuit et de jour. On fit aussi des ponts en bascule aux portes du Temple, du Pont et de Chante-pinot.

III. 2 avril, une maladie contagieuse, suite ordinaire de la disette, se déclara dans la ville. Les Officiers municipaux firent ouvrir l'hôpital S.-Roch, et y envoyèrent Nicolas Lemerle en qualité de *Commis adventurier*, aux gages de sept écus par mois, pour y soigner *les pestiférés*. On s'empressa de reconstruire la chapelle et la chambre des Religieuses de l'Hôtel Dieu, qui étaient tombées.

IV. 14 avril, arrêt de la Cour des Aydes qui, sur les plaintes portées contre les Officiers de l'Election, les condamne en 324 livres d'aumône pour le pain des prisonniers, et en 4,000 livres de réparations civiles, leur ordonne de faire leurs chevauchées à leurs frais, et leur défend de prendre de plus grands droits que ceux fixés par l'Edit de 1614. Aujourd'hui, non-seulement de telles prévarications feraient destituer les coupables, mais des peines afflictives en seraient la juste punition.

V. 7 mai, on place à chacune des portes de la ville deux hommes *chargés d'examiner et reconnaître ceux qui entreront et sortiront ; empêcher l'entrée aux gredins et gens inconnus, et à ceux qu'ils connaîtront venir des lieux infectés.*

Le 15, la contagion faisant des progrès effrayans, les Officiers municipaux firent venir un sieur Roi, chirurgien à Champignelles, *passant pour avoir grande expérience en la cure de ce mal*, et l'adjoignirent au sieur Barbier. Le 6 août, il fut autorisé à se retirer, l'hôpital n'ayant plus que des convalescens; mais, au commencement de septembre, une nouvelle crise, plus meurtrière encore que la première, fit, en peu de jours, de nombreuses victimes. On adjoignit encore au sieur Barbier, un chirurgien de Bonny-sur-Loire, jouissant d'une grande réputation; lequel succomba lui-même deux mois après. Enfin, les premiers froids de l'automne firent cesser cette calamité.

VI. 15 septembre, nouvelle assemblée des députés du Comté. Les démarches faites pour obtenir la révocation des offices des Courtiers ayant été inutiles, les députés prirent le parti de les acheter, pour éviter les vexations auxquelles la population serait exposée; cet achat leur coûta 133,600 livres, qu'ils empruntèrent, et dont Auxerre seul supporta la moitié.

1629.

I. L'armée qui, le 28 octobre, avait enfin soumis la Rochelle, devant y rester pendant l'hiver, le Roi résolut d'accorder aux soldats un habillement convenable, et d'y faire contribuer toutes les villes importantes. Celle d'Auxerre fut du nombre, et son contingent se trouva de 120 habillemens. Ils devaient être composés *d'une jupe, servant de pourpoint en bure doublée de futaine, avec un haut de chausse et des bas de même étoffe, et une paire de souliers.* Les souliers coûtèrent 40 sols la paire, et le surplus de l'habillement

14 livres 13 sols 4 deniers. Un des Echevins, le sieur Vincent, fut chargé de les conduire à Nantes. Parti le 5 mars, il n'y arriva que le 22.

II. 27 mai, publication de la paix avec l'Angleterre.

III. 8 juillet, un Commissaire d'artillerie fit débarquer, sur le port, vingt pièces de canon et une grande quantité de munitions de guerre, qu'il fallut faire garder par la milice jusqu'à nouvel ordre. V. 1631, n. VII.

IV. 26 juillet, une brigade de neuf Archers, commandée par le sieur Rivière, Lieutenant du Grand-Prévôt, séjournant à Auxerre, une querelle s'engagea entre quelques Archers et des habitans; les autres Archers se joignirent aux premiers, il en fut de même du côté des habitans; il en résulta un combat dans lequel les Archers furent écrasés par le nombre, pillés dans leurs effets, et contraints de s'échapper par la fuite. Les Officiers municipaux se hâtèrent de porter plainte au Bailliage; mais tandis qu'à leur diligence, on faisait le procès aux plus coupables, Robert et Choppin, ils furent eux-mêmes mis en prévention, et traduits au Conseil, sur la plainte du Lieutenant Rivière, et d'un des Archers, Mabeste, qui avait été le plus grièvement blessé. Des décrets d'ajournement personnel furent lancés contre M. Chevalier, Lieutenant général, comme chef de la police, M. Leprince, Maire, M. Regnaudin, Procureur du Roi, MM. Edme Jodon, Philippe Vincent, Echevins, et Christophe Froment, Bourgeois. Ces trois derniers furent envoyés à Paris, et subirent interrogatoire. Ils n'en furent pas moins emprisonnés. Cependant, sur leur demande, la liberté provisoire leur fut accordée, mais à la charge de rester à la suite du Conseil, sans désemparer, à peine d'être réputés convaincus de culpabilité. Le même arrêt ordonna qu'à leur diligence, le Lieutenant général, le Maire et le Procureur du Roi satisferaient aux décrets donnés contre eux, et suspendit ces derniers de leurs fonctions. Ceux-ci se hâtèrent d'obéir, et subirent interrogatoire, après lequel ils furent, comme les autres, mis à la suite du Conseil, jusqu'au 15 novembre, qu'un arrêt termina le procès. La Communauté des habitans fut condamnée, envers le Lieutenant et ses Archers, en 3,445 livres de réparations civiles ; envers Mabeste, en 400 livres d'indemnité particulière, comme aussi à lui servir une pension viagère de 300 livres, payable à Paris ; à l'effet de quoi il fut ordonné que les habitans seraient tenus de fournir une caution solidaire domiciliée à Paris. La ville supporta en outre une masse énorme de frais.

V. 30 octobre, les Religieux de S.-Germain embrassent la réforme de S. Maur. Octave de Bellegarde, qui, en 1610, était devenu Abbé de S.-Germain, y ayant fait profession, et résidé pendant quatre ans, avait reconnu que la règle de S. Benoît, déjà rétablie dans ce Monastère, en 980 et 1096, y avait été, encore une fois, oubliée et méconnue. Regardant comme indispensable une troisième réforme, il s'en occupa, aussitôt qu'il fut promu à l'Archevêché de Sens, et se trouva Métropolitain, en même temps qu'Abbé de ce Monastère. De concert avec l'Evêque d'Auxerre, il s'adressa aux Supérieurs de la Congrégation de S. Maur, et les trouva disposés à seconder ses vues. Il fallut ensuite amener les Religieux de S.-Germain à subir la réforme, ce qui fut plus difficile; enfin il y parvint. Dom Placide, visiteur de la Congrégation, et Dom Bernard-Gevaudan, Procureur général, amenèrent dix Religieux de chœur, qui, avec les anciens, ne formèrent qu'une seule Communauté, à la tête de laquelle fut mis Dom Placide, en qualité de Prieur.

1630.

I. La Baronne de Chantal qui, en 1610, avait fondé à Annecy, sous la direction du célèbre Evêque de Genève, l'Ordre de la Visitation, et avait déjà en France un grand nombre de maisons, désira en établir une à Auxerre. Elle en demanda l'autorisation au Corps municipal; qui la refusa, le 24 août. V. 1656, n. x.

II. 25 août, la ville est contrainte à payer 2,640 livres, pour son contingent dans les frais de l'habillement accordé à l'armée d'Italie.

III. 1er septembre, la contagion qui avait disparu sur la fin de 1628, afflige de nouveau les environs de la ville, et l'on s'empresse de fermer les portes d'Eglény et de Chante-pinot. Les autres sont gardées avec une consigne sévère contre toutes personnes provenant des pays envahis par la maladie.

IV. Même jour, ban de vendange pour le 8. Ni

avant cette année, ni depuis, il n'est pas mémoire d'une vendange aussi hâtive dans l'Auxerrois.

V. 8 septembre, assemblée des habitans, qui élurent pour Maire, M. Claude Girardin, Prévôt royal, et deux nouveaux Echevins. Cette élection fut attaquée par les gens du Roi du Bailliage, comme étant le produit de brigues et de cabales ; mais leur appel au Parlement n'eut pas de suite, et les nouveaux Magistrats restèrent en place.

VI. 13 octobre, le Maire et les Echevins sont informés que des gens de guerre, qui ne justifient d'aucune commission, se sont établis en grand nombre, et de leur autorité privée, dans les villages de la banlieue ; qu'ils forcent les habitans à leur fournir des vivres, et tout ce qui leur convient ; qu'il en résulte chaque jour *vols, viols et meurtres*. Un des Echevins, M. Ancelot, est envoyé à Dijon, conjurer M. de Bellegarde de prendre des mesures pour faire cesser ces désordres, auxquels les autorités du lieu ne peuvent pas remédier.

1631.

I. 2 mars, M. de Cormarin, Lieutenant général de la province, arrive sans s'être fait annoncer, et mande sur-le-champ, à l'hôtel de ville, le Maire et tous les membres du Corps municipal. Il leur annonce que Monsieur, frère du Roi, s'est retiré de la Cour ; qu'il est, avec un grand nombre de Seigneurs, en rébellion ouverte ; que s'étant porté sur Orléans, il y est poursuivi par l'armée royale, commandée par le Roi en personne ; qu'on sait que son projet est, s'il y est contraint, de se retirer par Auxerre, sur la Bourgogne, dont le Gouverneur, M. de Bellegarde, est secrètement dans son parti ; que si cela arrive, le Roi l'y suivra ; qu'il importe, en conséquence, que la ville se tienne soigneusement sur ses gardes, pour ne pas tomber sous la main du Prince rébelle, et retomber ensuite sous celle du monarque irrité.

Cette nouvelle alarmante circula promptement, et, à l'instant même, sans convocation, toute la milice courut aux armes. Le Maire et les Echevins, craignant que le Prince n'eût dans la ville des agens secrets, ajoutèrent aux mesures ordinaires, dans les temps d'alarmes, de désigner pour chaque porte celui d'entre eux dont la demeure en était la plus rapprochée, le chargeant d'en surveiller la garde, et de s'en faire remettre la clé pendant la nuit.

Gaston, en effet, poursuivi dans l'Orléanais, se dirigea avec sa petite armée sur l'Auxerrois ; mais prévenu probablement qu'à Auxerre, il trouverait bonne garde, et une résistance qu'il ne pourrait pas vaincre, avant l'arrivée de l'armée du Roi, qui le suivait de près, il passa à Toucy, de là à Cravan, où il était le 15. Dès la veille, le Maire avait reçu une lettre du Roi, le prévenant que le 21, il serait à Auxerre. Aussitôt tout changea de face dans la ville : à l'effroi qu'inspiraient les préparatifs de défense, succéda la plus franche allégresse ; il ne s'agissait plus de fermer les portes à des séditieux, mais de les ouvrir au Souverain légitime ; on ne s'occupa donc plus que des moyens de recevoir Louis XIII et son Ministre redouté, d'une manière digne de la Majesté royale.

Le cérémonial adopté dans cette circonstance solennelle va faire connaître les habitudes, les usages et les gouts de ce temps. D'abord, dans une assemblée générale, il fut arrêté que, sur les deniers communs, il serait pris la somme nécessaire pour être distribuée à la milice bourgeoise, afin qu'Officiers et Soldats fussent armés et habillés convenablement ; qu'à l'égard du Maire, des deux Gouverneurs et des douze Echevins, il leur serait fourni des habits neufs. On envoya ensuite à Sens deux Echevins, MM. de Frasney et Regnard, chargés de présenter au Roi le respect des habitans, en le remerciant de l'honneur qu'il daignait leur faire.

Sur la plate forme de la porte S.-Simon, furent placés les huit plus gros canons pour être tirés au moment où le Monarque serait aperçu sur le sommet de la montagne S.-Simon. Cette même porte fut couverte de tapis de Turquie, sur lesquels étaient les armoiries du Roi, et au-dessous celles de la ville. Les barrières et le corps-de-garde furent *ornés de lières et de clinquans.* Les mêmes préparatifs furent faits à la porte du pont, par laquelle le Roi devait sortir.

Quelques jours avant le Roi, un Maître des Requêtes, M. du Chatelet, vint inspecter les logis préparés pour le Roi, au Palais épiscopal, et pour le Cardinal, à celui de l'Abbé de S.-Germain.

Enfin, le 21 mars, 2,000 hommes armés furent

envoyés au bas de la montagne S.-Simon, attendre le Roi, avec défense expresse de tirer. En dehors de la porte, se placèrent toutes les autorités; le Maire, les Gouverneurs et les Echevins étaient au milieu, tous ayant pour escorte la Compagnie des gardes de la ville. Au moment où la voiture du Roi s'arrêta, le Maire seul le harangua, et prenant, des mains d'un des Echevins, les clés de la ville entourées d'écharpes bleues et jaunes, les présenta au Prince.

Les canons qui avaient annoncé son apparition sur la montagne, célébrèrent également son entrée dans la ville. A son passage, près de la croix de pierre, où était la maison du Maire, *sur un théâtre enrichi de peintures et de tapisseries couvertes de fleurs, les joueurs d'instrumens saluèrent le Roi avec leurs cornets à bouquin et autres instrumens.* L'arcade de l'horloge était revêtue de lières, de clinquans et de fleurs de lys, avec les insignes du Roi, les armes de la ville et celles du Royaume, *ornées des devises propres et convenables au sujet.* Près de l'hôtel de ville, *sur un théâtre orné de peintures et de tapisseries, les musiciens, avec les voix humaines, étaient chargés de saluer instamment Sa Majesté.* Sur la place de la Cathédrale on avait élevé *deux théâtres respectifs*; sur l'un *étaient les orgues portatives, pour en jouer avec les voix;* sur l'autre *les joueurs d'épinettes et autres.* Sur la place de l'Evêché, logis du Roi, *étaient appendues son effigie et ses armes, avec les devises convenables.*

Six mille bouteilles *du vin le plus esquis qu'on avait pu trouver*, furent présentées à Sa Majesté, aux Princes et *Seigneurs les plus signalés de sa suite.*

Pendant les repas de la Cour, les musiciens *firent des concerts de musique*. Deux Echevins restèrent constamment au logis du Roi pour recevoir ses ordres. Deux fontaines, l'une de vin rouge sur la place S.-Germain, l'autre de vin *blanc et clairet* sur le perron de l'hôtel de ville, coulèrent pendant tout le jour.

Le Roi séjourna le 22; et le 23 il fut reconduit avec le même cérémonial que lors de son entrée, MM. Bouchera et Dufrasney se mirent à sa suite jusqu'à Noyers, où il coucha; et ils y furent admis à lui présenter de nouveau les remercimens des habitans.

Louis XIII se porta de suite sur Dijon. A son approche, son frère fit sa retraite du côté du Bourbonnais. Mais le Roi fut informé que le Duc de Bellegarde lui avait donné asile dans son Château de Seure. Aussitôt qu'il fut arrivé à Dijon, le 30 mars, il fit enregistrer, par le Parlement de cette ville, une déclaration dans laquelle le Duc de Bellegarde, et tous les autres Seigneurs, partisans de Monsieur, étaient déclarés criminels de lèze-majesté. Quelques mois après, la Chambre du domaine établie temporairement à Troyes, prononça la confiscation de leurs biens.

II. 23 avril, MM. Girardin, Maire, et Jodon, Echevin, sont députés aux Etats convoqués à Dijon pour le 28.

III. 5 juin, arrêt du Parlement de Paris, qui réforme un jugement du Bailliage, par lequel M. Claude Leclerc, Conseiller, et un Avocat, nouveaux Echevins, avaient été admis dans leur prétention, de prendre, comme gradués, le pas sur les anciens Echevins qui ne l'étaient pas. La Communauté des marchands, intéressée à combattre ce système, intervint sur l'appel des sieurs Ragot, Fayot et Sallé, marchands et Echevins. Le célèbre Avocat général Talon, fit observer que le Bailliage d'Auxerre, dont la prérogative mise en question était la propre cause, aurait du s'abstenir; qu'au fond, c'était comme habitant qu'un individu était appelé aux fonctions municipales, et non à cause de son rang; que, d'ailleurs, il était utile que le nouvel Echevin fût instruit, et conséquemment précédé par l'ancien. L'arrêt annula le jugement du Bailliage comme incompétemment rendu, ordonna que les nouveaux Echevins prissent rang à la suite des anciens, et condamna aux dépens l'Avocat et le Conseiller. V. 1748, n. III.

IV. 10 juillet, le sieur Lebriois, fermier des droits d'Aydes dans le Comté, voulut faire inventorier les vins dans les caves des Bourgeois; les Officiers municipaux s'y opposèrent, prétendant qu'il ne pouvait le faire que chez les cabaretiers; que ce serait attenter aux priviléges des habitans que de les exercer, même lorsqu'ils vendaient en détail les vins de leur récolte. Le fermier n'insista pas.

V. 29 août, par suite de nouveaux ordres du Roi, transmis par le Lieutenant général de la province, la milice bourgeoise est remise en activité pour la garde de la ville, pendant le jour et la nuit. L'état de rébellion dans lequel Monsieur persistait, fit reprendre cette précaution dans toutes les villes un peu importantes.

VI. 19 septembre, M. de Souvré meurt à Paris, à l'âge de 35 ans. Très-ami des sciences, surtout de celles physiques et naturelles, et zélé protecteur de ceux qui les cultivaient, il fut soupçonné par les ignorans de s'adonner à l'étude des secrets de l'alchimie ; et sa mort ayant été presque subite, on débita qu'il était mort victime d'un accident. Ce qui est beaucoup plus certain, c'est que tous les écrits du temps le présentent comme un Prélat accompli. Son corps fut rapporté à Auxerre, et deux Echevins, MM. Boucherat et Jodon, furent envoyés au-devant jusqu'à Régennes. V. 1632, n. v.

VII. Sur la fin de ce mois et pendant le suivant, en exécution des ordres du Lieutenant général de la province, les Officiers municipaux firent transporter à Noyers une partie des munitions de guerre mises à la garde de la ville, en 1629.

VIII. Depuis un an, la contagion qui désolait les pays environnant la ville, mais à trois et quatre lieues de distance, se rapprocha, et le 5 octobre elle se manifesta à S.-Bris. Aussitôt, sur la demande du Maire et des Echevins, le Lieutenant général rendit une ordonnance faisant défense aux habitans de cette petite ville de *fréquenter* Auxerre, et à ceux d'Auxerre de *fréquenter* S.-Bris. Elle portait encore que quand les habitans de S.-Bris auraient besoin de vivres et de médicamens, ils enverraient leurs missives, les présenteraient aux portiers au bout d'un bâton, et que les portiers les enverraient au Maire. Cette sévère ordonnance fut aussitôt publiée à son de trompe, tant à Auxerre qu'à la porte de S.-Bris, sur laquelle elle fut affichée.

Une précaution aussi excessive n'empêcha pas la maladie de pénétrer dans la ville, et d'y faire des victimes, dès le 20 novembre. Aussitôt l'hôpital S.-Roch fut ouvert. Toutes les paroisses de la ville furent prévenues d'avoir à lui fournir 25 livres par semaine, suivant la répartition à faire entre elles, conformément aux anciens états. Denis Mignard, fils d'un marchand de la ville, fut chargé, comme chirurgien, de soigner les malades, moyennant 30 livres par mois, et un habit de camelot, à son entrée. V. 1633, n. IV.

1632.

I. 15 février, le Maire reçut deux lettres, l'une du Roi, portant que la ville eût à reconnaître le Prince de Condé en qualité de Gouverneur de la province, à la place du Duc de Bellegarde; la seconde du Prince, lui-même, exprimant son désir de contribuer au bonheur des habitans, et, pour cela, d'avoir dans la ville une maison où il pourrait résider, quand il le croirait convenable. Cette lettre était formulée à la fin par ces mots: *Votre meilleur ami*, *Henri de Bourbon*. On s'empressa de louer, pour cinq années, et moyennant 200 livres par an, la maison de l'Abbé Lemuet, Chanoine, à la charge, par lui, de la rendre digne de recevoir le Prince.

II. L'aquéduc de Vallan subsistait encore, mais en ruine. Les habitans conservaient l'espoir de le rétablir dans un moment prospère, qui s'éloignait toujours, les dettes de la ville étant énormes, et les troubles civils, ainsi que les maladies contagieuses, y ajoutant chaque jour. Cependant le mal étant extrême, en attendant qu'on pût faire la dépense considérable de ce rétablissement, on se borna à chercher des sources plus rapprochées de la ville, et l'on crut que celles du vallon de Ste-Marguerite, près de la léproserie seraient suffisantes. On fit venir de Paris, le sieur de la Vrille, fontainier, qui, le 25 mars, présenta un projet d'exécution. Le 28, il fut soumis à une assemblée générale. Mais les habitans apercevant une dépense très-supérieure à celle qu'on avait présumée, et un volume d'eau beaucoup moindre que celui qu'on avait espéré ; effrayés, surtout, de ce que les eaux n'arriveraient à la ville qu'après avoir servi aux lépreux, rejetèrent ce projet.

III. Dans les premiers jours du mois de mai, le Prince de Condé vint passer quelques jours à Auxerre ; le cérémonial de sa réception fut le même que celui pour M. de Cormarin, en 1626. Il habita la maison qui lui était destinée. Pendant son séjour, et sous son inspection, les vingt canons et tout ce qui restait des munitions de guerre déposées à Auxerre, furent remis au sieur de Chaumont, Commissaire d'artillerie, pour être conduits au siége de la Rochelle, qui n'était pas encore terminé.

IV. Au mois de juillet, une partie de l'armée qui devait surveiller celle de Monsieur, s'approcha d'Auxerre, venant de Champagne, et établit pendant quelques jours son camp près de Maligny. Le 16, le Maire reçut une lettre du Maréchal de Camp de

Choubrey, par laquelle il lui annonçait qu'il avait ordre de faire passer la rivière, près d'Auxerre, aux troupes qu'il commandait ; qu'elles n'entreraient pas dans la ville; que lui et les autres Officiers supérieurs seulement y logeraient ; que le passage se ferait le lendemain 17, et qu'il fallait tenir prêt le blé nécessaire pour lui fournir 1,500 rations, dont il payerait la valeur, sur le prix moyen des trois derniers marchés de la ville. Ses ordres furent exécutés, et le passage se fit sans aucun désordre notable. Dans la campagne seulement, quelques chevaux furent enlevés aux paysans par les soldats; mais le Maréchal chargea le Commissaire Labrèche de s'entendre avec le Maire et le Prévôt des Maréchaux, pour la recherche de ces chevaux, qui furent retrouvés et rendus à leurs maîtres.

V. 15 septembre, M. Dominique Séguier, fils de M. Jean Séguier, Lieutenant civil de Paris, nommé à l'Evêché d'Auxerre, le 6 octobre de l'année précédente, en prit possession. Tout le Corps municipal avait été au-devant de lui jusqu'à Régennes.

1633.

I. Au mois de février, M. Charles de Loménie obtint des lettres patentes qui lui accordèrent, à perpétuité, le droit exclusif d'avoir, pour le transport des personnes, entre Paris et Auxerre, deux bateaux ou *coches par eau*, sur la Seine et l'Yonne. Déjà cette concession lui avait été faite par un brevet du Roi, le 26 janvier 1620, et il en avait fait régler les conditions par le Prévôt des marchands de Paris, le 21 mars 1622, mais probablement il avait rencontré des obstacles, qu'il n'avait pu faire lever que par ses lettres patentes. Elles furent l'origine du monopole qui enleva aux voituriers par eau de la ville, un des plus importans bénéfices qu'ils faisaient auparavant, et qu'ils n'ont pas pu recouvrer depuis. V. 1635, n. I.

II. 25 septembre, M. Melchior Duvoigne, Conseiller au Bailliage, est élu Maire.

III. 6 novembre, le Corps municipal députe le nouveau Maire, et M. Billard, Avocat, l'un des Echevins, aux Etats convoqués à Dijon pour le 24.

Il fut question dans cette assemblée des dettes dont toutes les villes de la province étaient surchargées, et de prendre des mesures pour les faire sortir de ce déplorable état qui empirait chaque jour. Auxerre était une de celles où ce mal était le plus grave. On arrêta d'en référer au Conseil du Roi. V. 1635, n. II.

IV. 8 décembre, les désastreux effets de la contagion qui affligeait la ville depuis plus d'une année, ayant enfin cessé, le Corps municipal arrêta que les chirurgiens st les commis aventuriers de l'hôpital S.-Roch seraient congédiés.

1634.

I. 15 mai, nouvelles alarmes; la contagion reparaît dans les pays environnans, on recourt aux mesures ordinaires, de fermer les portes pendant la nuit, et d'y mettre, pendant le jour, des gardes chargés d'en interdire l'entrée à toutes les personnes soupçonnées de venir des pays envahis par cette maladie ; et la ville en fut préservée.

II. Le nécrologe de la Cathédrale s'était tellement grossi d'anniversaires fondés par les anciens Evêques, les Comtes et les Comtesses d'Auxerre, ainsi que par d'autres bienfaiteurs, que les Chanoines avaient à en célébrer pour tous les jours, et souvent plusieurs. Ne pouvant plus remplir ces obligations, sans que l'office canonial en souffrît, ils s'adressèrent au nouvel Evêque, M. Séguier, qui, par une ordonnance du 15 juillet, réduisit tous les anniversaires solennels à un seul par semaine, et les autres à une messe basse.

III. Le 21 octobre, on apprit que le Duc d'Orléans, réconcilié avec le Roi son frère, avait quitté la Flandre où il s'était réfugié, et était avec Louis XIII, à S.-Germain. A la nouvelle de cet événement inespéré, la joie fut si générale, que les Officiers municipaux firent tirer un feu d'artifice sur la rivière, sous les fenêtres du Palais épiscopal, où l'Evêque, M. Séguier, prenait part à l'allégresse des habitans.

IV. 19 novembre, le Prince de Condé adressa au Maire le signalement de plusieurs individus qui avaient voulu attenter aux jours du Roi, avec ordre de les arrêter s'ils étaient trouvés dans la ville. A l'instant même les signalemens furent remis aux postes qui occupaient les portes, et les Capitaines de la milice firent une perquisition générale, sans rencontrer un seul des individus signalés.

1635.

I. 1ᵉʳ janvier, départ du premier coche de M. de Loménie. Le retard qu'il mit à profiter des lettres patentes qui lui en donnaient le droit, et les conditions du premier bail qu'il en fit, prouvent qu'il ne parvint que difficilement à fonder cet établissement. Le bail fut consenti par lui, le 20 septembre 1634, pour neuf années, à Nicolas Falymard, voiturier par eau de Joigny, et Pierre Pignolet, aussi voiturier par eau d'Auxerre. Il leur afferma son droit à la condition que l'un de ces coches partirait d'Auxerre, tous les vendredis, à neuf heures précises du matin, pour arriver à Paris le mercredi, à cinq heures du soir ; et que l'autre partirait de Paris, tous les vendredis, à neuf heures du matin, pour arriver à Auxerre, le jeudi suivant, à cinq heures du soir. Les fermiers s'obligèrent à tenir pendant les neuf années, deux bons bateaux ou coches pour voiturer toutes personnes et marchandises de semaine en semaine, aux prix et conditions réglées par le Prévôt des marchands de Paris. Le prix de leur fermage fut fixé à 300 livres par an, mais avec remise des six premières années, « en considéra-
» tion des grandes sommes qu'ils seraient obligés
» de dépenser pour avoir les deux bateaux, ainsi
» que les chevaux, cables, cordages et équipages,
» et de les faire voiturer pleins ou vuides sans in-
» termission. »

II. 5 mars, lettres patentes du Roi qui ordonnent la vérification des dettes des villes de la province. En exécution de ces lettres, des Commissaires de Dijon vinrent à Auxerre, par ordre des Élus généraux, et constatèrent que l'arriéré de la ville s'élevait à 157,700 livres. V. 1650, n. III.

III. 18 juin, l'hôtel de ville n'était composé que d'une seule salle au rez de chaussée, en sorte que souvent les délibérations importantes étaient connues du public avant qu'on voulût l'en instruire ; on arrêta dans une assemblée générale, qu'il serait construit une seconde salle derrière la première, mais on fut obligé d'ajourner cette dépense. V. 1703, n. III.

IV. 22 juillet, une multitude de déserteurs de l'armée de la Lorraine, qui manquait de vivres, parcourut et pilla les environs ; ils inspirèrent de telles inquiétudes dans la ville, qu'on prit le parti de fermer toutes les portes à neuf heures du soir, pour n'être rouvertes que le lendemain matin à quatre heures, par l'Echevin désigné pour chacune d'elles et devant en garder les clés pendant la nuit.

Dans le même moment, sur le bruit que le Roi avait convoqué le ban et l'arrière-ban, les Officiers municipaux firent publier et afficher une proclamation portant que tous les habitans eussent, sans délai, *à mettre leurs armes en équipaige et ajustaige.*

V. Dès le mois de décembre, la misère était si profonde dans toutes les classes, que, malgré l'énorme arriéré dans lequel la ville se trouvait, les habitans réunis en assemblée générale, arrêtèrent de demander au Roi, pour l'année suivante, la suppression de tous les octrois ; ce qui leur fut accordé par un arrêt du Conseil.

VI. C'est dans cette année que l'Evêque, M. Séguier, mit à la place des Chanoines séculiers qui composaient l'Abbaye de S.-Père, des Chanoines réguliers de la Congrégation de Ste Geneviève.

1636.

I. 14 février, toute la milice bourgeoise, et soixante jeunes gens organisés en cavalerie, allèrent jusqu'à Nangis, au-devant de M. le Duc d'Enguien. Les autorités le reçurent à la porte du pont, et le conduisirent à l'hôtel de M. le Prince de Condé son père, où le Maire, au nom des habitans, lui offrit quatre flambeaux d'argent massif, qui avaient coûté 580 livres. Le lendemain, à son départ pour Paris, il reçut les mêmes honneurs.

II. 10 avril, le nombre des écoliers du Collége augmentant chaque année, et la petite Chapelle construite par l'Evêque Amyot ne pouvant plus les contenir, les Jésuites se déterminèrent à en construire une nouvelle à leur frais; ils demandèrent seulement que la ville leur fournît l'emplacement, par l'acquisition de plusieurs petites maisons contigues au Collége. Leur demande fut soumise à une assemblée générale, qui l'accueillit favorablement. V. 1642, n. II.

III. 17 avril, MM. Duvoigne, Maire, Thierriat, Echevin, et Goureau, Receveur, sont députés aux Etats convoqués à Dijon pour le 25.

IV. 7 août, dans une assemblée des habitans, plusieurs pères de famille demandèrent que les études du Collége fussent complétées par une chaire de philosophie, annonçant que les Jésuites étaient disposés à réduire les gages du régent à 300 livres. La proposition fut admise pour la rentrée prochaine des classes.

V. Dans le même mois, la ville eut à supporter le passage de 20,000 hommes de guerre. Ils faisaient partie de l'armée qui, sous les ordres du Prince de Condé, tenait Dôle assiégée. Mais les revers éprouvés par celle qui, commandée par le Roi en personne, était aux prises avec les Espagnols dans la Picardie, déterminèrent Louis XIII à faire venir ces troupes, à marches forcées. Tout-à-coup, le Maire reçut l'ordre de préparer 20,000 rations, ainsi que tous les bateaux nécessaires pour embarquer sur l'Yonne, et conduire à Paris, les hommes et leurs équipages.

Sur l'annonce que cette multitude allait, pendant vingt-quatre heures, inonder la ville et les environs, les Bernardines, qui habitaient encore *les Iles*, épouvantées des dangers auxquels elles y seraient exposées, cédèrent enfin aux instances de M. l'Evêque, qui, conformément aux dispositions du Concile de Trente, voulait qu'elles s'établissent dans la ville: elles s'y réfugièrent le 25 août, veille du jour où l'armée était attendue (1). En effet, le 26, les 20,000

---

(1) Le 2 septembre suivant, elles achetèrent de M. Jean Berault de Verilly, *un corps de logis et jardin appelé Dufort, assis en la paroisse de Notre-Dame-la-d'hors, rue Sous-les-Cordeliers, au coin de celle de S.-Simon*, moyennant 5,300 liv., par contrat passé devant Mérat, notaire (Arch. départem.) C'est la maison qu'elles

hommes arrivèrent, commandés par le Marquis de Lambert; toutes les rations furent fournies, et le lendemain 63 bateaux emmenèrent la troupe et ses équipages. Ce passage coûta à la ville 12,000 livres.

Cette dépense n'était pas payée, qu'une autre lui succéda. Pour rendre à l'armée du Prince devant Dôle, une partie de ce qui lui avait été retiré, il fut autorisé à faire sur la province une levée de 3,000 hommes d'infanterie, et 500 de cavalerie. Le contingent du Comté, dans cette levée, fut de 260 hommes, que les Officiers de l'Election furent chargés d'appeler par la voie du sort. Il fallut aussi les armer, équiper, leur donner un chef pour les conduire à Dijon, et fournir leur solde pendant un mois. Ce détachement partit d'Auxerre le 9 septembre, sous les ordres de M. de Ste-Pallaye. Peu de jours après, une seconde levée, de 25 chevau-légers, fut ordonnée sur le Comté. Un des Echevins, M. Louiset, Avocat, fut envoyé auprès du Prince, pour le conjurer de révoquer cet ordre, en considérant l'énormité des

---

ont habitée jusqu'en 1790. Leur église témoignait encore de l'empressement qu'elles avaient mis à se retirer dans cet endroit. Elle avait peu de ce qui caractérise à l'extérieur un temple catholique. C'était quatre chambres évidemment appropriées à la hâte à leur nouvelle destination. L'histoire de cette maison est bizarre. Pendant 154 ans, elle avait renfermé des Religieuses. En 1793, le Comité révolutionnaire y établit son siége, et la prison de ceux qu'il déclarait *suspects*. Aujourd'hui elle est occupée par la Gendarmerie.

dépenses que la ville venait de faire pour le passage de la colonne du Marquis de Lambert, ainsi que pour la dernière levée. Ces représentations furent inutiles ; seulement le Prince dispensa le Comté de fournir le contingent en hommes, mais il fallut payer 600 liv.

VI. 28 septembre, M. Duvoigne est réélu Maire.

VII. 21 octobre, au bruit qui courut que la ville allait avoir encore de nombreux passages de troupes, le désespoir du peuple fut extrême, et les Officiers municipaux, sachant que le Prince de Condé était à Mailly-le-Château, y dépêchèrent M. Boucher, Avocat et Echevin, pour le supplier de préserver la ville *des grandes ruines dont elle était menacée* : il promit de lui éviter ces passages, autant que les circonstances le lui permettraient. Mais bientôt cette crainte de recevoir des troupes protectrices, fit place à celle d'une invasion par l'armée ennemie. Aussitôt que le Duc de Lorraine et le Comte de Gallas, commandant les forces impériales, eurent appris qu'une partie des troupes de la Franche-Comté en avait été détachée, ils marchèrent sur cette province, et entrèrent en Bourgogne. Leur armée, forte de 30,000 hommes et 40 pièces de canon, prit Mirebeau et assiégea, en même temps, Dijon et S.-Jean-de-Lôsne. L'effroi se répandit bientôt dans toute la province, et jusqu'à Auxerre. La garde y fut reprise, avec le zèle qu'inspire l'approche d'un ennemi fort et victorieux. Cette ardeur se soutint jusqu'au 29 ; mais ce jour, les Officiers de garde vinrent dire au Maire que, pendant la nuit, des courriers extraordinaires avaient traversé la ville, en les chargeant de le prévenir que l'armée du Comte de Gallas avait été mise en déroute; qu'une moitié s'était noyée, et que l'autre avait déserté. Ils ajoutèrent que, sans doute, il ne mettrait plus la même rigueur au service que faisait la milice depuis cinq à six jours. Le Maire, se confiant, en effet, dans ce rapport, permit de diminuer le nombre des hommes de garde; mais il paraît qu'à ce mot, qui circula rapidement, toute idée de danger s'évanouissant, la garde entière se licencia. Cependant, deux jours après, le Maire découvrit qu'il avait été la dupe d'une imposture imaginée pour faire cesser le service, qu'aucun courrier n'était passé, et qu'il n'y avait de vrai que la comédie bien conçue et parfaitement jouée devant lui. Il fut, d'autant plus, piqué de cette mystification, qu'il sut qu'en se concertant à ce sujet, ses auteurs avaient tenu sur lui, et les autres personnes en place, des propos outrageans. Non-seulement il fit reprendre le service, mais il porta plainte, et un monitoire fut publié et fulminé. Mais je n'ai pu en découvrir les suites. Peut-être l'oublia-t-on, lorsqu'on reçut officiellement des nouvelles plus rassurantes encore que celles fabriquées pour duper le Maire.

Effectivement, les deux villes assiégées avaient assez long-temps résisté aux attaques des Lorrains et des Impériaux, pour que le Maréchal de Rantzaw, eût pu venir à leur secours, et contraint les ennemis à lever le siége le 3 novembre. Le Cardinal de Lavalette et le Duc de Weimar les avaient ensuite poussés jusqu'au Rhin, et leur avaient fait périr environ 8,000 hommes. Ces avantages furent chèrement payés par la province. Dès le 5 novembre, le Prince de Condé convoqua les Etats à Beaune ; Auxerre y députa MM. Bourgeois et Baujard, Echevins, et, le 18, l'assemblée réunie chargea les Elus généraux de nourrir cette armée, qui était venue sauver la Bourgogne.

VIII. Depuis quelques jours, plusieurs personnes du peuple, mais en petit nombre, furent atteintes de la maladie qu'on avait l'habitude d'appeler indifféremment *la contagion* ou *la peste*. Au lieu d'ouvrir l'hôpital S.-Roch, ce qui aurait répandu la terreur dans la ville, on envoya ces malades au château des Choux, vieux château abandonné, dans la plaine de S.-Marien, près de la rivière. Mais le 20 novembre, le sieur Berthier, Prévôt de la santé, vint réclamer du Corps municipal des mesures plus conformes à l'humanité, déclarant qu'envoyer *des pestiférés* dans cet endroit marécageux et malsain, c'était les condamner à une mort certaine ; il obtint qu'on ouvrît l'hôpital S.-Roch, et sur-le-champ les malades y furent transportés. V. 1637, n. III.

IX. 28 décembre, le feu de la guerre portait ses ravages si près de la ville, et les habitans se prêtaient si difficilement au service de la garde, que le Roi, ou plutôt le Cardinal-Ministre, prit le parti d'investir des fonctions de Gouverneur, l'Evêque, M. Séguier, en le chargeant particulièrement de veiller à ce que la ville se maintînt dans son devoir, avec injonction aux Officiers municipaux et aux habitans de lui obéir en tout ce qu'il leur commanderait.

X. Dans cette même année, les terrasses du jardin de l'Evêché du côté de la rivière, furent agrandies, par l'achat que fit l'Evêque de plusieurs maisons, et reconstruites, comme elles existent actuellement.

1637.

I. Dans le mois de janvier, le Prélat-Gouverneur ajouta aux précautions déjà prises pour la garde de la ville, l'ordre aux mariniers de garer leurs bateaux sous les murs, de manière à ce qu'on ne pût pas s'en servir pour franchir la rivière. S'étant fait rendre compte par M. Marie, Gouverneur du fait commun, de l'état des fortifications, et apprenant que dans les murs des brèches nombreuses ouvraient aux malveillans des entrées faciles ; que les corps-de-garde et leur mobilier étaient dans un état déplorable de ruine, il ordonna de réparer sur-le-champ ces dégradations, et à cet effet, d'imposer une levée de 4,000 livres sur tous les habitans, sans avoir égard à aucun privilége. Enfin Jacques Cazard, nommé Commissaire des poudres et salpêtres, fut autorisé par lui à faire la recherche du salpêtre dans les caves des particuliers, à la condition que ses ouvriers ne s'y introduiraient qu'en présence d'un Echevin. Il l'autorisa aussi à établir sa fabrique de poudre dans une maison dépendante de l'Hôtel-Dieu, à la charge de vendre à l'administration municipale et aux habitans, la poudre en menus grains, 18 sols la livre, celle à canon, 16 sols ; et de livrer à l'administration municipale tout ce qu'elle jugerait convenable de prendre sur les premières poudres fabriquées. Il lui fit avancer 100 livres.

La garde se faisant avec exactitude, les Capitaines et Sergens de la Compagnie de S.-Père réclamèrent l'ancien usage, en pareil cas, de réduire à moitié les cottes de taille de ceux qui faisaient le service. Les Echevins reconnurent la justice de leur demande, et sur leur attestation que cela s'était fait dans les dernières guerres, les Officiers de l'Election l'ordonnèrent, en reportant, au marc la livre, la partie retranchée, sur tous ceux qui, à cause de leur âge ou de leur fonctions, avaient été dispensés du service personnel.

II. Dans les premiers jours de mars, M. Girardin, Conseiller à la Prévôté, ancien Maire, et Echevin en exercice, ayant été à Paris pour ses affaires, y fut arrêté et emprisonné à la Conciergerie du Palais, à la requête des fermiers généraux, pour une somme de 9,500 livres qui leur était due par la ville. M. Bourgeois, autre Echevin, arrivant aussi à Paris pour les intérêts des habitans, y apprit cette fâcheuse aventure, et s'empressa de l'écrire au Maire, demandant qu'on lui envoyât des fonds pour faire rendre la liberté à son collègue. Il s'en fallait de beaucoup que la caisse municipale eût la somme réclamée. Tout ce que put faire le Maire, fut d'assembler les habitans, de leur représenter les funestes conséquences de la suppression des octrois, qu'ils avaient demandée et obtenue en 1635, et de les inviter à en solliciter de suite le rétablissement, sans quoi un Auxerrois ne pourrait plus mettre le pied sur le pavé de Paris, sans être exposé au sort de M. Girardin. Cette proposition ayant été adoptée, la délibération fut aussitôt envoyée à M. Bourgeois, avec quarante feuillettes de vin, pour en faciliter l'accueil au Conseil. Le 30 mars, M. Bourgeois obtint en effet le rétablissement de l'octroi de 19,000 livres sur l'entrée des vins du pays à Paris; en conséquence il emprunta du sieur Poule, la somme due aux fermiers généraux, en lui assignant son remboursement sur les premiers produits de l'octroi, et M. Girardin put revenir chez lui, après un mois environ de captivité.

III. Sur la fin de ce mois, un ordre du Prince permit de cesser la garde de la ville. Le choc des armées ne se faisait qu'au loin, et le sort des armes était plus heureux que durant l'année précédente. Mais un autre fléau, la contagion, qui s'était manifestée en décembre, augmentait chaque jour ses ravages, au point qu'il fallut envoyer à l'hôpital S.-Roch un commis aventurier de plus pour soigner les malades, et deux Capucins pour les assister. Dans la ville, il fallut aussi augmenter le nombre des Chirurgiens. Un sieur Guynoux, fils d'un marchand de la ville, fut reçu avec gages de 50 livres par mois, plus *l'habit de camelot et boutique avec enseigne et bassins.*

IV. Les créanciers de la ville poursuivaient les Officiers municipaux avec tant d'acharnement, et leurs poursuites étaient si inutiles, toutes les ressources étant épuisées, que, le 20 juillet, un arrêt du Conseil prononça une surséance contre ces poursuites, pendant quatre ans.

V. Le rétablissement de l'octroi, que l'emprisonnement de M. Girardin avait occasionné, eut le malheureux effet de réveiller la haine des artisans et des vignerons, contre les Jésuites. Le 26 juillet, le Maire fut informé par le Recteur, que plusieurs de ses confrères avaient été injuriés et frappés. La plainte fut aussitôt transmise au Procureur du Roi, avec instante prière *d'arrêter ces désordres par un exemple éclatant.*

VI. Le 30, le Prévôt de la santé ayant déclaré au Corps municipal qu'il n'y avait plus un seul *pestiféré*, ni dans la ville, ni dans les faubourgs, l'hôpital de S.-Roch fut fermé, mais le 13 août, la maladie recommença si vivement dans les faubourgs, qu'on reprit les précautions habituelles pour arrêter la communication de leurs habitans avec ceux de la ville. V. n. x.

VII. 20 septembre, assemblée des habitans ; M. Tribolé, Lieutenant criminel du Bailliage, y est élu Maire.

VIII. Peu de jours après, on apprit que, le 18 de ce mois, M. Seguier, ayant donné sa démission de l'Evêché d'Auxerre, avait été transféré à celui de Meaux, et qu'en même temps, le Roi avait nommé, pour le remplacer à Auxerre, M. Pierre de Broc, à la recommandation du Cardinal de Richelieu, dont il était maître de chambre. A cette nouvelle, qui semblait promettre à la ville un précieux protecteur auprès du Ministre tout-puissant, le Maire fut envoyé à Paris, présenter au nouvel Evêque les hommages des habitans. Le Chapitre de S.-Etienne n'osa pas déclarer le siége vacant, en attendant la promotion de M. de Broc par le S. Siége, sans le consentement de M. Seguier. Mais il le donna, de lui-même, par une lettre fort gracieuse du 5 octobre. Au reçu de cette lettre, la régale fut ouverte; et par reconnaissance du procédé de M. Seguier, le Chapitre confirma tous ses Officiers, nomma cinq Grands-Vicaires pour l'administration spirituelle, et deux Econcomes pour le temporel de l'Evêché. V. 1640, n. 11.

IX. Comme on l'a vu en 1620, cent mille livres et plus avaient été levées sur le ressort du Bailliage, pour la reconstruction du Palais de Justice, et depuis 1622 que les travaux étaient achevés, aucun compte n'avait été rendu des sommes considérables qu'ils avaient absorbées. Mais cette année, MM. Chevalier, Lieutenant général, Thibaut et Leprince, Conseillers, qui s'étaient particulièrement occupés de cette opération, furent traduits au Conseil, pour avoir à en rendre compte, et un arrêt par défaut ordonna qu'ils le rendraient dans le mois, à peine, par chacun d'eux, de payer 3,000 livres, et d'y être contraints par les voies usitées pour les droits du Roi. Les actes de la procédure n'énonçaient pas à la requête de qui ces Magistrats étaient poursuivis; ils crurent en conséquence pouvoir demander la nullité des poursuites, ou, au moins, qu'on leur fît connaître l'anonyme officieux auquel ils les devaient. Mais le Conseil ne leur en donna pas la satisfaction, et le 3 octobre, sur leur opposition, un second arrêt leur enjoignit d'exécuter le premier et de rendre leur compte devant M. de la Houssaye, l'un des Conseillers; ce qu'ils s'empressèrent de faire.

X. Les précautions prises contre les habitans des

faubourgs n'empêchèrent pas la contagion de pénétrer dans la ville, et le 21 octobre, le nombre des malades, à l'hôpital S.-Roch, était si grand, que, sur la demande du Prévôt de la santé, le Maire y envoya un commis aventurier et un Capucin de plus. V. n. xiv.

XI. Le 29 octobre, le Crieur de nuit étant mort, le Corps municipal arrêta « que, suivant l'ancienne » et louable coutume d'entretenir toujours les gens » de bien, par l'éveil du Crieur, à prier Dieu pour » les trépassés, et prendre garde aux accidens de feu » qui peuvent arriver, Simon Maréchal, sonneur de » la Cathédrale, remplacera le défunt, attendu le » rapport de sa prudhommie, suffisance et expérien- » ce, aux mêmes droits que son prédécesseur, par » forme de dévotion. »

XII. Probablement la détresse de la ville, et l'irritation du peuple contre les dépenses du Collége, avaient déterminé le Corps municipal à supprimer la chaire de philosophie, car, à la rentrée des classes, au mois de novembre, les Religieux de S. Germain en établirent une, et la philosophie fut enseignée aux jeunes gens du pays, par le Prieur, Dom Philibert Tissu.

XIII. 19 novembre, l'arrêt du 20 juillet avait suspendu les poursuites des créanciers, mais il n'avait pas fait main-levée de leurs actes conservatoires; et comme il en existait sur tous les revenus communaux, les Officiers municipaux, ne pouvant plus disposer d'une obole, se trouvèrent dans l'impossibilité d'administrer. Ainsi poussés à bout, et remarquant que presque toutes les saisies provenaient d'habitans de la ville, ils prirent une délibération portant qu'ils abandonneraient leurs fonctions, aux risques de qui il appartiendrait, si ces habitans, sommés de retirer leurs saisies, s'y refusaient. Cette mesure leur réussit. Les créanciers Auxerrois, voyant qu'ils s'exposeraient à l'animadversion de leurs concitoyens, sans obtenir de paiement, puisque l'arrêt de surséance y mettait obstacle, levèrent leurs oppositions.

Le 23 du même mois, un second arrêt du Conseil fut rendu contre d'autres créanciers, qui avaient formé opposition à l'arrêt de surséance, accusant les Officiers municipaux de dilapider les revenus de la ville. Ils furent renvoyés devant le Prince de Condé, et les Etats de Bourgogne, pour faire juger leurs plaintes en divertissement des deniers communs.

XIV. Le 1er décembre, enfin, la contagion cessa totalement, et les Officiers municipaux firent fermer l'hôpital S.-Roch. Leur délibération à ce sujet porte : « que le R. P. Capucin, avant de se rendre dans » son couvent, est prié de se retirer à l'hôpital de » Ste-Marie-Madeleine, *pour y prendre le lait.* » Les sommes imposées aux habitans pour les dépenses de l'hôpital pendant cette invasion, se sont élevées à 2,418 livres.

XV. Le 23, le Prince de Condé étant venu passer quelques jours à Mailly-Château, les Officiers municipaux lui députèrent MM. Tribolé, Maire, et Louiset, Echevin, qui lui présentèrent un mémoire justificatif sur l'accusation de dilapidation portée contre eux

devant le Conseil. Ce mémoire contenait aussi le tableau des misères de la ville et des embarras de ceux qui en avaient l'administration. Son ordonnance en réponse fut sévère. Il leur déclara « que les Ma-
» gistrats actuels devaient incessamment forcer ceux
» qui les avaient précédés, et tous ceux qui avaient
» manié les deniers de la ville, et n'en avaient pas
» rendu compte, à remplir à cet égard leurs obli-
» gations ; à peine par ceux en charge, en cas de
» négligence, de répondre en leur nom de toutes
» les poursuites des créanciers. »

Pour expliquer cette crise singulière, dans laquelle la ville se trouva, et dont elle ne put sortir que 30 ans après, je dois, en en signalant les causes, justifier cette centralisation des administrations supérieures si violemment attaquée aujourd'hui, et qui n'en est pas moins une tutelle nécessaire sur les administrations locales, où les passions personnelles exercent trop souvent une dangereuse influence. Je trouve ces causes en grande partie détaillées dans une requête adressée plus tard par les Officiers municipaux eux-mêmes. Depuis longues années, l'administration municipale avait contracté l'habitude tracassière d'intenter des procès sous les prétextes les plus frivoles. Elle avait à cette époque quarante-quatre procès à soutenir, savoir : un aux requêtes du Palais, huit à la Cour des Aydes, dix-sept au Conseil, et dix-huit au Parlement; c'est-à-dire, qu'elle entretenait quatre fabriques de procédures, qui seules auraient ruiné une ville plus opulente. Presque toujours le Maire ou quelques Echevins étaient à Paris ou à

Dijon, pour solliciter le succès de ces affaires, et étaient taxés à 6 et 12 livres par jour, indépendam- de leurs dépenses. Les frais de ces voyages sont éva- lués dans la requête à 2,000 livres par an. Pour se rendre les Magistrats favorables, et avoir auprès d'eux d'utiles protecteurs, tous les ans on achetait des meilleurs vins du pays, et le Maire ou un Echevin allait les distribuer aux Princes, aux grands Sei- gneurs, aux chefs mêmes de la Magistrature ; et cela avec une persévérance inconcevable, car la ville perdait presque toujours ses procès. La requête éva- lue ces cadeaux à 1,500 livres. Une funeste étiquette du temps voulait qu'au passage d'un Grand, le Maire du pays ne se présentât à lui que les mains pleines; ces présens, dans la requête, sont portés comme une dépense annuelle de 1,200 livres. La crainte des vexations de la part, soit des fermiers des droits du fisc, soit des Officiers nommés par le Roi, por- tait toujours les habitans à traiter avec eux, pour faire exercer les droits et les offices par des person- nes du choix du Corps municipal. Il en résultait une administration moins malveillante, mais aussi des pertes énormes ; enfin, avec une telle gestion, la caisse municipale était à chaque moment épuisée, et l'on était réduit à emprunter à intérêt, sous la respon- sabilité personnelle des Officiers municipaux. A ces causes de ruine, imputables aux habitans, il faut en ajouter de plus graves encore, mais indépendantes de leur volonté. Depuis la mort d'Henri IV, les rébellions continuelles des Princes et des Grands tenaient con- stamment la France en armes. De là, des levées extraordinaires d'hommes, de subsistances et d'argent ; des passages de gens de guerre ; l'obligation d'entretenir des fortifications anciennes qui croulaient de toutes parts, et de faire perdre aux habitans la moitié de leur temps dans les corps-de-garde. Tel est le tableau fidèle de l'état de gaspillage et de misère dans lequel se trouvait la ville à cette époque. V. 1666, n. VIII.

1638.

I. 24 janvier, suivant l'habitude, les Officiers municipaux font acheter 50 feuillettes de vin de dessert, et envoyent à Paris un Echevin, offrir des étrennes aux protecteurs de la ville.

II. 4 mars, alignement donné pour la construction de l'Eglise des Ursulines.

III. 11 avril, le Maire reçut du Ministre la commission donnée par le Roi au Duc d'Enguien, pour remplacer, dans le gouvernement de la Bourgogne, le Prince de Condé son père, commandant l'armée qui, dans le midi, allait être opposée aux Espagnols. Le Maire était chargé de faire enregistrer cette commission au Bailliage et de la faire parvenir au Duc. M. Navare, Echevin, fut envoyé à Dijon, pour la présenter lui-même au jeune Prince, et lui demander la même bienveillance que son père avait toujours eue pour la ville.

IV. 3 juillet, on s'aperçut que la contagion recommençait ses ravages dans les faubourgs ; en vain on prit les précautions ordinaires en fermant les portes ; le 8 on la trouva dans la ville même, et en peu de jours elle y fit des progrès effrayans. L'hôpital S.-Roch avait été ouvert, mais il n'y avait qu'un aventurier pour recevoir et soigner les malades. Le 15, le Prévôt de la santé vint à l'hôtel de ville se plaindre de ce peu de soins, et représenter que n'y ayant ni chirurgien ni prêtre, les malades mouraient *sans être ni médicamentés ni administrés.* On s'empressa d'y envoyer le sieur Claude Heuvrard, Chirurgien, un Capucin, un second aventurier, et bientôt après deux Religieuses de l'Hôtel-Dieu.

Le 30, l'alarme devint si générale, qu'une partie de la population s'enfuit, et que les Chanoines de S.-Etienne convinrent entre eux, par un acte capitulaire, qu'il leur était permis de quitter la ville, à la condition que l'absent ne perdrait que trois livres par mois, au profit des présens. Le 20 août, ces derniers arrêtèrent qu'aucun deux n'irait dire la messe dans une autre Eglise, sous peine de huit livres *de marance;* ils se recommandèrent en outre de n'admettre de pénitens à leur confessionnal, qu'avec prudence et discrétion, et le 29, la porte du chœur cessa de s'ouvrir pour tout autre que les Chanoines. La mortalité continua pendant tout le mois de septembre, et tint les esprits dans un tel état de terreur, surtout après la mort du sieur Jodon, célèbre Avocat, et celle du sieur Heuvrard, Chirurgien de l'hopital S.-Roch, que le premier octobre arriva sans qu'il eût été possible d'assembler les habitans pour l'élection des Echevins qui devaient entrer en place à cette époque; et que le 3, le Maire, M. Tribolé, cessant de paraître à l'hôtel de ville, huit Echevins l'imitèrent dans sa fuite.

Cependant les intérêts des habitans n'avaient jamais eu plus besoin d'administrateurs zélés que dans cette circonstance; aux dépenses ordinaires se joignaient celles que commandait impérieusement la maladie contagieuse; et quand les six Officiers municipaux restés à leur poste, pouvaient à peine suffire aux besoins de chaque jour, ils reçurent, le 30 octobre, une lettre des Elus généraux, leur annonçant que, par suite de ce qui avait été décidé aux Etats de Beaune, le 18 novembre 1636, la province allait être imposée à 240,000 livres en argent, et pareille somme en blé pour la nourriture des garnisons pendant l'hiver. Effrayés de ce surcroit de tribulations, ils sollicitèrent le Maire et leurs autres collègues de se réunir à eux pour aviser au moyen d'en sortir. Leurs démarches ayant été inutiles, ils arrêtèrent le 7, qu'en protestant de rendre les Officiers absens responsables de leur conduite, ils en informeraient le Prince-gouverneur, ainsi que le peuple dans une assemblée générale.

Heureusement, comme les années précédentes, à mesure que la température se rafraîchissait par les approches de l'hiver, la contagion atteignait moins de personnes, et cédait plus facilement aux procédés curatifs. Cette amélioration dans l'état physique de la ville faisait rentrer les absens, et le 14, M. Ythier Leclerc, Gouverneur du fait commun, qui remplaçait le Maire, ayant annnoncé qu'il avait obtenu de M. le Lieutenant général, l'autorisation *d'assembler le peuple*, il fut arrêté qu'il le serait pour le lendemain 18. L'assemblée eut effectivement lieu, et fut nombreuse. De vifs reproches y furent adressés aux Officiers qui, plus attachés à leur santé qu'à leurs devoirs, avaient abandonné l'administration dans un instant aussi critique. Des réflexions de cette nature exprimées par le peuple, le sont toujours dans un style amer et menaçant. Tel fut, sans doute, celui qui se fit entendre dans l'assemblée, car le Maire et tous ceux qui l'avaient imité dans sa désertion, reprirent leurs fonctions.

V. Le premier objet dont il fallut s'occuper, fut l'exécution d'un arrêt du Conseil, du 16 octobre précédent, qui terminait un grave procès concernant le commerce des vins. Le 4 mai 1637, l'administration municipale, pour accroître ses ressources, avait obtenu des lettres patentes qui l'autorisaient à instituer vingt couratiers (courtiers), réduisaient le droit de courtage à trois sols par muid de vin, pour celui vendu dans les caves, et à deux sols pour celui vendu dans les étapes et marchés, mais ajoutaient au monopole de la ville, *les reliage, tirage et chariage* des vins, pour lesquels il lui était atribué vingt sols par muid. La Cour des Aydes, s'apercevant des entraves que ce monopole mettrait à la liberté du commerce, n'enregistra les lettres qu'avec de fortes restrictions. Le Corps municipal, qui fondait de grandes espérances sur son produit, et l'avait déja affermé au sieur Laurent Armand, obtint du Conseil d'Etat un arrêt qui leva ces restrictions. Mais lorsqu'on voulut l'exécuter, tous ceux qui se mêlaient de courtage, tous les tonneliers et les charretiers qui ne pouvaient plus se permettre, soit d'acheter des vins, soit de les relier, les tirer des caves, ou les charroyer, sans être brévetés de la ville, et lui payer des droits, s'élevèrent vivement contre cette mesure, qui, effectivement, comprimait infiniment l'industrie. Un grand nombre d'individus, parmi lesquels se fit remarquer un nommé Ragot, continuèrent d'agir comme auparavant, et les Officiers de l'Election se refusèrent à les poursuivre. Il fallut de nouveau se pourvoir au Conseil; deux arrêts, des 12 mars et 15 mai 1638, autorisèrent l'administration municipale, ainsi qu'Armand son fermier, à faire emprisonner les contrevenans, comme perturbateurs du repos public, avec injonction à l'Election de leur faire leur procès et de les punir comme tels. Cette rigueur, loin d'intimider les mécontens, ne fit que les irriter. Ragot et tous ceux qui s'associaient à sa désobéissance, formèrent opposition à ces arrêts; une instruction contradictoire au Conseil en fut la suite. A l'instigation des premiers opposans, tous ceux qui, de Paris, venaient s'approvisionner à Auxerre, les PP. Jésuites, ceux de l'Oratoire, ceux de la Charité, les Dominicains, le Corps des marchands de vin et le Prévôt des marchands, intervinrent, réclamant la liberté du commerce. Leurs demandes furent accueillies par l'arrêt du 16 octobre; il fut permis aux intervenans et à tous autres de faire faire les *reliage, tirage et chariage* de leurs vins par qui ils le voudraient, de faire leurs achats directement et sans couratiers, sauf, s'ils en voulaient un, à ne prendre qu'un de ceux brévetés par la ville, avec la condition que, soit qu'ils en prissent, soit qu'ils s'en dispensassent, ils seraient tenus de payer le droit de courtage, que le Conseil éleva à cinq sols dans les caves, et quatre dans les marchés.

Le réglement fait par l'administration municipale pour les couratiers, et qui fut exécuté, mérite, par la sagesse de ses dispositions, d'être connu. « Quand
» ils conduiront des acheteurs, ils les conduiront de
» cave en cave, sans acception de personne; ils ne
» recevront des vendeurs et des acheteurs que ce qui
» leur sera volontairement baillé ; (ils avaient leur
» droit de courtage) ils laisseront au vendeur un billet
» signé d'eux, contenant la quantité vendue, le prix
» et la promesse de paiement ; ils tiendront registre
» de leurs opérations, et en remettront un extrait
» à la Mairie tous les mois ; ils ne pourront acheter
» du vin *en herbe*, (avant la récolte) à peine de con-
» fiscation ; en cas d'empêchement, ils ne se feront
» représenter que par un d'entre eux. »

VI. Dans le cours de cette année, on renouvela presque entièrement la charpente de la flèche de l'horloge, qui menaçait de tomber.

1639.

I. Le 4 janvier, le Prince de Condé, à qui les Officiers municipaux restés en fonctions, pendant que le Maire et huit de leurs collègues les avaient abandonnées, avaient rendu compte de cette défection, vint à Auxerre pour avoir une connaissance exacte de ce qui s'était passé, et des causes de cette mésintelligence. On peut croire qu'il aperçut que les torts de part et d'autre se compensaient, car il ne prit aucune mesure, et manifesta le désir que le

Maire le suivît à Paris, pour conférer avec les Ministres sur les moyens d'améliorer le sort de la ville. V. 1641, n. 1. Il ne parvint pas même à rétablir l'harmonie entre le Maire et ses collègues, qui ont laissé, dans une délibération du 6 janvier, des traces remarquables de leur antipathie. Le Maire, déférant au désir du Prince, demande qu'on lui remette les papiers, mémoires et instructions qui peuvent rendre son voyage utile aux habitans, et *des deniers* pour le faire. On lui répond qu'il a la clé des archives et peut y prendre ce qu'il jugera nécessaire, mais en présence de MM. Leroi, Boucher et Chacheré; qu'on ne peut pas *lui donner deniers*, attendu que, loin que le Receveur en ait de libres, il est en avance de 4,500 livres. Malgré cette pénurie qu'on lui oppose, on arrête de faire l'achat de 60 feuillettes de vin pour être distribuées à Paris, non par lui, mais d'après les ordres du Prince de Condé. Le Maire proteste, signe, puis biffe sa signature.

II. Sur la fin du même mois, une grande injustice, audacieusement commise, fut sollennellement réparée. La taille spéciale pour la nourriture de l'armée, par suite de la décision des Etats de Beaune, devait être répartie sur tous les habitans, sans avoir égard à aucun privilége. Cependant, en faisant cette répartition, les Officiers de l'Election avaient oublié d'y comprendre les Magistrats du Bailliage, ceux des eaux et forêts, et de toutes les Justices royales, ils s'étaient oubliés eux-mêmes! en sorte que la partie opulente de la population laissait à la plus pauvre le poids entier de cet énorme impôt. Heureusement, la collecte des tailles se faisait sous la surveillance des fabriciens des paroisses, à qui les rôles étaient envoyés. L'oubli des Magistrats, très-nombreux à cette époque, fut bientôt aperçu, et l'indignation des contribuables fut extrême. Les paroisses furent aussitôt assemblées; elles se réunirent ensuite par des députés de chacune d'elles, qui adressèrent au Procureur général du Conseil une plainte amère contre cette révoltante opération. Le 19 janvier, le Conseil annula tout ce qui avait été fait; ordonna qu'une nouvelle répartition comprendrait tous les privilégiés sans exception, conformément au décret des Etats; et chargea les Officiers municipaux de faire imprimer, afficher et publier au prône des paroisses cet arrêt. Ce qu'il y a de fort singulier dans cette circonstance, c'est que le Maire était Lieutenant criminel, que la plupart des Echevins étaient également du nombre des Magistrats contre qui justice était faite; qu'obligés d'accuser réception de l'arrêt, ils ne purent pas se dispenser de mettre dans leur délibération un mot de remercîment pour le pays, et qu'en effet, elle porte que *M. le Procureur général sera remercié de son zèle à faire cesser la foule du peuple.*

III. 9 février, mort de M. Chevalier, Lieutenant général. Ce Magistrat, profondément versé dans l'étude du Droit, en avait appliqué les principes essentiels à la coutume d'Auxerre, dans un commentaire manuscrit, qui fut long-temps consulté par le Barreau. Son savoir et ses vertus l'avaient placé au premier degré de la considération publique, dont ses contemporains lui ont donné la preuve en l'appelant quatre fois aux fonctions de Maire.

IV. Dans l'été, Charles-Louis, Prince palatin, passa et séjourna à Auxerre. Ce jeune Prince, qui avait été dépouillé du Palatinat par la France, et s'était réfugié en Angleterre, y ayant appris la mort du Duc de Saxe-Weimar, prétendit avoir droit à sa succession. Encouragé par l'Angleterre et la Hollande, il voulut se porter sur le Rhin, et pour y être plus tôt, traverser la France sous un travestissement. Son secret ayant été découvert, il fut arrêté à Moulins en Bourbonnais. Il était difficile qu'on ne le devinât pas; il s'était déguisé en laquais, mais il avait une suite qui remplit vingt-quatre hôtelleries dans Auxerre. Il fut conduit à Vincennes, d'où il ne sortit qu'après avoir renoncé à ses prétentions.

1640.

I. Depuis plusieurs années, la Compagnie des garçons avait cessé d'exister, mais, au mois de février, 36 à 40 jeunes gens des premières familles, résolurent de profiter d'un séjour du Prince de Condé pour la rétablir. Alors, comme aujourd'hui, la jeunesse était fatiguée de n'avoir qu'à obéir, et saisit cette occasion de se donner quelque importance. Ces jeunes gens se réunirent donc, le 8 février, dans le Couvent des Capucins, *pour aviser aux affaires concernant la Communauté des garçons, et à la conservation des droits, privilèges, immunités, franchises et libertés desdits garçons.* Ils élurent quatre chefs, Erard Girardin, Capitaine, Jehan Berault, Lieutenant, Claude Navarre, Enseigne, et Nicolas Baudin, Sergent ; *auxquels chefs les garçons ont promis rendre tous devoirs, honneurs et obéissance ez choses concernant les affaires de la Communauté.* Le Capitaine se présenta ensuite au Prince pour qu'il voulût bien confirmer cette organisation. Le Prince demanda l'avis du Corps municipal, qui donna son consentement, à condition que les chefs de cette Compagnie prêteraient serment devant le Maire, et que la Compagnie ne s'assemblerait qu'avec son autorisation. Le Prince mit ces conditions dans son approbation du 25 du même mois, et le dimanche 11 mars, le serment fut reçu en grand appareil.

II. M. de Broc, nommé à l'Evêché d'Auxerre, dès l'été de 1637, avait reçu ses bulles en 1639, mais il était tellement occupé près du Cardinal de Richelieu, qu'il ne put se faire sacrer que le 4 mars de cette année, et ne vint prendre possession que le Jeudi-Saint, 5 avril. Il se rendit d'abord, suivant l'usage, à S.-Germain ; d'où il fut conduit à la Cathédrale, par le fondé de pouvoir du Roi, et les trois autres Barons du Diocèse, portant près de lui le fauteuil sur lequel il aurait pu s'asseoir.

III. Un Présidial venait d'être établi à Montargis, et dans son ressort l'Edit de création avait compris cinq Justices distraites de celui d'Auxerre, savoir Bléneau, Neuvy, Lavau, Fambolle et Montillez. Cette distraction, effectuée dans le moment où le Duc de Nevers poursuivait celle du Donziais, alarma les habitans. L'installation du nouveau siége devant avoir lieu le 30 avril, un Echevin, un Conseiller, un Avocat et un Procureur furent envoyés à Montargis pour s'opposer à la distraction. Les Commissaires donnèrent aux députés acte de leur opposition, réservèrent à la ville tous ses droits, mais installèrent le Présidial. La ville n'a pas donné de suites à cette opposition.

IV. 9 septembre, assemblée des habitans. M. Claude Fernier, Conseiller au Bailliage, est élu Maire, et M. Edme Potin, Bourgeois, Gouverneur du fait commun.

V. 29 octobre, le Chapitre de la Cathédrale, sur la proposition du Doyen Amyot, arrêta, à une faible majorité, qu'à l'avenir le camail des Chanoines serait simple, et n'aurait plus la bordure de petit gris qu'il avait eue jusque-là. La minorité, qui voulait conserver la bordure, appela de cette décision. Son appel fut porté, par forme de compromis, devant l'Evêque, de M. Broc, qui confirma la décision; puis par appel de la sentence arbitrale, devant le Bailliage d'Auxerre, où elle fut maintenue; et enfin, au Conseil privé du Roi. Cette cause ridicule divisa le Chapitre en deux partis, que le public appela *Bordés* et *Débordés*, et fit naître entre eux de bien plus graves contestations. V. 1643, n. I.

VI. 27 novembre, les Béguines du grand hôpital de la Madeleine, ayant indisposé contre elles les autorités et le public, il fut question de les remplacer par des Pères de la Charité. Le Maire et les Administrateurs furent chargés d'en conférer avec l'Evêque, auquel il est probable qu'on s'en rapporta. V. 1643, n. II.

VII. M. Jacques Boucher du Pavillon remplace

dans l'office de Prévôt, M. Claude Girardin, qui est Lieutenant général à la place de M. Chevalier.

1641.

I. Par suite des bons offices du Prince de Condé pour tirer la ville de l'embarras où ses dettes l'avaient mise, le Conseil rendit deux arrêts : l'un prorogeant, pendant quatre ans, la surséance déjà prononcée contre ses créanciers; l'autre rétablissant les anciens octrois, qui consistaient en deux deniers sur chaque livre de pain mollet, 30 sols sur l'entrée d'un bœuf, 20 sols pour une vache, 5 sols pour un veau ou un mouton, 8 sols pour un porc, 3 livres pour un baril de harengs, ou un cent de morues, 20 sols sur chaque bateau vide ou plein, du port de vingt muids, remontant la rivière, et pareille somme sur chaque muid de cendres passant dessus et dessous le pont. Le même arrêt autorisa la levée de 76,000 livres, uniquement destinées à liquider l'arriéré.

Les Officiers municipaux provoquèrent une assemblée générale, à laquelle furent appelés particulièrement ceux sur qui ces octrois devaient être perçus, savoir : les boulangers, les bouchers, les épiciers et les voituriers par eau. Ils furent invités, ainsi que tous les autres habitans, à se résigner, et à exécuter ces arrêts, comme le seul moyen de libérer la ville, et par suite, d'y ramener la prospérité. Il n'y eut pas la plus légère opposition; en conséquence, la perception de ces droits fut mise en ferme, et il y eut cinq adjudicataires.

Je ferai remarquer que le bail du droit sur les

cendres s'éleva à 5,400 livres par an, d'où il faut conclure qu'il passait à Auxerre, chaque année, au moins 6,000 muids de cendres, tandis qu'aujourd'hui, il n'en passe pas un seul, circonstance qui fait apprécier les avantages que le flottage des bois en trains a procurés; d'une part, aux propriétaires du Morvan, qui, auparavant, ne tiraient parti de leurs bois qu'en les convertissant en cendres, et de l'autre, aux habitans de Paris, qui depuis, ont trouvé dans ces bois leur chauffage et leurs cendres. (1)

II. 23 mai, les Officiers municipaux demandent à l'Evêque une procession générale pour appaiser *l'ire de Dieu*, les huberts, les limaces et les hannetons dévorant toutes les productions de la terre, et particulièrement les vignes, sans qu'on puisse parvenir à les détruire.

III. Quoique dans l'assemblée générale au sujet des octrois, il ne se fût élevé aucune contradiction, la ville en éprouva de graves lorsque la perception commença. D'abord, les Syndics du Clergé prétendirent que les Ecclésiastiques ne pouvaient pas y être assujettis, sans porter atteinte à leurs immunités. Il ne fut pas difficile, par la nature du droit et le texte de l'arrêt, de leur dessiller les yeux, et ils se désistèrent de leur opposition. Il en fut de même des voituriers par eau; l'arrêt même les comprenait spécialement. Néanmoins, trente environ (2) se refusèrent

(1) Dès 1547, Rouvet l'avait conçu; mais il fallut plus d'un siècle pour applanir les difficultés que cette heureuse idée rencontra.

(2) La délibération prise à ce sujet porte que, quoique leur opposition soit en nom collectif, elle n'est l'œuvre que de 20 ou 30. Cette locution suppose qu'un bien plus grand nombre gardait le silence, et fait voir combien alors la marine était considérable.

à payer le droit, quoiqu'un bien plus grand nombre ne fît pas de difficultés. Après une délibération motivée sur cette circonstance, comme sur les grandes considérations qui avaient déterminé le Conseil du Roi, et portant qu'ils seraient poursuivis, ils se soumirent. La résistance des marchands de cendres de Paris fut plus opiniâtre. Le 13 août, ils obtinrent du Conseil un arrêt sur requête qui les exemptait de l'octroi. Le 18, ils le firent signifier au sieur Leroi, fermier du droit, et au Procureur du fait commun. Leroi dénonça ces poursuites aux Officiers municipaux, et les traduisit au Bailliage, pour qu'ils eussent à le faire jouir ou à l'indemniser. Dans le même moment, un bateau chargé de cendres fut arrêté devant le pont par ses commis, pour refus du droit. Il fallut donc soutenir deux procès; l'un devant le Bailliage, contre le fermier, l'autre au Conseil, contre les marchands. Dès le 22 du même mois, le Conseil révoqua l'arrêt que les marchands avaient surpris, et les condamna aux dépens. Ce succès entraîna de plein droit la validité de la saisie du bateau, et le Bailliage la prononça.

Mais avec les bouchers, il ne suffit pas d'avoir raison ; réunis en assemblée de Communauté, ils dressèrent un projet de statuts pour l'exercice de leur profession, et en demandèrent l'homologation au Bailliage, en déclarant dans leur requête que, si on ne leur accordait pas tout ce qui était exprimé dans leur projet, ils cesseraient d'exercer la boucherie. Les Officiers municipaux intervinrent et consentirent à l'homologation des statuts, avec trois clauses additionnelles : la première, qu'il serait permis à tous habitans, autres que les taverniers, cabaretiers et hôteliers, *d'acheter de la chair* dans les campagnes, même des bestiaux sur pied, pour leur consommation personnelle, et non pour les débiter, conformément aux priviléges de la ville ; la seconde, que les bouchers exécuteraient sans fraude l'arrêt qui rétablissait l'octroi sur les bestiaux ; la troisième, que si un boucher renonçait à son état, il quitterait aussi la place qu'il tenait dans la boucherie, les maisons ainsi occupées n'ayant été concédées par les Comtes d'Auxerre que *pour y étaler et vendre chair* ; et que le boucher qui se retirerait, ne pourrait ni directement ni indirectement se permettre de *vendre chair* ; ni s'associer avec ceux qui en vendraient. Le Bailliage reconnut légitimes ces clauses additionnelles, et elles furent ajoutées aux statuts. Cependant, le 8 septembre, l'adjudicataire s'étant présenté à la boucherie pour percevoir son droit, la plupart des bouchers se révoltèrent, et le chassèrent. Leur rébellion fut suivie de plainte, information, décrets de prise de corps. Mais ce qui eut plus d'efficacité sur les perturbateurs, ce fut l'action civile que dirigèrent les Officiers municipaux contre les plus solvables des bouchers devant le Bailliage ; pour qu'à défaut de perception du droit, ils fussent condamnés solidairement à en indemniser la ville et l'adjudicataire. Par-là, la coalition fut rompue ; ceux qui avaient à perdre se soumirent ; peu de jours après, ils amenèrent les autres à l'obéissance, et un jugement d'expédient, en les condamnant tous, termina cette lutte, qui, pendant quelques jours, avait mis le trouble dans la ville.

1642.

I. 27 janvier, on conçut des alarmes sur un grand nombre de gens de guerre réunis dans les environs, auxquels se joignirent *les vauriens* de la ville; on *redouta des larcins et des meurtres :* le Corps municipal, par ce motif, ordonna que les portes et les poternes fussent fermées depuis sept heures du soir jusqu'à six heures du matin, et que les clés fussent, pendant la nuit, déposées chez l'Echevin le plus voisin de chacune des entrées.

II. Au printemps, les Jésuites commencèrent à construire leur nouvelle Eglise. V. 1646, n. iv.

III. 16 mars, MM. Fernier, Maire, et Bargedé, Echevin, sont députés aux Etats convoqués à Dijon pour le 25.

IV. 28, arrivée d'un régiment suisse, qui, le lendemain, est embarqué sur vingt bateaux, et conduit jusqu'à Villeneuve-S.-Georges. Toutes les dépenses furent payées par M. de la Sourdière, Commissaire à la conduite.

V. Le Père André Boullanger, plus connu sous le nom de Petit Père André, vint, sur l'invitation de l'Evêque, prêcher le carême à la Cathédrale. Son genre burlesque eut bientôt scandalisé l'auditoire. Entre autres pasquinades dont il assaisonna son premier sermon, il compara les quatre Pères de l'Eglise latine aux quatre Rois du jeu de cartes. S. Augustin, par sa grande charité, était le Roi de cœur; S. Jérôme, par son style mordant, le Roi de pique; S. Ambroise, par les fleurs de son éloquence, le Roi de trèfle; et S. Grégoire, par son peu d'élévation, le Roi de carreau. Les Chanoines ne le laissèrent pas achever, se retirèrent au Chapitre, et rédigèrent un procès-verbal, sur le vu duquel M. de Broc le renvoya.

VI. 10 mai, arrêt du Parlement entre les habitans et les administrateurs de l'hôpital des cent filles de Notre Dame de la Miséricorde de Paris, qui fait défense aux habitans de vendre leurs grains dans leurs greniers; leur ordonne de ne les vendre qu'au marché, en payant à cet hôpital, le droit de *minage*. Il consistait dans le 40e à prélever, soit en nature, soit en argent, sur tous les grains vendus dans la ville, durant l'année, à l'exception des quinze premiers jours du carême, pendant lesquels ce *minage* était levé au profit de l'hôpital d'Auxerre. Les grains des Religieux de Pontigny en étaient seuls affranchis. Il avait anciennement appartenu au Président Antoine Séguier, qui l'avait cédé à l'hôpital des cent filles. Les administrateurs de cette maison avaient prétendu exercer ce droit, même sur les grains vendus dans les greniers des Bourgeois. Ceux-ci, ne voyant dans cette interprétation du titre qu'une extension fiscale, avaient résisté. De là, un procès grave, terminé par l'arrêt. V. 1670, n. III.

VII. 31 mai, le Colonel Ridola, commandant 225 hommes d'infanterie, et 24 de cavalerie, devait, suivant l'ordre du Roi dont il était porteur, loger à S. Bris; mais les habitans lui refusèrent obstinément l'entrée de leur ville. Il vint à Auxerre et demanda d'y être logé, ainsi que sa troupe, promettant de payer toute sa dépense; le Maire, sur le vu de l'ordre du Roi, lui délivra des billets de logement, et l'on n'eut pas à s'en plaindre.

VIII. Les 18, 19 et 20 novembre, la ville eut encore à loger de nombreux détachemens de l'armée qui avait fait le siége de Dôle. Ils avaient été précédés par des bruits si effrayans sur leur indiscipline, que, pendant ces trois jours, la milice resta sous les armes, et fut ainsi placée: la Compagnie de S.-Loup à la porte S.-Simon; celle de Notre-Dame-la-d'hors à la croix de pierre; S.-Eusèbe sous les piliers, *tirant jusqu'à l'horloge;* S.-Regnobert sur la place de l'hôtel de ville; S.-Pierre-en-château au coin de la boucherie; S.-Mamert au coin du sieur Fayot, apothicaire, vers la rue du Grand-Renard; S.-Pèlerin devant l'Eglise; et S.-Père à la porte du pont. Avec cette bonne contenance, il n'y eut pas le moindre désordre

IX. Dans les premiers jours de décembre, M. Fernier, Maire, fut député aux Etats convoqués extraordinairement à Dijon. En passant à Noyers, il y tomba malade, et mourut quelques jours après. Son corps fut rapporté à Auxerre.

X. 4 décembre, mort du Cardinal de Richelieu. M. de Broc, dont il avait été le bienfaiteur, fit célébrer pour lui, à la Cathédrale, un service magnifique, auquel il invita toutes les autorités.

1643.

I. 30 mars, arrêt du Conseil privé du Roi, qui

termine une grande partie des différends survenus entre les membres du Chapitre de S.-Etienne, depuis la conclusion capitulaire du 29 octobre 1640, au sujet de la bordure du camail. Dans l'état d'irritation où ce premier différend avait mis les esprits, il en naissait à chaque instant de nouveaux, sur les prérogatives du Doyen, des deux Archidiacres et des autres Dignitaires. Cette contradiction continue avait occasionné des scènes de violence, non-seulement dans le Chapitre, mais même dans l'Eglise. Pendant une délibération, l'Abbé Housset et plusieurs autres s'étaient emparés du bureau, pour empêcher le Greffier d'écrire. Le 26 mai 1642, une conclusion capitulaire avait interdit au Doyen, Amyot, et à l'Archidiacre, Leclerc, l'entrée du Chapitre pendant trois mois. Quelques-uns des capitulans ayant protesté contre cette décision, la même interdiction pendant six mois avait été prononcée contre eux.

Le Conseil, par son arrêt, annula la sentence du Bailliage d'Auxerre, au sujet de la bordure du camail, attendu que cette question de discipline ecclésiastique était hors de sa compétence, et renvoya l'appel de la sentence de l'Evêque d'Auxerre à la Primatie de Lyon, annula les conclusions capitulaires qui avaient interdit l'entrée du Chapitre à plusieurs de ses membres ; prononça sur les prérogatives des dignitaires, de manière à faire cesser les collisions ; condamna l'Abbé Choin, pour le scandale par lui commis dans la Cathédrale, la veille de la Toussaint 1641, en vingt livres d'aumône ; prononça contre lu et quatorze autres Chanoines la condamnation aux deux cinquièmes des dépens qui s'élevaient à 2,250 livres. Ce ne fut que quelques années après que la Primatie de Lyon statua sur la bordure contestée ; la sentence de l'Evêque d'Auxerre fut confirmée, et le camail resta sans bordure.

II. 30 avril, une colonie des Religieuses hospitalières de Bourges, de l'ordre de S. Augustin, prend possession de l'hôpital de Ste-Marie-Madeleine. A la sollicitation du Corps municipal, M. l'Evêque, de Broc, les avaient demandées à l'Archevêque de Bourges. Les conditions de leur admission, concertées entre les trois autorités, furent qu'à l'égard du spirituel, elles resteraient sous la surveillance de l'Archevêque ; que l'administration du temporel continuerait d'être exercée par les administrateurs des Grandes-Charités ; que les anciennes Religieuses ne formeraient avec les nouvelles qu'une seule Communauté, dont la Supérieure serait élue par toutes les Religieuses réunies ; qu'elles prendraient soin de tous les pauvres malades que leur enverrait l'administration municipale, *pourvu qu'ils ne fussent entachés de lèpre, écrouelles, maladie vénérienne, ou mal caduc* ; qu'en cas de maladies contagieuses, elles desserviraient l'hôpital S.-Roch ; qu'au décès de chaque Religieuse, elle serait remplacée, mais de préférence par une fille de la ville, s'il s'en trouvait de capable. Le lendemain de cette prise de possession, les Religieuses procédèrent à l'élection de la Supérieure. Ce fut la sœur Pélagie de Laval, l'une des nouvelles. V. 1645, n. 1.

III. 16 mai, on apprend que Louis XIII, âgé

seulement de 42 ans, a succombé, le 14, à la maladie de langueur, qui depuis long-temps faisait craindre cet événement. Il laisse le trône à un enfant de 4 ans et demi, Louis XIV.

IV. 7 juin, service funèbre pour le Roi. La ville fit tous les frais du catafalque et de la tenture entière de la Cathédrale; elle fournit aussi 840 cierges et 108 écussons aux armoiries de France.

V. 24 août, Te Deum pour la victoire de Rocroy, remportée sur l'armée espagnole, le 14 mai, cinq jours après la mort du Roi, par le Duc d'Enguien, qui n'était encore que dans sa 22ᵉ année.

VI. 13 septembre, assemblée des habitans; M. Claude Girardin, Lieutenant général du Bailliage, est élu Maire, et M. Gaspard Berault, Conseiller, Gouverneur du fait commun. Peu de jours après, le Corps municipal fit un réglement pour la surveillance de la ville. Depuis la mort du Cardinal de Richelieu, qui avait su comprimer les factions, et surtout depuis celle de Louis XIII, la paix publique était ébranlée. Les rênes du gouvernement étaient entre les mains d'Anne d'Autriche, mère du Roi, à qui le Parlement avait déféré la régence du royaume, et la tutelle de son fils, sans restriction. Le Cardinal Mazarin, que le Roi, quelque temps avant sa mort, avait fait entrer au Conseil, s'emparait de toute la confiance de la Régente, au grand déplaisir de Monsieur, oncle du Roi, ainsi que des autres Princes et déjà le Duc de Beaufort, soupçonné d'avoir attenté à la vie du Cardinal, avait été enfermé à Vincennes. A Auxerre, comme dans toute la France, on se rappela les troubles civils du temps de la régence de Marie de Médicis ; et persuadé qu'ils allaient renaître, on crut devoir redoubler de précautions. Il fut arrêté que les Officiers municipaux s'assembleraient tous les dimanches et les jeudis, indépendamment des convocations extraordinaires en cas d'urgence ; que chaque Echevin, dans son quartier, inspecterait assidûment les murs, tours, portes et autres propriétés communes, pour avertir des réparations devenues nécessaires ; que s'il y avait sédition, il ferait, sur-le-champ, fermer les portes et se rendrait à l'hôtel de ville ; que si elle avait lieu la nuit, il devrait, en outre, faire mettre des lumières aux fenêtres, et tendre les chaînes ; que dans ces deux cas, il devrait encore faire réunir les habitans près de leur Capitaine, leur faire prendre les armes, et former des corps-de-garde, partout où il le croirait convenable, pour éviter les surprises.

VII. 11 novembre, audience solennelle du Bailliage, pour la réception de M. Georges Filsjean, Seigneur de Chemilly, en qualité de Grand-Bailli.

1644.

I. Dans les premiers jours de mars, les Cordeliers tinrent à Auxerre, dans le Couvent de leur ordre, un Chapitre provincial. La ville donna 200 livres pour les aider dans leurs dépenses. Le P. Edme Vinot, Gardien d'Auxerre, fut élu Provincial.

II. Dans le même mois, passage et séjour du Cardinal Grimaldi. La Compagnie des garçons alla à une demi-lieue au-devant de lui sur la route de Dijon. A la porte du pont, il fut reçu par le Corps municipal, et conduit à son logis. A son départ, il reçut les mêmes honneurs.

III. Le 12 mai, au lever du soleil, tout espoir de récolte se trouva anéanti. Une gelée universelle n'épargnant aucune des productions de la terre, l'avait frappée d'une épouvantable stérilité. Ce désastre se fit d'autant plus vivement sentir qu'on venait de recevoir la nouvelle d'un subside extraordinaire de 6,600 livres. C'était le contingent de la ville dans le droit, fort improprement appelé en telle occurence, de *joyeux avénement*, auquel l'avénement de Louis XIV au trône donnait ouverture.

Dans cet heureux temps de croyance, quels que fussent les maux, les peuples en trouvaient l'adoucissement dans la prière. A la vue du territoire totalement pétrifié, un vœu général s'éleva dans la ville, pour qu'une procession, aussi extraordinaire que le fléau, appaisât *l'ire de Dieu*. Ce vœu fut porté à M. de Broc, par le Corps municipal. Toutes les autorités civiles et religieuses se concertèrent, et l'on arrêta que la procession se ferait, en demandant particulièrement l'intercession des deux Saints les plus révérés dans le Diocèse, S. Germain et S. Edme. Le 31 du même mois, en effet, l'Evêque, le Clergé séculier et régulier, tous les Corps et la plus grande partie de la population, allèrent processionnellement et avec la châsse de S. Germain, que portaient les Bénédictins, jusqu'à l'Eglise de Pontigny, où la grand'messe fut célébrée. Probablement, pendant le surplus de l'année, la température a été plus favorable, et de nouveaux ensemencemens ont prospéré, car on ne voit pas dans les régistres du Corps municipal qu'on ait eu recours aux mesures habituellement prises dans les temps de disette.

1645.

I. 8 janvier, M. de Broc, à qui l'Archevêque de Bourges venait de céder la surveillance spirituelle qu'il s'était réservée sur les Religieuses de l'Hôtel-Dieu, fit avec le Corps municipal un nouveau réglement pour l'administration de cet hospice, à peu près semblable à celui de 1643.

II. 13 avril, MM. Girardin, Maire, et Ancelot, Echevin, sont députés aux Etats convoqués à Dijon pour le 30.

III. 20 septembre, assemblée générale ; M. Philippe Leclerc, Seigneur du château du Bois, premier Président du Bailliage, est élu Maire.

IV. 2 novembre, le Corps municipal donne son consentement au rétablissement de l'Abbaye des Bénédictines, dans le faubourg S.-Martin-lès-S.-Julien. En 1590, comme on l'a vu dans le premier volume, p. 375, les Religieuses de cette Abbaye, dont les habitans avaient détruit le Monastère, s'étaient réfugiées à Charentenay; et depuis 55 ans elles ne s'étaient pas occupées de le reconstruire, malgré les invitations pressantes des trois Evêques qui avaient gouverné le Diocèse durant cette période. Elles prétendaient même n'être pas sujettes à leur juridiction, et leur avaient refusé l'entrée de leur maison, où elles vivaient à leur gré. En 1629, M. de Souvré avait été obligé de les traduire au Conseil, qui, sans avoir égard à leur prétendu privilége, leur avait enjoint de le recevoir, mais elles avaient su éluder l'exécution de cette décision. Enfin, M. de Broc, à force de patience et de bons procédés, parvint à se faire obéir. Il intervint même entre lui et elles un acte qualifié de transaction, devant deux Notaires de Paris, le 15 juin 1645, par lequel elles reconnurent le droit de surveillance des Evêques d'Auxerre, s'obligèrent à reconstruire leur couvent dans le faubourg, et même à embrasser la réforme du Val-de-Grâce. V. 1647, n. v.

V. Pendant huit ans, les créanciers de la ville avaient eu les mains liées par les arrêts de surséance qu'elle avait obtenus, mais cette suspension avait cessé au mois de février; et le désordre dans les affaires de la ville, malgré les octrois et la taille spéciale obtenus en 1641, était toujours le même. Les habitans, comme en 1637, n'osèrent plus mettre le pied hors de la ville, dans la crainte d'être emprisonnés pour des dettes qui, personnellement, leur étaient étrangères. Le sieur Leprince, Officier du Grenier à sel, étant allé à Paris pour ses affaires, y fut arrêté le 27 juillet, et ne fut remis en liberté que huit jours après, en payant de ses deniers. Le sieur Blaisot, marchand, eut le même sort le 8 décembre, et ne fut rendu à sa famille qu'après soixante-dix jours de captivité.

1646.

I. Une délibération prise par le Gouverneur du

fait commun et les Echevins le 5 août, prouve combien était grand l'abus des députations, l'une des causes de la ruine de la ville, que j'ai signalées sur l'année 1637. Le Maire, M. Leclerc, député à Paris depuis le 7 mai, plus heureux ou plus adroit que les sieurs Leprince et Blaisot, y était encore en pleine liberté, et la ville était si peu intéressée à sa résidence dans la Capitale, que ses collègues lui retirèrent ses pouvoirs, et lui firent notifier que sa dépense à Paris cessait d'être à la charge des habitans.

II. Les Auxerrois n'avaient pas perdu l'espoir de recouvrer les eaux de Vallan ; l'aquéduc qui les avait amenées à Auxerre, était en ruine : ils le conservaient néanmoins dans cet état, attendant toujours que l'extinction des dettes de la ville leur permît d'employer les deniers communs à son rétablissement. Mais la ville, au lieu d'améliorer ses finances, avait fini, ainsi qu'on vient de le voir, par tomber dans la plus extrême détresse, et pendant qu'on attendait un temps de prospérité qui s'éloignait toujours, d'affreux incendies dévoraient, tous les ans, une partie des habitations. Ne pouvant se procurer l'eau potable qu'en allant la chercher au loin, il était impossible d'en avoir assez tôt pour éteindre un incendie, et le seul moyen de le combattre était d'ajouter à ses ravages, en détruisant autour du foyer, les maisons qu'il n'avait pas encore atteintes, pour sauver les autres. Cependant, dès le commencement de l'année, les maux de cette nature furent plus grands que jamais. Les quartiers de S.-Eusèbe, Notre-Dame-la-d'hors, S.-Père et S.-Gervais, furent successivement dévastés, et le 19 juin, 38 maisons du faubourg S.-Amatre furent consumées en peu d'heures. Alors la population reconnut la nécessité de ne plus compter sur les ressources municipales, mais de faire personnellement les sacrifices nécessaires pour recouver l'abondance d'eau que la ville avait eue autrefois, et dont il existait encore des témoins. Les vœux à ce sujet se manifestèrent si positivement, que les Officiers municipaux firent venir de Paris le sieur D'Indinville, Ingénieur renommé, qui, après avoir examiné la source de Vallan et celle de Ste-Geneviève, offrit de conduire au bassin des grandes fontaines les eaux de la première pour 15,000 livres, ou celles de la seconde pour 9,800 livres. Le 14 octobre, dans une assemblée générale, les habitans optèrent pour les eaux de Vallan. Dans chaque paroisse ensuite on nomma des commissaires chargés d'aller dans les maisons recevoir par écrit des souscriptions, et l'on eut, en peu de jours, l'assurance des 15,000 livres. V. 1647, n. III.

III. Au mois de septembre, assemblée des habitans, dans laquelle MM. Leclerc, Maire, et Berault, Gouverneur du fait commun, sont réélus.

IV. La nouvelle Eglise du Collége, dont le sol avait été acheté par la ville dès 1636, et que les Jésuites avaient commencé de construire à leurs frais, ne fut achevée que cette année, et M. de Broc la consacra sous l'invocation du fondateur des Jésuites, S. Ignace de Loyola. Le maître autel se trouva orné de quatre superbes colonnes monolytes de marbre noir, envoyées d'Italie par le Général de la Société.

Cette Eglise, en 1804, a été convertie en salle de spectacle, et les belles colonnes sont descendues de l'autel, pour décorer la loge du Préfet et celle du Maire.

1647.

I. Dans les premiers jours de janvier, on apprit la mort du Prince de Condé, Henri II, décédé à Paris, le 26 décembre. Dès le 3, le Chapitre de S. Etienne invita, par des députés, tout le Clergé et les autorités de la ville, au service funèbre qui serait célébré pour ce Prince, le soir du 7 et le matin du 8. La ville fit les frais de la tenture de l'Eglise et du luminaire; le pain et le vin furent offerts par six dames choisies parmi les femmes des Officiers du Bailliage et de la municipalité. Cette cérémonie ne fut pas une simple soumission à l'étiquette. Ce Prince fut sincèrement et généralement regretté par les habitans. Depuis quinze ans qu'il était Gouverneur de la province, il avait souvent résidé dans le pays, soit à Auxerre même, dans la maison louée pour lui, soit dans sa terre de Mailly-Château. Infiniment affable, toute la population avait accès auprès de lui; il avait rendu aux simples particuliers, comme à la ville, tous les services que, dans les malheureuses conjonctures du temps, il avait pu leur rendre, et avait effacé dans le souvenir des Auxerrois ses torts de 1614. Aussi lit-on dans l'invitation du Chapitre au Corps de ville pour le service, que *la ville ne subsistait que par l'effet de ses bontés plus que paternelles*; et dans la délibération prise par le Corps municipal, que *la coopération de la ville sera en témoignage des obligations infinies et indicibles que lui ont les habitans.*

II. Le 13 janvier, le Maire, M. Leclerc, est député à Paris pour présenter au Duc d'Enguien, devenu Prince de Condé, le compliment de condoléance de la ville, et lui demander la continuation de sa bienveillance.

III. Le 17, publication et affiche d'une ordonnance de M. de Maschaut, Intendant, pour la répression des pillages des gens de guerre. Pendant les années précédentes, comme je l'ai rapporté, des troupes, en grand nombre, avaient été introduites dans la province, et presque toutes par l'Auxerrois. Parmi ces troupes se trouvaient beaucoup d'étrangers, et particulièrement deux régimens Italiens du Cardinal Mazarin. Il paraît, par le texte de l'ordonnance, que la plupart de ces soldats, se débandant dans les campagnes, s'y livraient à de déplorables excès; qu'ils les parcouraient armés; levaient des contributions; pillaient ceux qui refusaient de les payer, et arrêtaient même les voyageurs sur les chemins. On peut juger de l'étendue des désordres par la rigueur des mesures prises pour les arrêter. Entre autres dispositions, l'ordonnance porte défense aux soldats d'aller dans les campagnes en plus grand nombre que deux, et d'y rien demander, sous quelque prétexte que ce soit, *à peine de la vie*; sinon autorise toutes les autorités, et même les simples habitans, *à leur courir sus*, *à sonner le tocsin*, *les arrêter comme mangeurs de monde*, et les conduire au plus prochain siége, ou Prévôté, pour y être jugés souverainement, conformément aux Edits, nonobstant toutes incompétences alléguées.

IV. Le 30, traité entre les Officiers municipaux et le sieur D'Indinville. Il s'oblige de reconstruire l'aqueduc des eaux de Vallan, et d'en amener quatre pouces dans quatre bassins ; savoir: à la place du Pilori, à la croix de pierre, devant le perron de l'hôtel de ville, et devant le portail de l'Eglise de S.-Père. Les Officiers municipaux, pour les habitans, s'obligent à lui payer les 15,000 livres par lui demandées, dans la proportion du progrès de ses travaux. V. n. VIII.

V. Au mois d'avril, M. de Broc prend possession de l'Abbaye de S.-Germain, pour M. Armand de Bourbon, Prince de Conti, nommé à cette Abbaye, après le décés de M. de Bellegarde, Archevêque de Sens. Ce jeune Prince se destinait à l'état ecclésiastique ; et quoique âgé seulement de 17 ans, il s'était fait remarquer dans son cours de théologie : mais, sept ans après, le mariage ayant plus d'attraits pour lui qu'il ne l'avait cru, il se démit de son Abbaye.

VI. 8 mai, M. de Broc pose solennellement la première pierre du nouveau Monastère de S.-Julien. V. 1649, n. III.

VII. Le 16, le corps de M. de Bellegarde, frère de l'Archevêque de Sens, et ancien Gouverneur de la province, décédé à Paris, qu'on conduit à son château de Seure, en Bourgogne, arrive à la porte S.-Simon. Les Officiers municipaux vont l'y recevoir, et l'accompagnent jusqu'à la Cathédrale, où l'on célèbre l'office des morts.

VIII. 15 septembre, assemblée des habitans : M. Leclerc, Maire, et M. Berault, Gouverneur du fait commun, sont encore réélus.

IX. 30 octobre, les eaux de Vallan arrivent à la barrière du faubourg S.-Amatre. Le Maire et tous les autres Officiers municipaux vont visiter les ouvrages depuis cet endroit jusqu'à Vallan, et les trouvant conformes au traité, ils font payer à l'entrepreneur 5,926 livres. V. 1649, n. IV.

X. 24 novembre, à huit heures du soir, les autorités, et la milice bourgeoise en armes, vont à la porte du pont recevoir le Prince de Condé, qui arrive de la Catalogne et retourne à Paris. Conduit à l'Evêché, il en repartit à minuit.

XI. 18 décembre, on reçut une lettre du Roi adressée aux Maire, Echevins et habitans, dans laquelle il exposait le dénûment de l'armée, et l'impossibilité de l'habiller avec les deniers de son épargne, ajoutant : « nous vous faisons cette lettre pour vous con-
» vier, *et néanmoins vous mander* de nous assister
» de 200 paires d'habits complets, consistant en
» pourpoints longs, en forme de juste-au-corps,
» haut et bas de chausse de drap le plus propre à
» vêtir, avec des bonnets et autant de souliers, le
» tout pour le 15 du mois prochain. » Sur-le-champ tous les drapiers, chaussetiers, tailleurs et cordonniers, furent mandés à l'hôtel de ville, et en peu de jours, la fourniture fut expédiée. Elle coûta 2,000

livres, que M. Berault, Gouverneur du fait commun, eut la générosité d'avancer, et dont il ne fut remboursé que le 20 septembre de l'année suivante.

XII. 19, on apprend que le sieur Simonet, Conseiller à l'Election, parti le matin pour Paris, a été arrêté près des Chesnés, par le sieur Mirbel, l'un des créanciers de la ville, porteur d'un titre de 15,000 livres; qu'assisté de quatre cavaliers, il l'a emmené à Noyers, pour l'emprisonner. Les Officiers municipaux s'empressent d'adresser une supplique au Roi; c'était la seule monnaie à leur disposition. Je n'ai pas pu découvrir la fin de cet événement.

1648.

I. 8 février, six compagnies et l'état-major du régiment du Prince de Conti arrivent à Auxerre pour y tenir garnison.

II. 1ᵉʳ mars, MM. Leclerc, Maire, et Marie, Echevin, sont députés aux Etats convoqués à Dijon pour le 25.

III. 30 avril, départ de la garnison. La dépense occasionnée par son séjour s'éleva à 9,000 livres. Le Receveur ne put en payer que les deux tiers, le surplus fut emprunté d'un sieur Verdier.

IV. 6 mai, la ville étant encombrée de troupes, M. Leprince qui, en 1645, avait été emprisonné pendant huit jours pour les dettes de la ville, et croyait en conséquence avoir droit à des ménagemens, s'indigna à l'excès, en voyant deux cavaliers entrer chez lui avec un billet de logement, et *alla devant le public, proférer plusieurs mauvaises paroles contre l'honneur des Officiers de la ville.* Le lendemain, sa femme, par ses ordres, voulut sonner la cloche de S.-Eusèbe, *afin d'émouvoir le peuple, mais elle en fut empêchée.* Tels ont été les faits portés dans une plainte des Officiers municipaux. Les suites n'en sont pas connues.

V. Pendant le mois de juin, les troupes, dont le passage fut continuel, se livrèrent, malgré la sévère ordonnance de l'Intendant, à des désordres si multipliés, que, sur les plaintes qu'en reçut le Prince de Condé, il envoya à Auxerre un Commissaire des guerres, le sieur de Regnier, chargé en son nom de surveiller les gens de guerre, et de faire punir les délinquans, suivant la rigueur des lois.

VI. 1er octobre, M. Jean Richer, Président au Bailliage, est élu Maire, et M. Gaspard Berault, Lieutenant des eaux et forêts, Gouverneur du fait commun.

VII. 15, le bruit court que la ville aura encore une garnison pendant l'hiver. On s'en effraye, et le nouveau Maire est prié d'aller sans délai à Paris, pour conjurer le Prince de Condé d'épargner ce nouveau fardeau aux habitans, dont il connaît la misère. Cette démarche fut inutile. Paris, depuis trois mois, était en proie à la guerre civile, entre la Cour et le Parlement. Le 26 août, appelé *la journée des barricades*, la Régente, par les conseils du Cardinal Mazarin, pour ramener le Parlement à l'obéissance, avait fait arrêter, le Président Potier de Blancmenil, et le Conseiller Broussel. Le peuple soulevé par le Duc de Beaufort, qui s'était échappé de Vincennes, et par le Coadjuteur de Retz, avait réclamé les prisonniers, et la Régente s'était vue forcée de les rendre. Le Prince de Condé, plein de zèle, alors, pour la Reine, dans la crainte de nouvelles agressions populaires, rapprochait donc de Paris toutes les forces dont il pouvait disposer ; aussi sa réponse au Maire fut elle, que la ville devait se résigner, et que la troupe destinée à y tenir garnison arriverait incessamment. Effectivement, le 22 novembre, deux cavaliers apportèrent l'ordre contenant injonction de recevoir en garnison, trois Compagnies de cavalerie du régiment de M. le Prince, de leur payer, par chaque Compagnie, 1,500 livres à leur entrée *pour les ustensiles*, pareille somme à leur départ, et de leur fournir les vivres pendant leur séjour.

On assemble aussitôt tous les habitans devant le Lieutenant général. Le Maire leur expose qu'il est encore dû 6000 livres sur les dépenses de la dernière garnison ; que la caisse municipale n'a pas un denier, ni pour payer cet arriéré, ni pour les nouvelles dépenses ; que si l'on ne satisfait pas la troupe, elle se livrera à des excès dont personne ne sera exempt ; qu'il est donc indispensable, dans ce danger commun, que les privilégiés, contribuent comme les autres, à faire les fonds nécessaires pour éviter ces maux. La décision fut conforme à sa proposition. On arrêta que, *pour éviter la violence des gens de guerre*, il serait fait une imposition particulière destinée à leur fournir *les ustensiles et les vivres* ; qu'elle serait assise par le Corps municipal, assisté de deux procureurs-fabriciens et de deux notables de chaque paroisse; qu'elle serait de toute la somme par eux jugée nécessaire, et répartie *sur les exempts comme sur les autres.* Le Lieutenant général, suivant l'usage, donna à cet arrêté la formule d'une sentence, et ordonna qu'elle *serait exécutée provisoirement nonobstant opposition ou appellation.*

Les trois Compagnies arrivèrent le 28. Avant tout, cependant, on voulut savoir si les ordres du Roi dont elles devaient justifier, étaient aussi onéreux pour la ville que celui du Prince. Les Officiers municipaux et un grand nombre de notables étant assemblés sous la présidence du Lieutenant général, les Officiers de la garnison furent mandés pour représenter les ordres du Roi. Sur l'exhibition qu'ils en firent, on remarqua qu'il n'était pas dit un mot qui obligeât les habitants à leur fournir les ustensiles et les vivres. En conséquence, le Maire déclara qu'on ne leur devait que le logement. Ils répondirent qu'ils étaient sans argent; qu'on devait, au moins, leur avancer le nécessaire; qu'indépendamment des vivres, il leur fallait, par jour, et par chaque Compagnie, cent livres en argent, ainsi que 75 rations de foin et avoine. Le Lieutenant général ordonna que la Mairie délivrerait des billets de logement, et fournirait les ustensiles et les vivres, mais *en par la troupe les payant,* conformément aux ordonnances; qu'au surplus, il en serait référé à M. le Prince, Gouverneur, ou à l'Intendant. Le Maire partit aussitôt pour Dijon. Le lendemain, le sieur Dalmas, Commissaire des guerres, passa la revue de cette troupe, dans un champ, près de la porte du Temple; il ne s'y trouva que 8 Officiers, 7 Sous-Officiers, et 114 cavaliers, dont cinq étaient à pied.

Le 30, la ville eut encore à loger sept Compagnies de cavalerie, qui séjournèrent le 1er décembre, mais elles furent nourries par l'étapier.

Le 3 décembre, le Maire était de retour avec l'ordre de l'Intendant, portant qu'il devait être payé à chacune des trois Compagnies, 3,000 livres pour les ustensiles, pendant tout le quartier d'hiver, dont moitié huit jours après leur arrivée, et moitié dans le premier logement qu'elles feraient après leur sortie; qu'il leur serait, en outre, fourni par jour, et par chaque Compagnie, 50 rations de fourrage, en foin, paille et avoine; que ce qu'elles voudraient de plus elles le payeraient; que si quelques gens de guerre faisaient des désordres, il en serait informé par le Lieutenant particulier du Bailliage, qui enverrait ses informations à l'Intendant, et ferait mettre provisoirement les délinquans en prison. On se hâta, en conséquence, d'exécuter la délibération du 22 novembre, et d'asseoir sur tous les habitans une levée de 12,000 livres. Mais le voyage du Maire valut aux habitans de ne pas fournir les vivres des hommes, et de ne donner que 50 rations par Compagnie, au lieu de 75.

Le 13, la garnison était dans la ville depuis quinze jours, et n'avait encore rien reçu des 4,500 livres qu'elle aurait du recevoir le huitième jour; on ne paraissait même pas s'en occuper beaucoup, quand les maréchaux-des-logis se présentèrent au Corps municipal, et déclarèrent que, si ce qui leur était dû ne leur était pas payé à l'instant même, ils allaient mettre leurs cavaliers sous les armes, et leur commander de se loger dans les meilleures maisons, pour y vivre à discrétion. « Vous allez être payés dans une « heure »; fut la réponse. Effectivement le Maire emprunta les 4,500 livres, pour les reprendre sur les premiers fonds de l'imposition. Avant l'heure, la troupe fut payée, et l'effroi qui s'était répandu dans la ville se dissipa. Il avait été si grand, que sur seize Officiers municipaux, sept seulement avaient pris part à la délibération, et que le lendemain, ils étaient tous à l'hôtel de ville. On y lut, et l'on fit publier et afficher un réglement fait par le Prince, pour fixer les droits et les devoirs respectifs des habitans et des militaires.

Le 30, la population fut agitée par de nouvelles craintes. Plusieurs personnes prétendaient être bien informées que le régiment entier du sieur de Vinsaux était en route, et venait aussi prendre son quartier d'hiver à Auxerre. Il fallut encore députer à Paris, pour que le Prince détournât ce nouvel orage. M. Née, Echevin, partit, et apprit à son retour que la nouvelle était une fable.

VIII. Cette année, M. César-Philippe de Chastellux prit possession de la prébende laïque de sa famille, dans le Chapitre de S.-Etienne.

1649.

I. Le 6 janvier, le Corps municipal reconnut par

la dépense déjà faite, que les 12,000 livres imposées feraient à peine la moitié de la somme qu'exigerait l'entretien de la garnison, et arrêta de faire un nouveau rôle aussi fort que le premier. L'arrêté fut de suite adressé à l'Intendant, en le priant de l'approuver, surtout avec la disposition qui n'en exemptait personne.

II. Le 8, M. Jolly, Avocat et Echevin, est député aux Etats convoqués extraordinairement à Dijon pour le 15. Il est spécialement chargé d'y représenter que le Comté d'Auxerre, composé seulement de 53 *paroisses fort petites, extrêmement pauvres et disetteuses*, ne supportait anciennement que le dix-neuvième des charges de la province, que les Elus généraux ont porté ensuite *son mépart* au quinzième, puis au dixième. Il lui est recommandé de réclamer le rétablissement de la proportion primitive, et en cas de refus, de former opposition au décret.

III. Les troubles suscités par *les frondeurs* dans Paris, pour forcer la Reine à renvoyer le Cardinal Mazarin, avaient été portés à un tel excès, que, dans la nuit du 6 janvier, elle avait emmené à S.-Germain le Roi avec tout ce qui, à la Cour, lui était resté attaché, et qu'on appelait *les Mazarins*. Le Prince de Condé, encore zélé pour ce parti, avait, dès le lendemain, entrepris le blocus de Paris, et pris Charenton. Il en résulta pour Auxerre de nouveaux et continuels mouvemens de troupes pour servir à ce blocus; mais la ville y gagna d'être débarrassée de sa garnison. Le Comte de Tavannes, Lieutenant du Prince, dans le gouvernement de Bourgogne, arriva le 16, par ses ordres, à Auxerre, y fit venir sur-le-champ quatre Compagnies d'infanterie, qui étaient en garnison à Villiers-la-Grange, et le lendemain les dirigea sur Paris. Le 18, il manda également pour le soir, quatre Compagnies du même régiment que les trois qui étaient à Auxerre, et qui avaient été logées dans les environs. Le 19, les sept Compagnies prirent aussi le chemin de la Capitale.

Le même jour, le Maire reçut une lettre du Prince, datée du 16, par laquelle il manifestait le désir que des députés allassent, au nom des habitans, à S.-Germain, présenter leurs hommages au Roi, et protester de leur dévouement à son service. MM. Richer, Maire, et Chacheré, Echevin, furent chargés de cette honorable mission, mais, en même temps, voyant dans ce message du Prince la preuve de dangers imminens, on se hâta de se mettre en état de défense. Les fortifications furent réparées ; les Capitaines de la milice visitèrent tous les hommes de leurs compagnies, pour connaître l'état de leurs armes et de leurs munitions. Ceux qui n'étaient pas suffisamment pourvus, furent contraints de compléter leur armement, dans un bref délai, sous peine d'amende. Le Lieutenant général du Bailliage fit défense aux marchands d'armes et de munitions, d'en vendre aux étrangers avant qu'on fût certain que la milice en était suffisamment approvisionnée. Le 20, le Comte de Tavannes fit encore venir ce qui restait de la garnison de Villiers-la-Grange, et le fit partir le lendemain pour Paris. Le 25, on s'aperçut qu'un grand nombre *de gueux et de vagabonds* circulaient dans la ville ; une proclamation fit défense aux habitans de les recevoir dans leurs maisons, à peine d'amende, et le Prévôt de la maréchaussée fut chargé de les expulser. Enfin, le 10 février, une Compagnie de cavalerie laissée à Arcy-sur-Cure, vint à Auxerre, et fut envoyée *en hâte* à S.-Cloud.

A peine la ville avait-elle joui, pendant deux mois, de quelque tranquillité, que le 19 avril, elle vit arriver, tout à la fois, une Compagnie de cavalerie du régiment de Clerembaut, et la totalité d'un régiment italien d'infanterie. Heureusement le lendemain, six Compagnies de ce régiment furent envoyées à Cravan, mais le surplus et l'état-major restèrent en garnison ; il fallut leur fournir vivres et fourrages, sans savoir combien de temps durerait cette situation désespérante. Cependant, l'Intendant, connaissant la position des habitans, envoya, dans le moment même, un mandat de 3,000 livres à employer dans ces dépenses, et le 1er mai, onze jours seulement après leur arrivée, toutes ces troupes retournèrent dans les environs de Paris.

Enfin, un accommodement, qui eut lieu entre la Régente et les frondeurs, ayant fait cesser les mouvemens de troupes, on profita, à Auxerre, de cet instant de repos pour réparer une partie des maux que la population avait éprouvés lorsque l'encombrement de la ville, par les gens de guerre, rendait le désordre inévitable. Ainsi, les habitans du faubourg S.-Gervais, alors plus considérable qu'aujourd'hui, qui avaient seuls logés le régiment de Navarre, indépendamment d'une multitude de soldats isolés, eurent la remise de leur contingent dans l'imposition de 24,000 livres ; *attendu*, porte la délibération, *qu'ils ont beaucoup souffert, et vendu leurs meubles.* Un secours de 250 livres fut offert à la dame Hollot, dont le mari, Substitut du Procureur du Roi de l'Election, avait été assassiné par les soldats italiens, lors de leur départ. Elle restait veuve avec six enfans.

Le 1ᵉʳ juillet, M. Berault, Gouverneur du fait commun, qui avait fait de très-fortes avances pour la nourriture des gens de guerre, fut envoyé à Dijon, solliciter le remboursement de ces avances. La bienveillance du Prince lui fut fort utile ; il obtint un remboursement complet.

IV. Le 19 août, le sieur D'Indinville avait continué ses travaux pour la conduite des eaux de Vallan. Déjà elles coulaient dans le bassin du Pilori, et une partie des canaux pour les distribuer dans les autres quartiers était faite ; tout donnait à espérer qu'il obtiendrait le succès désiré ; en conséquence, on lui fit un paiement qui, avec ce qu'il avait déjà reçu, acquitta la ville envers lui de 10,421 livres 5 sols, suivant le compte fait entre lui et MM. Joly et Bernier, Avocats et Echevins, devant Daulmoy, Notaire ; mais ce document est le dernier sur l'aquéduc de Vallan.

V. Sur la fin de septembre, assemblée des habitans ; MM. Richer, Maire, et Berault, Gouverneur du fait commun, sont réélus.

VI. Les habitans vivaient dans une alternative continuelle de perplexités différentes. Quand les gens de guerre abondaient dans Auxerre, et ruinaient les familles, les créanciers de la ville, dont les poursuites eussent été vaines, se taisaient. Mais, dès que les soldats étaient partis, les persécutions recommençaient. C'est ce qui arriva le 5 décembre. Plusieurs habitans furent poursuivis par saisie de leurs biens et de leurs offices. Sur leurs plaintes, M. Boyrot, Avocat et Echevin, fut envoyé à Paris, avec l'accompagnement ordinaire de 40 feuillettes de vin, pour solliciter auprès du Prince, et des autres protecteurs de la ville, une nouvelle surséance de cinq années contre les créanciers ; le rétablissement de l'octroi de 6 sols 3 deniers sur chaque muid de vin, passant dessus et dessous le pont, et la continuation de celui sur les cendres. V. 1650, n. v.

VII. Le 20 décembre, publication et affiche de la cession faite par le Roi, au Maréchal de Turenne, des droits d'Aydes dans le Comté d'Auxerre et l'Election de Vézelay. Le Maréchal, un de ceux que la Reine voyait avec le plus de chagrin parmi les frondeurs, avait fait, comme tous les autres, ses conditions, lors de l'accommodement du onze mars, et l'une de ces conditions était cette cession, probablement faite à vil prix, et peut-être gratuite.

VIII. Dans le même temps, les Bénédictines ayant achevé, en grande partie, la reconstruction de leur Monastère, quittèrent enfin Charentenay, pour se renfermer dans ce couvent, et s'y livrer, conformément aux promesses qu'elles en avaient faites à l'Evêque, aux austérités du Val-de-Grâce. Pour qu'elles pussent en suivre exactement l'observance, M. de Broc joignit à leur Communauté, qui n'était plus composée que de huit Religieuses de chœur et une Abbesse, Gabrielle de la Madeleine de Ragny, trois Bénédictines de l'Abbaye de la Fermeté, diocèse de Nevers, où cette réforme était en pleine vigueur.

1650.

I. 16 et 17 janvier, la détresse de la ville était si grande, qu'on avait laissé les ponts-levis et les planchettes sur lesquels une grande partie des habitans passaient chaque jour, tomber dans un tel état, *qu'il était impossible d'y passer sans péril, y ayant même eu quelques chevaux blessés;* le pavé du pont était aussi tellement ruiné, que *les voûtes des arches étaient à découvert, et menaçaient d'une chute imminente.* Ces motifs déterminèrent les Officiers municipaux à demander au Lieutenant général du Bailliage mainlevée des oppositions faites sur les octrois, jusqu'à concurrence de la modique somme de 600 livres, indispensable pour réparer ce qui était le plus périclitant; et ils l'obtinrent.

II. Quels durent être l'étonnement et l'affliction des Auxerrois, lorsqu'ils apprirent que le Prince de Condé, qu'ils trouvaient toujours disposé à servir leurs intérêts, venait d'être arrêté le 8, par ordre du Roi, et constitué prisonnier à Vincennes, puis entraîné à Marcoussy, puis au Hâvre-de-Grâce! Mais ils surent, en même temps, qu'abusant à l'excès de ses succès à la guerre, et des services qu'il avait rendus à la

Cour, contre le parti de la fronde, il voulait commander en maître, et prendre pour lui et les siens, tout ce qui était à leur convenance; qu'excédée de ses exigences, la Reine s'était vue forcée de se rapprocher des frondeurs qui le détestaient, et même de se servir d'eux pour l'arrêter. Cet événement eut, pour Auxerre et pour toute la Bourgogne, de funestes conséquences. Le Comte de Tavannes et les autres partisans du Prince voulurent lui conserver cette province, et la Cour, comme on va le voir, s'empressa de se l'assurer. De là, de nouveaux mouvemens de troupes, qui achevèrent l'appauvrissement du pays.

Le 7 février, le Maire reçut une lettre de M. de Cormarin, dans laquelle il annonçait qu'il venait à Auxerre, pour se concerter avec les autorités sur des choses importantes, concernant le service du Roi, et qu'il était déjà à Montbard, lorsqu'il avait appris que 2,000 chevaux des troupes licenciées de M. le Prince de Condé, étaient du côté de Mondu et de Mont-Saint-Visau, en Bourgogne, ce qui l'avait obligé de se rendre de ce côté, avec toute la noblesse et les gens de guerre qu'il avait pu réunir, pour s'opposer aux mauvais desseins de ces troupes. Il recommandait aux Officiers municipaux, non-seulement de veiller sur la ville, mais de transmettre son avis aux Maires des autres villes de la contrée, et aux châteaux capables de défense, comme aussi de ne reconnaître d'autres ordres que les siens, à moins que le Roi n'envoyât à Auxerre M. de Vendôme, comme le bruit en courait. M. de Cormarin adressait, en même temps, au Maire, des lettres pour les châteaux, le chargeant d'y ajouter les noms ; enfin, il annonçait qu'incessamment il arriverait à Auxerre, à la rencontre de M. de Vendôme, si la nouvelle de sa nomination était vraie.

Effectivement, trois jours après, une lettre de M. le Duc de Vendôme lui-même, datée de Sens, parvint au Maire. Il annonçait pour le lendemain son arrivée, avec un ordre du Roi, du 31 janvier, par lequel il était enjoint aux Maire, Echevins et habitans d'Auxerre, de le reconnaître en qualité de son Lieutenant général et Gouverneur pour la Bourgogne, d'avoir à lui obéir dans tout ce qu'il commanderait, et lui rendre tous les honneurs dus à son rang et à son titre. Il arriva le 11 ; toutes les autorités et la milice en armes allèrent le recevoir à la porte S.-Simon. La Compagnie des garçons à cheval avait été au-devant de lui jusqu'au pont de pierre.

Le 12, il fit publier et afficher une proclamation, portant ordre à tous les sujets du Roi de ne laisser passer aucune troupe sans ordre de Sa Majesté et l'attache de lui, Lieutenant général ; ordre à tous Baillis, Gouverneurs et Gentilshommes, de monter à cheval, et de courir sus aux gens de guerre n'ayant pas ces ordres, en se faisant assister des Prévôts des Maréchaux et des habitans du pays, auxquels il était enjoint de s'assembler au son du tocsin, au premier bruit de troupes non avouées du Roi. Cette proclamation fut également publiée et affichée dans toutes les paroisses de la banlieue. Le même jour, la Compagnie de Gendarmes du Duc entra dans la ville. Le lendemain, il fit venir de Charmoy les chevau-légers du Cardinal Antoine, et, le 14, il les envoya à Chanceaux en Bourgogne, y attendre ses ordres. Très-peu de jours après, il partit avec ses Gendarmes pour Dijon.

Le 3 mars, l'entrepreneur des étapes, mal payé par la province, et effrayé du nombre des gens de guerre dont le passage était annoncé, fit notifier au Maire qu'il allait cesser le service. Le Maire, épouvanté à son tour, lui fit signifier en réponse qu'il restait responsable de tous les désordres qui pourraient survenir, et l'entrepreneur n'insista pas. Le 4, le régiment de Piémont, composé de trente compagnies, se présenta à la porte S.-Simon avec un ordre du Roi, mais sans l'attache du Duc de Vendôme. L'embarras fut extrême; l'ordre du Roi était impérieux, mais la proclamation du Duc ne l'était pas moins; le Corps municipal délibérait encore, lorsque le sieur de Curgy, Commissaire à la conduite du régiment, étonné qu'on hésitât sur un ordre du Roi, déclara qu'il allait faire forcer l'entrée : il fallut ouvrir la porte, et recevoir la troupe, mais pour deux jours seulement. Un des Echevins, M. Baudesson, alla, en toute diligence, prendre les ordres du Duc, qui approuva la conduite des Officiers municipaux, et le troisième jour, le régiment continua sa route dans l'intérieur de la Bourgogne.

Le 9, une lettre du Duc de Vendôme, que Dijon avait refusé de recevoir, invita le Corps municipal à nommer un Député aux Etats par lui convoqués à Beaune pour le 12, à l'effet d'aviser aux moyens de subvenir aux besoins des troupes que le Roi envoyait dans la province, pour ramener à son obéissance celles des villes qui prenaient part à la rébellion du Prince de Condé. M. Née, Echevin, partit aussitôt pour Beaune.

Le même jour, le Maire fut prévenu que le Roi, avec une grande partie de sa cour, avait quitté Paris, allant aussi en Bourgogne, et arriverait incessamment à Auxerre. Quoique aux prises avec la misère, et malgré toutes les inquiétudes qu'inspirait une guerre civile flagrante, il fallut, dans cette circonstance, se donner toutes les apparences de la prospérité, tous les dehors d'une félicité sans nuage. Heureusement les Officiers de la ville eurent tout le sang-froid nécessaire pour jouer et faire jouer ce rôle par leurs concitoyens; il n'y avait dans la caisse municipale que 500 livres destinées à réparer les fortifications; non-seulement ils arrêtèrent de les dépenser pour la réception du Roi, mais, trouvant l'occasion de se faire tous habiller à neuf, ils ne la laissèrent pas échapper. Leur délibération porte : que le Receveur remettra 170 livres au Maire, pareille somme à chacun des deux Gouverneurs, 75 livres à chacun des douze Echevins, ainsi qu'au Procureur du fait commun, au Receveur et au Greffier, *pour être, ces sommes, employées en achat d'habits décens et convenables, suivant qu'il a été, de tout temps, accoutumé aux premières entrées des Rois en cette ville.* Enfin, ils ordonnèrent le même cérémonial qui avait été observé pour la réception de Louis XIII, en 1633; et y ajoutèrent cette singularité « que les tonneliers,
» en habits blancs, aux galons de plusieurs couleurs,
» iraient au-devant de Leurs Majestés, jusqu'à la

» chapelle S.-Simon, aux fifres et tambours, pour
» les divertir par les tours de souplesse qu'ils ont
» accoutumé de faire avec leurs cercles de diverses
» couleurs, et que pour les mettre en équipage on
» leur fournirait deniers. » On arrêta encore qu'attendu le mauvais état de la route de Dijon jusqu'à Labrosse, cent pionniers iraient la réparer. Les 500 liv. trouvées dans la caisse étaient loin de suffire à tant de dépense, mais on ne s'en effraya pas ; on décida qu'on demanderait au Lieutenant général du Bailliage l'ordre aux fermiers de l'octroi de payer au Receveur tout ce dont ils étaient redevables, nonobstant les saisies des créanciers, et que, si on éprouvait un refus, on emprunterait ; c'est ce dernier parti qu'il fallut prendre.

Le 10, le sieur Saintot, maître des cérémonies de la Cour, vint apporter la lettre du Roi adressée *aux chers et bien amés les Maire, Echevins et habitans d'Auxerre*, et leur annonçant son arrivée pour le surlendemain matin. Le 12, Louis XIV, âgé d'onze ans et demi, accompagné de la Reine sa mère, du Duc d'Anjou son frère, du Cardinal Mazarin et de plusieurs Seigneurs de la Cour, fut reçu comme le Roi son père l'avait été. A la porte de la ville, M. Filsjean de Chemilly, en qualité de Grand-Bailli, voulut prendre les clés, pour les présenter au Roi, mais le Maire les lui refusa, et les présenta lui-même. Le Roi et sa mère furent logés à l'Evêché, où M. de Broc fit tous les frais, à l'exception de 6,000 bouteilles de vin, qui furent, suivant l'usage, fournies par la ville : le Duc d'Anjou occupa les appartemens de M. le

Prince de Condé, chez l'Abbé Lemuet, et le Cardinal Mazarin eut son logement, comme le Cardinal de Richelieu en 1631, à l'Abbatiale de S.-Germain. Le soir, un grand feu de joie fut allumé sur l'île, en face de l'Evêché, et sous les yeux du Roi. Le départ eut lieu le lendemain matin.

On ne tarda pas à apprendre que la ville de Dijon, intimidée par l'approche du Roi, lui avait ouvert ses portes, car le 21, huit jours seulement après son départ d'Auxerre, le Maire reçut la lettre de convocation des Etats dans cette ville, pour le 24. MM. Richer, Maire, et Née, Echevin, y furent députés. Un des décrets de cette assemblée ordonna une imposition extraordinaire de 225,974 livres sur la province, pour subvenir à la dépense des étapes et nourriture des gens de guerre.

III. Le 20 avril, nouvelles tribulations. L'entrepreneur des étapes, contraint par le Maire depuis le 3 mars, à continuer le service, s'était pourvu auprès des Elus généraux, qui, ne pouvant pas lui faire rembourser ses avances, l'avaient autorisé à cesser la fourniture, ce qu'il fit notifier au Maire. Aussitôt M. Joly, Echevin, partit pour Dijon à l'effet de s'en assurer ; 48 heures après il était de retour, mais avec l'ordre au Corps municipal de fournir l'étape, pour en être payé sur le prix de l'adjudication faite à l'entrepreneur. Heureusement, M. Bourgoing, étapier de l'année précédente, avait encore quelques provisions, et consentit à faire le service, moyennant une avance de 3,000 livres que lui fit le Corps municipal, en les empruntant sur la responsabilité personnelle de ses membres, car on sut, dès le lendemain, que Bellegarde, la seule ville qui restât au Prince de Condé dans la province, venait d'être rendue au Roi par le Comte de Tavannes; que toute l'armée allait être dirigée sur la Flandre, et repasserait conséquemment, en grande partie, par Auxerre. Peu de jours après, en effet, il y eut passage et séjour de 30 compagnies d'infanterie, 2 compagnies de gardes françaises, et 2 compagnies de gardes suisses.

IV. Le 8 mai, les Officiers municipaux, voyant que, si jusqu'alors ils avaient pu satisfaire à tous les besoins qu'enfantaient les circonstances, ce n'était qu'en faisant chaque jour des emprunts, et s'obligeant personnellement, sans prévoir quand et par quels moyens cet arriéré, toujours croissant, pourrait être éteint, reconnurent qu'il fallait enfin porter remède à un mal qui, s'il empirait encore, exposerait les habitans aux plus grands maux, et surtout aux excès des gens de guerre. Ils s'occupèrent donc, d'abord, de connaître cet arriéré, et virent, avec effroi, que, depuis 1635, en quinze années, il s'était élevé de 157,700 livres à 400,000. Ils assemblèrent les habitans, et leur faisant connaître la position de la ville, les déterminèrent, malgré leur répugnance habituelle pour les octrois, à réitérer au Conseil la demande en rétablissement de celui de 6 sols 3 deniers sur les vins, et de 20 sols sur les cendres. Le 26, M. Berault, Gouverneur du fait commun, alla à Paris renouveler cette demande. V. 1651, n. IV.

V. Le 27 mai, le Maire fut prévenu que le régiment de Bourgogne, infanterie, viendrait incessamment à Auxerre pour y rallier toutes ses compagnies, et que les habitans auraient à fournir des vivres, non-seulement aux soldats, mais à ses 26 Officiers. Suivant l'habitude ruineuse des députations inutiles, on fit partir pour Paris M. Baudesson, Echevin, chargé de rappeler au Duc de Vendôme l'état d'épuisement de la ville. Pendant qu'il était en route, indépendamment du Baron de Montesson, Lieutenant-Colonel du régiment, qui arriva avec une grande partie de sa troupe, une compagnie des Gendarmes de la Reine, qu'on n'attendait pas, vint également, et l'on eut à déplorer de funestes événemens. Le lendemain, au moment du départ de cette compagnie, une rixe violente mit aux prises les Gendarmes et plusieurs habitans. Les détails de ce qui se passa ne sont pas connus, mais les suites donnent à penser que la conduite des Gendarmes fut affreuse, et qu'il y eut effusion de sang, car l'un d'eux fut arrêté, jugé prévôtalement et pendu sur l'heure. L'équipage de M. de Villebertin qui commandait cette compagnie, fut saisi et retenu pour répondre des dommages commis, que M. de Villebertin refusait de payer.

Le 5 juin, M. Baudesson, de retour de Paris, annonça qu'il avait obtenu du Duc de Vendôme l'assurance que l'ordre allait être donné au régiment de Bourgogne de quitter la ville. M. de Montesson avoua que cet ordre lui était déjà parvenu, mais ce fut en déclarant qu'il ne partirait que quand toutes les compagnies de son régiment seraient réunies. En vain M. Baudesson retourna à Paris; en vain M. l'Evêque, qui y était, se joignit à lui auprès du Duc de Vendôme ; M. de Montesson attendit les quatre compagnies, qui étaient à Pouilly en Auxois ; elles n'arrivèrent que le 11, et la ville ne fut débarrassée que le 12.

Le 25, il fallut délivrer à M. de Villebertin son équipage, et payer toute la dépense par lui faite pendant 23 jours ; l'ordre adressé à cet égard au Maire portait qu'il eût à faire cette remise *sans retardement ni difficulté*, et que le Gendarme avait été exécuté *trop précipitamment*.

VI. Le 3 juillet, 25 à 30 familles, représentant d'anciens Maires, Gouverneurs et Echevins, poursuivies par les héritiers de ceux au profit desquels leurs auteurs s'étaient obligés personnellement, se réunirent pour dénoncer ces poursuites aux Officiers municipaux. Ceux-ci arrêtèrent qu'ils prendraient leur fait et cause, mais que, *n'ayant pas deniers*, ils renouvelleraient la demande d'une surséance de cinq années. Pour y parvenir, deux d'entr'eux, MM. Joly et Boyrot, Avocats, furent chargés d'aller, encore une fois, exposer au Duc de Vendôme *l'état misérable de la ville*. Les anxiétés des habitans étaient d'autant plus vives, qu'on n'apercevait plus le terme des discordes civiles ; que le parti du Prince de Condé, qui était en armes dans la Guyenne, dont il avait eu le gouvernement avant les troubles, y était plus audacieux que jamais ; et que le Roi prenait le parti d'aller en personne l'y poursuivre, comme il l'avait fait pour la Bourgogne. Le Maire en fut informé par des lettres du Roi et de M. de la Vrillière, qui lui recommandaient de les informer, pendant cette absence, de tout ce qui se passerait à Auxerre.

VII. Le 11 septembre, l'assemblée générale nomma, pour la troisième fois, M. Richer, Maire. M. Jehan Deschamps, Avocat, fut élu Gouverneur du fait commun.

Le 17 octobre, les habitans furent encore assemblés à l'effet d'arrêter des mesures, soit pour éviter d'avoir une garnison, comme on en était déjà menacé, soit pour en faire la dépense, s'il fallait la recevoir. Il fut décidé que M. Deschamps irait à Dijon, avec une lettre de recommandation de M. l'Evêque, pour M. le Duc de Vendôme, et que, dans le cas où cette démarche serait sans succès, on aurait recours, comme en 1648, à une taille spéciale, assise par le Corps municipal, sur tous les habitans, sans aucune exception. Le Clergé seul voulut s'y refuser, mais ayant présenté, suivant l'usage, au Corps municipal deux candidats, pour qu'un d'eux fût investi des fonctions de Gouverneur du fait commun, il fut répondu que le choix ne serait fait, que quand le Clergé se serait résigné à contribuer aux dépenses des gens de guerre. Cette mesure était arbitraire, mais elle fut efficace. Le Clergé donna son consentement à l'imposition, et M. Jehan de Foudriat, Doyen du Chapitre de S.-Etienne, fut reconnu Gouverneur ecclésiastique du fait commun.

Les calamités de la nature de celles qui alors accablaient la ville, sont toujours et inévitablement aggravées par l'état d'hostilité dans lequel les habitans entre eux se trouvent placés, chacun d'eux cherchant à se soustraire, autant qu'il est en son pouvoir, à l'obligation commune. On en a vu un exemple en 1648; il se renouvela cette année, dans le Palais même de la Justice. Le 10 octobre, un Avocat, M⁰ Jehan Tenelle, qui probablement avait une forte part dans le logement d'un régiment de cavalerie arrivé la veille, dit hautement, pendant l'audience, que le Maire, les Gouverneurs et les Echevins étaient *des rébelles au Roi, des ruineurs de ville et de village*. Un autre Avocat, M⁰ Lauvergeat, qui était Echevin, voulant lui imposer silence, reçut des injures personnelles, et le Bailliage fut obligé de prononcer le blâme contre M⁰ Tenelle.

Du 12 au 25 novembre, en treize jours, la ville eut encore à loger et nourrir sept régimens de cavalerie, trois d'infanterie, et deux Compagnies de Gendarmes. Ces troupes, comme celles qui étaient passées le mois précédent, étaient envoyées en Champagne, où le parti du Prince cherchait à surprendre les villes, et rançonnait les campagnes. M. Deschamps, Echevin, se rendit encore à Dijon, y renouveler ses tentatives pour obtenir, au moins, que les fonds faits par le Comté pour les étapes, ne fussent pas envoyés à Dijon, ce qui occasionnait des lenteurs préjudiciables dans l'emploi de ces fonds. Les Elus généraux se rendirent à ses observations. Ils arrêtèrent que, pour l'année 1651, personne n'ayant voulu prendre l'entreprise des étapes, les villes seraient obligées d'y pourvoir, mais que le contingent des Elections d'Auxerre et de Macon, dans l'imposition de 225,974 livres, votée par les Etats, pour subvenir à cette dépense, resterait dans la caisse de leur Receveur particulier, et serait employé à payer les fournitures faites par les villes de ces Elections. Le contingent du Comté d'Auxerre, dans cette somme, fut de 15,400 livres, un peu moins que le quinzième, et celui de la ville, de 5,500 livres.

1651.

I. La mesure prise par les Elus généraux assurait aux villes la rentrée de leurs avances, mais il fallait faire ces avances, et les villes de passage étaient épuisées! Auxerre l'était peut-être plus qu'aucune autre, sa position géographique étant le point de communication, non-seulement de l'Isle de France avec la Bourgogne, mais encore de la Champagne avec le Nivernais. Aussi, du 1er au 14 janvier, les troubles de la Champagne étant apaisés, la plupart des gens de guerre qui avaient passé à Auxerre, pour s'y rendre, vinrent-ils le pressurer encore pour aller prendre leurs quartiers d'hiver dans le Nivernais. Ces nouvelles dépenses réduisirent les Officiers de la ville au dernier degré d'impuisance. Jusque là, leur ressource habituelle, pour sortir d'embarras, était d'emprunter, mais ils en avaient tant usé, qu'elle finit par leur manquer. Dans une conjoncture aussi décourageante, il était naturel de recourir aux administrations supérieures. Celles-ci étaient engagées dans de plus grands embarras encore, ayant à remédier à tous les besoins de la province; ils étaient tels que le Duc de Vendôme, connaissant la position d'Auxerre, et ne pouvant pas l'en tirer, évita d'y passer en retournant de Dijon à Paris. Mais il ne put pas échapper aux doléances qu'il redoutait ; on sut qu'il passerait par S.-Florentin, et deux Echevins, MM. Deschamps et Marie, s'y trouvèrent, le 18 janvier, pour lui présenter l'affligeant tableau qu'il ne voulait pas voir. Probablement les couleurs dont se servit M. Deschamps étaient trop rembrunies, et parurent offensantes au Duc, car le 21, M. Marie revint seul à Auxerre, et annonça que M. Deschamps était dans la prison de S.-Florentin, où le Prince l'avait fait renfermer. Nouveau chagrin, nouvel embarras ; il fallait recouvrer M. Deschamps. Le Maire partit pour Paris, et M. Foudriat courut à Dijon, le premier, pour apaiser M. le Duc de Vendôme, l'autre pour s'expliquer avec l'Intendant. Avant leur retour, M. Deschamps était rendu à la liberté, et prenait part aux délibérations.

Comme on le voit, la somme des tribulations était grande ; cependant elle grandit encore pendant l'hiver. Alors les productions de 1649 cessèrent de suffire à la consommation, l'année 1650 ayant été d'une effrayante stérilité. On trouve l'exposé de cette misère dans une supplique présentée à l'Evêque, le 17 février, par les Officiers municipaux, pour qu'il fût permis aux habitans de manger des œufs pendant le carême ; elle est ainsi motivée : « attendu que les
» marées n'ont pu monter par l'empêchement des
» grandes eaux ; attendu la *rareté du vin, la disette*
» *des grains, les grandes incommodités et maladies*
» *des peuples.* » Effectivement, le prix du setier de froment à Paris, qui était, en 1646, de 17 liv. 11 sols,

avait monté successivement depuis, et était en 1651 à 48 livres 14 sols. V. n. v.

II. Au milieu de tous ces événemens tristes et sombres, il en survint un qui l'est beaucoup moins. La ferveur religieuse commençant à se relâcher, les Officiers de la ville et ceux du Bailliage se concertèrent, pour demander au Chapitre que le sermon du carême ne commençât qu'à huit heures du matin, au lieu de sept. Le Prédicateur le désirait, et le Chapitre trouva le changement convenable. M. Percheron, Grand-Vicaire, représenta qu'on ne pouvait pas le faire sans l'assentiment de M. l'Evêque, mais le Chapitre, ne faisant aucun cas de cette observation, arrêta que, le 7 mars, le sermon ne serait annoncé par la cloche qu'à sept heures et demie, et ne commencerait qu'à huit heures. Le 7 mars, en effet, la cloche n'appela les fidèles qu'à sept heures et demie; à huit heures, toutes les autorités et un public nombreux remplissaient l'Eglise; mais on attendit en vain, la chaire resta vide. Après une longue attente, un Chanoine fut envoyé au Prédicateur; qui lui montra un billet du Grand-Vicaire, par lequel il le prévenait qu'il serait interdit s'il montait en chaire après sept heures. Le Chanoine revint aussitôt, et déclara à l'assemblée qu'il n'y aurait pas de sermon jusqu'à nouvel ordre. A ces mots, la surprise et le désappointement du public, si avide alors d'instruction religieuse, furent extrêmes. Les Chanoines, surtout, regrettèrent de n'avoir pas donné, à l'observation du Grand-Vicaire, toute l'attention qu'elle méritait; ils lui envoyèrent des députés pour le conjurer de ne pas donner de suite à son opposition, mais en soutenant toujours qu'ils avaient usé de leur droit. M. Percheron, sur cette insistance, persista également dans le parti qu'il avait pris. Le Chapitre, pendant toute la semaine, fit en vain sonner le sermon, à sept heures et demie, la chaire ne cessa pas d'être muette. Enfin, le dimanche suivant, à l'heure ordinaire du sermon, après midi, le Prédicateur parut, et après son sermon, il annonça que les jours de la semaine suivante, il prêcherait à sept heures du matin, par suite des ordres de M. l'Evêque. Le soir, le Chapitre s'assembla, et reconnut enfin, que s'il pouvait faire quelques changemens dans les heures, pour ce qui concernait l'office canonial, il n'en était pas ainsi à l'égard des sermons institués pour le public, et auxquels les Chanoines ne participaient que comme auditeurs. V. 1659, n. 1.

III. Dans le même temps, on apprit à Auxerre que le Prince de Condé, qu'on n'avait pas cessé d'aimer et de plaindre, avait enfin vu les portes de la forteresse du Hâvre s'ouvrir pour lui; que, par une de ces bizarreries si fréquentes dans la guerre de la fronde, c'était le Cardinal Mazarin, à qui il devait sa captivité, qui était allé l'en tirer, et que ce Ministre, à son tour, banni à perpétuité par un arrêt du Parlement, s'était ensuite retiré dans le pays de Liége. On fut même à Auxerre, pendant quelque temps, dans l'idée que le gouvernement de la Bourgogne était rendu au Prince, un corps de troupes qui y séjourna le 15 avril, ayant des ordres signés de lui. Néanmoins, on sut bientôt que c'était le Duc d'Epernon qui succédait au Duc de Vendôme.

IV. Au mois de mai, le sort des habitans éprouva quelques améliorations. Le sieur de la Balme, qui avait entrepris le service des étapes de la province, commença à soulager les Officiers municipaux de ce pesant fardeau, en se chargeant des vivres d'une brigade de cavalerie, et le 4 juin, un arrêt du Conseil d'Etat, faisant droit en partie au vœu émis dans l'assemblée du 20 avril 1650, rétablit l'octroi de 6 sols 3 deniers sur le vin passant dessus et dessous le pont. Enfin, le 2 juillet, l'Intendant adressa au Maire un mandat de 10,000 livres, à valoir sur les fournitures d'étapes. Cette renaissance à un meilleur ordre fut signalée par une bonne œuvre : le Général des Capucins et ses nombreux assistans étaient venus à Auxerre le 16, visiter le couvent de leur ordre ; la ville donna 50 livres pour aider le couvent dans la dépense.

V. Dans ce mois, on avait atteint la récolte, mais elle était loin de pouvoir faire cesser la disette ; une ordonnance du Duc d'Epernon, du 20, en offre la preuve. Elle contient défense d'exporter les blés de la province, non-seulement dans les pays étrangers, mais même dans les provinces voisines; il appuie cet ordre sur ce que les Elus généraux lui ont représenté « que la disette des blés est si grande dans
» la province, que le prix en est tout-à-fait extra-
» ordinaire, et a déjà réduit beaucoup de personnes
» à la mendicité, et à l'usage des racines qui a causé
» beaucoup de maladies dans le pays, où les grêles
» et autres injures du temps, et les dégats faits par
» les troupes qui ont depuis peu passé dans la pro-
» vince, ont tellement diminué l'espérance de la ré-

» colte prochaine, que tous les peuples y sont dans
» une juste appréhension d'être bientôt affligés d'une
» famine entière, si on laisse sortir les grains. »
Cette ordonnance fut publiée et affichée le 3 août.

VI. Sur la fin de ce mois, de nombreux corps de troupes s'étant présentés aux portes de la ville, sans l'attache du Duc d'Epernon ; conformément à ses ordres, on refusa de leur ouvrir. Ils se jetèrent sur les villages voisins, y détruisirent et incendièrent plusieurs maisons de campagne appartenant à des Bourgeois de la ville.

VII. Au commencement de septembre, le sieur de la Balme, dont le service des étapes devait finir le 22 octobre, fit notifier aux Elus généraux qu'il ne le continuerait pas au-delà. Cette nouvelle annonçait à la ville sa rechute dans les angoisses, dont elle avait été préservée depuis les premiers jours de mai. Le 3 octobre, M. Thomas Marie, Assesseur criminel, (probablement fils du Gouverneur du fait commun de 1615,) qui venait d'être nommé Maire, alla à Dijon, en conférer avec les Elus généraux ; mais il ne put pas détourner cette nouvelle charge.

VIII. Le 22 octobre, jour où devait commencer la perception de l'octroi sur les vins, un convoi considérable de vins nouveaux, descendant la rivière, se présenta au pont. Les mariniers et les propriétaires des vins refusèrent d'acquitter le droit, et voulurent forcer le passage. Les commis de l'adjudicataire, montés sur des bateaux, leur résistèrent, et cette espèce de combat naval dura tout le jour ; il y eut même du sang répandu. La nuit sépara les combattans. Mais on craignit, pour le lendemain, que le peuple, toujours de sympathie avec ceux qui refusent l'impôt, n'aidât les insurgens dans leur rébellion. Sur l'invitation du Maire, le Bailli, les gens du Roi et les Echevins, se joignirent à lui ; ils se rendirent, au point du jour, sur le lieu, avec une partie de la milice bourgeoise, choisie par les Capitaines *parmi les gens de prudence, et de bonne conduite*. Cet appareil fit sur les rebelles l'impression qu'on désirait, mais ils déclarèrent qu'ils n'avaient pas d'argent, et proposèrent de faire par écrit leur soumission de payer à leur retour de Paris, ce qui fut accepté, et la perception de ce péage très-productif n'éprouva plus d'entraves.

Du 30 octobre au 2 novembre, la ville fut encombrée par le passage de quatre régimens d'infanterie, et un nombreux état-major détaché de l'armée de Flandre, pour se rendre, sous le commandement de M. de Castelnau, dans la Guyenne, où le Prince de Condé, qui avait repris les armes contre le Roi, commandait en maître. Pendant ces trois jours, la milice resta sous les armes, et les portes d'Eglény et de Chante-pinot furent fermées.

Le nouveau Maire, M. Marie, qui n'était parvenu à faire fournir des vivres à cette multitude qu'avec des peines infinies, et recevait de Paris, l'annonce qu'Auxerre aurait en garnison plusieurs Compagnies du régiment de cavalerie de M. de Vallois, prévoyant, d'ailleurs, par le voisinage du théâtre de la guerre, que la ville serait sans cesse exposée aux perplexités des années précédentes, et peut-être à de plus violentes encore, à cause de la cherté des vivres, se rendit à Dijon, avec M. Nizon, Conseiller au Bailliage, pour obtenir du Duc d'Epernon et des Elus généraux, des mesures qui le missent à portée, quels que fussent les événemens, de pouvoir y faire face. Effectivement, non-seulement il reçut 10,500 livres sur les dépenses faites, mais il rapporta, et fit afficher à son retour, une ordonnance des Elus, contenant des dispositions qui, dans chaque localité, donnaient aux autorités une grande latitude pour se procurer des fonds. Elle portait que personne n'ayant voulu se charger des étapes, les villes seraient tenues d'en faire le service, mais qu'attendu la cherté excessive des vivres, elles pourraient retenir, sans nouvelle autorisation, tous les deniers qui leur étaient imposés pour cette dépense, et en cas d'insuffisance ceux des tailles et autres subsides. Cette même ordonnance prescrit les mesures les plus sévères pour la revue des corps militaires, et fixe ce qui sera dû aux villes pour remboursement des étapes, pendant la cherté des vivres, savoir : par chaque jour, pour un Gendarme 3 livres, un cavalier monté 2 livres 10 sols, démonté 25 sols, un fantassin 13 sols, un cheval d'officier 13 sols, celui du sergent 6 sols 6 deniers.

1652.

1. L'année commença sous des auspices effrayans. La discorde soufflait plus violemment que jamais la division entre la Cour, les Princes et les Parlemens. Le Roi et sa mère étaient à Poitiers, et y avaient

rappelé le Cardinal Mazarin. Le retour de ce Ministre avait ranimé toutes les fureurs de la Fronde, qui, le 29 décembre, avait fait rendre par le Parlement de Paris un arrêt déclarant le Cardinal et ses partisans coupables de lèze-majesté, avec ordre aux Communes *de leur courir sus*.

Dans les derniers jours de janvier, le Maire reçut du Duc d'Epernon l'avis que l'armée des Princes rebelles se rapprochait d'Auxerre, et tenterait probablement de s'en emparer ; qu'il fallait, en conséquence, en faire la garde avec le plus grand soin. Effectivement, cette armée, forte de 12,000 hommes, et commandée par les Ducs de Nemours et de Beaufort, s'était cantonnée sur la rive droite de la Loire, au-dessus d'Orléans vers Lorris ; celle du Roi, sous les ordres du Maréchal d'Hocquincourt et du Vicomte de Turenne, occupait le pays en de-çà, du côté de Montargis, Cosne et Briare. La Cour avait quitté Poitiers, et était à Gien. Le moment d'un combat sanglant et décisif semblait donc arrivé, et ses évolutions pouvaient s'étendre dans l'Auxerrois, que rien ne séparait des armées, tandis que la Loire protégeait le Berry. A Auxerre, l'anxiété était extrême ; si le parti des Frondeurs dominait à Paris ; à Auxerre, c'était celui des Mazarins qui l'emportait, soit que les habitans se rappelassent tout ce que leurs ancêtres avaient souffert, chaque fois qu'ils avaient pris parti contre le Roi, soit que les circonstances y eussent comprimé la tendance que, partout, avait le peuple à se déclarer ennemi de ce qu'il appelait *le Mazarin*. Quoi qu'il en soit, M. Marie déploya, dans cette circonstance difficile, infiniment d'intelligence et de zèle pour le service du Roi et les intérêts des habitans.

Toute la milice fut mise en activité de service : les Ecclésiastiques mêmes qui, depuis long-temps, en étaient dispensés, furent *semondés et tenus d'y assister, avec les armes convenables, et chacun dans sa paroisse;* deux Echevins firent la visite chez tous les marchands de poudre, fixèrent ce que chacun d'eux devait conserver pour les habitans, leur défendant expressément de rien vendre de cette réserve aux étrangers. Enfin on répara autant qu'il fut possible, les portes, les murs et les tours.

Pendant tout le mois de février et une partie de mars, on resta dans l'attente des graves événemens qui se préparaient, sans recevoir aucune nouvelle précise. M. Marie prit alors le parti fort périlleux d'aller sur les lieux mêmes où étaient les armées, découvrir, s'il était possible, ce qu'Auxerre avait à craindre ou à espérer. Il parvint sans accident, jusqu'au quartier de la Cour, et le suivit pendant quelque temps. A Sully, il reçut du Roi l'ordre de retourner à Auxerre et d'y prendre des mesures telles que, non-seulement l'ennemi ne pût pas s'en emparer, mais qu'il pût servir de retraite au Roi, si le sort des combats lui était contraire, ou de lieu de séjour et de repos, si la victoire se rangeait de son côté. Dans ce moment là même, la lutte si long-temps attendue éclata. Les deux armées, en présence depuis six semaines, s'étaient bornées à s'observer. Mais, sur la fin de mars, le Prince de Condé, quittant son armée de Guyenne, franchit, avec une suite de six personnes seulement, 120 lieues en peu de jours, à travers mille dangers, et prenant, le 2 avril (1), le commandement des armées réunies des Ducs de Nemours et de Beaufort, tomba, à l'improviste, sur les troupes du Maréchal d'Hocquincourt, les dispersa et poursuivit les fuyards, jusqu'à trois lieues du côté d'Auxerre (2). Ce fut alors que M. Marie, se trouvant au milieu de ces fuyards, les reconnut pour être de l'armée du Roi, parvint à les rallier au nombre de 15 à 1,600 (3), et les emmena avec lui à Auxerre.

A peine était-il rentré dans la ville avec cette nouvelle désolante, qu'une bien différente arriva, et releva les esprits de la consternation où ils étaient tombés. Le lendemain de la défaite du Maréchal d'Hocquincourt, le Vicomte de Turenne, par une des plus admirables manœuvres qu'ait conçues ce célèbre Général, avait remporté sur le Prince de Condé, malgré la supériorité des forces de ce dernier, une victoire complète, au moment où il allait enlever le Roi, ainsi que la Reine et le Cardinal. On apprit encore que le Prince, après avoir rallié les débris de son armée à Châtillon-sur-Loing, était parti pour Paris, et que la Cour allait *s'acheminer à Auxerre.*

Ces diverses circonstances, que l'armée des rebelles était dans la proximité de la ville ; que le Roi allait

---

(1) Suivant Daniel, t. 16, p. 60; suivant le président Hénault, ce serait le 6.

(2) Histoire du règne de Louis XIV, par Reboulet, t. 2, p. 270.

(3) Lettres d'annoblissement de M. Thomas Marie, copiées à la suite d'une délibération du corps municipal, du 22 juin 1661.

y venir, et y serait peut-être poursuivi par l'ennemi, firent redoubler les précautions. Le Maire et les Echevins renvoyèrent sur-le-champ à l'armée du Roi, par le Gatinais, les troupes ralliées par M. Marie, ainsi qu'un régiment d'infanterie qui était cantonné à Chitry et Irancy. En même temps, ils firent un emprunt sur leur responsabilité, avec lequel les fortifications furent mises dans le meilleur état possible, garnies de toute l'artillerie de la ville, et d'une ample provision de munitions.

Le 8 avril, un cri d'alarme se fit entendre ; on disait que l'armée rebelle harcelait celle du Roi, l'arrêtait dans sa marche sur Auxerre, et y arriverait peut-être avant lui ; aussitôt toute la milice fut sur pied, et jusqu'aux Chanoines, qui obtinrent seulement de n'être pas confondus dans les Compagnies des paroisses, et de former une escouade particulière, commandée par le Chantre. Par suite du même bruit, le Duc d'Epernon envoya de Vermenton quatre Compagnies du régiment de Bourgogne, pour aider la milice dans le service de la garde. Elles y arrivèrent le 13, mais, sur l'avis certain que le Roi serait à Auxerre, le 20 ou le 21, elles eurent ordre de rétrograder jusqu'à Avallon.

La marche du Roi avait effectivement été contrariée et retardée, puisque, parti de Gien, au plus tard le 7 ou le 8, il n'arriva que le 20 ou le 21, à Auxerre. Malheureusement, je ne puis donner aucuns détails sur cette réception, la délibération qui la concerne n'étant ni datée, ni achevée. Il n'en est pas moins certain qu'à cette époque le désir qu'avait eu le Roi d'y venir avec la Reine sa mère, le Cardinal Mazarin, et tous ceux qui l'avaient suivi à Gien, s'accomplit; qu'au moment où M. Marie, en sa qualité de Maire, lui présenta les clés de la ville, il reçut de Louis XIV cette réponse gracieuse : *gardez-les, elles sont en bonnes mains;* que, très-probablement, le Roi s'y reposa pendant plusieurs jours. En effet, on trouve dans les archives, 1° la copie d'une ordonnance du Duc d'Epernon, du 16, qui prévient le Maire que le Comte de Cormarin, Lieutenant de Roi, est chargé par lui d'inspecter le pays; 2° une lettre du même, datée du lendemain 17, par laquelle il informe également le Maire qu'il a des ordres du Roi, de veiller particulièrement à la conservation de la ville; 3° une lettre de M. de Cormarin, portant que l'intention du Duc d'Epernon et la sienne étaient qu'il exerçât son commandement *à Auxerre*; mais qu'ayant appris *que le Roi y était*, le Duc lui avait envoyé d'autres ordres, qui l'empêcheront d'y venir, avant qu'il ait reçu ceux de la Cour; 4° enfin, la délibération du Corps municipal, du 10 novembre 1658, relative au troisième passage du Roi, et dans laquelle celui de 1652 est rappelé, avec la réponse honorable adressée par Louis XIV à M. Marie. Ce passage est, d'ailleurs, rapporté dans la plupart des histoires de ce temps (1).

Aussitôt après le départ de la Cour, M. de Cormarin vint, comme il l'avait annoncé dans sa lettre,

---

(1) Hist. du règne de Louis XIV, par Reboulet, t. II, p. 277.

exercer à Auxerre son emploi de Lieutenant de Roi. Témoin des tribulations des habitans, continuellement tourmentés pour les vivres des gens de guerre, il leur rendit d'importans services, et alla jusqu'à leur avancer sur les étapes, des sommes considérables, dont il ne fut remboursé qu'en 1655.

L'heureuse issue des combats de Bléneau avait sauvé l'Auxerrois des désastres de la guerre; mais ils furent reportés sur des contrées peu éloignées, sur Etampes, Chartres et les environs de Paris, jusqu'au 2 juillet, que se donna, dans les faubourgs mêmes de la Capitale, la célèbre bataille où le Prince et son armée eussent été exterminés sans le canon de la Bastille, et le parti que prirent les Parisiens d'ouvrir leurs portes aux vaincus. Ces combats continuèrent même, mais avec moins de violence, pendant tout l'été. Les habitans d'Auxerre passèrent donc cette saison dans des fatigues continuelles, et des transes d'autant plus vives qu'ils savaient que le plan du Prince de Condé, pour peu qu'il pût tenir à Paris ou dans les environs, était de s'étendre jusque dans la Bourgogne, où il conservait de nombreux partisans et des intelligences, ce qui aurait ramené sur Auxerre toutes les misères, suites inévitables de semblables événemens.

Aussi la garde s'y faisait-elle avec tant de rigueur, que, le 15 mai, le Comte de Ragny, allant dans ses terres, en Bourgogne, resta en dehors de la porte S.-Simon, *avec ses valets, chevaux et équipages*, jusqu'à ce que l'ordre du Roi qui autorisait à le laisser passer avec sa suite, eût été examiné par le Comte de Cormarin, ainsi que par les Officiers municipaux, et transcrit sur le registre.

Le 27 août, une lettre du Roi au Maire lui annonça la translation du **Parlement de Paris à Pontoise**, et prescrivit aux habitans d'exécuter les arrêts de cette Cour, sans avoir aucun égard à ceux que pourraient rendre les Conseillers restés à Paris.

Le 18 septembre, l'armée du Berry quittant cette province pour aller dans la Champagne, arriva à Auxerre avec un nombreux état-major, et son chef le Chevalier de Barada, Maréchal de Camp. Indépendamment de ses vivres, il fallut lui fournir, à son départ le lendemain, 2,000 rations de pain, 8 muids de vin, 2,000 livres de viande, 500 mesures d'avoine, du foin et de la paille en proportion.

II. 30 septembre, assemblée générale; M. Marie y fut réélu Maire, et sans qu'on puisse deviner pourquoi, il prit le titre de *Maire général, Surintendant des deniers patrimoniaux et d'octroi de la ville d'Auxerre.* M. Adrien Madelenat fut nommé Gouverneur du fait commun.

III. Dans les derniers jours d'octobre, l'horizon politique s'éclaircit, et l'on se livra dans Auxerre à l'espoir que le terme des discordes civiles était enfin arrivé. On sut que le 14, l'armée du Prince de Condé, ainsi que celle du Duc de Lorraine, s'étaient retirées de Paris, et gagnaient les frontières; que le 21, le Cardinal Mazarin, objet principal des troubles, s'était éloigné de la Cour, et que le 22, le Roi, rentré dans Paris, y avait tenu un lit de Justice au Parlement, où il avait rappelé tous les Conseillers, ceux restés à Paris, comme ceux qui l'avaient suivi à Pontoise. Enfin, ce qui acheva de tranquilliser les habitans, ce fut une lettre du Duc d'Epernon, par laquelle la milice bourgeoise fut dispensée de fournir des escortes aux courriers du Roi jusqu'à Préhy, pour ceux allant à Dijon; et jusqu'à Bassou, pour ceux allant à Paris; service qu'elle était obligée de faire depuis le printemps. A cette nouvelle on cessa même la garde de la ville. Ce moment de sécurité ne fut pas long; le Prince de Condé ne s'était éloigné que pour revenir, avec plus de forces, déchirer, encore une fois, le sein de sa patrie. Dans cette résolution de désespoir, il avait accepté l'offre du Roi d'Espagne, réuni son armée à celle que ce Monarque entretenait dans les Pays-Bas; et avec 20,000 hommes, il était rentré en Champagne. Déjà il y faisait des progrès dont la Cour était effrayée. Rethel, Ste-Menehould, Ligny et Bar-le-Duc étaient tombés en son pouvoir. C'est dans cette circonstance qu'on reçut, le 15 novembre, un nouvel ordre du Duc d'Epernon, annonçant que le but du Prince de Condé n'étant que de traverser la Champagne pour s'emparer de la Bourgogne, comme l'avaient toujours craint les Auxerrois, pour y prendre ses quartiers d'hiver, il fallait se hâter de se mettre en garde contre toute surprise. Au reçu de cette lettre, le service de la garde fut repris; toutes les portes furent fermées depuis six heures du soir jusqu'à six heures du matin; et pendant le même temps les bateaux furent garés sous les murs de la ville, avec défense aux mariniers de passer personne, sous peine de punition corporelle. Toutefois, quelques semaines après, on sut que Turenne avait donné au Roi sa parole, que le Prince de Condé n'aurait pas ses quartiers d'hiver en France. Cette parole, qu'il ne donnait jamais en téméraire, fit seule renaître la confiance ; avant le 1ᵉʳ janvier, en effet, le Prince se vit forcé d'abandonner ses conquêtes, et de retourner dans les Pays-Bas.

1653.

I. Dès le mois de février, les mouvemens de troupes recommencèrent. En huit jours, la ville eut à supporter le passage de deux régimens d'infanterie, quatre de cavalerie, indépendamment de nombreux détachemens de toutes armes, faisant partie de l'armée qui avait repoussé le Prince et renvoyés dans le Nivernais. Un de ces régimens restant en garnison, le Corps municipal, pour le nourrir, fut obligé, le 6 mars, d'établir, comme dans les années précédentes, une taille spéciale de 12,000 livres, sur tous les domiciliés.

II. 26 mars, MM. Marie, Maire, et Nizon, Echevin, sont députés aux Etats convoqués à Dijon pour le 30.

III. La taille imposée aux habitans, était le seul moyen possible de maintenir l'ordre entre eux et les hommes de la garnison ; mais telle était l'exaspération à laquelle la misère portait les esprits, qu'elle ne fit qu'ajouter au désordre. On lit dans une délibération du Corps municipal, qu'il n'en résulta que *troubles et séditions*, et que presque tous les habitans ne répondaient aux collecteurs *qu'en usant de rébellion et de mauvaises paroles.* Déjà les Officiers municipaux avaient demandé au Lieutenant particulier une assemblée des habitans, pour qu'ils eussent à payer cette imposition, ou à leur indiquer un autre moyen d'empêcher les soldats de vivre à discrétion chez ceux qui les logeaient; lorsque, le 17 avril, la garnison reçut l'ordre de se rendre au siége de Bellegarde, la seule ville que le Prince de Condé eût encore en Bourgogne, et que lui conservait le Duc de Bouteville. On se borna alors, pour acquitter les dépenses faites, à emprunter 6,000 livres, en engageant au prêteur le terme courant d'un des octrois.

IV. Le 19 avril, M. Chacheré, Avocat et Echevin, étant à Paris, fut rencontré et reconnu par un des créanciers de la ville, qui le fit arrêter et renfermer au Petit-Châtelet, pour 46,750 livres. Sur la nouvelle qu'il donna lui-même au Maire de son aventure, on proposa à ce créancier de rendre la liberté à son prisonnier, en acceptant une délégation sur la ferme du courtage, ce qu'il refusa; et comme on croyait sa créance très-susceptible de contestation, on ne pensa plus à M. Chacheré. V. 1654, n. 1.

V. Du 8 juin au 1er juillet, passage et séjour de sept régimens de cavalerie, trois d'infanterie et 14 compagnies détachées, retournant du Nivernais dans la Champagne.

VI. Ou M. Marie, habitué au fonctions de Maire, voyait avec quelque contrariété que, suivant l'Edit de 1561, il ne pouvait plus être réélu sans un intervalle; ou la Cour, assurée de son dévouement voulut le maintenir; quoi qu'il en soit, et peut-être par

le concours de ces deux causes, le 13 septembre, le Procureur du Roi du Bailliage apporta à l'hôtel de ville une lettre du Roi, adressée aux Maire, Echevins et habitans, datée du 19 août, et portant que « le sieur Marie, Lieutenant général, ayant
» exercé la charge de Maire au bien de son service,
» et au contentement de ses sujets,.... il lui serait
» très-agréable qu'il fût continué en ladite charge
» l'année prochaine seulement, sans tirer à consé-
» quence, et sans contrevenir, ni rien innover aux
» priviléges des habitans, dans lesquels Sa Majesté
» désire les conserver. »

Cette lettre, qui était adressée aux habitans, leur fut lue dans une assemblée générale, le 1ᵉʳ octobre ; et par acclamation, M. Marie fut continué dans les fonctions de Maire. Il ne prit cependant pas le titre insolite de l'année précédente, mais celui de Seigneur des Chesnés et de Monéteau, Lieutenant général du Bailliage, Conseiller du Roi en ses Conseils et Maire d'Auxerre. Il venait de succéder à M. Claude Girardin, dans l'office de Lieutenant général. Les habitans, peu de jours après, eurent à se féliciter d'avoir ainsi accédé aux désirs de la Cour et de M. Marie.

VII. La Guyenne qui, depuis plusieurs années, tenait le parti du Prince de Condé, et y était entretenue par le Prince de Conti et la Duchesse de Longueville, venait enfin d'être soumise au Roi. Le Cardinal Mazarin étant rentré dans Paris, et sachant combien l'armée qui, dans la Champagne, résistait au Prince de Condé, était inférieure en nombre à celle du Prince, fit marcher de ce côté toutes les troupes qui avaient soumis la Guyenne; et ce fut par l'Auxerrois qu'elles s'y portèrent. Le 19 octobre, le Maréchal-Général, M. du Verger, présenta au Maire l'ordre du Roi de préparer le logement et les vivres pour cette armée, qui allait arriver le 23, et ne devait partir que le 25. Sur-le-champ, les quatre maîtres boulangers et les quatre maîtres bouchers reçurent l'ordre de préparer 40,000 rations de pain et de viande. On arrêta, en outre, que pour les autres fournitures on emprunterait 6,000 livres; que pendant ces trois jours, la milice serait sous les armes; que les portes d'Eglény et de Chante-pinot seraient fermées, et que chacune des autres serait gardée de jour et de nuit par deux escouades. Le 23, l'armée arriva en effet, et pendant deux jours la ville eut à loger et nourrir l'état-major, composé du Commandant en chef, M. de Bougis, Lieutenant général, de six Maréchaux de camp, six Mestres de camp, quatre Maréchaux de bataille, un Maréchal général, six Capitaines de cavalerie, douze Cavaliers d'ordonnance, douze Officiers d'artillerie, les trompettes et autres *menus Officiers* du quartier général, deux compagnies de Gendarmes, deux de la Garde, un régiment et dix compagnies de cavalerie, deux régimens d'infanterie ayant chacun 25 compagnies. Le surplus de l'armée fut envoyé à Perrigny, Monéteau, Lindry et Beauvoir.

Le poids d'un tel logement dut écraser les habitans; il n'en résulta néanmoins pour eux qu'un embarras extrême: mais, comme on l'a vu, les préparatifs en vivres et argent étaient faits de manière que l'habitant n'eût rien à fournir; il y a plus, par les soins de M. Marie, la ville fut remboursée de ses avances neuf jours après le départ de l'armée. Dès le jour où ce passage lui avait été annoncé, il en avait calculé par approximation la dépense, et profitant de la faveur dont il jouissait à la Cour, il avait obtenu du Conseil l'addition pendant un an, de 3 sols un denier au péage dû par les vins passant dessus et dessous le pont, conséquemment étrangers à la ville. Le 3 novembre, ce nouveau droit fut affermé 7,000 liv. payées comptant, au moyen de quoi toute la dépense fut acquittée, sans que l'arriéré de la ville en ait été augmenté d'une obole.

1654.

I. Le 23 avril, M. Chacheré, qui était resté plus de trois mois en prison pour les dettes de la ville, et qui n'en sortit que parce que le créancier était las de l'y nourrir, réclama du Corps municipal une indemnité, menaçant de se pourvoir en justice. On transigea; son indemnité fut fixée à 1,200 livres, pour lui être payées sur la taille des étapes, après que ce qui était dû par la ville pour cette dépense aurait été prélevé.

II. Le 3 septembre, le Duc d'Epernon informa le Maire de la levée du siége d'Arras. Cette ville avait été assiégée par le Prince de Condé, commandant l'armée espagnole, forte de 32,000 hommes; mais dans la nuit du 24 au 25 août, Turenne avait forcé le camp, mis toute l'armée en déroute, et contraint le

Prince de Condé, ainsi que l'Archiduc d'Autriche, à prendre la fuite, après avoir perdu plus de 3,000 hommes, 63 pièces de canon, 2,000 charriots, 9,000 chevaux, et tous les bagages de l'armée.

III. 25 septembre, assemblée générale des habitans pour donner un successeur à M. Marie, dans la place de Maire; ce fut M. Gaspard Berault, Seigneur de Belombre. M. Pierre Richer, Avocat, fut nommé Gouverneur du fait commun.

IV. La guerre contre le Prince de Condé, le Roi d'Espagne et l'Empereur avait continué, mais si loin, dans la Flandre, près des Pyrénées et en Italie, qu'Auxerre avait passé l'année entière sans éprouver aucun mouvement de gens de guerre; en conséquence, le 29 novembre, on commença à retirer des remparts et des tours, les canons qui y étaient depuis le 10 avril 1652, et à les replacer dans la tour Paradis.

V. C'est dans le cours de cette année que l'Evêque, M. de Broc, introduisit des Chanoines réguliers de l'Ordre de Ste Geneviève, au Prieuré de S.-Eusèbe, qui jusque là, et depuis 1090, avait appartenu à ceux de l'Abbaye de S.-Laurent-de-Cosne. Sébastien Morisset, dernier Prieur de cet Ordre, était mort l'année précédente.

1655.

I. 28 janvier, le Prince de Condé, malgré son éloignement d'Auxerre, y conservait comme à Paris, et dans tout le royaume, de zélés partisans. Mais les Magistrats alors en fonctions, qui tenaient le parti de la Cour, voulurent que le dévouement de la ville aux puissans du jour fût connu de quiconque s'y présenterait, et firent sculpter sur chacune des deux portes traversées par la grande route, celles de S.-Simon et du pont, quatre écussons représentant, l'un les armoiries de France, le second celles du Duc d'Epernon, Gouverneur de la province, le troisième celles du Duc de Candalle son fils, et le quatrième celles du Duc de Cormarin, Lieutenant de Roi. Dans tous les temps de révolutions, on s'empresse ainsi d'aduler le parti vainqueur, sans prévoir les caprices de la fortune. V. 1660, n. 1, et 1666, n. xi.

II. Le 4 février, sur la demande du Corps municipal, les Jésuites établirent dans le Collége, une chaire de théologie morale, remplaçant la seconde année de philosophie.

III. Au mois de mars, M. de Cormarin, qui, comme on l'a vu en 1652, portait beaucoup d'intérêt à la ville, vint y fixer sa résidence en qualité de Lieutenant de Roi. Le corps municipal lui fournit un appartement meublé dans l'abbatiale de S.-Germain.

IV. Le 4 mai, un des Echevins, M. Liger, qui s'était hasardé d'aller à Paris, sans penser que les nombreux créanciers de la ville y étaient à l'affut des Auxerrois, devint la proie d'un sieur de Hallus. Cet homme déloyal avait eu effectivement une créance de 9,000 l. contre les habitans, dont il avait été payé, mais son titre lui était resté. Probablement il conçut l'espoir que M. Liger, pour ne pas aller en prison, lui offrirait quelque somme, sans recourir à la justice ; quoi qu'il en soit, il le fit arrêter et emprisonner. Le Maire, à qui M. Liger écrivit sa mésaventure, s'empressa d'adresser à un Avocat au Conseil les pièces qui établissaient la libération de la ville. Il n'en fallut pas moins encore quelques semaines pour rendre le captif à sa famille.

V. 26 août, on commence le rétablissement à neuf des ponts-levis et des planchettes des cinq principales portes de la ville, dépense qui s'est élevée à 4,500 livres.

VI. Le sieur Tannerre, reçu médecin à Avignon, voulant exercer la médecine à Auxerre, les médecins lui opposèrent les statuts des maîtres Apothicaires de la ville, homologués par le Parlement, qui portent « pro-
» hibition à toutes personnes de pratiquer, ni faire
» expérience en cette ville, de l'art et science de mé-
» decine, s'ils ne sont docteurs ou licenciés en la fa-
» culté de Paris ou Montpellier, et qu'en icelles ils
» aient été approuvés, savans et suffisans. » Le 21 novembre, les Officiers municipaux arrêtèrent de se joindre à eux pour lui refuser l'exercice de la médecine. Il y eut procès, et le sieur Tannerre succomba.

1656.

I. Au mois de janvier, audience solennelle du Bailliage, où M. Charles de la Rivière, Vicomte de Tonnerre, Baron de Cuncy, et Seigneur de Beine, près d'Auxerre, est reçu Grand-Bailli, en remplacement de M. Filsjean.

II. 6 février, destruction de la machine appelée *Laindar* ou *Vindas*, qui, au commencement du XIIIe siècle, avait été établie sur une des piles du pont, pour aider les bateaux à remonter le pertuis. (V. t. 1, p. 177.) Depuis longues années déjà, on avait accéléré plus utilement la marche des bateaux par le tirage des chevaux. V. 1635, n. 1.

III. 23 avril, MM. Richer, Gouverneur du fait commun, et Ragon, Echevin, sont députés aux Etats convoqués à Dijon pour le 2 mai.

IV. 8 août, lettre du Duc d'Epernon, par laquelle il invite les habitans et les Magistrats à différer l'élection des Officiers municipaux, qui devait avoir lieu pour le 1er octobre, et à laisser ceux en place continuer l'exercice de leurs fonctions, jusqu'à ce qu'il soit venu à Auxerre, expliquer plus complètement ses motifs et ses intentions. V. 1657, n. 1.

V. 12 août, procession générale pour obtenir la cessation d'une sécheresse continue, qui, depuis le printemps, paralysait la terre.

VI. 1er septembre, arrivée de la célèbre Christine Reine de Suède. Dès le 9 juillet, le Roi l'avait annoncée au Maire, en le prévenant qu'il désirait qu'elle reçût tous les honneurs qu'on croirait lui devoir à lui-même. Elle avait été également recommandée par le Duc d'Epernon et le Comte de Cormarin. Toutes les autorités allèrent au-devant d'elle, à la porte du Pont, ainsi que la milice bourgeoise ; les clés de la ville, lui furent présentées par M. Pierre Richer, Avocat et Gouverneur du fait commun, qui la conduisit à l'Evêché, où M. de Broc la reçut Elle partit le lendemain, en s'embarquant dans un bateau qu'avait M. de Cormarin pour ses voyages de Paris, et qu'il lui offrit. Le dais préparé pour la recevoir fut donné aux Jacobins, et sa chaise aux Cordeliers. Ce passage ajouta à l'arriéré de la ville 3,945 livres.

VII. 12 septembre, dans une réunion des Officiers du Bailliage, de l'Election et de la Prévôté, des Juges-Consuls, des Syndics des Communautés, des Avocats, des Notaires, des Procureurs et des Echevins, le Maire donna connaissance confidentielle de la lettre du Duc d'Epernon du 8 août, et l'on convint qu'il n'y aurait pas d'assemblée pour les élections accoutumées.

VIII. 6 octobre, six à sept hommes, dont un se disait Prévôt des Maréchaux à S.-Florentin, armés d'épées et de pistolets, s'introduisirent dans l'hôtel de ville, malgré le concierge, qui appela à son secours. La foule, qui accourut à ses cris, effrayant ces aventuriers, ils s'échappèrent en brisant, à coup de hâche, la porte donnant dans la cour du Palais. Le Maire porta plainte de ce fait extraordinaire, mais rien n'en fait connaître ni l'objet ni le résultat.

IX. Au mois de novembre, les Officiers de l'Election reçurent des Elus généraux l'ordre de faire sur le Comté l'assiette de deux impositions montant ensemble à 44,500 livres. Le Corps municipal y forma opposition, en donnant pour motifs, 1° Que cette somme était le contingent du Comté dans un don gratuit offert au Roi pour obtenir la révocation de l'Edit qui avait établi une Cour des Aydes à Dijon, des Présidiaux en Bourgogne, et un Bailliage à Seure; que ces établissemens étaient étrangers et indifférens au Comté, puisqu'il relevait de la Cour des Aydes de Paris, et qu'Auxerre avait un Présidial; 2° que, d'ailleurs, la répartition chargeait injustement le Comté du quinzième de la somme due au Roi, et devrait au moins être réduite au vingt-deuxième, proportion habituelle du Comté dans les charges de la province.

X. La Supérieure générale de l'Ordre de la Visitation renouvelle les démarches faites auprès du Corps municipal par Madame de Chantal, en 1630, pour la fondation d'une maison de cet Ordre dans la ville. Déjà elle avait l'approbation de M. l'Evêque et était recommandée par Mademoiselle de Montpensier, exilée alors et résidante dans le Diocèse, au Château de S.-Fargeau. Une délibération des Notables, du 23 décembre, ordonna qu'elle eût à réprésenter les statuts de son Ordre au Corps municipal. V. 1659, n. IV.

XI. Dom Viole, Religieux de S.-Germain, publie l'histoire des miracles de ce Saint, imprimée par Gilles Bouquet, à Auxerre, et dédiée au Duc d'Epernon, qui avait visité avec l'auteur les grottes de l'Eglise. V. 1658, n. v.

1657.

I. Au mois de janvier, le Duc d'Epernon vint, comme il l'avait annoncé le 8 août, expliquer ses intentions sur le choix des Magistrats de la ville. Il ne fit que passer à Auxerre, mais il resta quelques jours à Régennes, chez M. de Broc, où il manda successivement les personnes qui méritaient sa confiance. Il y apprit que le Maire, M. Berault, dangereusement malade, ne pouvait plus continuer l'exercice de ses fonctions, et que M. Richer, Gouverneur

du fait commun, qui le remplaçait, étant Avocat et fort occupé, désirait un successeur. Par suite de ces conférences, il adressa au Corps municipal une lettre par laquelle il leva la suspension contenue dans sa lettre du 8 août, invitant les Gouverneurs et Echevins à faire procéder à l'élection, et ajoutant : « qu'il
» désirait beaucoup que la place de Maire fût donnée
» à M. Marie, Lieutenant général, qui l'avait déjà
» dignement exercée, et que les autres choix tom-
» bassent sur des personnes de la qualité et condition
» requise pour s'en bien acquitter.... sans tirer à con-
» séquence, et sans préjudicier aux priviléges des
» habitans, désirant que désormais la chose se fît
» au temps ordinaire. » Ces démarches du Duc, comme la lettre du Roi de 1653, ne laissent pas douter que le Prince de Condé conservait dans Auxerre de nombreux partisans, et que le Gouvernement n'aurait pas vu sans danger le pouvoir municipal tomber dans leurs mains; cette crainte était d'autant plus naturelle à cette époque, que le Prince de Condé venait de remporter quelques avantages sur l'armée du Roi.

La lettre du Duc d'Epernon fut communiquée confidentiellement aux autres autorités, et le 24, les habitans furent assemblés. L'élection se fit dans le sens du Gouvernement. M. Marie fut nommé Maire, et M. Richer, malgré le désir qu'il avait de se retirer, fut continué dans ses fonctions.

Au mois de mai, le Duc d'Epernon, probablement pour fortifier l'influence qu'il venait d'avoir sur les habitans, annonça de Paris qu'incessamment il ferait son entrée solennelle dans la ville. Cependant diverses circonstances s'opposèrent à l'exécution de ce projet. Mais la velléité qu'il avait eue à ce sujet, n'en fut pas moins fort onéreuse pour les habitans. Alors, l'étiquette imposait aux villes de très-dispendieuses obligations lors de l'entrée solennelle des Gouverneurs de province, et lorsqu'ils ne la faisaient pas, elle voulait qu'on leur fît un présent d'une valeur à peu près égale à la dépense dont on était dispensé. Il fallut donc, quoique la ville fût infiniment obérée, qu'elle se conformât à l'usage; et l'on voit dans le compte du Receveur, du 18 août 1659, chap. 17, « 6,200 livres » employées à un présent fait à Monseigneur d'E- » pernon, au lieu des frais qu'il convenait de faire » pour son entrée, plus 2,500 livres pour les droits » des Officiers de Son Altesse. »

A cette occasion, la ville perdit deux canons, qui furent volés, sans qu'on ait pu les recouvrer. Le Maire, croyant prochaine l'arrivée du Duc, avait fait sortir de l'arsenal, et placer sur le boulevard extérieur de la porte S.-Simon, *trois moyennes pièces de canon et deux petites*. Le matin du 21, le maître cannonier, faisant sa visite, s'aperçut que *deux des moyennes en cuivre, sur lesquelles étaient les armes de la ville, relevées en bosse, et de très-grande valeur*, avaient disparu. L'information n'apprit rien, sinon que, dans la nuit, des inconnus, après les avoir chargées et couvertes de paille sur une charrette, les avaient emmenées.

II. L'élection du mois de janvier tenait seulement lieu de celle qui aurait dû être faite au mois de septembre précédent; en conséquence, il en fallait une autre avant le premier octobre, pour se conformer à l'Edit de 1561, et probablement les partisans du Prince de Condé, se rappelant que le Duc, dans sa lettre du 11 janvier, avait promis que *désormais l'élection se ferait en temps ordinaire*, se disposaient à arracher enfin aux Mazarins le pouvoir municipal. On voit, en effet, qu'au reçu de la lettre du Duc, annonçant qu'il ne viendrait pas à Auxerre, le Corps municipal arrêta que le Maire, M. Marie, irait sur-le-champ le trouver à Dijon, *pour, par sa prudence et discrétion, s'entendre avec lui sur les intérêts de la ville*. Le but de ce voyage si mystérieusement exprimé, s'explique facilement par la lettre que le Duc remit au Maire pour les habitans. Le Duc, sans s'embarrasser de ce qu'il leur avait promis, lors de la dernière élection, leur déclarait « qu'il importait » pour le bien du service du Roi et l'avantage de » la ville, que les personnes qui étaient en place, » continuassent jusqu'à nouvel ordre. » Les habitans n'en furent pas moins convoqués à l'époque ordinaire du renouvellement des Magistrats, mais au moment où l'on croyait procéder à l'élection, le Lieutenant particulier qui présidait, présenta la lettre du Gouverneur. A la lecture qu'il en fit, la rumeur fut violente. Cependant le texte était formel ; ce n'était plus, comme la première fois, *un désir*, *une invitation*, c'était un ordre précis ; il fallait s'y conformer, ou se mettre en état de désobéissance ouverte. On prit le parti le plus sage ; M. Marie et ses collègues restèrent en fonctions.

III. Le Cardinal Mazarin, devient Abbé commendataire de S.-Germain, sur la résignation du Prince de Conti.

1658.

I. Le 21 janvier, encore un Auxerrois pris dans les rues de Paris, par un créancier de la ville ; ce fut M. Jacques Heuvrard, marchand. Heureusement la dette n'était que de 500 livres ; il put la payer, et ne passa qu'une nuit en prison. De retour à Auxerre, on lui promit de l'indemniser aussitôt que le Receveur aurait des fonds libres ; ce qui n'arrivait pas souvent.

II. Au mois de février, le Duc de Candalle, fils du Duc d'Epernon, et Gouverneur de la province avec lui, étant mort, la ville lui fit faire un service funèbre, dont le cérémonial fut absolument le même que celui pour le Prince de Condé en 1647. Il y eut de plus l'oraison funèbre, par le P. Sotiveau, Jésuite, prédicateur ordinaire des dominicales pour l'année. Il paraît que ce jeune Gouverneur avait rendu d'importans services aux habitans. Le Chapitre voulut faire cette cérémonie sans honoraires, *attendu que sa mémoire était chérie, pour toutes les obligations qu'on lui avait.*

III. De tout temps, la liberté du commerce pour *la mercerie, grosserie* et *jouaillerie*, avait régné à Auxerre, mais, au mois d'avril, les sieurs Flans, Dubiez et plusieurs autres marchands de cette espèce obtinrent des lettres patentes qui les autorisaient à former une maîtrise ou jurande, et les présentèrent au Corps municipal pour en obtenir l'exécution. Le 5 mai, le Maire et les Echevins arrêtèrent qu'étant *chargés de veiller à la liberté du commerce, pour le bien du général et du particulier*, les Communautés des maîtres apothicaires, orfèvres, épiciers, drapiers et marchands de marée, qui vendaient en même temps des marchandises de mercerie, *seraient entendus dans leurs observations*. Elles le furent le 12 du même mois ; et ayant déclaré qu'elles entendaient s'opposer à l'exécution de ces lettres, les Maire et Echevins se décidèrent à se joindre à elles. V. 1661, n. III.

IV. Le 24 juillet, ils entreprirent un second procès, pour un objet beaucoup plus grave, et contre un adversaire bien plus redoutable. Le Vicomte de Turenne, au milieu de ses triomphes, n'oubliant pas ses intérêts, avait obtenu, le 10 avril, un arrêt du Conseil, qui lui accordait un droit de dix sols sur chaque muid de vin vendu en gros ou en détail dans Auxerre, même pour le vin provenant des vignes des habitans, et l'avait fait notifier aux Maire et Echevins. Ils arrêtèrent d'y former opposition, se fondant sur les franchises de la ville, établies par les nombreuses chartes des Comtes, et reconnues pour le droit *de gros*, contradictoirement avec les fermiers du Roi, par les deux arrêts du Conseil des 4 mars 1614 et 13 février 1621, que j'ai rapportés à leur date. V. n. IX.

V. 20 octobre, le Maire est prévenu que le Roi, devant se rendre à Lyon, pour y voir la Princesse Marguerite de Savoie, qui lui est proposée en mariage, arrivera à Auxerre le 10 novembre, et y couchera ; que dans ce voyage il sera accompagné de la Reine sa mère et du Cardinal Mazarin. Sur-le-champ, les Capitaines de quartier furent chargés d'envoyer, chaque jour, des escouades de vignerons et de charretiers, travailler à réparer les routes de Paris et de Bourgogne, jusqu'à ce qu'elles fussent dans le meilleur état possible.

VI. Le 30, MM. Marie, Maire, et son frère, Claude Marie, Conseiller et Echevin, sont députés aux Etats convoqués à Dijon pour le 4 novembre.

VII. Le 2 novembre, M. Leclerc, Echevin, revenant de l'hôtel de ville, où il avait fait des billets de logement pour un corps de Gardes-Suisses qui avait séjour, fut assailli par Jacques Martin et sa femme, chez qui un soldat avait été envoyé, et fut jeté à terre d'un coup de bâton sur la tête. A ses cris, les voisins l'arrachèrent des mains de ces forcenés et arrêtèrent Martin, dont la punition fut poursuivie au nom du Corps municipal.

VIII. Le 10, 1,500 hommes d'élite de la milice bourgeoise allèrent attendre le Roi sur le sommet de la montagne S.-Simon. Toutes les autorités se placèrent en dehors de la porte. Un peu avant le départ du Maire et des Echevins pour cette cérémonie, le Bailli, M. de la Rivière, était venu à l'hôtel de ville, demander les clés, prétendant qu'en sa qualité de Gouverneur, c'était à lui à les présenter au Roi. Le Maire les lui avait refusées, en lui rappelant les priviléges de la ville, et la protestation faite contre ce titre de Gouverneur, lors de sa réception, en 1656. On crut qu'il n'y pensait plus, mais au moment où le carrosse du Roi approcha, le sieur Amand, Exempt des gardes, prévenu par M. de la Rivière, ordonna, de la part du Roi, au Maire, de remettre les clés au Bailli. Sur son refus, M. de Saintot, Grand-Maître des cérémonies, à la prière du Bailli, donna le même ordre au Maire; celui-ci, sans y avoir égard, s'avançait pour les présenter lui-même, lorsque le Roi, qui s'était aperçu du différend, envoya le sieur de S.-Amour, autre Exempt des gardes, ordonner au Maire de les remettre à M. de Saintot, et à ce dernier de les déposer dans les mains du Comte de Guers, Capitaine de la garde. Après cet incident, le Roi et la Reine furent conduits à l'Evêché, et le Cardinal à S.-Germain, au bruit des canons placés sur les plate-formes; mais il n'y eut ni théâtres de musiciens, ni fontaines de vin, comme au passage de Louis XIII; le cérémonial, arrêté d'avance par M. de Saintot, fut beaucoup moins dispendieux. La ville ne contribua à la nourriture de la Cour, qu'en envoyant à M. de Broc, qui en faisait les frais, du poisson, du gibier, 1,800 bouteilles de vin, et pour la Reine, des confitures et de *l'hypocras blanc et clairet.*

IX. Le Maire profita de ce séjour du Roi, pour lui présenter les réclamations des habitans contre le droit accordé sur leurs vins, à M. de Turenne, nonobstant leurs privilèges. Arrivé à Dijon, le Roi fit examiner les titres de la ville, et par des lettres patentes du même mois, il confirma ses priviléges. V. 1659, n. vi.

X. Les Dames de la Visitation, que l'Evêque et les familles les plus considérées dans la ville invitaient, depuis long-temps, à y fonder une maison, crurent pouvoir se dispenser de soumettre leurs statuts au

Corps municipal, et néanmoins répondre aux vœux qui les appelaient; en conséquence, le 24 décembre, une Supérieure, une Assistante et huit Religieuses professes sortirent du couvent d'Orléans, sous la conduite de la Supérieure de Montargis, et d'une Dame Martineau d'Auxerre. Elles arrivèrent le troisième jour, et furent reçues dans la maison de M. Berault, sur la paroisse S.-Eusèbe, où elles se formèrent provisoirement un cloître et une chapelle. V. 1659, n. I.

XI. Dans le même temps, plusieurs filles séculières se réunirent en Communauté, et avec l'autorisation de l'Evêque, fondèrent la maison de la Providence, dans laquelle elle se livrèrent à l'instruction gratuite des jeunes filles de la ville, leur apprenant, non-seulement à lire et écrire, mais aussi à travailler à des ouvrages convenables à leur sexe; et quoiqu'elles ne réunissent entr'elles que 1,000 livres de revenus, elles donnèrent refuge à plusieurs orphelines. V. 1674, n. III.

XII. L'Eglise de S.-Père, qui était en construction depuis long-temps, fut achevée cette année, ainsi que l'indique l'inscription qu'on lit sur son portail.

1659.

I. Le 12 janvier, M. l'Evêque, accompagné du Doyen du Chapitre, de M. Marie, Lieutenant général, et de M. Regnaudin, procureur du Roi, va bénir la Chapelle provisoire des Dames de la Visitation, dans la maison de M. Berault. Peu de temps après, ces Religieuses achetèrent de M. Bestoneau,

Seigneur de Vincelottes, l'emplacement que leur Communauté a occupé jusqu'à la révolution, et firent commencer les travaux d'appropriation de ce local à leur usage. V. n. IV.

II. 30 mars, l'assemblée des Etats convoqués à Dijon, au mois de novembre, ayant été dissoute avant qu'elle eût terminé ses opérations, une nouvelle fut indiquée à Noyers pour le 3 avril ; le Corps municipal y envoya les mêmes députés, MM. Marie frères.

III. 24 avril, jour de désolation dans tout l'Auxerrois ; les vignes, dont un printemps favorable avait hâté la végétation, sont frappées, au lever du soleil, d'une gelée tellement générale, *qu'il n'y a espérance*, porte la délibération du Corps municipal, *de recueillir aucune vendange*.

IV. 19 juin, les Dames de la Visitation, menacées par le Corps municipal d'être expulsées de la ville, si elles n'obtempéraient pas à la délibération du 23 décembre 1656, se déterminèrent à lui représenter leurs statuts. Ils furent renvoyés à l'examen d'une commission, composée du Maire, du Gouverneur du fait commun, de deux Echevins et du Procureur du Roi. V. 1660, n. III.

V. 27, service et oraison funèbre à l'Eglise Cathédrale, pour M. Séguier, ancien Evêque d'Auxerre.

VI. 6 juillet, M. de Turenne, à qui les lettres patentes données par le Roi à Dijon, le 22 novembre, avaient été notifiées, fit signifier en réponse, aux Maire et Echevins, deux arrêts du Conseil, obtenus sur requête, l'un qui prononçait un sursis à leur exécution, et l'autre qui attribuait au Tribunal de l'Election de Tonnerre, la connaissance de toutes les contestations nées et à naître à ce sujet. Le Corps municipal forma opposition à ces deux arrêts, et le 28 du même mois, en obtint un contradictoire à la Cour des Aydes, qui rejeta l'opposition de M. de Turenne aux lettres patentes de la ville. V. 1660, n. 11.

VII. 19 septembre, une lettre du Roi aux Maire, Echevins et habitans, leur expose son désir de procurer enfin à ses sujets le prix de leurs souffrances, par une paix générale et glorieuse, mais il ajoute que pour atteindre ce but, de grandes dépenses sont indispensables ; qu'il ne veut pas ajouter aux impôts, et s'adresse seulement aux grandes villes, dans l'espoir qu'elles l'aideront de ce qui sera en leur pouvoir ; que déjà la ville de Dijon lui a offert 15,000 livres, et qu'il convie les habitans à répondre à ses désirs.

Ils furent assemblés, mais la lecture de cette lettre n'était pas achevée, que déjà il n'y avait plus d'auditeurs, et l'on ne put prendre aucune décision. Aux dettes énormes qui écrasaient les ressources communes, la gelée du 24 avril avait ajouté la misère des individus ; c'est ce qui explique le résultat de cette assemblée. V. 1660, n. x.

VIII. Dans le même mois, M. de Berry, Echevin, envoyé à Paris pour les affaires de la ville, y fut mis en prison, à la requête du Procureur général de la Cour des comptes, pour une amende de 500 livres prononcée par cette Cour contre les habitans, à défaut de reddition des comptes. Pendant qu'il informait le Maire de sa captivité, le sieur Belleville, créancier de la ville, le faisait recommander. Le Maire, chargea un autre Auxerrois, le sieur Girard, qui était aussi à Paris, de faire les démarches nécessaires pour le rendre à la liberté ; ce qu'il n'obtint que plusieurs semaines après.

IX. Au mois de décembre, le domaine du Tureau-du-Bar appartenant au Roi, comme Comte d'Auxerre, fut mis en vente ; le Corps municipal y forma opposition pour la conservation du droit que les habitans prétendaient avoir *d'y chasser en tout temps, à toute heure, toutes bêtes grosses et menues de toute manière*, suivant une charte de Jean de Châlon de 1345, ainsi que d'un droit d'usage dans les bois de ce domaine. V. l'année qui suit, n. VI.

1660.

I. Pendant l'hiver, la misère du peuple fut extrême, et presque toute la France en éprouva les rigueurs. Non-seulement la gelée du 24 avril n'avait rien laissé dans les vignes, mais la récolte des grains avait été très-inférieure aux besoins. Les maux s'accrurent encore à Auxerre, par les soins qu'on prit à Paris de se débarrasser des pauvres qui n'y étaient pas nés. C'est à cette époque que l'hôpital-général y fut fondé. Lorsqu'il eut été rempli des malheureux dont cette ville crut devoir assurer l'existence, tous les autres furent expulsés de son enceinte, et contraints de se répandre dans les provinces, où ils n'arrivaient qu'en faisant entendre les cris du désespoir. Auxerre en fut tellement assailli, suivant une délibération du Corps municipal du 20 janvier, « qu'ils obsédaient les habitans dans les rues, et plus » encore dans les Eglises, où il n'était plus possible » d'être tranquille un instant ; que ce qu'ils obtenaient » par leur importunité tournait au détriment des » pauvres de la ville ; qui, en plus grand nombre » que jamais, à cause de la disette de l'année, » mouraient de faim. »

Pour remédier à cette calamité, le même jour, les notables furent assemblés, et arrêtèrent que, *sans contrevenir aux principes de la charité chrétienne*, MM. du Bailliage seraient suppliés de faire défense aux habitans de loger plus de deux jours les pauvres étrangers ; d'ordonner à ceux-ci de sortir de la ville, dans ce délai, *à peine du fouet* ; qu'à chacun d'eux il serait donné *un sou marqué et une livre de pain*, *pour passer chemin* ; qu'il serait fait, dans chaque paroisse, une liste des pauvres, à qui, pendant un mois, il serait distribué une livre et demie de pain par chaque homme ou femme, et une livre par chaque enfant; et que pour subvenir à cette dépense, il serait, par le Corps municipal, procédé à une imposition spéciale sur les Bourgeois les plus aisés. Toutes ces mesures furent exécutées avec prudence et modération. Les pauvres étrangers se retirèrent ; ceux qui arrivèrent après eux furent nourris pendant deux jours, puis partirent avec du pain ; ceux de la ville cessèrent d'être aux prises avec la faim. Les Bourgeois imposés furent dédommagés de leurs sacrifices par la tranquillité dont jouit la ville. On s'en trouva si bien, que, le 22 février, l'hiver sévissant encore avec beaucoup de force, les notables décidèrent que ce régime bienfaisant serait continué pendant un second mois.

II. Enfin, le 4 mars, le Maire, les deux Gouverneurs et les douze Echevins, à cheval, parcoururent toute la ville et y publièrent le traité de paix générale signé à S.-Jean-de-Luz, dès le 7 novembre, et qui néanmoins ne fut rendu public à Paris que le 21 février. La jubilation fut d'autant plus vive dans toute la France, que, depuis la mort de Louis XIII, c'est-à-dire pendant dix-sept ans, elle avait enduré à la fois tous les maux de la guerre civile et ceux de la guerre étrangère. A Auxerre, surtout, où l'on savait que le Prince de Condé, disposant de toutes les troupes de son parti et de celles du Roi d'Espagne, avait toujours eu pour but, dans ses opérations militaires, de pénétrer en Bourgogne par l'Auxerrois, on sentit tout le prix d'une paix qui, en ôtant à ce Prince l'occasion de conquérir le pays, lui rendait le droit de le gouverner. Aussi, malgré la pénurie générale, vit-on, à l'instant même de la publication, les boutiques et les ateliers se fermer, la foule courir à S.-Etienne, où le Te Deum fut chanté ; le soir des feux de joie furent allumés dans tous les quartiers. Le Corps municipal, par une sorte d'anticipation sur la prospérité que la paix allait procurer, voulut dédommager le peuple de la privation à laquelle la stérilité des vignes l'avait condamné, et l'abreuva largement à *une fontaine de vin* qui, devant l'hôtel de ville, *coula tout le jour*. Cette heureuse journée fut terminée par un feu d'artifice tiré sur la place S.-Etienne, et allumé par M. l'Evêque, M. le Grand-Bailli et M. le Maire, entourés de la milice bourgeoise en armes. Depuis plusieurs jours, M. de Ste-Marie, Directeur de l'artillerie, avait été chargé *de faire travailler aux artifices du feu, et d'en diriger la conduite.* La dépense s'éleva à 1,850 livres. Le lendemain de cette fête, M. le Maire, et M. de Berry recemment rendu à la liberté, furent députés au Prince de Condé, pour le complimenter sur son retour, et lui exprimer la satisfaction des habitans d'être replacés sous son Gouvernement.

III. Le nouvel ordre de choses s'embellit encore par un événement de la plus haute importance. M. de Turenne s'était pourvu au Conseil contre l'arrêt de la Cour des Aydes, sur le droit de gros, et l'on apprit que le 6 mars, son pourvoi avait été rejeté.

IV. Le 24 mai, les Dames de la Visitation, autorisées enfin par le Corps municipal, furent conduites processionnellement par deux Chanoines dans leur nouveau couvent. Déjà elles étaient parvenues à faire construire les bâtimens indispensables, ainsi qu'une chapelle provisoire. A l'égard de la belle Eglise qu'elles ont eue depuis, v. 1714, n. v.

V. 11 juillet, Te Deum pour le mariage de Louis XIV, avec l'infante d'Espagne, Marie-Thérèse d'Autriche.

VI. 29, un marchand forain avait fait dans la ville une provision considérable de blé qu'il vendait au prix du marché ; mais le sieur Loys, fermier de l'Abbaye de S.-Germain, ayant traité avec lui de ce qui lui restait, voulut le transporter hors de la ville ; le peuple murmura, et une sédition allait éclater, lorsque le Corps municipal intervint, et fit défense d'enlever les blés, qui furent vendus aux habitans.

Cette disposition à la révolte, donnée au peuple par les misères du temps, ne fut pas aussi heureusement comprimée trois mois après. Le sieur Bersac de Champeron, fermier des Aydes de l'Election de Tonnerre, comprenant quarante-quatre villages plus rapprochés d'Auxerre que de Tonnerre, avait établi à Auxerre un bureau de recette, qui n'avait rien d'hostile pour les Auxerrois. Néanmoins, la populace, provoquée, probablement, par quelques séditieux des villages intéressés, le 27 octobre, à neuf heures du soir, s'empare d'un clocher et sonne le tocsin; dans le même moment, la cour de l'hôtel de ville est forcée, et l'on s'empare des crochets à incendie. Les révoltés ainsi armés courent au bureau du sieur Bersac, dont, à leur approche, les commis s'enfuient épouvantés. En un instant, les portes sont enfoncées, les meubles et l'argent pillés, les registres et papiers brulés, et le bâtiment démoli. Le tocsin ne cessa de répandre l'effroi, et la sédition ne s'apaisa, qu'à deux heures du matin. Un nommé Simon, qui s'était fait le plus remarquer par son audace, fut le seul qui fut arrêté, sur la plainte portée au Bailliage, par M. Marie, Maire. Mais les commis du sieur Bersac avaient dressé un procès-verbal, sur lequel celui-ci porta plainte contre la Communauté des habitans, à la Cour des Aydes. Sur-le-champ un Conseiller vint à Auxerre faire les informations. En vain les Officiers municipaux demandèrent au Conseil l'évocation du procès; ils furent renvoyés à la Cour des Aydes. V. 1665, n. II.

VII. Le 3 août, M. Colbert, devenu propriétaire du domaine du Tureau, fit assigner le Maire et les habitans devant M. Leclerc des Barres, Commissaire de la Chambre du domaine, pour faire annuler l'opposition par eux formée, en exécution de la délibération du mois de décembre 1659. Une première sentence ordonna qu'ils représenteraient leurs titres; une seconde leva leur opposition, faute par eux d'avoir satisfait à la première.

VIII. Au mois de septembre, assemblée des habitans pour l'élection des Magistrats. La réhabilitation du Prince de Condé dans le gouvernement de la province ayant fait cesser l'intérêt de la Cour à ces choix, l'élection se fit sans aucune influence étrangère. M. Etienne Fernier, Seigneur de S.-Georges, Lieutenant particulier du Bailliage, fut nommé Maire, et M. Thomas Bernier, Avocat, Gouverneur du fait commun.

IX. 9 novembre, les nouveaux Magistrats reconnurent enfin la nécessité de s'occuper des moyens d'affranchir la ville de l'énorme arriéré qui pesait sur elle depuis plus d'un siècle, et qui, s'augmentant chaque jour, montait déjà à 450,000 livres. A cet effet, ils assemblèrent les habitans, et firent décider qu'il serait demandé au Conseil l'autorisation d'asseoir, sur chaque arpent de vigne, trois livres par an, pendant tout le temps nécessaire pour arriver à un amortissement total, et de faire cotiser par le Corps municipal, dans une juste proportion, les habitans n'ayant pas de vignes. V. 1661, n. VIII.

X. Le Roi, voulant faire jouir plus complètement

des bienfaits de la paix la ville de Paris, et favoriser son commerce, supprima, par un arrêt du Conseil du 10 décembre, tous les péages et octrois par lui accordés, depuis son avénement au trône, sur la Seine et ses affluens; et quoique celui de 6. s. 3 d., dont jouissait Auxerre sur les vins passant dessus et dessous le pont, lui eût été accordé, dès 1618, par Louis XIII, il se trouva par erreur compris dans la nomenclature de ceux supprimés, ce qui menaçait la ville de perdre un revenu annuel de 15,000 liv. V. 1661, n. 1.

XI. Tandis que ses recettes étaient ainsi compromises, ses charges s'accroissaient à tous les instans. L'invitation faite à ses habitans, ainsi qu'à ceux des autres villes, par le Roi, le 19 septembre 1659, de l'aider par un sacrifice volontaire, dans les dépenses qui lui restaient à faire pour parvenir à une pacification générale, n'ayant eu aucun résultat, les Elus généraux, y répondant pour la province, avaient fixé à 100,000 livres le don gratuit à offrir au Roi, et le contingent de la ville, à 5,000 livres : la répartition fut faite entre les paroisses, le 30 décembre.

1661.

I. Le 5 janvier, des marchands de vin de Paris, s'appuyant sur le texte de l'arrêt du 10 décembre, voulurent faire passer sous le pont plusieurs bateaux de vin sans payer l'octroi, mais les Officiers municipaux, invoquant ce même texte, qui ne supprimait que les octrois accordés par le Roi régnant, et soutenant que celui de la ville l'avait été par son prédécesseur, et datait de 1618, leur firent interdire le passage. Peu de temps après, et probablement sur leurs plaintes, le Prévôt des marchands de Paris obtint sur requête au Conseil, un arrêt qui ordonna la suspension provisoire de cet octroi. V. n. VIII.

II. Le 12 mai, les Jacobins ouvrirent une assemblée provinciale dans leur couvent d'Auxerre, et le 17, le P. Bernier, enfant de la ville, parent du Gouverneur du fait commun, soutint une thèse qu'il avait dédiée, aux Officiers municipaux, et à laquelle toutes les autorités avaient été invitées.

III. Le 16 juin, le procès intenté, en 1658, par le sieur Flans, aux marchands merciers, grossiers et joailliers, pour les assujétir à une jurande, se suivant au Parlement, le Corps municipal, par suite de sa délibération du 5 mai 1658, arrêta de se joindre aux opposans, « attendu que l'établissement demandé
» était contraire à la liberté du commerce, surtout à
» l'égard des pauvres veuves et orphelins, qui seraient
» privés du profit qu'ils font en commerçant sur me-
» nues marchandises, sans permission et sans être
» inquiétés par personne dans leur petit négoce. » V. 1666, n. v. et VIII.

IV. Le 30 juillet, Philippe Mazarini-Mancini, ayant succédé dans le Duché de Nevers, à son oncle le Cardinal Mazarin, mort le 5 mars, vint à Auxerre faire foi et hommage à l'Evêque, M. de Broc, de ses Baronies de Donzy et de S.-Verain, mouvantes de la grosse tour d'Yrouerre, au château de Varzy, dépendant de l'Evêché d'Auxerre.

V. 27 octobre, les Officiers municipaux font célébrer dans l'Eglise Cathédrale un service funèbre pour M. le Comte de Cormarin, « en reconnaissance » de son affection et de ses bontés, pendant trente » ans et plus qu'il a été Lieutenant de Roi dans la » province. »

VI. Le 3 novembre fut un jour de fête pour célébrer l'heureux accouchement de la Reine et la naissance d'un Dauphin, événemens qui, alors, inspiraient un sincère enthousiasme. A dix heures, messe d'actions de grâces et Te Deum à la Cathédrale; à midi, une fontaine de vin coula devant l'hôtel de ville, et ne tarit qu'à sept heures; puis sur la place S.-Etienne grand feu d'artifice, où l'on vit briller un Dauphin, avec la devise: *Hispania Galliæ addita*. Les Officiers de tous les Corps s'y étaient rendus, tenant un flambeau de cire blanche à la main.

VII. 10 novembre, arrêt du Conseil qui, sur le rapport de M. Colbert, Contrôleur général des finances, leva la surséance prononcée par celui du 10 décembre précédent, au sujet de la perception de l'octroi de 6 sols 3 deniers sur les vins, et rendit à la ville un revenu de 15,000 livres. Depuis que ce grand Ministre était propriétaire de la terre de Seignelay, où il faisait souvent sa résidence, il y était assidûment visité par les autorités et les notables d'Auxerre, qui avaient reçu de lui des promesses réitérées d'être utile à la ville dans toutes les circonstances qui lui en donneraient une juste occasion. Il prouva, à l'égard de l'octroi, la loyauté de ses promesses, mais il ne se borna pas à ce service. M. Bernier, Gouverneur du fait commun, qui lui avait été envoyé pour cette affaire, lui avait peint l'état déplorable des finances de la ville, et M. Colbert, désirant le faire cesser, voulut connaître l'étendue et les causes du mal ; il exigea un rapport circonstancié et complet de tout ce que devait la ville, ainsi que de l'origine des obligations qu'on lui avait fait contracter. V. 1662, n. I.

VIII. 5 décembre, mort, à Auxerre, de M. Gabriel Madelenet, Avocat, auteur de poésies latines imprimées en 1662, par les soins du Comte de Brienne. Balzac l'assimile à Horace ; Ménage se borne à le mettre au premier rang des poètes latins du dix-septième siècle.

1662.

I. Le tableau des dettes de la ville, demandé par M. Colbert, dressé avec beaucoup de soins et de véracité, lui ayant été présenté, le Conseil, sur son rapport, nomma des Commissaires chargés de vérifier ces dettes, d'en rechercher les causes, de proposer les mesures propres à réprimer les abus, s'il y en avait eu, ainsi qu'à rétablir l'ordre et l'économie dans l'administration des deniers communs, et à acquitter les dettes reconnues légitimes, par des moyens qui pèseraient sur tous les habitans, dans une juste proportion avec leurs facultés. V. 1663, n. II.

II. Pendant l'hiver, on ressentit les funestes effets de l'insuffisance de la dernière récolte des blés ; la cherté en fut excessive. Une ordonnance du Prince de Condé fit défense d'en faire sortir de la Bourgogne. Tout le royaume éprouva les rigueurs de cette disette, tempérée cependant par les blés étrangers que le Roi fit acheter et distribuer dans les provinces. A cette mesure il ajouta, pour soulager le peuple dans sa misère, une diminution de dix millions sur les tailles, et de trois livres par minot sur l'impôt du sel.

III. 26 mars, décès du Maire, M. Fernier.

IV. 5 juin, MM. Bernier, Gouverneur du fait commun, et Bargedé, Echevin, sont députés aux Etats convoqués à Dijon pour le 12.

V. 9, passage du Prince de Condé se rendant aux Etats.

VI. 22, M. Thomas Marie d'Avigneau, ancien Maire, requiert l'enregistrement à la ville des lettres de noblesse que lui avait accordées le Roi, au mois de décembre 1660, pour sa conduite comme Maire d'Auxerre, en 1652. La Cour des Aydes, en les enregistrant, l'avait chargé de payer aux habitans de la paroisse S.-Mamert, sur laquelle il demeurait, 300 livres en dédommagement de son affranchissement des tailles.

VII. Au mois de juillet, une récolte hâtive et abondante dans l'Auxerrois, en avait banni la disette. Néanmoins, la défense d'en laisser sortir de la province n'était pas encore levée le 18, lorsqu'un convoi considérable de froment dirigé sur Paris par la rivière fut arrêté à Auxerre, conformément aux ordres du Corps municipal. Le même jour, à la requête de MM. David, Trésorier de France, et Janon, Avocat, les Officiers municipaux furent assignés au Parlement pour être condamnés à laisser passer ces blés, prétendant en avoir acheté la permission, moyennant 25 pistoles payées à M. Georget, l'un des Echevins.

Les Officiers municipaux arrêtèrent qu'ils justifieraient leur opposition à la sortie de ces blés, par l'ordonnance du Prince; qu'à l'égard de la prévarication imputée à M. Georget, ce serait à lui d'y répondre. Leur conduite fut certainement approuvée par le Parlement, car les blés ne quittèrent le port d'Auxerre que deux mois après, sur une ordonnance du Prince, qui, en maintenant sa défense pour le Duché de Bourgogne, la leva pour le Comté d'Auxerre. Cette ordonnance est motivée sur l'abondance de la récolte que venait de faire le Comté, et sur ce que, non-seulement la nourriture du peuple y était assurée, mais que cet heureux pays pouvait aider les provinces voisines. A l'égard de M. Georget, je n'ai rien découvert sur l'issue de la grave accusation portée contre lui.

VIII. Au mois de septembre, assemblée des habitans pour élire un Maire, à la place de M. Fernier. Le choix tomba sur M. Joachim Fernier, son frère.

IX. Les Ermites de S.-Augustin, aussi appelés *Augustins déchaussés*, ou *Petits-Pères*, n'ayant pas de maison de leur Ordre entre Paris et Lyon, demandèrent à en établir une à Auxerre, pour servir à recevoir ceux d'entre eux qui se rendraient d'une de ces villes à l'autre, et présentèrent à M. l'Evêque, ainsi qu'aux Officiers municipaux, une requête favorablement apostillée par le Prince de Condé. Leur demande fut accueillie; les Officiers municipaux y mirent seulement pour condition que ces Religieux s'abstiendraient de quêter. Après avoir pris un logement provisoire sur la paroisse S.-Eusèbe, ils achetèrent, sur celle de Notre-Dame-la-d'hors, la maison où ils étaient lors de la révolution. Elle avait appartenu à M. de la Cour, Conseiller au Bailliage, et était occupée par un ancien Archevêque de Narbonne, retiré à Auxerre. V. 1671, n. II.

1663.

I. Depuis dix ans, les passages de troupes avaient cessé. Ils recommencèrent cette année, mais sans être aussi onéreux aux habitans. En 1650, la province avait été exemptée de nourrir les gens de guerre, en payant 100,000 liv. par an ; en conséquence, les Officiers, comme les soldats, recevaient du Roi une solde avec laquelle ils payaient les vivres qui leur étaient fournis. Les maux des temps antérieurs ne se renouvelèrent plus.

II. 10 février, un arrêt du Conseil, sur le rapport de M. Colbert, prononça une nouvelle surséance à l'égard des dettes de la ville, sous la condition que, dans les six mois suivans, elle payerait une année d'intérêts ; quant aux capitaux, les créanciers sont renvoyés devant la Commission établie à Dijon, pour les faire vérifier et liquider. V. 1665, n. v.

III. 20 mars, passage du Cardinal d'Estrées, qui, sur une lettre du Prince, reçoit les honneurs d'usage.

IV. Au mois de mai, M. de Broc étant à Paris, M. Regnaudin, Procureur du Roi du Bailliage, s'avisa de le trouver mauvais, et d'en porter plainte au Bailliage, prétendant qu'il passait une partie de l'année dans ses châteaux de Régennes, Varzy et Cosne, ainsi que dans la Capitale, et qu'en cela il violait les canons de l'Eglise. L'amour du pouvoir aveugle souvent les meilleurs esprits et les égare ; s'élever au-dessus d'un Evêque, l'admonester, le corriger, se faire les gardiens des canons de l'Eglise, parut aux Conseillers une heureuse occasion de se grandir dans l'opinion publique. Le 20 du même mois, ils prononcèrent une sentence portant qu'il était notoire que M. de Broc ne remplissait pas ses devoirs de résidence ; que les pauvres en murmuraient ; qu'en conséquence il était invité à revenir dans le mois, à résider assidûment dans sa ville épiscopale, et à y faire l'aumône plus exactement que par le passé, sinon qu'il y serait contraint par la saisie de son temporel. M. de Broc s'étant pourvu aussitôt auprès du Roi, contre cette ridicule extension qu'un simple Bailliage voulait donner à ses attributions ; le 19 juin, un arrêt du Conseil déclara cette sentence injurieuse envers l'Evêque et nulle, ordonna qu'elle serait biffée sur le registre, et que l'arrêt serait publié à son de trompe dans la ville. Un huissier de la chaîne vint en effet à Auxerre, fit publier l'arrêt dans les rues et les carrefours ; se fit représenter au greffe la minute de la sentence, la biffa, et par de longs procès-verbaux combla pour les Conseillers, la mesure de l'humiliation.

Envain, M. Regnaudin, qui le premier avait conçu la funeste pensée dont découlait tant d'amertume, voulut faire révoquer cet arrêt, en se faisant délivrer par le Maire et les Echevins une attestation sur les faits qu'il articulait contre l'Evêque. Ses démarches n'excitèrent que la dérision. La question n'était pas sur le plus ou moins d'exactitude de ces faits, mais sur l'absurdité de son systême, qui aurait soumis les chefs de l'Eglise, comme les Baillis de village et les huissiers, à la surveillance et aux assises des Bailliages.

1664.

I. 10 janvier, la ville possédait au climat des Ballets, plusieurs pièces de terre de très-médiocre valeur, qui étaient rarement cultivées ; les propriétaires voisins en prenaient occasion d'anticiper sur ce terrain communal; le Corps municipal, dans l'espoir que ces héritages seraient mieux conservés par les Administrateurs des Grandes-Charités, les leur abandonna.

II. M. Colbert, pénétré de l'idée qu'après l'agriculture, le commerce est la source la plus sûre et la plus abondante de la prospérité des populations, désira vivement faire participer les habitans d'Auxerre aux richesses dont il espérait doter la France, à l'extérieur par la création de la Compagnie des Indes, et à l'intérieur par celle de 40,000 manufactures. Dans un séjour qu'au mois de juin, il fit à Seignelay, il invita les principaux habitans à des conférences dans lesquelles il s'efforça de leur faire partager ses idées sur le commerce, et en particulier sur l'impulsion qu'il voulait donner dans ce sens à la population Auxerroise. Il parvint à les déterminer à faire un premier fonds de 5,000 livres pour l'établissement de trois manufactures (1) : l'une de draps-serges de Londres et autres étoffes imitées de l'Angleterre, la seconde de points de France, et la troisième de bas.

---

(1) V. 1667, n. v.t.

de laine. Le sieur Camuset fut chargé de diriger ces établissemens, aussitôt qu'ils seraient autorisés, et la dame Pethitière le fut particulièrement de la fabrique des points de France, où les jeunes filles feraient gratuitement leur apprentissage. Pour attirer les enfans des deux sexes dans ces nouveaux ateliers, il fut aussi convenu que le père de famille qui en enverrait trois, serait déchargé de la taille. Enfin, en se conformant aux désirs de M. Colbert, les habitans furent assemblés à l'hôtel de ville le 20 juin, pour entendre la lecture de deux lettres qui leur étaient adressées, l'une par le Roi, et l'autre par les Syndics de la Compagnie des Indes; l'une et l'autre explicatives des avantages qu'en pourraient retirer ceux qui y prendraient des actions. V. 1666, n. III.

III. Le 14 septembre, nouvelle assemblée des habitans, persuadés qu'ils allaient remplacer les Magistrats dont le temps expirait le 1er octobre : mais le Maire leur donna connaissance d'une lettre du Prince de Condé, portant, qu'attendu le grand nombre et l'importance des affaires dont les Officiers actuels possédaient les détails, il jugeait convenable que l'assemblée se bornât à les confirmer pour une année. L'ordre du Prince fut respecté.

IV. Le 23, le Corps municipal fit l'abandon aux Religieux de S.-Germain, de tous les murs de la ville longeant ceux de leur Monastère, à la charge seulement de les tenir constamment en bon état de défense.

1665.

I. 7 janvier, arrêt du Conseil qui homologue une

transaction passée entre M. Billard, Président du Présidial, au nom de sa Compagnie, et M. Pierre Créthé, Prévôt des Maréchaux, le 29 décembre précédent. Depuis plusieurs années, il existait entre ces deux autorités une fâcheuse mésintelligence. La ligne séparative de leurs attributions respectives faisait souvent naître des doutes, et dans ces cas, parfois, elle était dépassée de part et d'autre. Ainsi, plusieurs individus arrêtés par ordre du Prévôt avaient été élargis par le Lieutenant criminel; d'autres décrétés par celui-ci, arrêtés par les Archers et conduits à leur Prévôt, avaient été mis en liberté par lui après les avoir interrogés. Par-là, l'ordre public était ouvertement violé par ceux-là même qui étaient institués pour l'assurer. C'est sur ces difficultés et beaucoup d'autres, qu'une instance ayant été introduite au Conseil, entre ces deux autorités, elles les prévinrent pour l'avenir, par la transaction du 29 décembre 1665. V. 1666, n. 1.

II. Le 12 janvier, M. Martineau de Monjou, Conseiller au Bailliage et Echevin, est arrêté à Paris pour une dette de la ville, qui n'ayant plus qu'à servir les intérêts des capitaux par elle dus, ne pouvait pas même les payer. Il ne sortit de prison qu'en payant les 338 livres pour lesquelles il était arrêté, et se mettant ainsi, et malgré lui, au rang des créanciers de la ville.

III. Le 28 mars, après une longue et dispendieuse procédure, le procès au sujet de l'émeute du 27 octobre 1660, fut terminé par un arrêt de la Cour des Aydes, qui, déclarant la Communauté des habitans coupable, condamna *personnellement et par corps*, les sieurs Fernier, ancien Maire; Félix Boucher, Prévôt; Claude Marie, Macé et Georget, Conseillers au Bailliage; Jean Balthazard et Louis Moreau, Elus; François Petit, Receveur de la ville; Louis Ragot et Nicolas Madot, Bourgeois; Jacques Coulard et Cassin, épiciers; Joly, Louis, et Gabriel Sallé, voituriers par eau; et Villien, Bailli du Chapitre; comme principaux habitans, en 2,000 liv. d'amende, 22,000 livres de réparations civiles envers le sieur Bersac, et aux frais montant à 2,200 livres. Toutefois il fut sursis à l'exécution des condamnations durant trois mois, pendant lequel temps elles pourront être réparties sur tous les habitans.

La nouvelle de ce rigoureux arrêt n'arriva que le 6 avril. Aussitôt les habitans furent assemblés, et il fut arrêté qu'une taille spéciale serait levée sur tous les habitans sans exception, pour éteindre cette dette, qu'il n'était pas possible d'ajourner comme les autres. Au surplus, M. Bersac n'abusa pas de sa victoire, car il ne fut intégralement payé que le 8 septembre 1667.

IV. 7 mai, MM. Fernier, Maire, et Martineau de Monjou, Echevin, furent députés aux Etats convoqués à Dijon pour le 16. Ils y renouvelèrent les plaintes déjà émises sur l'énormité du contingent donné au Comté, depuis plusieurs années, dans la répartition des impôts, et cette fois, elles furent prises en considération par les Etats. Il fut ordonné que deux Commissaires, MM. Beaury et le Comte de Chemilly, feraient la visite de toutes les paroisses du

Comté, pour en apprécier les facultés, et reconnaître comment s'y faisait la répartition entre les taillables. V. n. VIII.

V. 3 juin, M. l'Evêque, consulté par le ministère sur l'état des Grandes-Charités de Ste-Madeleine, constate que cet hospice est régi par six Religieuses, deux servantes, un Religieux desservant et son clerc, un médecin, un apothicaire, et un chirurgien; qu'on y soigne au moins vingt pauvres, sans les enfans trouvés et les voyageurs malades; que l'administration en est confiée à quatre personnes de qualité, tant ecclésiastiques que laïques, élues pour trois ans, dans une assemblée des habitans; enfin, qu'un Procureur est chargé des affaires contentieuses.

VI. 1er octobre, assemblée des habitans, qui élit M. Claude Billard, Président du Présidial, Maire de la ville. C'est un de ceux qui ont servi les intérêts des habitans avec le plus de zèle, d'activité, de courage et de succès. A peine fut-il en place, que la vérification des dettes de la ville, ne marchant, depuis 1662, qu'avec une lenteur désespérante, reçut une vive impulsion, et que promptement elle fut conduite à son terme. Secondé par MM. Chapotin, Échevin, Bernier et Fernier, Avocats, il mit tous ses soins à recueillir les renseignemens sans lesquels la Commission ne pouvait pas clore ce travail, qui était immense. V. 1666, n. VI.

VII. 3 novembre, publication à son de trompe dans les carrefours, et au prône dans les Eglises, d'une ordonnance du Roi, du 15 juillet, qui « pour » arrêter les désordres que commettent de jeunes li-

» bertins, se réunissant en grand nombre, sous le
» prétexte d'aller en pèlerinage à S.-Jacques, en
» Galice, et finissant par encombrer les hopitaux,
» se livrer aux larcins, aux meurtres sur les routes,
» au déshonneur de leurs familles, fait défense d'en-
» treprendre de semblables pèlerinages, sans auto-
» risation de l'Evêque diocésain, à peine des galères
» pour les hommes, et pour les femmes d'être rasées
» et fouettées; ordonne aux autorités de les faire
» arrêter et condamner. »

VIII. Les Commissaires, chargés par les Etats de visiter le Comté, firent cet examen avec beaucoup de zèle et d'amour du bien public. Ils découvrirent et constatèrent une infinité de désordres et d'abus de pouvoir dans la répartition des impôts. C'est à Auxerre, surtout, qu'ils eurent à s'indigner de ce qui s'y pratiquait. Tous les fonctionnaires publics, cotisés d'office, ne l'étaient qu'à un taux très-inférieur à leur fortune; on admettait par faveur des abonnemens, au moyen desquels ceux qui les obtenaient ne payaient presque rien; non-seulement les membres du Corps municipal profitaient de la cotisation d'office la plus abusive, mais par leurs ordres, tous leurs subalternes, tels que les tambours, *l'orlogeur*, le libraire, l'imprimeur et autres, n'avaient que des cotes ridicules. Dans chaque paroisse, les asséeurs, renchérissant sur ces prévarications, ne s'imposaient qu'à six deniers. Enfin, les abus s'étaient accumulés à un tel point que, sur 2,331 familles taillables, 886 étaient cotisées d'office, et que tout le poids de l'impôt retombait sur la partie la plus malheureuse de la population. Ce rapport affligeant, mais impartial, fut de suite transmis au Roi par le Procureur général des Etats. V. 1667 ; n. IV.

1666.

I. 7 mars, second arrêt du Conseil entre les Officiers du Présidial et ceux de la Maréchaussée. La transaction de 1664 n'avait pas tari la mauvaise humeur de ces Officiers. Le Prévôt se plaignit de nouvelles infractions au règlement commises par ceux du Présidial ; il leur reprochait, notamment qu'ayant ordonné aux deux bourreaux de Bourges et d'Issoudun *de vuider la ville*, ces derniers avaient obtenu du Présidial l'autorisation d'y rester encore quelques jours. Le nouvel arrêt fit défense aux parties de contrevenir sur aucun point à la transaction de 1664, sous peine de 1000 livres d'amende, et condamna les Officiers du Présidial aux dépens.

II. 17 et 18 mars, service funèbre pour la Reine mère, Anne d'Autriche, morte le 20 janvier. Toutes les boutiques furent fermées le premier jour, depuis midi jusqu'à la nuit, et le lendemain jusqu'à midi. L'oraison funèbre fut prononcée par M. Fernier, Grand-Archidiacre.

III. 8 avril, le Maire reçut des lettres patentes du Roi, établissant à Auxerre la manufacture de points de France. De la lettre d'envoi, écrite de la main de M. Colbert, on peut conclure, comme un fait certain, qu'à cette époque le caractère dominant de la population était une extrême indolence. « Je sçais, » dit-il, que les habitans d'Auxerre ne sont pas

» portés au travail, et consomment une partie de
» leur vie dans l'oisiveté; j'espère que cette oc-
» cupation nouvelle pourra changer leur inclination. »
Cet homme supérieur ne se serait pas ainsi exprimé,
surtout au moment où il donnait au pays la preuve
d'une affection particulière, s'il n'avait pas eu de
justes raisons de tenir un langage aussi sévère; et
malheureusement la suite n'a pu que le confirmer dans
son opinion. On s'empressa néanmoins de charger
M. Bernier, l'un des Echevins, qui était à Paris,
de lui témoigner la reconnaissance de la ville, et de
l'informer que déjà une grande maison était louée
moyennant 260 livres par an, pour y établir la manufacture. C'était celle d'une Dame Marie Soufflot,
veuve Berault. V. n. n. XI.

IV. 6 mai, M. l'Evêque, qui plusieurs jours auparavant, avait, par un mandement, informé le
Diocèse de la canonisation de S. François de Sales,
prononcée par le Pape Alexandre VII, le 19 avril
1665, va, avec tout le clergé de la Ville, à l'Eglise
de la Visitation y faire lecture de la bulle, et bénir
la bannière du nouveau Saint.

V. Le 29, le procès de la ville pour la jurande
des merciers, grossiers et joailliers, fut jugé au Parlement. Malgré l'intervention des Officiers municipaux, les marchands opposans à cette jurande furent
condamnés à s'y soumettre, sinon à cesser leur négoce, et à s'abstenir de trafiquer en public ou en
particulier, ni directement ni indirectement, à peine
de 1,000 liv. d'amende. Le monopole que cet arrêt autorisait, devait avoir sur le prix des marchandises, une

si funeste influence, que le Corps municipal se pourvut en cassation au Conseil. V. n. VIII.

VI. Le terme des tribulations occasionnées par les dettes de la ville approchait ; le travail des Commissaires chargés d'en faire la vérification était terminé. Dans l'état qui en avait été dressé, elles excédaient 400,000 livres, mais plusieurs ne supportèrent pas l'examen, et le montant définitif fut réduit à 367,538 livres 12 sols 9 deniers. Pour amortir cet énorme déficit, et le faire payer par les privilégiés, comme par les autres habitans, le Conseil, par un premier arrêt du 27 mai, sur le rapport de M. Colbert, avait octroyé à la ville, pour douze années, 1° 20 sols par muid de vin vendu en gros ; 6 livres pour celui vendu *par table assise* ; 20 sols par muid de vendange menée ailleurs qu'à la ville ; 7 sols par muid de vin passant dessus et dessous le pont ; 5° enfin, 2 deniers par livre de pain blanc. L'arrêt ordonnait que ces droits seraient payés par tous les habitans, forains, Ecclésiastiques, Gentilshommes, Officiers de Cours souveraines, et autres privilégiés ou non privilégiés. Avant d'arrêter les mesures définitives pour le mode d'amortissement du déficit, il fallut donner au produit variable de ces droits une valeur fixe, et pour cela les affermer. L'adjudication en ayant été indiquée au 19 juillet, devant les Elus généraux à Dijon, la ville y envoya MM. Billard, Maire, et Thierriat, Echevin. Tous ces droits furent adjugés au sieur François, pour les percevoir pendant douze années, moyennant 38,100 livres par chaque année. V. n. VIII.

VII. Le 1er août, pendant que M. Colbert s'occupait avec tant de zèle de la prospérité de la ville, en stimulant les individus au travail, et les administrateurs à l'ordre et à l'économie, un incendie s'allumait dans ses bois de Seignelay, et procurait aux Auxerrois une déplorable occasion de lui prouver leur reconnaissance. La fumée et la flamme ne furent pas plutôt aperçues, qu'un élan spontané et général, régularisé par les Officiers municipaux, porta toute la milice bourgeoise, ainsi que le Maire et Echevins à courir sur la partie de la forêt que le feu dévorait avec d'autant plus d'activité, qu'on était au milieu de l'été, et que la chaleur était excessive. L'ardeur du secours fut égale à la fureur du fléau, qui, resserré dans la partie qu'il consumait, et isolé du surplus de la forêt par un abatis, fut bientôt vaincu.

VIII. Le 27 du même mois, M. Colbert, à son tour, put aussi satisfaire le sentiment de gratitude que lui avait inspiré le zèle des habitans à lui conserver sa forêt, en terminant définitivement la grande affaire pour l'amortissement de leurs dettes. Sur son rapport, le Conseil rendit un arrêt, véritable monument de justice, d'ordre et de prévoyance. S'il prescrit des mesures pour réparer les désordres du passé, il en contient aussi de sévères pour empêcher qu'ils ne se renouvellent.

La majeure partie des créances admises se composant de constitutions de rentes, il fut ajouté aux capitaux de celles-ci cinq années d'intérêts.

A l'égard des autres, celles qui furent reconnues évidemment légitimes furent comprises comme devant à l'avenir porter intérêts; plusieurs, quoique régulières quant à la forme des actes, paraissant suspectes dans leur origine, ne furent admises que pour leur capital sans intérêts.

Les moyens de libération exigeant douze années de délai, l'arrêt ajouta au capital les intérêts décroissans, ce qui éleva la somme à 428,724 livres 12 sols 9 deniers.

Il fallait encore subvenir, pendant les douze années, aux dépenses fixes de l'administration de la ville, elles furent comprises pour 6,838 livres 4 sols par an.

Le produit annuel des octrois ne s'étant élevé qu'à 38,100 livres, et les dépenses du Collége n'ayant pas fait partie de celles de la ville, le Conseil ajouta aux ressources 4,000 livres à prendre, par chacune des douze années, sur les entrées de Paris, pour être employées, savoir : 3,000 livres pour le Collége, et 1,000 livres pour les charges municipales. La ville avait encore un revenu de 153 livres 10 sols en rentes et loyers, et c'est en combinant le montant de toutes ces valeurs avec celui de l'arriéré, les intérêts de ceux qui devaient en produire, et les charges annuelles, que le paiement du tout fut assuré dans la série des douze années. L'ordre même dans lequel les dettes devaient être acquittées fut tracé pour chaque année, suivant la nature et le plus ou moins d'urgence de chacune d'elles.

Pour éviter les frais énormes de la comptabilité devant la Cour des comptes, et *attendu la misère où se trouve réduite la ville d'Auxerre*, l'arrêt porte que le compte annuel sera rendu aux Maire, Gouverneurs et Echevins, assistés de huit Bourgeois ayant voix délibérative, et élus à cet effet tous les ans ; que les portes de l'hôtel de ville seront ouvertes, tous les habitans pouvant en entendre les détails, et avoir *voix de remontrances* ; enfin, que le compte définitif ne sera soumis à la Cour des comptes, qu'après l'expiration de la douzième année.

Relativement aux dépenses extraordinaires commandées par des événemens majeurs, tels que peste, réparation des fortifications et autres, le Roi veut que les deniers nécessaires soient levés sur toutes personnes de quelque rang et de quelque qualité qu'elles soient. L'arrêt contient aussi plusieurs autres dispositions, qui, prévoyant tous les cas possibles, devaient avoir pour résultat certain que, pendant les douze années, l'arriéré n'augmenterait pas d'un denier, et serait totalement éteint. C'est un véritable budget, aussi précis et ingénieux qu'on pourrait le faire aujourd'hui.

Cette première partie de l'arrêt, qui, dissipant les ténèbres dans lesquelles marchait l'administration depuis cinquante ans, assurait aux habitans que, désormais, ils pourraient sortir de la ville, et même aller à Paris, sans risquer d'être emprisonnés, fut reçue avec une satisfaction générale. Il n'en fut pas de même de la seconde ; elle consterna un grand nombre de familles. En procédant à la vérification des dettes, les Commissaires avaient découvert des abus révoltans. Ils avaient particulièrement remarqué que, depuis 1640, les Officiers municipaux avaient admis des personnes riches, qui n'avaient aucuns priviléges, à s'abonner pour supporter dans les tailles une somme fixe et annuelle, qui, presque toujours, était très-inférieure à celle qu'elles auraient payée. De plus grands désordres encore régnaient dans la comptabilité des deniers communs. Depuis longues années les comptes du Receveur n'étaient rendus qu'aux Officiers municipaux ; il en résultait, d'une part, qu'ils ne critiquaient jamais les dépenses qu'ils avaient ordonnées, et, de l'autre, qu'ils faisaient ainsi des revenus de la ville tout ce qui leur convenait, certains qu'aucune autre autorité n'aurait à exercer de censure sur ces comptes. L'arrêt ordonna 1° que, sans avoir égard aux abonnemens abusivement accordés à quelques habitans, des Commissaires du Conseil feraient le relevé de ce que ces taillables auraient dû payer, en remontant jusqu'à l'année 1640, et les condamneraient à restituer à la Communauté ce qu'elle se trouverait avoir payé pour eux ; 2° que ces Commissaires procéderaient aussi à la révision des comptes de tous ceux qui, depuis 1629, avaient eu, à quelque titre que ce fût, le maniement des deniers communs, et les condamneraient, ou leurs représentans, à la réparation des infidélités reconnues.

Enfin, par cet arrêt, le Roi fit des changemens importans dans l'organisation du Corps municipal, ainsi que dans ses attributions. Il ordonna 1° que le nombre des Echevins, qui était de douze, serait réduit à quatre, attendu que ce *grand nombre apportait plus de confusion que de soulagement à la ville* ; que deux de ces Echevins seraient toujours pris parmi les Magistrats et les Avocats, et deux parmi les Procureurs et les marchands ; que chaque année deux seraient nommés et resteraient deux ans en fonctions ; 2° que tous les ans on élirait le Maire, le Gouverneur laïc du fait commun, et le Procureur-syndic, qui pourraient être réélus deux autres années ; 3° que M. Billard, par suite des services par lui rendus, resterait Maire jusqu'au 1ᵉʳ octobre 1667, et pourrait être réélu l'année suivante ; que, dorénavant, les Officiers municipaux ne pourraient faire d'emprunts, pour quelque cause et occasion que ce fût, qu'en vertu d'une décision prise en assemblée générale des habitans, approuvée par les Elus généraux de la province, et autorisée par lettres du grand sceau, à peine de répondre en leur nom de la nullité du contrat et de la perte du créancier. Dans toutes les dispositions de cet arrêt, on reconnaît l'empreinte de l'esprit d'ordre et de sévérité du célèbre Colbert.

VIII. Le 2 septembre, il acquit de nouveaux titres à la reconnaissance des Auxerrois : sur son rapport, le Conseil rendit deux autres arrêts importans : l'un portant révocation de celui du 6 juillet 1659, qui attribuait à l'Election de Tonnerre la connaissance des affaires concernant les Aydes, et renvoi de ces affaires à celle d'Auxerre, sauf, en cas de récusation légitime, à les porter devant les Officiers du Grenier à sel ; l'autre prononçant la cassation de l'arrêt du Parlement du 29 mai, par lequel une jurande pour les merciers, grossiers et joailliers avait été autorisée. Le Maire et les Echevins avaient exposé au Conseil, que les marchands ne désiraient cette jurande, que pour se procurer un monopole à la faveur duquel ils mettraient à leurs marchandises tout le prix qui leur conviendrait ; que déjà les habitans éprouvaient les funestes effets de cette odieuse insti-

tution, les marchands vendant, depuis l'arrêt du Parlement, 50 et 55 sols ce qu'ils ne vendaient la veille que 20 sols ; que cette mesure était surtout contraire à l'intention qu'avait eue le Roi dans l'établissement qui venait d'être fait par ses ordres, de plusieurs manufactures ; que si quelques particuliers étaient par là stimulés à se livrer au commerce, ils seraient retenus par la crainte des vexations que les Jurés exerçaient dans tous les pays où il y en avait ; enfin, que les maîtrises étaient toujours à charge au public et à sa liberté. Tous ces motifs, parfaitement conformes aux opinions de M. Colbert, sur la liberté du commerce, sont rappelés dans l'arrêt qui « sans s'ar-
» rêter aux lettres de maîtrise, ni à l'arrêt du Par-
» lement, maintient les habitans et tous marchands de
» la ville d'Auxerre, dans le droit d'y vendre toutes
» sortes de marchandises, ainsi qu'ils avaient coutu-
» me ; les décharge de l'obligation de faire aucune
» déclaration, ni prestation de serment ; faisant dé-
» fense aux prétendus gardes et jurés de les y trou-
» bler en quelque manière que ce soit, à peine de
» 3,000 livres d'amende. »

IX. De tous ceux que la nouvelle organisation municipale indisposait, les douze Echevins en exercice furent les premiers à manifester leur dépit. Huit d'entre eux, au moins, et peut-être tous devaient, avant un mois, cesser leurs fonctions, et rentrer dans l'obscurité. Pour échapper à cet affront, ils firent arrêter par le Corps municipal, le 3 septembre, que dans l'assemblée générale qui allait se tenir pour les élections, *remontrances en seraient faites au peuple,* dans l'espoir que la majorité des habitans réclamant contre cette mesure, elle serait révoquée par le Conseil. Mais ils trouvèrent l'assemblée fort indifférente sur leur proposition ; personne ne l'appuya, on alla jusqu'à rire à leurs dépens, et pour compléter leur désappointement, on fit l'élection, en se renfermant dans les limites posées par l'arrêt. Quatre d'entre eux seulement, MM. Jean Chapotin, Conseiller au Bailliage, Edme Jodon, Médecin ; Claude Huot, Procureur ; et Claude Petitfou, marchand, furent réélus ; M. Richer fut continué dans les fonctions de Procureur du fait commun, sous le nouveau titre de Procureur-syndic, et le sieur Claude Flans conserva l'emploi de Receveur.

X. Malheureusement l'arrêt du 23 août, en défendant aux Magistrats de la ville d'emprunter sans autorisation, ne leur avait pas interdit la faculté de plaider à leur gré; cette brèche, par laquelle s'échappaient abondamment les deniers communs, resta ouverte, et la manie de plaider, sous les prétextes les plus puérils, continua de posséder le Corps municipal. Ainsi ce Corps assistant au service funèbre pour M. de Loménie, Ministre des affaires étrangères, à la Cathédrale, le 14 novembre, M. Crethé, Prévôt des Maréchaux, voulut précéder le Maire et les Echevins, *et même aurait été assez hardi pour se présenter à donner de l'eau bénite, avant M. Chapotin, premier Echevin, contre toutes sortes de régles et d'usages.* Il fut décidé que le Maire, pour avoir justice de cette inconvenance, ferait toutes les démarches nécessaires, et que ses avances lui seraient remboursées *par le Receveur.*

XI. 19 décembre, M. Colbert écrit au Maire, et lui annonce que le Roi autorise l'établissement, dans la ville, d'une seconde manufacture pour fabriquer *des baracans.* V. 1667, n. II.

XII. Le Maire et les Echevins, ayant aperçu que les armoiries du Duc d'Epernon et de son fils placées, en 1665, sur les portes de S.-Simon et du pont, étaient désagréables au Prince de Condé, les firent mutiler et remplacer par les siennes.

1667.

I. 16 janvier, il y avait à peine 40 ans, que le château des Comtes, devenu Palais de Justice, avait été reconstruit, il fallut cependant y faire des réparations tellement urgentes, que les Officiers du Bailliage demandèrent au Corps municipal de tenir leurs audiences à l'hôtel de ville, qui fut mis à leur disposition. V. 1676, n. I.

II. 23, nouvelle lettre de M. Colbert au Maire, l'informant de l'autorisation du Roi pour la fabrique de bas de laine. V. 1669, n. II.

III. 3 mars, un Officier d'artillerie, porteur d'un ordre du Roi, demande qu'on lui livre tous les canons que la ville possède, et que la paix a rendus inutiles. Ses recherches ne lui en firent découvrir que deux de seize livres de balle ; mais le Maire lui opposa un refus formel, et partit, sur-le-champ, pour Paris, espérant bien faire révoquer cet ordre, par le motif ; que les canons avaient été faits aux frais de la ville ; qu'ils portaient ses armoiries, et valaient plus de 20,000 livres. Cette résistance fut sans succès, et M. Billard reçut l'injonction formelle de livrer, sans nouvelle hésitation, les deux canons. Il fallut obéir ; mais il en restait trois autres qui avaient échappé aux perquisitions de l'Officier. Aussitôt après son départ, le 29 mars, on les fit enfouir, et pour en conserver le souvenir, on inscrivit leur acte de sépulture sur le registre des délibérations, en ces termes : « pour certaines considérations, trois pièces » d'artillerie, marquées aux armes de la ville, ont » été enterrées ; savoir : l'une, qui est la plus grosse, » sur la plate-forme qui est entre la porte d'Eglény » et la porte du Temple (1) ; les deux autres sur la » porte du Temple, du côté qui regarde la porte » Chante-pinot, pour servir à ceux qui en auront » besoin. » V. 1668, n. XVI.

IV. 31 mars, M. Colbert donna encore une preuve de son désir de faire régner dans Auxerre, non-seulement la prospérité, mais l'ordre et la justice. Un arrêt du Conseil, sur son rapport, pour faire cesser les nombreux abus dans la répartition des impôts constatés par les deux Commissaires des Etats, en 1665, ordonna qu'à l'avenir leur assiette serait faite, non dans les paroisses, mais par vingt prudhommes choisis par elles, et réunis à l'hôtel de ville, en présence du Maire et des Echevins ; que ceux-ci n'y auraient pas voix délibérative, et n'y assisteraient que

(1). Il n'y a pas très-long-temps que cet endroit s'appelait encore *le Canon*. On y bâtit, il y a 50 ans, une Loge pour les francs maçons, devenue depuis la maison de M. Leclerc-Fourolles.

pour surveiller l'accomplissement des formalités ; que ces prudhommes imposeraient les taillables, quelque fussent leurs emplois ou leurs fonctions, suivant leurs facultés, sans avoir égard ni aux cotes d'office, ni aux abonnemens ou dispenses, à effet de quoi tous arrêtés, jugemens ou arrêts contraires étaient annulés et révoqués. Il est également ordonné qu'au lieu de trente-cinq collecteurs nommés dans les paroisses pour la levée des tailles, elle serait adjugée au rabais, sinon faite par quatre collecteurs V. 1674, n. II.

V. Les divers arrêts du Conseil qui rétablissaient l'ordre dans l'administration et les finances de la ville, réparaient les injustices dans la répartition des impôts, faisaient restituer par les cotisés d'office leurs gains illicites depuis 1640, et réviser les comptes de ceux dans les mains desquels avaient passé les deniers communs depuis 1629 ; tous ces arrêts étaient dus au zèle et à l'intelligence de M. Billard. Depuis trois ans qu'il était Maire, il avait préparé les élémens de cette grande réforme, et les avait soumis à M. Colbert, à ce Ministre inflexible qui ne demandait qu'à connaître les abus pour les foudroyer. La conduite courageuse du Maire lui avait mérité l'estime et la confiance du Ministre, ainsi que celles du Prince de Condé ; elle le faisait aussi chérir de la majeure partie de la population, aux dépens de laquelle se commettaient ces abus. Mais la même cause le faisait détester par ceux qui le voyaient, sans cesse, occupé à tarir les sources dans lesquelles ils étaient habitués à puiser. Cet inévitable état de choses avait divisé la ville en deux partis très-prononcés. Celui de la réforme était le plus nombreux ; mais celui contraire, formé de presque tous les Magistrats, Administrateurs, employés et gens riches, était le plus puissant. Or le moment arrivait où M. Billard allait cesser ses fonctions, s'il n'était pas réélu ; et si cela arrivait, une grande partie de ce qu'il avait fait pour le bien du public pouvait s'évanouir. Les arrêts n'avaient fait, en quelque sorte, que poser les bases de la réforme ; tout dépendait de la manière dont ils seraient exécutés. D'ailleurs, il restait encore un grand coup à porter : c'était d'obtenir, par l'incorporation du Comté dans la province de Bourgogne, la suppression de l'Election, de cette Magistrature dispendieuse, composée de quatorze Officiers ne vivant que d'additions aux impôts. Il fallait désarmer ces personnages redoutés, principaux auteurs de toutes les injustices découvertes dans la répartition des tailles. Il fallait enfin faire tomber ce Corps qui, continuellement menacé depuis plus de 60 ans, était encore debout, bravant l'animadversion publique. La prolongation de son existence était due à la soustraction des pièces du procès porté au Conseil d'Etat à ce sujet, et resté, par ce fait, indécis depuis 46 ans. Par un heureux hasard, M. Billard venait de les recouvrer, et mieux que tout autre, il pouvait conduire à bonne fin cette importante affaire.

Témoins de ce qui se passe parmi nous dans les élections, lors des crises politiques, nous pouvons nous faire une juste idée de l'agitation des esprits à Auxerre, durant les jours qui précédèrent celui où les habitans réunis, en appelant au pouvoir municipal de nouveaux Magistrats, pouvaient rendre inutiles tous les efforts de M. Billard. Cette asssemblée se tint dans les derniers jours de septembre ; mais, au moment où les deux partis allaient se mesurer, le Président, M. Marie, Lieutenant général du Bailliage, reçut une lettre du Prince de Condé, adressée aux habitans, et leur en donna lecture. Le Prince leur rappelait les preuves de zèle et d'intégrité données par M. Billard, et combien il importait à la ville, dans les conjonctures difficiles où elle se trouvait, de l'avoir pour chef ; il finissait par les inviter à le réélire. Cet incident imprévu déconcerta les ennemis du Maire ; non-seulement il fut réélu, mais le nouveau Gouverneur et les deux Echevins furent aussi choisis parmi les partisans de la réforme.

Cependant, à peine l'assemblée était dissoute, que le parti vaincu rentra dans l'hôtel de ville, en y entraînant ces hommes faibles qu'on trouve dans tous les temps prêts à grossir le nombre de ceux qui font le plus de bruit. Dans cette réunion, se qualifiant assemblée des notables, on arrêta de se pourvoir contre l'élection, comme étant *le fruit des intrigues et des cabales* ; d'en porter plainte à M. le Lieutenant général ; de lui exposer qu'un grand nombre d'habitans, s'étant trompés, dans leur vote pour M. Billard, s'étaient rétractés ; et de le prier d'informer de toutes ces intrigues. Le lendemain, en effet, la plainte fut portée, et l'information eut lieu devant le Lieutenant général, qui avait un parent de son nom parmi les Officiers de l'Election, et paraît n'avoir pas été étranger au parti désappointé par les choix dont on se plaignait.

Le 2 octobre, M. Billard et trois Echevins portèrent aussi plainte au Lieutenant général de l'illégalité
de cette seconde assemblée, ainsi que *des intrigues
et monopoles qui s'y étaient pratiqués*. Ils arrêtèrent
que M. Billard se rendrait de suite à Paris, pour informer le Roi, le Prince de Condé, et M. Colbert,
de tous ces désordres. Probablement la Cour vit dans
l'instruction sur les deux plaintes, que la masse des
habitans était tiraillée par deux factions, et qu'il importait de s'assurer du véritable vœu du pays ; ce qui
ne serait obtenu que d'une nouvelle assemblée devant
un Magistrat étranger aux coteries de la ville. Le 14,
on reçut une lettre du Roi, portant qu'il serait procédé à une nouvelle élection devant M. Bouchu, Intendant de la province.

VI. M. Billard, qui jusqu'aux élections devait continuer ses fonctions, n'en marcha pas moins avec persévérance sur la ligne qu'il s'était tracée. Les Etats de
Bourgogne étant convoqués à Dijon pour le 4 janvier, il fallait, suivant l'usage, réunir les habitans pour délibérer sur ce qu'il importait de demander à cette assemblée. Il provoqua donc une
assemblée générale qui se tint le 23 octobre. Il y fit
trois propositions. La première avait pour objet
l'addition à la taille de 1668, des 5,000 livres promises pour les manufactures, dans la conférence des
notables avec M. Colbert, à Seignelay, au mois de
juin 1664, promesse qui n'avait pas encore été exécutée.
Cette proposition fut adoptée à l'unanimité.

La seconde était de renouveler le vœu pour l'inscription de la ville dans la roue de Bourgogne, et

l'incorporation du Comté dans cette province. Il rappela les avantages devant en résulter pour le Tiers-Etat du pays ; que n'ayant jamais d'Elu général, il supportait, dans les impôts, une part excédant, de beaucoup, son contingent légitime. Il fit le récit de tout ce qui s'était passé depuis 1602 ; particulièrement de la soustraction des pièces de l'affaire perdues durant 46 années, et fortuitement retrouvées par lui, ajoutant qu'avec ces pièces, se confiant aux promesses qu'on lui avait faites à Paris, lors de son dernier voyage, il était sûr qu'avant trois mois, cette importante négociation pourrait être heureusement consommée, si les habitans persistaient dans le vœu déjà émis depuis long-temps. Enfin, il fit observer que MM. les Officiers de l'Election, étant personnellement intéressés, puisqu'il s'agissait, en supprimant leurs offices, d'attribuer aux Elus généraux la répartition des impôts dans le Comté, ne pouvaient pas prendre part à la délibération, et devaient se retirer. Il sut rendre si manifeste l'intérêt des habitans à ce nouvel ordre de choses, que personne n'osa le contredire, et que, domptés par ce murmure approbateur qui annonce le succès d'une proposition, les Elus fléchirent devant l'opinion générale. M. Martineau, leur Président, se borna à déclarer que n'étant dans l'assemblée que comme habitans, ils entendaient prendre part à la délibération, mais qu'ils étaient d'avis d'agréer la proposition, et très-disposés à contribuer eux-mêmes au paiement de leur indemnité. A ce moyen, il y eut encore unanimité. La troisième, concernant l'exécution de l'arrêt du 30 mars, sur le nouveau mode de la répartition individuelle de la taille par vingt prud'hommes, fut également adoptée.

On reçut bientôt après de M. l'Intendant, l'annonce que, le 4 novembre, il viendrait à Auxerre, présider l'assemblée des habitans pour la nouvelle élection du Maire et des autres membres du Corps municipal. Elle fut aussitôt convoquée, et sur-le-champ les intrigues et les cabales se renouèrent. En attendant le jour du combat, on fit, suivant l'usage de tous les temps, circuler des propos calomnieux sur les candidats. Un des bruits répandus par les opposans à la réforme, fut que la lettre du Prince de Condé, lue dans l'assemblée du mois de septembre, était apocryphe et contraire au désir du Prince. Cette méchanceté servit merveilleusement M. Billard. Il obtint de M. Chapotin, Conseiller et Echevin, Magistrat estimé des deux partis, de se rendre, avant l'assemblée, auprès du Prince de Condé, pour s'assurer de la vérité. Dès le 2 novembre, M. Chapotin était de retour, et rapportait que le Prince lui avait répondu *que son billet témoignait de ses intentions ; qu'il prenait grande part à ce que M. Billard fut Maire, et que ce qu'il écrivait n'était pas des chansons.*

Le 4 novembre, l'assemblée se forma, sous la présidence de l'Intendant. Le parti de la réforme l'emporta encore une fois, pour maintenir M. Billard dans ses fonctions, ainsi que pour MM. Lemuet, Gouverneur du fait commun, Jodon et Huot, Echevins, et Richer, Procureur syndic. Mais, dans les deux Echevins, il y eut un Elu, M. Marie, malgré les efforts de M. Billard et de ses partisans. Le quatrième Echevin fut M. Baudesson, marchand. V. 1668, n. 1.

VII. Le 8 décembre, le Prince de Condé, allant à Dijon, pour les Etats, fut reçu à Régennes par l'Evêque, M. de Broc. Tout le Corps municipal alla lui offrir hommage, bon vin et gibier. Le lendemain matin, toutes les autorités le reçurent à la porte S.-Simon. Il traversa la ville, la milice bourgeoise en armes, bordant toutes les rues sur son passage.

VIII. Récensement des familles taillables dans la ville et les faubourgs; leur nombre s'élève à 2,331.

1668.

I. Il paraît que M. Billard n'eut pas, dans le nouveau Corps municipal, toute la prépondérance qu'il aurait désirée, car le 1er janvier, on s'assembla pour élire les deux députés aux Etats, il fut choisi le premier, mais il n'y avait dans le Corps qu'un de ces Elus qu'il repoussait; on le lui donna pour compagnon de voyage. Il ne s'en découragea pas, et présenta aux Etats la demande des habitans pour l'incorporation du Comté. L'avis de l'assemblée lui fut favorable. Elle décréta que le Roi serait prié d'ordonner l'union, aux conditions écrites dans le décret des Etats de 1602, et notamment que le Comté supporterait seul, comme par le passé, ses charges particulières; que le Duché de Bourgogne ne contribuerait aux frais de remboursement des offices de l'Election supprimée, que pour 72,000 livres; que le

Comté paierait le surplus ; que la ville d'Auxerre serait seule du Comté inscrite autour de la roue, après la ville de Seure, pour avoir voix active et passive, et admise à donner, à son tour, un des Elus généraux ; que les quatre autre villes, Seignelay, Cravan, Vermenton et S.-Bris, entreraient alternativement aux Etats, et y auraient voix délibérative. V. n. v.

II. Le 16 février, dans la soirée, un Officier du Duc d'Orléans, frère du Roi, vint avec empressement à l'Hôtel de ville, annoncer que son maître était sur la route de Paris, et désirait coucher à Auxerre ; que surpris par la nuit, dans un chemin qu'il ne connaissait pas, il demandait qu'on lui envoyât des guides et des flambeaux. Au moment même, une multitude de curieux se précipita au-devant de lui avec des lumières. Les Officiers municipaux, ayant fait mettre la milice bourgeoise sous les armes, allèrent le recevoir à la porte S.-Simon, lui offrirent les clés de la ville, et le conduisirent à une hôtellerie. Le lendemain matin 17, il prit la route de Bourgogne ; mais, le soir, il envoya, de nouveau, un de ses Officiers au Maire, pour lui annoncer son retour ; et son désir que, comme la veille, des guides et des flambeaux le dirigeassent dans sa route ; qu'on lui envoyât même des chevaux pour mettre à son carosse, les siens étant trop fatigués ; qu'enfin, on lui préparât un logis et des provisions pour son souper. Il reçut les mêmes honneurs et les mêmes soins que la veille. Le 18, il reprit le chemin de Paris.

Cette singulière anecdote, qu'attestent deux délibérations du Corps municipal, n'est rapportée ni expliquée par aucuns des historiens que j'ai pu consulter, pas même par M. Laurentie, dans son histoire des Ducs d'Orléans ; mais je crois qu'en la rapprochant de ce qui se passait alors dans la Franche-Comté, on en aura une explication, au moins très-probable. On sait qu'au milieu de l'hiver de 1668, Louis XIV, impatient des lenteurs qu'apportait le Roi d'Epagne à conclure la paix, prit, tout-à-coup, pour l'y contraindre, le parti de lui enlever la Franche-Comté ; que, le 7 février, le Prince de Condé entra dans Besançon, et que, le 14, le Roi, qui assiégeait lui-même Dôle, depuis quatre jours, s'en fit ouvrir les portes. Il est très-probable que le Duc d'Orléans, sans l'assentiment du Roi, et ignorant les succès si rapidement obtenus sur l'Espagne, se rendait à l'armée pour prendre part à ses opérations ; que Louis XIV, prévenu de cette démarche imprudente de son frère, lui envoya, en route, l'ordre de retourner à Paris. Cette explication paraît d'autant mieux fondée, que les archives de la ville contiennent encore un monument qui prouve le secret dans lequel le Roi voulait renfermer ses opérations, jusqu'au 25 février. C'est un ordre du 15, adressé par lui aux Maire et Echevins, par un courrier extraordinaire arrivé le 19, leur faisant *défense de laisser passer aucuns courriers, autres que ceux ordinaires portant la valise des dépêches, s'ils n'étaient porteurs de ses ordres, contresignés par son Ministre Louvois*, et même ordre de les empêcher de sortir de la ville jusqu'au 25.

III. Le 24, le Prince de Condé, retournant à Paris, après la conquête de la Franche-Comté, fut reçu et complimenté à la porte du pont par les autorités, la milice étant en armes. Il coucha à Régennes, où le Corps de la ville alla, de nouveau, lui présenter les hommages des habitans, et les présens d'usage.

IV. Le 28, les Officiers municipaux, ayant été prévenus que la ville était désignée pour avoir en garnison une partie des troupes qui avaient fait le siége de Besançon, firent partir le Maire pour Paris, avec vingt pistoles, dans l'espoir de faire révoquer l'ordre. V. n. VI.

V. Le 11 mars, le Corps municipal, s'étant adjoint un grand nombre de notables, prend une délibération portant « que le jour de Quasimodo, il y aura
» cent ans que la ville a été délivrée de l'oppression
» des hérétiques; que chaque année une procession
» solennelle en fait à Dieu des actions de grâces;
» mais que la fête centenaire doit être plus magnifi-
» que; qu'en conséquence, 1,000 livres seront em-
» ployées en reposoirs, arcs de triomphe et pyrami-
» des, ainsi qu'à un feu d'artifice qui sera tiré sur
» la place S.-Etienne. » Une domination tyrannique fait sur les peuples une impression si profonde, que les générations mêmes qui n'en ont pas éprouvé les maux, aiment à célébrer par des fêtes le bonheur qu'ont eu leurs ancêtres d'en être délivrés.

VI. Le voyage du Maire et ses vingt pistoles ne furent pas tout-à-fait inutiles. Du 1er avril au 8, trois compagnies d'infanterie vinrent pour tenir garnison, mais le 17, elles reçurent l'ordre de quitter la ville.

VII. Le 11, les trois Ordres du Comté furent assemblés pour donner leur avis au sujet du décret des Etats de Bourgogne, sur l'incorporation du pays à cette province, suivant l'ordre donné par le Roi le 16 avril. Le Clergé se réunit au Palais épiscopal, la Noblesse à celui de Justice, et le Tiers-Etat à l'Hôtel de ville. Il y eut ensuite réunion générale au Palais épiscopal. Leur décision fut, en tout point, conforme au désir de la ville, et aux conditions imposées par les Etats. Chaque Ordre nomma ensuite deux députés pour passer l'acte d'adhésion. Ceux du Clergé furent MM. Pierre Basse, Doyen du Chapitre de S.-Etienne, et Guillaume Pussel, Chanoine; ceux de la Noblesse, MM. Colbert, Ministre, et de la Rivière, Bailli d'Epée; ceux du Tiers-Etat, MM. Billard, Maire, et Jodon, Echevin. L'acte d'adhésion fut passé, le 13 juin, devant Lefouyn, notaire à Paris. V. n. xi.

VIII. Le 18 juin, un convoi considérable de canons et de munitions de guerre, tiré par 220 chevaux, et venant d'Auxonne, s'arrêta à Auxerre. Le Commissaire chargé de cette conduite, renvoya les charretiers et les chevaux, après avoir payé leur dépense, et laissa les canons et les munitions à la garde de la ville jusqu'au 20 août.

IX. Le 15 juillet, publication de la paix conclue avec le Roi d'Espagne, le 29 juin, à Aix-la-Chapelle.

X. Le 27, le Maire reçut un arrêt du Conseil, du 18 juin, faisant défense aux Magistrats des villes d'ordonner des voyages, soit par eux, soit par tout autre, sous quelques prétextes que ce soit, sans l'autorisation de l'Intendant, si ce n'est pour le cas où le député déclarerait ne rien exiger de ses frais de voyage et de séjour. Le jour même de la réception de cet arrêt, il fallut le faire publier à son de trompe, et afficher dans toute la ville. Il dut faire sensation sur les habitans, habitués à voir presque toujours quelques-uns de leurs Magistrats en route.

XI. Au mois d'août, enfin, un édit du Roi prononça l'incorporation du Comté à la Bourgogne, aux conditions prescrites par les Etats, et consenties par les trois Ordres du Comté. Par ce même édit, il supprima l'Election d'Auxerre, et créa quatre Conseillers de plus au Bailliage, pour connaître des différens soumis jusque là à l'Election. V. 1670, n. III.

XII. Depuis la nouvelle organisation du Corps de ville, réduit à huit Officiers laïcs, les marchands, voyant, avec chagrin, qu'à peine un seul d'entre eux y était appelé, et que tous les autres emplois étaient déférés aux hommes de robe, intriguèrent pour en avoir, au moins, trois; et le 17 septembre, ils obtinrent, en effet, un arrêt du Conseil, portant qu'à l'avenir le Gouverneur du fait commun, et deux des Echevins seraient nécessairement choisis dans le commerce. V. n. XIV.

XIII. Le 1ᵉʳ octobre, M. Colbert venant d'arriver à Seignelay, le Corps de ville chargea M. Baudesson, Gouverneur du fait commun, *de faire perquisition dans toute la ville d'une feuillette du meilleur vin du vignoble, et autres choses plus rares et plus exquises, et de louer chevaux et carrosses pour le voyage.* C'est ainsi que ces Magistrats se présentèrent chez le

Ministre, pour lui exprimer la reconnaissance des habitans.

XIV. Le 7 octobre, assemblée générale. Les marchands y présentèrent l'arrêt qu'ils avaient obtenu. Les autres classes des Bourgeois s'y soumirent, mais en murmurant, et avec réserve de se pourvoir. On nomma M. Thomas Marie, Conseiller, Maire, M. Jehan Robinet l'aîné, marchand, Gouverneur du fait commun, et MM. Elie Bargedé, Conseiller, et Gaspard Moreau, marchand, Echevins. V. 1675, n. II.

XV. Le premier acte de cette nouvelle administration fut de satisfaire au vœu général des habitans qui, depuis environ 19 ans, n'avaient d'eau qu'en allant la chercher aux fontaines S.-Germain, d'Amont, ou de S.-Amatre. Le déplorable résultat qu'avait eu, en 1647, l'entreprise de D'Indinville, éloigna la pensée d'une nouvelle tentative sur les eaux de Vallan. On ne pouvait pas, alors, deviner la cause qui avait fait échouer cet entrepreneur, comme on le peut aujourd'hui, et le même sort était à craindre. On se borna donc à prier les Capucins de partager avec les habitans le modique produit de la fontaine Ste-Geneviève, dédaignée en 1611 et 1646. Les Capucins, à qui les eaux de cette fontaine avaient été abandonnées, comme on l'a vu en 1612, auraient pu résister à cette demande, ayant obtenu des Religieux de S.-Eusèbe, propriétaires du terrain où surgit la source, un acte du mois de juin 1647, qui les avait confirmés dans leur jouissance; mais, vivant des aumônes des habitans, la prière de ceux-ci fut pour eux, un ordre auquel il fallut obtempérer. Il fut convenu que la ville aurait les deux tiers des eaux, à la charge par elle d'entretenir l'aqueduc depuis la source ; de construire un regard au point de partage, et d'en donner une clé aux Capucins, pour surveiller leur contingent. On se promettait dans la ville tant d'avantages de cet arrangement, que, de toutes parts, on promit des sacrifices volontaires suffisans pour la dépense à faire, et que les Magistrats, se dispensant de remplir les formalités nécessaires, chargèrent le Gouverneur du fait commun de faire faire les travaux. Dès le 22 octobre, il les commença ; avant la fin de l'année, la source était renfermée dans une chambre voûtée, et le regard promis aux Capucins était achevé. V. 1669, n. vi.

XVI. Le 14 octobre, par les soins de M. Colbert, la ville reçut du trésor royal 5935 livres 10 sols, pour le prix des canons enlevés, le 3 mars 1667, par le Commissaire d'artillerie. V. 1669, n. v.

XVII. Depuis longues années, *l'Augustinus* de Jansénius, Evêque d'Ypres, était une occasion de troubles dans l'Eglise et dans l'Etat. L'auteur, mort en 1638, avait, avant de mourir, soumis la doctrine par lui professée à l'autorité du Pape, dont il reconnaissait expressément la souveraineté en cette matière ; mais ses amis, après avoir mis au jour cet ouvrage, imprimé pour la première fois en 1640, entrèrent chaudement en lice avec ceux qui y trouvaient, sur la grâce, des propositions contraires à la foi, soutenant qu'elles n'étaient pas dans son livre, ou qu'on n'en saisissait pas le véritable sens.

Cette dispute donna lieu au Souverain Pontife Urbain VIII, en 1642, de se prononcer. Il défendit la lecture de l'ouvrage, déclarant qu'il renouvelait des propositions déjà condamnées par ses prédécesseurs. La Sorbonne y signala cinq propositions qu'elle censura. Les amis de Jansénius crurent devoir à sa mémoire de défendre la catholicité de son livre, et allèrent jusqu'à mettre en question, la compétence du Pape à ce sujet. En vain Innocent X, en 1653, et Alexandre VII, en 1656, réitérèrent les défenses d'Urbain VIII ; en vain les Evêques de France, en grand nombre, joignirent leurs efforts à ceux des Papes, pour arrêter les dissensions qui s'élevaient sur cette thèse, dans tous les Corps et dans tous les Ordres ; la résistance à la Cour de Rome faisait chaque jour des progrès, qui inquiétèrent l'autorité civile, et la déterminèrent à se réunir au pouvoir spirituel pour resserrer les liens de la subordination. Le 10 novembre, un arrêt du Conseil d'Etat, du 23 octobre, ordonnant une entière obéissance aux constitutions du Souverain Pontife, sur les matières religieuses controversées, et faisant défense aux citoyens de se traiter, au sujet du formulaire, d'*hérétiques*, *Jansénistes* et *Semi-pélagiens*, fut publié à son de trompe, et affiché dans la ville.

Le grand rôle que, plus tard, Auxerre jouera dans cette guerre, d'abord religieuse, puis politique, m'a forcé d'entrer dans ces détails ; mais, à cette époque, l'Evêque, M. de Broc, et son clergé étaient soumis, sans réserve, à la Cour de Rome, en sorte que ce qu'on appelait déjà le Jansénisme n'y avait de partisans qu'en petit nombre, et n'y est devenu puissant que sous l'épiscopat de M. de Caylus.

XVIII. Le 31 décembre, un Chanoine demanda au Chapitre l'autorisation d'abattre un vieux orme qui était sur la place S.-Etienne ; le Chapitre s'y refusa, attendu que cet arbre était le reste de deux rangées d'ormes qui ombrageaient la place, et qu'il était plus convenable de les rétablir.

1669.

I. Robert Chaponel, fermier des Aydes du Comté, prétendant percevoir le vingtième sur le prix de toutes les ventes de bois, de draps et d'animaux à pieds fourchus, fit assigner un marchand de draps à la nouvelle Election. Les autres marchands, ainsi que le Corps municipal, intervinrent et réclamèrent le privilége de la ville contre cette exaction. Sa prétention fut rejetée, mais il appela de ce jugement à la Cour des Aydes. V. 1671, n. 1.

II. 10 janvier, lettres patentes du Roi qui homologuent un réglement pour les trois manufactures des points de France, de tricot et de serge, façon de Londres, et attribuent au Corps municipal, en première instance, et au Bailliage en cas d'appel, la juridiction sur les contraventions à ce réglement. V. n. IX.

III. Le 10 mars et pendant plusieurs jours, un grand nombre de gens de guerre licenciés arrivèrent par le bateau ordinaire appelé le *Coche par eau*, et furent dirigés sur Chalon, pour être embarqués sur la Saône.

IV. Le 15, adjudication à Dijon de nouveaux octrois à percevoir, pendant douze années, sur la vente du vin en gros et en détail, ainsi que sur le pain blanc, pour l'établissement et l'entretien des manufactures. Le prix annuel s'éleva à 7,000 livres, dont l'adjudicataire fut tenu d'avancer la première année.

V. Le 15 avril, le Maire reçut une ordonnance de l'Intendant portant que, sur les plaintes faites au Roi par des Officiers de ses troupes, des abus qui se commettaient dans les villes, pour le logement des gens de guerre, les Maires exemptant arbitrairement une grande partie des habitans aisés, et ne laissant aux militaires que les maisons des malheureux, il autorise les Officiers, s'ils s'aperçoivent de ces exemptions injustes, à placer eux-mêmes leurs troupes dans les maisons abusivement exemptées. Dans la lettre d'envoi de cette ordonnance, l'Intendant déclare au Maire que les Magistrats d'Auxerre sont du nombre de ceux à qui cette conduite injuste est reprochée ; qu'il en a reçu des plaintes, et que, s'il en reçoit de nouvelles, il enverra à Auxerre une si forte garnison, qu'elle apprendra à ses Magistrats comment il faut loger des troupes.

VI. Au mois de mai, les travaux de l'aquéduc de Ste-Geneviève étaient fort avancés, mais il n'y avait pas la même activité dans le recouvrement des sommes promises pour les payer; 400 livres seulement avaient été reçues, et la dépense allait s'élever à plus de 2,000 livres. Heureusement l'emploi des 5,935 livres 10 sols, provenant du prix des canons, n'avait pas encore été fait, et offrait le moyen de sortir d'embarras, si l'Intendant voulait y consentir. Il fallut donc remplir les formalités. Dans une assemblée des habitans, tout ce qui avait été fait, à ce sujet, fut approuvé par le Corps municipal, ainsi que relativement à des réparations urgentes que l'horloge avait exigées pour 1450 livres, et l'Intendant fut prié d'autoriser l'emploi d'une partie de ces fonds au paiement des travaux. Ils n'en furent pas moins continués, et, le 14 juillet, les grandes fontaines méritèrent encore une fois leur nom. V. n. VIII.

VII. 1er octobre, assemblée des habitans ; MM. Florentin Prévost, Avocat, et Antoine Mérat, Procureur, sont nommés Echevins, en remplacement de MM. Marie et Baudesson.

VIII. 19 novembre, l'Intendant, s'étant assuré de l'utilité des travaux entrepris pour les grandes fontaines, et de l'économie qu'y avait apportée M. Robinet, accueillit pour leur paiement la demande des habitans. Il en fut de même pour les réparations de l'horloge, mais il fit défense au Corps municipal de faire à l'avenir de semblables dépenses, sans y être préalablement autorisé.

IX. Le 20, une lettre de M. Colbert invita les Officiers municipaux à nommer un d'entre eux pour être spécialement chargé de surveiller les trois manufactures, et de tenir la main à ce que les gratifications promises aux ouvriers et ouvrières, leur fussent exactement payées. Cette commission fut confiée à M. Prévost, l'un des Echevins.

X. Les quatre Conseillers, créés pour les tailles, par l'Edit du mois d'août 1668, prétendirent, lors de la confection des rôles pour la taille de 1670, avoir les mêmes attributions que les anciens Elus qu'ils remplaçaient, et percevoir les mêmes droits, ce qui aurait ramené les mêmes abus. Prévoyant qu'ils éprouveraient des contradictions, ils avaient obtenu sur requête au Conseil, un arrêt conforme à leur prétention. Mais il y fut formé opposition par le Corps municipal. V. 1672, n. II.

1670.

I. 29 juin, Te Deum et feux de joie au sujet de l'avénement de Clément X au Souverain Pontificat.

II. 19 août, M. Marie est député à Paris pour complimenter, au nom des habitans, M. le Duc d'Enguien, nommé Gouverneur de Bourgogne, sur la démission de M. le Prince de Condé, son père.

III. 3 septembe, arrêt du Parlement, confirmatif d'une sentence du Châtelet de Paris, qui prononce de graves condamnations contre un grand nombre de Bourgeois d'Auxerre, par suite d'infractions à l'arrêt du 10 mai 1642. L'obligation qu'il imposait aux habitans de ne vendre leurs grains qu'au marché, et d'y payer le minage dû à l'hôpital des cent filles de Paris, était si facile à éluder, qu'ils y contrevenaient chaque jour. V. 1691, n. III.

IV. Le 7, les Elus généraux préviennent le Corps municipal que l'Edit, les lettres patentes et l'arrêt du Conseil, concernant l'incorporation du Comté au Duché, leur ont été adressés par le Ministre pour les exécuter, mais qu'il reste 24,000 livres à payer aux

Officiers de l'Election supprimée, et que jusqu'au paiement intégral de cette somme, le Comté ne jouira pas des avantages de cette union. V. 1679, n. v.

V. Le fermier des Aydes, renouvelant les prétentions jugées en 1614 et 1621, contre les fermiers ses prédécesseurs, voulut, comme eux, que le privilége des habitans, à l'égard de l'exemption du droit de gros, ne pût s'entendre que pour les vins par eux récoltés dans le Comté, et non pour ceux provenant des vignes qu'ils possédaient hors du Comté, à Vallan, Vaux, etc. Son interprétation fiscale n'ayant pas été écoutée, à l'ouverture des vendanges, le 5 octobre, ses commis, armés d'épées et de pistolets, allèrent exiger le paiement du droit de ceux qui, récoltant sur les finages hors du Comté, les faisaient conduire à la ville. Sur le refus de ces derniers, de nombreux procès-verbaux furent dressés, des violences même furent exercées. Le Corps municipal, prenant le fait et cause des habitans, porta plainte au Bailliage. Ce différend fut terminé le 3 décembre, par une transaction dans laquelle le fermier reconnut que le privilége était attaché à la personne de l'habitant d'Auxerre propriétaire de vigne, et non au territoire sur lequel il les possédait; mais aussi, comme il était prouvé que plusieurs habitans voulaient porter leurs priviléges jusque sur les vendanges qu'ils achetaient dans *les pays de gros*, les Officiers municipaux reconnurent que cette extension n'était pas admissible.

VI. La révision de tous les comptes de la ville, pour les 37 années antérieures à 1666, ordonnée par l'arrêt du Conseil du 27 août de la même année, avait jeté comme on l'a vu, l'alarme dans un grand nombre de familles. L'arrêt leur avait donné quatre années pour faire la recherche des documens nécessaires, mais après l'expiration de ce délai, le 27 septembre 1670, les Commissaires, chargés de procéder à cette importante opération, avaient écrit au Maire qu'ils seraient à Auxerre, le 10 octobre, et que, le 13, les comptables ou leurs représentans devraient se présenter devant eux à l'hôtel de ville; qu'il fallait les prévenir, ainsi que le public, par publication au prône des paroisses, et par cri public, à son de trompe, dans les carrefours. Le Maire fit faire les publications ordonnées, avec l'annonce que, pendant l'examen et la discussion des pièces produites, les portes de la salle resteraient ouvertes, afin que tous ceux qui voudraient y assister pussent y présenter leurs observations, soit verbalement, soit par écrit. Il avait aussi, par ordre des Commissaires, préparé la liste de tous les Receveurs des deniers communs depuis 1629, ainsi que des Maires, Gouverneurs et Echevins qui avaient ordonnancé des payemens; et pour ceux décédés, les noms de leurs veuves, héritiers ou ayant cause. Indépendamment des annonces publiques, des assignations avaient été données aux personnes intéressées.

Les Commissaires arrivèrent au jour par eux indiqué, examinèrent pendant trois jours les pièces produites, et le 13, à huit heures du matin, les portes de l'hôtel de ville ayant été ouvertes, ils reçurent les nouvelles productions, continuèrent leur examen, et entendirent les observations. Leur opération dura jusqu'au 18 novembre ; mais la plupart de ceux qu'elle menaçait prétendaient, les uns n'être pas héritiers du comptable, les autres avoir renoncé à sa succession, quelques-uns ne l'avoir acceptée que sous bénéfice d'inventaire. Beaucoup d'entre eux disaient ne plus avoir leurs pièces, les ayant déjà produites dans d'autres instances et vérifications. Il fut, effectivement reconnu que, notamment en 1637 et 1638, les pièces relatives aux comptes des années antérieures avaient été remises à M. Claude Leclerc, Greffier d'une Commission formée à Dijon, et qu'il les avait envoyées à cette Commission. M. Jacques Chrétien, Procureur-syndic, se joignit aux réclamans pour demander un nouveau délai qui donnât la faculté de faire cesser ces difficultés. Les Commissaires se rendirent à ces considérations, et renvoyèrent la suite de leur opération au 1er mai 1671. V. n. VII.

VII. 15 novembre, Assemblée générale. M. Claude Chrétien, Seigneur de la Villotte, Conseiller au Bailliage, est nommé Maire ; M. Pierre Baudesson, marchand, Gouverneur du fait commun ; MM. Claude Thierriat, Conseiller, et Edme Daubanton, marchand, Echevins ; M. Jacques Chrétien est réélu Procureur-syndic.

VIII. Le 26, le nouveau Corps municipal, prenant en considération l'affliction dans laquelle la révision des comptes tenait une grande partie des habitans, députa MM. Chrétien, Maire, et Prévost, Echevin, auprès de M. Colbert, pour le prier de faire obtenir aux héritiers des comptables un délai plus étendu que celui accordé par les Commissaires. V. 1672, n. VIII.

IX. M. l'Evêque, de Broc, publie, avec un mandement, une nouvelle édition du bréviaire diocésain. Sous le pontificat de M. de Donadieu, un savant Archidiacre de la Cathédrale, Regnaut Martin, s'était occupé de la correction du bréviaire, alors en usage, mais il ne put pas achever ce travail. L'Evêque, Gilles de Souvré, qui, dans son séjour à Rome, avait su apprécier la liturgie de cette Capitale du monde chrétien, fut aussi frappé des imperfections de l'ancien bréviaire, et demanda au Chapitre des commissaires pour en terminer la correction. Le Chantre, Gaspard Bargedé, l'un de ces commissaires, reprit le travail de Martin. Pierre Levenier, Pénitencier, y ajouta plusieurs Hymnes, et M. de Broc, adoptant tous ces travaux, put livrer la nouvelle édition à son clergé. V. 1725, n. III.

1671.

I. 8 janvier, arrêt de la Cour des Aydes qui rejette l'appel du fermier des Aydes de la sentence des nouveaux Elus, au sujet du vingtième qu'il prétendait sur la vente des bois, des draps et des animaux à pied fourchu.

II. 28 mars, le Maire reçoit un ordre du Roi qui permet aux Augustins de quêter publiquement, comme dans les autres villes, afin qu'ils puissent vivre, et être en assez grand nombre pour célébrer habituellement l'office divin.

III. Le 31 avril, le Corps municipal, informé que M. le Duc d'Enguien, qui est à Seignelay, chez

M. Colbert, vient à Auxerre passer vingt-quatre heures auprès de M. de Broc, envoie à Seignelay la compagnie des garçons organisée en cavalerie, pour recevoir ses ordres, et l'escorter dans son voyage. Il est reçu et reconduit le lendemain avec les mêmes honneurs.

IV. 7 juillet, décès de M. de Broc, âgé de 81 ans, après 32 années d'épiscopat. Le lendemain, suivant ses désirs, son corps fut apporté de Régennes à Auxerre, reçu à la porte S.-Simon par le clergé de la ville, et inhumé dans l'église S.-Etienne. Tous les Corps assistèrent à ce service, ainsi qu'à son Oraison funèbre, prononcée, le 7 août, dans la même église, par le P. Gauthier, Jacobin du couvent de la ville. Cet Evêque aimait passionnément la musique, et par suite les musiciens. Ayant entendu toucher très-habilement de l'orgue dans la Cathédrale d'Arras, il prit l'organiste à son service, et le conserva toute sa vie. Annibal Gautez, Prêtre de Marseille, qui l'avait charmé par son chant et son savoir, devint Chanoine semi-prébendé de S.-Etienne, et Maître des enfans de chœur; ce dernier, pour lui en témoigner sa reconnaissance, lui dédia un livre sur la musique, qu'il fit imprimer, avec une préface, dans laquelle il assure que le Prélat estimait tellement les musiciens, que presque toute sa maison en était composée.

Le jour même de la mort de l'Evêque, M. Marie, Lieutenant général du Bailliage, apposa les scellés dans les appartemens du Palais, malgré la réclamation des Officiers du Chapitre, qui se fondaient sur une possession immémoriale. Il ne voulut y avoir aucun égard; on verbalisa de part et d'autre, et il en fut référé au Parlement. V. 1672, n. VIII.

V. Le 9 août, le Maire reçut la nouvelle que le Roi venait de transférer M. Nicolas Colbert, frère du Ministre, de l'Evêché de Luçon, à celui d'Auxerre. Sur-le-champ, il fut envoyé à Paris pour présenter au nouvel Evêque les hommages des habitans. Dans le même temps, des Bourgeois d'Auxerre, ayant eu occasion de consulter le célèbre casuiste Sainte-Beuve, apprirent de lui que M. Colbert, placé, depuis dix années, sur le siége de Luçon, s'y était fait connaître par les plus éminentes qualités, et un dévouement entier à son ministère. Il finit son éloge par ce mot, *enfin, Messieurs, vous avez un Evêque*; mot qui relevait beaucoup M. Colbert, mais un peu aux dépens de son prédécesseur. On attendit donc à Auxerre, avec impatience, l'instant où l'on posséderait un Prélat dont on disait que les moindres mérites étaient une humilité sincère, et une charité inépuisable pour les pauvres.

VI. Le 1er octobre, assemblée générale; MM. Edme Fernier et Pierre Goureau sont nommés Echevins.

VII. Exemple d'une correction municipale. Le 12 novembre, M. Daubanton, Echevin, faisant le logement des gens de guerre, envoya un sergent à Pierre Gendot. Ce dernier alla chez lui, le lendemain, lui en faire des reproches, avec *des menaces, des blasphêmes et des injures; le traitant de B... d'Echevin, B... de fripon*, ruineur de ville. Tel fut le rapport qu'en fit M. Daubanton au Corps municipal, qui, le dimanche 15, fit arrêter Gendot par le Sergent de la compagnie de service. Amené de suite à l'Hôtel de ville, Gendot avoua ses torts, et témoigna un repentir sincère. Néanmoins, il fut condamné à *demander pardon, à genoux et tête nue*, et à déclarer à M. Daubanton que c'était *témérairement, malicieusement, indiscrétement, insolemment et contre la vérité*, qu'il avait proféré les paroles rapportées par M. Daubanton. Il fut, en outre, condamné en cinq livres d'amende. Il satisfit, sur-le-champ, à toutes ces condamnations.

VIII. Cette année est celle où M. Colbert, fatigué de stimuler inutilement les habitans à faire prospérer les manufactures établies en 1664, cessa de s'en occuper. Dix lettres de lui, conservées aux archives attestent son zèle, mais aussi l'insouciance des Magistrats et des habitans sur cette branche de prospérité. On voit dans ces lettres, adressées au Maire, que plusieurs étaient même restées sans réponse, et que les Dames détournaient les jeunes ouvrières d'aller travailler dans les manufactures, pour les employer chez elles. Ces manufactures se soutinrent cependant encore quelques années. Celle des points de France existait même en 1686 ; le réglement des dépenses de cette année comprend 300 livres pour le loyer des bâtimens ; mais depuis il n'en est plus question.

1672.

I. Le 27 janvier était le jour où la ville devait recevoir un Évêque qui y était aimé avant qu'on l'eût vu, et qui y fut ensuite chéri. Pour lui, on ne se renferma pas dans le cérémonial accoutumé. Six Chanoines allèrent au-devant de lui, jusqu'à Joigny. Le Corps municipal et toute la Bourgeoisie en armes, l'attendirent à la limite du territoire, où le Maire le complimenta. Ses armoiries, avec celles du Roi et du Duc d'Enguien, étaient sur la porte S.-Simon, et sur celle de l'Hôtel de ville. Elles étaient aussi, mais seules, sur la porte de l'Evêché. Ne voulant pas se faire porter par les Barons, on le conduisit à son Palais. Au moment où il y entra, tous les canons qui, placés sur la plate-forme de la porte S.-Simon, avaient été tirés aussitôt qu'on l'avait aperçu, ramenés sur la place S.-Etienne, furent tirés une seconde fois. L'enthousiasme était général ; une fontaine de vin coula pendant plusieurs heures, et la journée se termina par des feux de joie. On peut facilement concevoir tout ce que gagnait le pays dans l'acquisition d'un Pontife qui, riche de son patrimoine, riche de la dotation considérable de son Evêché, mettait la représentation et la splendeur au rang des embarras de sa position, et ne connaissait de jouissances qu'à rechercher et soulager les infortunes ; qui, ayant toujours les bras ouverts pour les pauvres, disait, à l'approche des grands : *de necessitatibus meis eripe me Domine*. Tel M. Colbert était attendu à Auxerre, tel il s'y est montré pendant son trop court épiscopat. Le lendemain de son arrivée, il fut intronisé par le clergé. Ayant reçu les visites de tous les Corps et des Notables, il les rendit avec empressement : toutefois, contre l'usage, il ne donna pas de festins, mais lorsqu'on sut que tout ce qu'il aurait dépensé à cette occasion avait été distribué aux pauvres, l'éloge désarma la censure.

II. 26 mars, arrêt du Conseil sur l'opposition des habitans à celui obtenu, en 1669, par les Conseillers sur le fait des tailles, qui révoque cet arrêt, réduisant la compétence de ces Conseillers à la connaissance des plaintes sur les taxes, et des instances entre les contribuables.

III. 22 avril, publication et affiche de la déclaration de guerre à la Hollande. Cette guerre qui finit par embrâser les deux tiers de l'Europe, pendant six années, et qui valut à la France la Franche-Comté, eut, dit-on, pour un des motifs déterminans une médaille sur laquelle Louis XIV, sous l'emblême du soleil, était arrêté par la Hollande représentée par Josué.

IV. Le 30, la civilisation fait un grand pas. Affiche et publication d'un arrêt du Conseil d'Etat, qui ordonne l'élargissement de tous les accusés de magie et de sorcellerie, s'ils ne sont pas prévenus d'autres délits.

V. Un des premiers soins du nouvel Evêque fut de réaliser le projet de son prédécesseur, en établissant un Séminaire, comme l'avait prescrit le Concile de Trente. Provisoirement il l'établit dans son palais, fit les frais de l'ameublement, et le 5 mai, publia un mandement pour y appeler tous ceux qui se disposaient à l'état ecclésiastique. V. 1673, n. v. Sa grande piété ne le détourna pas du soin de conserver les prérogatives de son siége. Depuis que

François de Dinteville, en sa qualité d'Evêque d'Auxerre, avait, sous le règne d'Henri II, présidé la Chambre du Clergé des Etats de Bourgogne, et quoique, sur la roue de ces Etats, l'Evêque d'Auxerre fût inscrit au second rang de ceux de la province, aucun des successeurs de François de Dinteville n'ayant paru aux Etats, leur droit paraissait frappé de prescription. M. Colbert mit d'autant plus d'empressement à le recouvrer, que, dans son admission aux Etats, où se faisait la répartition des impôts, il apercevait l'occasion de servir ses Diocésains. Aidé du pouvoir de son frère le Ministre, il ne lui fut pas difficile d'obtenir ce qui, sans injustice, ne pouvait pas lui être refusé, et le pays eut aux Etats un puissant et zélé protecteur.

Il ne tarda pas, en effet, à se convaincre que le Comté supportait dans les impôts de la province un contingent excessif, comparativement aux autres pays du ressort. Il sollicita et obtint des Elus généraux l'envoi d'un Commissaire, qui visita la contrée, et reconnut l'exactitude de ses plaintes. Sur son rapport, les Elus prononcèrent *une décharge considérable des impôts dont les Auxerrois étaient accablés.* (Lebeuf, t. 1., p. 722.)

VI. Le 28 mai, M. Bouchu, Intendant de la province, vint à Auxerre prendre connaissance de deux affaires très-importantes, et présider l'assemblée générale dans laquelle elles devaient être examinées. Voici l'objet de la première. Le bail des octrois créés en 1666, pour éteindre les dettes de la ville, produisait annuellement 38,100 livres, et déjà la moitié de ces dettes était acquittée. Mais, par fois, le remède qui guérit un mal en occasionne un autre; Auxerre l'éprouva dans cette circonstance. L'énormité du péage sur les vins passant dessus et dessous le pont diminua de beaucoup les passages de ces vins. Auparavant, c'était au port d'Auxerre qu'étaient amenés tous ceux de Chablis, du Tonnerrois et de la Haute-Bourgogne, pour être embarqués sur l'Yonne, conduits à Paris et dans la Normandie; c'est ce qui rendait jadis la marine des Auxerrois nombreuse et florissante. Le droit de sept sols mis sur chaque muid de vin, donna l'idée des nouvelles routes de Chablis et de Tonnerre pour atteindre l'Yonne au-dessous d'Auxerre, et l'on créa les ports de Bonnard et du Crot-aux-moines. Le sieur Chaponel, fermier de ce péage, prétendit que ces nouvelles voies de communication avec Paris lui enlevaient, au moins, 3,000 muids, et demanda qu'elles fussent interdites, ou que son bail fût résilié. De l'avis de l'Intendant, adopté par les habitans, le Corps municipal et le fermier transigèrent. Le prix du bail fut réduit à 23,100 livres par an, et afin d'obtenir tout ce qu'il devait produire pour solder la dette, on ajouta deux années à sa durée. V. 1679, n. VII.

Le second motif du voyage de l'Intendant était une créance fort considérable que la ville avait à exercer sur les communes de Cravan, Coulange-la-Vineuse, Merry-Sec et Migé, provenant de charges imposées au Comté, dont la ville avait payé seule la totalité. Les Commissaires pour la vérification des dettes des communes, avaient été d'avis de réduire cette créance à

60,000 livres, et qu'attendu l'état de misère dans lequel étaient tombés les habitans de ces petites villes, l'Etat se chargeât de leur dette envers celle d'Auxerre. Ils y avaient mis pour condition, que sur les 60,000 livres, 20,000 seulement seraient employées aux réparations des fortifications, et que les 40,000 livres le seraient à créer un Hôpital général, servant d'asile tant à des mendians valides, qu'à des orphelins indigens, et placé sous la direction de l'Evêque. On ne peut pas douter que ces conditions, qui excédaient les attributions des Commissaires, ne leur aient été dictées par le Ministre Colbert, à la sollicitation de son frère, l'Evêque d'Auxerre. Quoi qu'il en soit, la ville obtenant un établissement précieux, toutes les propositions des Commissaires furent adoptées par les habitans. Cet arrangement, ainsi que la transaction passée avec le sieur Chaponel, furent homologués par deux arrêts du Conseil, l'un du 30 août, l'autre du 6 septembre, sur le rapport de M. Colbert.

VII. 14 juillet, grandes solennités religieuses dans l'Eglise du Collége, au sujet de la canonisation de S. François de Borgia, qui, Duc de Gandie, Vice-Roi de Catalogne, et l'un des grands officiers de l'Empereur Charles-Quint, avait échangé toutes ces illustrations pour l'habit et les devoirs d'un Moine, dans la compagnie de Jésus. Ces solennités furent ouvertes par une procession générale, à laquelle l'Evêque officia, et toutes les autorités assistèrent.

VIII. 28 juillet, ordonnance de M. Rougneaux, Conseiller à la Grand'Chambre du Parlement, sur le référé auquel les scellés après le décès de M. de

Broc avaient donné lieu. Il est décidé que ces scellés ont été apposés sans droit par M. le Lieutenant général, qu'ils seront levés, et qu'au même instant ils seront réapposés par les Officiers du Chapitre.

IX. 28 août, depuis 34 ans, aucune maladie contagieuse ne s'étant manifestée dans la ville, les Officiers municipaux louèrent les bâtimens de l'hôpital S.-Roch au sieur Nigot, fermier *des coches d'eau et de terre*.

X. 2 octobre, assemblée des habitans. M. André Billard, ancien Maire, est réélu. M. Nigot est nommé Gouverneur du fait commun; MM. Claude Marie, Consciller, et François Deschamps, marchand, nouveaux Echevins; M. Daulmay, Notaire, Procureur-syndic.

XI. Le 16, jubilation générale dans la ville. Le Maire reçut, et fit publier aussitôt, un arrêt du Conseil d'Etat, du 31 août, qui déchargeait tous les représentans des anciens comptables de la révision de leurs comptes, révoquant, à cet égard, les dispositions de celui du 27 août 1666. M. Colbert, en lisant le procès-verbal dressé à l'Hôtel de ville, dans le mois d'octobre 1670, par les Commissaires chargés de cette révision, avait été frappé des grands moyens de considération, qu'avaient fait valoir les représentans des comptables, afin d'obtenir un délai de six mois pour faire la recherche des pièces qui leur manquaient; mais, en homme d'Etat, il reconnut que ces moyens devaient conduire à une plus juste conséquence; qu'il fallait renoncer à la revision même; qu'il n'était pas possible de rectifier une comptabilité remontant à 63 ans, sans s'exposer à commettre des injustices, un grand nombre de pièces justificatives ayant pu se perdre. MM. Chrétien et Prévost, députés auprès de lui, avaient aussi représenté l'anxiété des familles qu'inquiétait cette opération, et les innombrables procès qui en sortiraient, la plupart des intéressés ayant à exercer des recours en garantie contre ceux que la révision devait atteindre plus directement. Sa première réponse, en 1670, avait été une autorisation aux Commissaires de suspendre leurs opérations jusqu'à de nouveaux ordres. Enfin, le 30 août, il avait fait lui-même au Conseil le rapport de cette affaire, et déterminé l'arrêt définitif qui rendit la paix à une grande partie de la population.

1673.

I. Le 15 janvier, M. Nigot, Gouverneur du fait commun, fut chargé d'aller à Dijon, recevoir les 7,000 livres destinées à l'encouragement des manufactures, et de les distribuer ensuite aux ouvriers, suivant qu'ils y auraient droit par leur aptitude au travail. Le 12 mars, il retourna à Dijon recevoir les 10,000 livres à compte sur la somme consacrée à la création de l'Hôpital-général. Ce riche et généreux négociant, voulant que ces sommes votées pour des pauvres leur parvinssent entières, fit la remise des frais de ces deux voyages. Les 10,000 livres pour l'Hôpital-général furent remises à l'abbé Moreau, Doyen de la Cathédrale, et Grand-Vicaire de l'Evêque, ce Prélat devant seul prendre les mesures convenables pour la création de l'établissement.

II. Il paraît qu'à l'époque où le commerce étendit ses relations dans les Indes, et que le sucre, le riz et autres productions étrangères commencèrent à être un objet de négoce, mais rare, ils furent regardés comme substances médicinales, dont le débit ne devait être confié qu'aux apothicaires; que cette attribution exclusive s'étendait même à toutes les compositions dans lesquelles le sucre était mêlé : mais, depuis long-temps, ces réglemens étaient tombés en désuétude. Cependant, au mois de mars, les apothicaires voulurent les remettre en vigueur, et traduisirent devant le Bailliage tous ceux des autres marchands qui vendaient du riz, du sucre, des dragées, des amandes, des confitures et des pruneaux. Ce monopole, qui tendait à renchérir des choses utiles et agréables, dont l'usage était déjà très-répandu, souleva contre eux toute la ville, et le 16 mars, les Officiers municipaux se décidèrent à intervenir dans l'instance, « attendu que ce serait une servitude que les apothi- » caires introduiraient contre la liberté, le droit com- » mun, l'usage du pays et la possession immémoriale » en laquelle tous les marchands d'Auxerre sont in- » différemment de vendre ces marchandises. » Ils s'appuyaient aussi sur l'arrêt du 2 septembre 1666 : leur intervention fut admise, et les apothicaires réduits à ne vendre que leurs drogues alors fort amères.

III. Au mois d'août, les administrateurs de l'Hôpital de la Madeleine eurent à donner à la chambre établie pour la réformation générale des Hôpitaux, dont le Grand-Aumônier était le Président, des détails sur cet Hospice, ainsi que sur la Léproserie, qui y était unie depuis 1624. Ils firent attester par deux Notaires qu'il y avait à l'Hôpital dix-huit lits pour les hommes et seize pour les femmes, la plupart occupés par deux malades, neuf Religieuses, trois aspirantes, un chapelain, deux médecins, un chirurgien, un apothicaire, deux servantes et un valet; qu'il y avait en outre seize enfans trouvés, mis en nourrice.

Quant à la Léproserie, comme il paraissait que, la supposant inutile, on voulait disposer des biens qui en dépendaient; que cependant elle était encore habitée par des lépreux, et conséquemment indispensable; les administrateurs firent procéder à une enquête devant le Lieutenant général, et obtinrent des attestations de M. Damy, Grand-Vicaire du Grand-Aumonier, et de M. Jodon, médecin. De tous ces documens, il résulta que, pendant les trente dernières années, il y avait toujours eu, au moins cinq à six hommes ou femmes affectés de lèpre, entretenus par l'Hôtel-Dieu; que M. Jodon les soignait comme médecin; que M. Damy leur donnait les secours spirituels, et enterrait leurs morts dans la chapelle. Par suite de cette instruction, les choses restèrent dans l'état où elles étaient, et lorsque la lèpre disparut de la contrée, sur la fin du 17e siècle, le peu de biens attachés à la Léproserie continua d'appartenir à l'Hôtel-Dieu.

IV. 1er octobre, assemblée des habitans pour l'élection des Echevins. M. Goureau, marchand, devant sortir de l'Echevinage, on lui donna pour successeur M. Roch Froment, Contrôleur des Greffes. Le lendemain, le Corps des marchands se réunit à l'Hôtel des Consuls, et voyant dans cette élection une infraction à l'arrêt du Conseil d'Etat de 1668, qui voulait que deux des Echevins fussent toujours pris parmi les marchands, chargea M. Girard de former opposition à l'installation du sieur Froment, et M. Nigot, d'aller sur-le-champ à Paris, se pourvoir au Conseil en cassation de l'élection. Le 29 du même mois, en effet, un arrêt du Conseil annula l'acte d'assemblée du 1er, ordonna qu'il fût procédé à une nouvelle élection, dans laquelle un marchand serait élu pour succéder au sieur Goureau, à peine, par l'Officier du Bailliage qui présiderait l'assemblée, d'en répondre en son privé nom, et que l'arrêt de 1668 serait lu à toutes les assemblées convoquées pour les élections, afin que personne n'en ignorât les dispositions, v. 1675, n. II. Quelques jours après, une nouvelle assemblée nomma Echevin M. Pierre Trébuchet, marchand, alors Juge-Consul.

V. Le 13 juin, M. Colbert acheta de M. Baudesson et autres héritiers de M. Camus, ancien Grand-Bailli d'Auxerre, une vaste maison, dans la rue du Champ, et y fit construire, à ses frais, les bâtimens et la chapelle de son Séminaire, tel qu'il existait en 1790.

1674.

I. C'est de cette année que date l'état d'infortune et de misère dans lequel tombèrent les habitans, et dont ils souffraient encore en 1680, ainsi qu'on le lit dans leur requête au Conseil du Roi, sur laquelle est intervenu l'arrêt du 24 février de cette dernière année. L'intempérie des saisons n'en était pas la seule cause: durant cette fatale période, la plupart des jeunes hommes étaient enlevés à l'agriculture, et entrainés à la guerre que le Roi soutenait seul contre la plus grande partie des puissances de l'Europe. Les mouvemens continuels des troupes achevaient la ruine des pays qu'elles parcouraient, et l'Auxerrois fut, cette année, un de ceux qui eurent le plus à en supporter, par le passage et le retour de l'armée victorieuse de la Franche-Comté. Aussi Louis XIV qui y passa au mois de juillet, revenant de faire cette conquête en personne, avait-il fait écrire, dès le 23 avril, aux Officiers municipaux, qu'il ne voulait ni harangues, ni aucun cérémonial pouvant donner lieu à la moindre dépense. Il fut reçu au palais épiscopal par M. l'Evêque, et lui dit gracieusement : « il faut » bien, M. d'Auxerre, venir vous voir, puisqu'on » ne vous voit point à la Cour. »

II. Jusqu'à cette année, la disposition de l'arrêt du 30 mars 1667, voulant que la collecte de la taille fût adjugée au rabais, sinon que quatre collecteurs, nommés dans une assemblée des habitans, fussent chargés de la faire et d'en répondre, n'avait pas été exécutée. Vainement avait-on voulu l'adjuger au rabais; personne ne s'était présenté, et au lieu d'imposer une charge aussi effrayante à quatre habitans, on avait continué à faire lever la taille, comme auparavant, par trente-cinq collecteurs choisis dans les douze paroisses, et pour le ressort de chacune d'elles. Mais ce grand nombre de personnes appelées chaque année à faire la collecte, ramenait si souvent sur les mêmes cette charge fatigante et ruineuse, qu'on se décida à exécuter l'arrêt. V. 1680, n. 11.

III. M. l'Evêque, satisfait de l'instruction que recevaient les jeunes filles des dames de la Providence, qui, dès 1658, s'étaient établies dans la ville, voulut donner à cette maison une existence régulière, et la faire autoriser par le Roi. Il se fit représenter leurs statuts, les approuva, et demanda lui-même des lettres patentes. V. 1678, n. 1.

1675.

I. Par des lettres patentes du mois de mars, le Roi approuve l'établissement de l'Hôpital général. Il en fixe la destination à recevoir et élever les orphelins des deux sexes, ainsi qu'à tenir enfermés et appliquer au travail les mendians valides. La direction en est attribuée à l'Evêque, et dans les temps de son absence, à l'un de ses Grands-Vicaires. Le bureau administratif dont l'Evêque est Président, doit être composé du Lieutenant général du Bailliage, du Maire et de cinq personnes choisies par l'Evêque parmi les Avocats et les Bourgeois. Cet établissement, qui, comme on l'a vu, avait été créé en 1672, fut, d'abord, placé économiquement dans une maison peu étendue, près le pont, la ville ne pouvant alors compter, pour l'appropriation du local et sa dotation, que sur le fonds de 40,000 liv. accordé à ce sujet, par l'arrêt du Conseil du 6 septembre 1672; mais les largesses sans bornes de l'Evêque firent qu'on put acheter le grand local actuel, dans lequel était une chapelle, sous l'invocation de

Notre-Dame-de-Lorette, et y construire les principaux bâtimens qui le composent, l'Eglise seule étant beaucoup plus récente. Ce Prélat, tant qu'il vécut, fournit la maison de blé, de pois et de vin; sachant néanmoins qu'elle n'avait été fondée que pour les orphelins et les mendians de la ville, il avait soin, s'il y faisait entrer des pauvres de la campagne, d'en faire très-exactement payer la pension.

II. 6 octobre, assemblée des habitans; M. Joachim Fernier, Lieutenant particulier du Bailliage, est nommé Maire. Dans cette même assemblée, on remarqua plus qu'on ne l'avait fait jusqu'alors, que, depuis l'arrêt du 17 septembre 1668, attribuant exclusivement au commerce trois des huit places dans le Corps municipal, le petit nombre des marchands capables de les remplir, faisait que les seuls qu'on pouvait y appeler s'y perpétuaient en quelque sorte; on se détermina, en conséquence, à demander la révocation de cet arrêt au Conseil, « attendu qu'il n'y avait pas dans la » ville huit marchands *considérables*. » Cette révocation a été probablement obtenue, car, depuis ce moment, on ne voit plus que deux marchands parmi les Officiers municipaux.

III. 11 novembre, audience solennelle du Bailliage pour la réception de M. André de la Rivière, Grand Bailli remplaçant M. Charles de la Rivière.

1676.

I. L'état de dégradation qui, en 1667, avait fait déserter le Palais de Justice par les Magistrats, contraints de se réfugier à l'hôtel de ville pour y tenir leurs audiences, subsistait encore. Il était *tellement ruineux*, que, le 4 mars, sur la réquisition du Procureur du Roi, le Lieutenant particulier, M. Joachim Fernier, le fit visiter par quatre prudhommes. On voit dans leur rapport que, pour arriver aux salles, *il y avait une montée de bois, en forme d'échelle, tout en ruine, en sorte qu'il y avait péril à y monter;* que le couvert du vestibule était en si mauvais état, *que les eaux pluviales passaient au travers;* qu'il en était de même du cabinet de la chambre du Conseil, *qui menaçait de tomber sur les maisons de la Boucherie;* enfin que la couverture en ardoise était également si délabrée que 70 toises devaient être refaites à neuf. La réparation de tous ces désastres fut estimée 3,350 livres par les prudhommes. Le Domaine étant alors chargé des grosses réparations des Palais de Justice, ce fut au sieur Regnard, Receveur de ce Domaine, que le procès-verbal fut notifié; et, peu de temps après, le Palais fut mis en bon état.

II. Le 5 septembre, M. Colbert, à la suite d'une visite diocésaine, succombant aux fatigues qu'il y avait éprouvées, mourut à Varzy, âgé seulement de 48 ans. La cinquième année de son épiscopat n'était pas accomplie, et déjà il avait procuré à son Diocèse un grand Séminaire; à la ville une diminution très-importante sur la taille, ainsi qu'un Hôpital, refuge des orphelins et des mendians. Par son testament, cet Hospice eut les deux tiers du prix de sa vaisselle d'argent; l'autre tiers fut pour l'Hôtel-Dieu.

Le 11, son corps, ainsi qu'il l'avait prescrit, fut apporté à Auxerre. Tout le Clergé de la ville alla processionnellement au-devant du convoi. L'inhumation se fit dans le sanctuaire de la Cathédrale, et le même jour un Docteur de Paris, depuis quelque temps attaché à M. Colbert, prononça son éloge funèbre.

Le 22, un second service solennel fut célébré à la Cathédrale, en présence de tous les Corps et des Notables. Les vertus du défunt et les regrets du Diocèse y furent, de nouveau, le sujet d'un discours prononcé par le Trésorier.

III. Dès le 15, le Maire avait été informé que M. André Colbert, parent et élève de l'Evêque si généralement regretté, avait été nommé par le Roi pour lui succéder. Il était né à Reims, en 1647, de Charles Colbert, Président du Bailliage de cette ville, et avait été reçu Docteur de Sorbonne, en 1669. L'Evêque d'Auxerre, pour l'avoir auprès de lui, lui avait donné un canonicat à la collégiale d'Appoigny, et l'avait fait Archiprêtre.

1677.

I. 5 janvier, depuis plusieurs jours, un froid excessif avait suspendu toute espèce de travail ; et privant la classe laborieuse de ses moyens d'existence, la mettait à la merci des Bourgeois. Ces derniers, à qui la rareté et la cherté des grains, ainsi que de tous les autres comestibles, imposaient déjà de grands sacrifices, n'en furent pas moins sensibles au cri des pauvres, et se prêtèrent à toutes les mesures prises par l'administration pour secourir le peuple dans sa misère. Après avoir réglé ce service à l'égard des Bourgeois, les Officiers municipaux s'adressèrent au Chapitre de S.-Etienne, administrant le Diocèse, à cause de la vacance du siége, et l'invitèrent à provoquer la bienveillance ordinaire du clergé, envers ceux qui dans Auxerre manquaient de pain, dont ils assurèrent que le nombre s'élevait à 2,000. Le même jour, le Chapitre ayant convoqué à l'Evêché les ecclésiastiques de la ville et des faubourgs, ils se soumirent, sans hésiter, à toutes les obligations contractées par les Bourgeois. Le froid extraordinaire, cause principale de cette calamité, dura 35 jours consécutifs.

II. 11 juillet, installation des nouveaux Magistrats de la ville; MM. Claude Billard, élu Maire pour la 4ᵉ fois; Claude Chrétien, Chanoine, Gouverneur ecclésiastique; Edme Daubanton, marchand, Gouverneur civil; Joseph de la Châsse, Conseiller; Laurent Thierriat, Receveur des décimes; Alexandre Thomas, Procureur, et François Ragot, marchand, Echevins; Pierre Leclerc, Procureur, Procureur-syndic.

Le 29, M. Billard, reprenant, après deux années d'intervalle, les fonctions de Maire, se plaignit hautement, lors de la réunion des nouveaux Officiers municipaux, des nombreuses injustices commises dans l'assiette de la taille. Il leur fit remarquer que les prudhommes n'avaient pas craint de réduire leurs cotes, ainsi que celles de leurs parens; que beaucoup de gens s'étaient fait passer pour insolvables, en mettant leurs biens sous des noms empruntés. Il en conclut qu'il était urgent de demander une assemblée des habitans, pour aviser aux moyens d'extirper ces abus. Sa proposition fut adoptée.

Le 8 août, l'assemblée eut lieu. Le Maire y renouvela ses plaintes contre la conduite des prudhommes. Il fit observer que l'arrêt du 31 mars 1667, en portant à vingt le nombre des personnes à qui cette importante distribution était confiée, avait multiplié en proportion celui des parens et amis qu'ils pouvaient favoriser; il se plaignit aussi de ce que les Conseillers du Bailliage, sur le fait des Aydes et tailles, se permettaient, au mépris de l'arrêt de 1666, de faire des abonnemens par lesquels la cote d'un taillable ne pouvait pas être augmentée, tant qu'il ne serait pas prouvé que sa fortune s'était agrandie. Enfin, il proposa de demander au Roi 1° que quatre asséeurs seulement fussent chargés de répartir la taille; qu'ils fussent nommés, chaque année, dans l'assemblée générale; choisis dans les quatre principaux quartiers de la ville, et pris, le premier parmi les Officiers du Bailliage, le second parmi les Avocats ou Procureurs; le troisième dans le Corps des marchands; et le quatrième dans celui des artisans; que ces asséeurs ne pussent, ainsi que leurs parens jusqu'au 4e degré, avoir une cote moindre que celle des deux années précédentes; 4° enfin, qu'il fût fait défense aux Conseillers, sur le fait des Aydes et tailles, d'admettre aucun abonnement. La décision de l'assemblée sur tous les points fut conforme à son avis.

Le 18 septembre, il put en conférer avec M. Colbert, qu'il visita, ainsi que tout le Corps municipal, à Seignelay; c'est effectivement sur le rapport de ce

Ministre, que, le 25 du même mois, un arrêt du Conseil fit de ses quatre propositions une loi pour le pays.

1678.

I. Au mois de janvier, des lettres patentes du Roi confirmèrent l'établissement de la maison de la Providence.

II. Tandis que les Officiers municipaux faisaient la guerre aux asséeurs et aux Conseillers, l'Intendant examinait leur propre conduite, et ne la trouvait pas sans reproche. Le 28 janvier, il leur adressa une ordonnance dans laquelle, après leur avoir rappelé les seuls cas où il soit licite d'exempter un habitant du logement des gens de guerre, il leur reproche d'accabler les pauvres de cette charge, pour en exempter leurs parens et leurs amis, et même de ménager les riches par des considérations d'intérêts; ajoutant qu'il sait que, pour cacher ces injustices, ils ne tiennent, à ce sujet, aucun registre ni contrôle. Il ordonne que les logemens soient faits proportionnellement à la cote de taille de chaque habitant; en sorte que celui qui ne paie que deux livres, ne loge qu'une fois, pendant que celui qui paie vingt livres logera dix fois. Il veut qu'il soit tenu de chaque logement, un contrôle exact, pour lui être représenté, quand il le demandera. Il déclare les Officiers municipaux responsables des dommages et intérêts des habitans surchargés, autorisant ceux-ci à les prendre à partie, et à les traduire devant lui. Enfin, il exige que son ordonnance soit publiée au prône dans les paroisses, affichée et publiée, à son de trompe, dans les rues et les carrefours ; ce qu'il fallut faire. (1)

III. Un autre abus, vingt fois réprimé et toujours renaissant, fut aussi l'objet d'une sévère censure de la part du Conseil d'Etat. Sous les prétextes les plus frivoles, les Officiers municipaux multipliaient les députations, et s'en gratifiaient successivement, pour aller, soit à Paris, soit ailleurs, et sans la permission de l'Intendant. Cette fois le Conseil, en renouvelant les défenses précédentes, ajouta que, lorsque ces députations seraient indispensables, elles seraient déférées à tout autre habitant que les membres du Corps municipal. Le Conseil, comme l'Intendant, exigea que son arrêt fût lu au prône des paroisses, publié et affiché dans la ville.

IV. 16 juin, M. Billard, Maire, est député, avec le Receveur de la ville, aux Etats convoqués à Dijon pour le 25.

V. 4 juillet, assemblée des habitans ; MM. Charles Chapotin, Avocat, et Claude Daulmay, Procureur, sont les nouveaux Echevins.

VI. 3 septembre, réception de M. André Colbert, nouvel Evêque. Les propriétaires des quatre Baronies de l'Evêché, chargés de porter le Prélat de S.-Germain à S.-Etienne, ayant été prévenus par le Chapi-

(1) Ces reproches de l'Intendant ne pouvaient pas s'adresser à M. Billard, ni aux sept autres Officiers qui, n'étaient en place que depuis le 11 juillet.

tre, le fondé de pouvoir du Roi, comme Comte d'Auxerre, se présenta, ainsi que celui du Duc de Nevers, à cause de sa Baronie de S.-Verain, et celui de M. Colbert, pour la Baronie de Seignelay. Mais Madame de Ventadour, Baronne de Toucy, crut pouvoir s'en dispenser. Les Officiers de l'Evêque voulaient qu'il la poursuivît; il fut plus prudent, ne se dissimulant pas que ces devoirs, dont jadis la dévotion avait suggéré les premiers actes, commençaient à paraître ridicules. Il regrettait même que, sans le consulter, Madame de Ventadour eut été invitée, sachant qu'elle avait fait de cette invitation le sujet d'une plaisanterie à la Cour; et avait dit au Roi avec une maligne ingénuité, qu'il était étonnant que M. d'Auxerre voulût qu'elle le portât.

VII. 13 octobre, publication de la paix conclue avec la Hollande le 10 août, et avec l'Espagne le 17 septembre.

VIII. Dès le 1er de ce mois, le bail des octrois créés en 1666, pour le paiement des dettes de la ville, était expiré, et leur perception avait cessé; néanmoins, les Officiers municipaux firent publier, le 24, un arrêt du Conseil du 24 septembre, qui supprimait tous les octrois de la ville, à l'exception de celui de trois deniers sur la livre de pain blanc, dont le produit, avec les 45 sols sur les entrées de Paris, devait suffire à acquitter les dépenses ordinaires et annuelles, fixées à 5,998 livres 4 sols.

IX. 6 novembre, affiche et publication d'une ordonnance du Roi portant que S. M. est informée des abus fréquemment commis au sujet des étapes; que les

Maires et Echevins composent, parfois, avec les Officiers qui conduisent des troupes, et leur donnent des attestations mensongères, constatant plus d'hommes qu'il n'y en a; que ces désordres venant probablement de la modicité des peines prononcées jusqu'alors, S. M. veut qu'à l'avenir les coupables soient, indépendamment des peines déjà établies, condamnés au bannissement, pendant dix années, hors du royaume.

1679.

I. Il était passé en usage, de temps immémorial, et les autorités supérieures le souffraient, que tous les membres du Corps municipal fussent exempts de logement de gens de guerre, et ne fussent cotisés à la taille que pour vingt sols; usage qui avait son motif, ou son excuse, dans les sacrifices que semblait faire celui qui remplissait ces fonctions. Mais il arrivait souvent que les nouveaux Officiers se vengeaient des actes de leurs prédécesseurs, en les faisant surcharger de taille et de logement. On peut croire que M. Billard, qui s'était fait beaucoup d'ennemis par ses réformes, craignait d'éprouver ces vengeances, car sous sa présidence, le 13 avril, le Corps municipal arrêta que, pour mettre les Magistrats chargés de distribuer les logemens des gens de guerre, dans une position telle qu'ils pussent le faire justement et sans redouter que, quand ils seraient hors de charge, on ne se vengeât d'eux, en leur envoyant à l'excès des gens de guerre, et les surchargeant de taille, à l'avenir ceux qui auraient exercé les charges de Maire,

Gouverneur, Echevin et Procureur-syndic, seraient, pendant leur vie, exempts de logement de gens de guerre, et cotisés à la taille pour vingt sols seulement. On voit que la sévérité de M. Billard s'émoussait devant les abus dont il profitait.

II. 18 avril, assemblée synodale du Clergé du Diocèse, au Palais épiscopal, et présidée par l'Evêque. On y arrêta les bases d'un réglement sur la conduite que devaient tenir les Curés, Desservans et Vicaires dans l'administration des sacremens. V. 1695, n. v.

III. 12 mai, publication de la paix conclue, le 5 février, avec l'Empereur et les Princes d'Allemagne.

IV. 6 juillet, les habitans réunis élisent M. François Deschamps, marchand, Gouverneur du fait commun, MM. Nicolas Bargedé, Conseiller et Jean Drinot, marchand, Echevins, et M. Claude Mérat, Procureur, Procureur-syndic.

V. 27, MM. Billard, Maire, et Bargedé, Echevin, sont députés aux Etats convoqués à Dijon, pour le 4 août. M. L'Evêque, qui y fit partie de la Chambre du Clergé, y fut nommé l'Elu général de cet ordre.

VI. 28 août, passage de M. le Duc d'Enguien, revenant des Etats. La milice bourgeoise étant sous les armes, François Foureau tira son fusil qu'il croyait n'être chargé qu'à poudre, et blessa Gilles Roblot, tonnelier. Il fut si sincèrement désolé de son imprudence, et indemnisa Roblot si généreusement, qu'il ne fut puni que d'une très-modique amende.

VII. Le sieur Chaponel, fermier des octrois pour

l'extinction de la dette, tomba en faillite, débiteur envers la ville de 26,000 livres. Landri et Legendre, ses cautions, prétendirent n'être pas tenus de ce reliquat, qui faisait partie des deux années durant lesquelles le bail avait été prorogé, sans leur concours, par la transaction du 28 mai 1672. Les Officiers municipaux les traduisirent devant l'Intendant, et conclurent à leur condamnation, en se fondant sur ce que cette transaction, loin d'avoir aggravé le sort de Chaponel, avait réduit ses obligations de 11,000 liv. sur chacune des six dernières années. L'Intendant, par ce motif, prononça, conformément à leur demande, le 24 novembre. Landri et Legendre en appelèrent au Conseil d'Etat. V. 1682, n. 1.

1680.

I. Le parti pris en 1674, de faire lever les tailles par quatre collecteurs seulement, avait produit des effets imprévus et déplorables. Ces quatre individus, tout en négligeant les travaux de leur profession, ne pouvaient arriver dans chaque quartier, qu'après de longs intervalles; quand ils y arrivaient, beaucoup de contribuables avaient ou vendu, ou caché leurs meubles; les insolvabilités réelles ou feintes se multipliaient; il en résultait d'énormes rejets sur l'année suivante, qui grossissaient l'impôt. Le mal était arrivé à un tel excès, qu'une partie des habitans quittaient la ville, et allaient s'établir dans les villages; en sorte que plus la charge à supporter s'accroissait, plus le nombre de ceux qui devaient l'acquitter diminuait. Ces détails affligeans furent exposés par M. Bargedé, Echevin, dans une assemblée des habitans qui se tint le 1ᵉʳ février. Il proposa, en conséquence, que l'ancien mode de collecte fût rétabli; que 35 collecteurs, choisis proportionnellement dans les douze paroisses, fussent chargés de recevoir la taille, et en fussent responsables, dans l'étendue de leur paroisse seulement. Sa proposition ne fut contestée par personne, et le Maire, M. Billard, mit tant de diligence dans ses démarches auprès du Conseil, que, dès le 24 du même mois, un arrêt autorisa le retour à l'ancien mode.

II. Le 24 mai, le sieur Legras vint, de la part de M. Colbert, inspecter les manufactures. Il fut accompagné dans cette visite par M. Deschamps, Gouverneur du fait commun. Son rapport constate qu'il y a trouvé peu d'ouvriers, peu de marchandises, mais beaucoup de pauvreté et d'indigence.

III. 13 juillet, assemblée des habitans. M. Joachim Fernier, est nommé Maire, pour la seconde fois. Les nouveaux Echevins sont MM. Gaspard Daulmay, Avocat, et Jean Thomas, Procureur. Il fut ensuite proposé, à l'exemple récemment donné par la capitale et plusieurs autres villes, de faire nettoyer périodiquement le pavé des rues, qui disparaissait sous les boues. Mais comme cette proposition tendait à ajouter 800 livres aux charges annuelles, les artisans et les vignerons, redoutant moins la boue qu'un surcroit d'impôt, et formant les trois quarts de l'assemblée, repoussèrent fortement toute augmentation des charges. Les autres classes reconnurent que, dans cette circonstance, les faveurs du privilége devaient être pour les moins fortunés. Il fut donc arrêté que cette charge serait l'objet d'un rôle spécial, sur lequel seraient portés tous les habitans même privilégiés, sans autre exception que celle des personnes ne payant pas plus de 10 livres de taille.

IV. 30 juillet, traité entre l'Evêque, M. Colbert, et la Congrégation de S.-Lazare, par lequel elle se charge de la direction du Séminaire, et l'Evêque assure le traitement du Supérieur et des Professeurs sur les décimes du Diocèse.

V. Lors des vendanges, le sieur Nottin, fermier des Aydes de l'Election de Tonnerre, malgré les défaites de ses prédécesseurs en 1611, 1614 et 1621, voulut, comme eux, exiger des habitans le droit de gros sur les vendanges provenant des vignes qu'ils possédaient à Vaux, Vallan et autres villages dépendans de cette Election. Sur leur refus, de nombreux procès-verbaux furent rédigés, constatant la quantité des vendanges récoltées, et suivis de citations devant les Elus de Tonnerre, pour en faire prononcer la confiscation. MM. Disson, Médecin, Chapotin, Avocat, et son frère, Officier du Roi, étaient à la tête des nombreux opposans, et furent soutenus dans leur refus par le Corps municipal, qui interviut dans l'instance. V. 1681, n. II.

1681.

I. Au mois d'avril, les directeurs des manufactures établirent leur foulon dans le moulin de Preuilly.

II. Le 12 août, sans considérer les innombrables

titres, traités et arrêts établissant la franchise des habitans à l'égard du droit de gros, sur toutes les vendanges par eux recueillies dans des vignes leur appartenant, même hors du Comté, les Elus de Tonnerre prononcèrent la confiscation de toutes celles saisies, et, en outre, d'énormes amendes contre les propriétaires. Ceux-ci, ainsi que les Officiers municipaux, interjetèrent appel à la Cour des Aydes. V. 1682, n. III.

III. 22 juin, assemblée générale. Nouveaux Echevins, MM. Germain Leclerc, Conseiller au Bailliage, et Etienne Moreau, marchand. Nouveau Procureur-syndic, M. Claude Préaudeau, Procureur.

IV. 7 septembre, seconde assemblée des habitans. Les Administrateurs de l'Hôpital général, qui, avant que tous les bâtimens projetés fussent achevés, y avaient admis plus de mendians et d'orphelins que le local ne pouvait en contenir, demandèrent qu'on mît à leur disposition celui de l'Hôpital S.-Roch, dont le fermier des coches avait cessé de se servir. On le leur abandonna, à la charge de l'entretenir en bon état, et de le rendre à sa destination, si de nouvelles maladies contagieuses venaient affliger le pays. Ces deux Hospices restèrent unis. V. 1686, n. II, et 1787, n. III.

V. Le 5 novembre, les Administrateurs de l'Hôpital général reçurent les 9,000 livres restant des 40,000 destinées à la fondation de cet Hospice.

1682.

I. 24 janvier, arrêt du Conseil d'Etat, qui confirme

la sentence de l'Intendant, du 25 novembre 1679, contre les sieurs Landry et Legendre.

II. 26 avril, MM. Fernier, Maire, et Deschamps, Gouverneur du fait commun, sont députés aux Etats convoqués à Dijon, pour le 5 mai. Ils y obtinrent un décret depuis long-temps réclamé par la ville. L'entretien du pont était habituellement une charge excessive, que seule elle avait supportée jusque là. Les Eta s arrêtèrent enfin que les réparations considérables et urgentes que nécessitait l'état de ruine de ce pont, l'un des plus anciens du Royaume, ainsi que toutes celles à y faire à l'avenir, seraient payées au moyen d'une imposition assise, moitié sur la Province, et moitié sur le Comté.

III. 3 mai, arrêt de la Cour des Aydes, qui, en rappelant tous les titres des habitans à la franchise du droit de gros, même pour les vendanges qu'ils récoltent dans leurs vignes hors du Comté, et qu'ils amènent immédiatement à Auxerre, réforme la sentence des Elus de Tonnerre, du 12 août 1680, et décharge les habitans poursuivis par Nottin de toutes les condamnations prononcées contre eux. Nottin se pourvut aussitôt au Conseil. V. n. vi.

IV. 28 juin, assemblée des habitans. M. Félix Boucher, Prévôt, est nommé Maire; M. Robinet, marchand, est élu Gouverneur du fait commun; MM. François Delile, Avocat, et Claude Miote, Procureur, sont nommés Echevins.

V. La répartition de la taille était toujours une source de désordres et de haines entre les habitans. D'une part, pour échapper à cette obligation, un certain nombre de Bourgeois, qui ne trouvaient ni dans leur naissance, ni dans leur état, une cause d'exemption, achetaient, à bon compte, de ces innombrables offices de valet que le Roi avait attachés à sa maison, ou à celle des Princes, et mettaient aussitôt sur leur porte la redoutable inscription : *Officier du Roi*. De ce moment aucun collecteur, aucun homme de guerre, n'osait franchir le seuil de cette maison. D'un autre côté, entre ceux que rien n'avait pu soustraire à l'impôt, la répartition n'avait pour régulateur que l'arbitraire des Asséeurs ; dont l'unique base était la notoriété publique, ne se fondant elle-même que sur des apparences souvent trompeuses. De là résultaient des maux sans nombre, et la ville se dépeuplait sensiblement. Les Officiers municipaux reconnurent qu'enfin il fallait chercher un remède à ce déplorable état.

Ils voulurent, d'abord, s'assurer de la nature des exceptions auxquelles ces Bourgeois, devenus valets de Cour, pouvaient avoir droit, et le dimanche, 5 juillet, ils firent publier que tous ceux qui, revêtus de ces offices, se prétendaient privilégiés, eussent, dans la semaine, à produire leurs titres au Secrétariat de la ville, sinon, qu'ils seraient, de suite, imposés à la taille. Le 13 août, ils s'adressèrent aux Elus généraux de la province, leur exposèrent courageusement les injustices notoires et scandaleuses que, depuis plusieurs années, les Asséeurs avaient commises, *par la modicité des cotes données aux riches et l'énormité de celles des pauvres;* ajoutant que cette *iniquité* était, surtout, palpable sur les rôles des dernières années, dont le résultat mettait la ville *dans le plus grand accablement*, et occasionnait la désertion d'une partie des habitans. Pour faire cesser ces maux, ils conjurèrent les Elus généraux d'envoyer un commissaire diriger l'assiette des tailles pour l'année suivante, et poser des règles qui pussent, au moins pendant plusieurs années, empêcher le retour des injustices.

Leur demande fut accueillie par les Elus, et M. Prosper Bougy, l'un d'eux, ancien Maître des Comptes, arriva le 2 octobre. Une assemblée générale avait été convoquée pour le même jour. Il s'y trouva, et proposa aux habitans de choisir les quatre personnes les plus dignes de leur confiance, dans les divers rangs des contribuables, et de les charger de faire *un rôle de pied*, c'est-à-dire, de répartir une somme de 1000 livres entre tous ceux qui devaient la taille, pour servir de modèle invariable dans toutes les répartitions, sans que les Asséeurs pussent s'en écarter, ni pour l'année, ni pour les suivantes, à moins d'y être autorisés par une ordonnance expresse des Elus généraux. Il s'appuya sur un arrêt du Conseil d'Etat, qui prescrivait ce procédé pour la Bourgogne, et n'avait pas été exécuté dans le Comté, parce que sa réunion à la province était récente. Les quatre citoyens à qui cette opération délicate fut confiée, et qui, conséquemment, jouissaient alors de la confiance la plus générale, furent MM. Baudesson, Conseiller, Antoine Mérat, Procureur, Jean Robinet, marchand, et Louis Blonde, hôtellier. Leur rôle, auquel ils travaillèrent sous les yeux de M. de Bougy, comprit 2,000 cotes, dont la plus faible était de 3 deniers, et la plus élevée de 3 livres 14 sols. V. 1697, n. III.

VI. 5 décembre, arrêt du Conseil qui rejette le pourvoi du fermier des Aydes, contre l'arrêt du 3 mai.

VII. Chaque fois que les Officiers municipaux s'occupaient de prévenir les injustices dans l'assiette de la taille, ils étaient dénoncés comme en commettant eux-mêmes dans le logement des gens de guerre; ils l'avaient été en 1678; ils le furent encore cette année, et ils l'apprirent d'une manière qui les blessa vivement. Le 24 décembre, le Lieutenant général du Bailliage leur fit signifier, par un sergent, copie d'une ordonnance du Roi, portant que « S. M. in-» formée que les Maire, Gouverneurs et Echevins » d'Auxerre, dans la distribution du logement des » gens de guerre, exemptent leurs parens et amis, » ordonne que le réglement de 1651 soit strictement » exécuté; qu'un contrôle soit tenu; que, tous les » six mois, le Lieutenant général du Bailliage de » Sens se transporte à Auxerre, pour examiner le con-» trôle, et recevoir les plaintes des habitans lésés, » s'il y en a; ordonne également que les Maire, » Gouverneurs et Echevins aient à faire copier la » présente ordonnance sur le registre de leurs con-» clusions. » Doublement piqués du fonds et de la forme de cette réprimande, les Officiers municipaux députèrent deux Échevins à M. le Lieutenant général pour lui faire des représentations, et le prier de leur communiquer l'original de l'ordonnance. M. Marie, offensé lui-même de leur demande, qui supposait que la copie signifiée pouvait n'être pas fidèle, déclara sèchement aux députés que cette copie devait suffire pour qu'on eût à obtempérer à un ordre du Roi, sans plus délibérer. Les Magistrats crurent qu'ils seraient plus favorablement écoutés du Ministre de la guerre, et lui écrivirent; mais c'était le sévère M. de Louvois : il leur répondit, le 30, que le Lieutenant général avait fait son devoir, et qu'ils ne devaient penser qu'à faire le leur. L'ordonnance fut donc transcrite sur le registre, où elle est encore.

1683.

I. Au mois de mai, le Maire fut prévenu que le Roi viendrait coucher, le 30, à l'Évêché, mais qu'il défendait expressément de rien faire qui pût occasioner la moindre dépense. Sans cette défense, les frais du cérémonial eussent écrasé la ville : Louis XIV, dans ce voyage, avait avec lui presque toute sa cour, qui était très-nombreuse. Il devait ainsi parcourir la Bourgogne, l'Alsace et la Lorraine, donnant à cette tournée les apparences d'une partie de plaisir, quand son but réel était de visiter les frontières, et de tenir en haleine les troupes répandues en camps volans dans ces trois provinces.

Le 29, le Maire reçut de Joigny, où le Roi venait d'arriver, des lettres de deux de ses Ministres : MM. de Château-Neuf et Phélipeaux, renouvelant l'ordre de s'abstenir de toute espèce de cérémonial. Enfin, le Roi arriva le 30; il fut reçu, à la porte S.-Simon, par le Corps municipal, qui lui présenta les clés de la ville, *sans harangue ni compliment*, et le conduisit à l'Évêché. Ainsi Auxerre eut, jusqu'au lendemain matin, tout ce que la France avait alors de plus illustre : le Roi, la Reine, Monsieur et Madame, ainsi que les Princes, les Seigneurs et les Dames les plus en faveur ; jusqu'à madame de Maintenon, déjà en crédit, et madame de Montespan, qui s'efforçait vainement de s'y maintenir (1). Au moment où l'Évêque, M. Colbert, accompagné de son Chapitre, alla au-devant du Roi, le Prince et toute sa cour remarquèrent avec surprise un des Chanoines botté et éperonné, ayant, sous son surplis, un habit de guerre, écarlate, galonné d'argent sur toutes les coutures; sur le bras gauche, une aumusse et un faucon ; sur le surplis, un baudrier brodé armé d'une épée, et à la main droite un chapeau gris orné d'une plume blanche. Ils en demandèrent l'explication à l'Évêque : c'était M. le Comte César-Philippe de Chastellux, usant du beau droit offert par le Chapitre reconnaissant au Sire Claude de Chastellux, et à ses descendans, en 1423. Le Roi lui-même le complimenta sur la rare prérogative dont jouissait sa famille. Quelques courtisans voulurent plaisanter sur les bigarrures de cet habillement : « Ne » badinez pas, leur dit le Roi, il n'y a aucun de vous » qui ne dût se faire honneur d'un pareil titre. »

Le lendemain matin, Louis XIV et son brillant cortége quittèrent Auxerre; après avoir assisté à la messe dans la cathédrale.

(1) V. Hist. de Louis XIV, par Reboulet, t. v, p. 271, et par Larrey, t. v, p. 116.

Le 5 juin, M. le Dauphin, qui allait rejoindre le Roi, ne fit que traverser la ville.

II. Très-probablement, les habitans, en 1667, possédaient et avaient caché beaucoup plus d'artillerie que n'en porte la conclusion du 3 mars de cette année, et le Gouvernement avait découvert, en partie, l'infidélité des déclarations faites à cette époque ; car, le 26 juin, un Commissaire d'artillerie, Charles-Henaut de Montigny, se présenta au Corps municipal, avec une commission portant *qu'il était chargé de faire la recherche d'un bon nombre de pièces de canon de fonte, qu'on dit cachées et recélées depuis long-temps dans certains lieux.* Le Maire le conduisit à l'Abbaye de S.-Germain, où il inventoria trois canons de 5 pieds 5 pouces, deux de 5 pieds 1 pouce, pesant ensemble 2,185 livres, et 15 arquebuses à croc, *en façon de fauconneaux.* Il laissa le tout à la garde du Maire jusqu'à nouvel ordre. V. n. VI.

III. 26 juillet, assemblée des habitans; élection de M. Jean Drinot, Gouverneur du fait commun; de MM. Jean Chacheré, Conseiller, et Étienne Boucher, marchand, Échevins, et de M. Grasset, Procureur, Procureur-syndic.

IV. Le 23 août, le sieur Landry, fermier, ignorant sans doute les jugemens rendus en 1671 contre Chaponel, son prédécesseur, renouvela ses prétentions au vingtième sur le prix de toutes les ventes de bois, de draps et d'animaux à pied fourchu. Escorté de ses commis armés, il se présenta chez plusieurs marchands, se fit représenter leurs livres et payer son droit. Mais, sur la plainte qu'ils en portèrent aussitôt, tous les autres marchands et les Officiers municipaux intervinrent. Effrayé à son tour, et mieux conseillé, il se hâta de transiger et de restituer tout ce qu'il avait reçu. V. 1686, n. III.

V. Si, au printemps, les habitans avaient eu le spectacle éblouissant de la magnificence des Princes et des Grands, à l'automne, ils purent reconnaître que toutes ces grandeurs sont aussi fragiles et passagères que l'existence du plus obscur prolétaire. Durant cette dernière saison, on ne fut occupé qu'à des services funèbres pour deux de ces grandeurs tombées. La Reine, âgée seulement de 45 ans, qui, le 30 et le 31 mai, s'était montrée à Auxerre, encore pleine de grâces et de santé, au retour de l'agréable voyage où elle avait accompagné le Roi, avait, le 30 juillet, et en trois jours, passé rapidement de ce brillant état à la mort, aux regrets unanimes de la France. On la pleura, disent les historiens, comme *la meilleure Reine qu'on eût eue depuis long-temps*. M. Colbert, ce Ministre si puissant, si favorisé de la fortune et du Monarque, qu'Auxerre avait aussi vu dans tout l'éclat que peuvent donner les grands talens et le pouvoir, avait également succombé, le 6 septembre, après huit jours de maladie, à l'âge de 64 ans.

L'Abbesse des Bernardines, sœur de M. Colbert, fut la première à payer le tribut de son affection et celui de la reconnaissance de son Monastère à la mémoire de ce Ministre, par un service auquel assistèrent toutes les autorités, le 10 et le 11 septembre.

Le 1ᵉʳ et le 2 octobre, pareils honneurs furent rendus à la Reine, par le Corps municipal, dans la cathédrale, où l'on observa le même cérémonial qu'au service de Louis XIII, en 1643. L'oraison funèbre fut prononcée par M. Marie, Chanoine et Docteur en Sorbonne. Le 4 et le 5, un second service fut célébré au nom du Chapitre, et il y en eut successivement dans toutes les églises.

Enfin, le 14 et le 15, semblable cérémonie dans l'église des Cordeliers, pour M. Colbert, sur la demande des Officiers municipaux, et aux frais de la ville, *en reconnaissance des obligations très-singulières qu'elle lui avait des peines et des soins qu'il avait eus pour la conservation de ses intérêts.* On voit, dans la relation de ce service, qu'au milieu du chœur la Chapelle ardente était ornée d'autant de cierges qu'il s'était trouvé de chandeliers d'argent dans toutes les églises de la ville, que M. l'Evêque ainsi que les Corps religieux et laïcs, y avaient été invités ; qu'enfin *il y avait eu une semonce générale par deux femmes, chargées aussi de porter pain et vin à l'offerte.*

VI. Le 28, un nouveau Commissaire d'artillerie vint réclamer les pièces inventoriées le 26 juin, et les fit partir pour Besançon. Il fit, mais inutilement, de nouvelles recherches : celles cachées le 29 mars 1667 échappèrent à ses investigations. Cet événement ajouta aux regrets de la perte de M. Colbert. Il avait fait payer à la ville le prix des premiers canons enlevés ; mais quelques démarches qu'aient faites les Officiers municipaux, ils ne purent rien obtenir pour les derniers.

1684.

I. 6 janvier, *Te Deum* et réjouissances pour la naissance du fils du Dauphin, Philippe, Duc d'Anjou, depuis Roi d'Espagne.

II. Le 24 février, les Officiers du Bailliage et ceux de la ville se réunirent au sujet de la reprise, par le Duc de Nevers, de sa demande tendante à ce que le Donziais fût distrait du ressort du Bailliage. On arrêta que, de concert, on continuerait à résister à cette prétention, mais que la ville ne contribuerait aux dépenses que pour un quart, le surplus devant être supporté par les Magistrats et le barreau, plus directement intéressés. V. 1703, n. 1.

III. 2 juillet, assemblée des habitans. M. Claude Billard est élu Maire, pour la cinquième fois. Les nouveaux Echevins sont MM. Louis Leroi, Avocat, et Pierre Leclerc, Procureur.

IV. 3, arrêt du Conseil, portant que les créanciers de la ville qui n'ont pas été payés, à défaut par eux d'avoir réclamé dans le délai et la forme prescrits par l'arrêt du 10 février 1663, seront définitivement déchus, s'ils ne se présentent pas dans les six mois de la publication de cet arrêt au prône des paroisses; et, dans le cas de leur déchéance, ordonne que les deniers restant dans la caisse du Receveur seront employés au profit de la ville.

V. Probablement, M. Billard, dans l'exercice antérieur de ses fonctions de Maire, avait, plus d'une fois, regretté que l'Hôtel de Ville n'eût plus de porte de derrière, et reconnu qu'il était convenable de donner aux Officiers municipaux, s'ils y étaient assaillis par des séditieux, un moyen de leur échapper; car un de ses premiers soins fut de procurer à cet Hôtel une issue par la cour du Palais. Il le dit ingénument dans la requête, qu'avec le Gouverneur du fait commun et les Echevins, il présenta à ce sujet au Lieutenant général. Ils y demandent cette issue *pour l'utilité publique, et la conservation de leurs personnes.* Au surplus, il ne s'agissait que de faire revivre un ancien droit.

Effectivement, le 13 mars 1578, Henri III, à la recommandation du Duc de Mayenne, avait, par des lettres patentes, permis aux habitans de prendre dans les dépendances de son *châtel d'Auxerre*, une place suffisante pour y bâtir un *arsenac*, à l'effet d'y mettre à couvert leurs pièces d'artillerie, munitions et armes, ainsi que d'avoir, pour l'entrée et la sortie de cet *arsenac*, *l'entrée libre par la cour dudit châtel.* Philibert Robert, Trésorier général des finances de Bourgogne, était venu à Auxerre, le 19 août 1583, et en exécution de ces lettres, avait délivré aux habitans un emplacement de 19 toises de long, sur six de large, entre le jardin de l'Hôtel commun et la prison. Cependant, ce projet d'*arsenac* avait été abandonné; une partie de l'emplacement avait été réunie au jardin de l'Hôtel commun; et du surplus, lors de la restauration du Palais, on avait agrandi la prison. Une porte même avait été ouverte sur la cour du Palais; mais, depuis l'aventure du 6 octobre 1656, elle était murée, et c'est pour la faire rouvrir que M. Billard s'adressa à M. le Lieutenant général, qui l'y autorisa, sur le vu des lettres patentes de 1578, par un jugement rendu avec le Procureur du Roi, le 21 juillet.

1685.

I. 27 avril, publication et affiche d'une ordonnance de M. le Prince de Condé, Gouverneur, contenant l'ordre d'empêcher par tous les moyens possibles, qu'il soit fait des levées d'hommes pour des Princes étrangers.

II. 27 mai, MM. Billard, Maire, et Chacheré, Echevin, sont députés aux Etats convoqués à Dijon pour le 6 juin. Un subside extraordinaire y fut demandé par le Roi. L'assemblée, ne pouvant le refuser, le fixa à 250,000 livres. V. 1686, n. I.

III. 5 juin, enregistrement au Bailliage, publication et affiche dans la ville, des lettres patentes du mois de mars précédent, par lesquelles sont établies quatre nouvelles foires à Auxerre, devant se tenir, chaque année, les lundis *avant la Chandeleur, avant Pâques fleuries, avant la Pentecôte, et avant la Notre-Dame de septembre*. Le Corps municipal, en les demandant, avait dit que *la ville, qui autrefois était considérable, avait déchu, à cause de la diminution de son commerce.* V. n. VI.

IV. 8 juillet, élection de MM. Jean Gentil, marchand, Gouverneur du fait commun; François Leroi, Conseiller, et Etienne Billette, marchand, Echevins; Etienne Mousse, Procureur, Procureur-syndic.

V. Le 14 août, le Maire fait publier et lire par le

Greffier de la ville, dans les carrefours, l'arrêt du Conseil du 1ᵉʳ juillet 1684, concernant les créanciers de la ville qui n'ont pas réclamé leur paiement; ainsi qu'un second arrêt du même jour, portant que, si une dette déjà payée est réclamée comme due, celui qui aura fait cette injuste réclamation sera condamné au quadruple de la somme demandée, lors même que le paiement aurait été fait à son auteur, et qu'il prétendrait l'avoir ignoré. V. 1686, n. v.

VI. Le 8 septembre, se tint la première des foires établies par les lettres patentes du mois de mars. Le concours des marchands fut si considérable, que, les places publiques ne pouvant pas les contenir, un grand nombre se plaça dans les rues; beaucoup de propriétaires des maisons devant lesquelles ils étalaient leurs marchandises, en ayant pris occasion de les rançonner, ces marchands s'en plaignirent, menaçant de ne plus venir aux foires suivantes, si on ne leur fournissait pas des places gratuites. Le Corps municipal les rassura; et le 16, fit publier et afficher une délibération portant « défense aux habitans, de quelques
» conditions qu'ils soient, d'exiger directement ou in-
» directement, aucune chose des marchands qui éta-
» leront leurs marchandises devant leurs maisons,
» sous peine d'amende, et autres peines de police
» générale. »

1686.

I. Le 15 mars, le Conseil d'Etat rendit deux arrêts dont furent agités violemment les esprits dans Auxerre.

Le premier avait été sollicité par la majorité des habitans, secondée par le Corps municipal, dans le juste désir de faire contribuer les privilégiés aux frais de l'administration de la ville, dont ils profitaient comme les autres. Effectivement, cet arrêt, en portant les dépenses annuelles à 7,428 livres 16 sols, autorisait le Corps municipal à établir sur tous les domiciliés, sans égard à aucun privilége, et en proportion des facultés, une taille appelée *négociale*, devant s'élever annuellement, en principal, à 3,200 livres. L'exécution de ce premier arrêt éprouva de vives oppositions de la part de ceux qui, à l'ombre de leur franchise, étaient habitués à plaindre les taillables sans les aider; mais ils étaient en minorité dans la population; le Gouvernement étant contre eux, ils furent obligés de fléchir et de payer. V. 1674, n. IV.

Il en fut autrement du second arrêt. Il contenait la répartition des 250,000 livres promises au Roi par les États de Bourgogne, l'année précédente, et ordonnait, en fixant le contingent d'Auxerre à 33,000 liv., d'en faire l'assiette sur les taillables, sans le concours des privilégiés. Cet énorme fardeau, plus pesant que la taille ordinaire, ajouté à ceux que le peuple supportait déjà seul, l'irrita d'autant plus qu'il en voyait affranchis ceux qui avaient la meilleure part dans les richesses et les honneurs. Son exaspération s'éleva donc à un tel degré, que les Officiers municipaux, effrayés des propos menaçans circulant autour d'eux, s'empressèrent de solliciter du Ministre, d'abord, un sursis; puis la conversion de cette taille extraordinaire en un impôt indirect, affectant également toutes les classes des habitans. Le sursis fut accordé ; il ne fut même plus question de cette dette, pendant long-temps. V. 1692, n. 1.

II. 6 avril, encore une tentative d'un fermier des Aydes, pour exercer sur les marchands de bois, de draps et d'animaux à pied fourchu, la perception du 20e du prix de leurs ventes. Celui-ci, Letellier, avait obtenu sur requête deux arrêts du Conseil qui l'autorisaient dans son exaction ; mais l'opposition des marchands et du Corps municipal, justifiée par l'arrêt de 1671, et la transaction de 1683, fit révoquer ces arrêts.

III. Au mois de juin, les bâtimens de l'Hôpital-général, commencés en 1672, furent enfin achevés. De concert avec les administrateurs et les Officiers municipaux, on orna la grande porte des armoiries de M. Nicolas Colbert, Evêque, qui, plus que personne, avait, par ses dons, fait prospérer cet établissement ; et de celles de M. le Duc d'Enguien, alors Gouverneur de la province, dont les largesses y avaient également contribué. Néanmoins, sur le haut de cette porte, on plaça une inscription portant : *Hôpital général fondé par la ville d'Auxerre*.

IV. 30 juin, assemblée des habitans ; M. André Marie, Baron d'Avigneau, Lieutenant général du Bailliage, est nommé Maire. MM. Etienne Liger, Avocat, et Claude Mérat, Procureur, sont nommés Echevins.

V. 20 juillet, notification au Corps municipal d'une ordonnance de M. Rigoley, Intendant, par laquelle sont déclarés déchus du droit de réclamer leurs créances sur la ville, ceux des créanciers qui, nonobstant les avertissemens multipliés à eux donnés, en exécution de l'arrêt du 1er juillet 1684, n'ont pas fait les démarches nécessaires pour obtenir leur paiement ; et fait défense aux Magistrats et aux Receveurs de les acquitter, sauf, en cas d'exemption légitime, le recours à l'Intendant.

VI. 15 septembre, Te Deum pour la naissance du second fils du Dauphin, le Duc de Berry.

VII. Malgré les arrêts de 1603, 1606 et les poursuites de 1607, les habitans s'étaient maintenus dans la possession de chasser sur les territoires voisins, avec des bâtons, le jour de S. Hubert ; mais cette année, plusieurs chasseurs s'armèrent de fusils, et il en coûta la vie à l'un d'eux, par l'imprudence d'un de ses compagnons. Des plaintes en furent portées au Roi ; et par une ordonnance du 2 octobre, prenant en considération l'abus qu'ils avaient fait de leur droit, il en prononça l'abolition, leur fit défense de chasser, soit avec des bâtons, soit autrement, sur le territoire d'autrui, sans son consentement, à peine de 500 livres d'amende, enjoignant au Marquis de Seignelay (M. Colbert fils), alors Capitaine des chasses du Comté, d'y tenir la main.

1687.

1. Réduire les exemptions de la taille à leurs moindres termes, était l'objet constant des études des asséeurs. L'un d'eux, M. Chacheré, Conseiller au Bailliage, conçut l'heureuse idée de soumettre au Procureur général de la Cour des Aydes plusieurs questions sur les Officiers des maisons royales, les Eccle-

siastiques et les Archers de la maréchaussée ; il en obtint, le 2 janvier, une reponse très-salutaire pour le pays. Suivant ce Magistrat, sur les 60 Officiers des maisons royales, exempts par leurs charges, les huit plus anciens seulement, eu égard à la population de la ville, pouvaient jouir de leur privilége ; les Ecclésiastiques, exempts pour les biens de leurs bénéfices, devaient être imposés pour ceux leur appartenant en propre ; enfin, chacun des 12 Archers n'avait droit qu'à une réduction de cinq livres sur la cote qu'il devait supporter. Les avis du Procureur général furent suivis pour la taille de l'année ; il en résulta une forte diminution sur les cotes des autres contribuables, et personne n'osa, d'abord, attaquer l'opération. V. 1689, n. 1.

II. 8 juin, le premier rôle de la taille négociale sur tous les domiciliés sans exception, et montant, à cause des frais d'assiette et de collecte, à 4,768 livres 9 sols 1 denier, est mis en recouvrement.

III. 24, élection de M. Etienne Billetou, marchand, Gouverneur du fait commun, et de MM. Nizon, Conseiller, Edme Liger, marchand, Echevins, et Edme Caillat, Procureur-syndic.

IV. Dans le cours du mois de décembre, le sieur Séguin, Inspecteur des manufactures de la province, se présenta chez les marchands, pour visiter les étoffes tenues dans leurs boutiques et leurs magasins. Tous s'y opposèrent, en donnant pour motif que son inspection ne pouvait avoir lieu que dans les fabriques, et non quand les étoffes étaient livrées au commerce. Séguin rédigea des procès-verbaux, et se pourvut au Conseil. V. l'année qui suit, n. 11.

1688.

I. 6 mai, MM. Marie, Maire, et Nizon, Echevin, sont députés aux Etats convoqués à Dijon pour le 15.

II. Le 3 avril, sur le pourvoi du sieur Séguin, contre l'opposition des marchands à l'examen de leurs marchandises, le Conseil ordonna 1º que les étoffes fabriquées à Auxerre seraient visitées au sortir du foulon, par des Gardes-Jurés, que les marchands éliraient; et par eux marquées, si elles avaient les qualités requises, sinon saisies; qu'à cet effet, il serait établi un bureau pour le dépôt de ces étoffes; qu'un second bureau serait également établi pour la visite des étoffes foraines; 3º que les Inspecteurs auraient aussi le droit de visiter, quand ils le jugeraient convenable, les boutiques et les magasins des marchands, à peine par ceux-ci, en cas de refus, de 500 livres d'amende.

Le 24, en exécution de cet arrêt, les marchands furent assemblés devant le Maire, et choisirent entre eux pour Gardes-Jurés, MM. Disson et Jean Rémond. Le même jour, en présence du sieur Séguin, ils visitèrent les boutiques et les magasins des marchands, dont cinq furent trouvés en contravention. Ces derniers ayant été traduits devant les Officiers municipaux, à qui les réglemens attribuaient la juridiction sur cette partie de la police, ces Officiers se bornèrent à leur enjoindre de se conformer à l'avenir aux réglemens; délaissant au Conseil à prononcer sur le passé. V. n. IV.

III. 4 juillet, installation du nouveau Maire, M. Leclerc des Barres, et de deux nouveaux Echevins, MM. Richer, Avocat, et Grasset, Procureur.

IV. 26 octobre, un arrêt du Conseil renvoye aux Officiers municipaux le procès des marchands, en leur enjoignant de juger conformément aux réglemens; ce qu'ils firent le 6 novembre. Ils prononcèrent la confiscation de 22 pièces d'étoffes, et une amende de 100 livres contre chacun des cinq marchands.

V. 18 décembre, publication de la déclaration de guerre sur terre et sur mer contre les Provinces-Unies.

1689.

I. Les Officiers commensaux qui, imposés en 1687 et 1688, n'avaient pas réclamé, se voyant de nouveau cotisés pour 1689, conçurent probablement des espérances sur leurs intimités avec les Conseillers, juges sur le fait des Aydes et tailles, et traduisirent devant eux les asséeurs qui avaient méconnu leur privilége. Envain, les Officiers municipaux intervinrent, et récusèrent plusieurs des Juges; leurs récusations furent rejetées, et les commensaux obtinrent un plein succès. Ils furent déchargés de leurs cotes des trois années; et les prudhommes condamnés aux dépens. Le 30 juin, le Corps municipal arrêta d'interjeter appel à la Cour des Aydes de ce jugement, *tant comme de Juges récusés qu'autrement, avec réserve de prise à partie.* Ces expressions ne laissent pas douter que des passions avaient influé sur la décision, et que son injustice était évidente. V. n. III.

II. 3 juillet, nouveau Gouverneur du fait commun, M. Etienne Moreau, marchand; nouveaux Echevins, MM. Thomas Marie, Avocat, et Gabriel Salomon, marchand.

III. Le 15 décembre, les prudhommes faisant l'assiette de la taille pour l'année 1690, furent intimidés par les condamnations prononcées en faveur des Officiers commensaux contre les asséeurs des trois années précédentes, et se refusèrent à les imposer; mais les Officiers municipaux, convaincus du succès qu'ils devaient obtenir sur leur appel, les forcèrent à continuer l'œuvre de leurs prédécesseurs, constituant la ville dans l'obligation de prendre leur fait et cause, s'ils étaient poursuivis, et de les indemniser s'ils étaient condamnés. Très-certainement la Cour des Aydes fit bonne justice de cette intrigue. Je n'ai pas pu découvrir l'arrêt: mais la démarche faite par les Officiers commensaux auprès de l'Intendant, en 1696, fait voir qu'ils étaient rentrés dans les rangs des taillables, dont ils s'efforçaient de sortir. V. 1696, n. 1.

1690.

I. Au mois de mai, les Cordeliers de la province s'assemblèrent, en Chapitre général, dans le couvent d'Auxerre. Aidés dans leurs dépenses par le Chapitre de S.-Etienne et par le Corps municipal, en témoignage de leur reconnaissance, ils invitèrent tous les Corps religieux et laïcs à une thèse que soutint solennellement un de leurs jeunes Docteurs.

II. 2 juillet, M. Billard est élu Maire, pour la

sixième fois. Les nouveaux Echevins sont MM. Jean Martineau, Avocat, et Claude Préaudeau, Procureur. M. Nicolas Leroi, Procureur, est nommé Procureur-syndic.

III. 6, plusieurs chefs de famille, sur leur demande, sont autorisés à fixer leur résidence dans la ville, avec la promesse d'être exempts de taille et de toutes autres charges municipales, pendant le nombre d'années fixé par les habitans, dans leur assemblée du 23 juillet 1684.

1691.

I. 14 mai, MM. Billard, Maire, et Marie, Echevin, sont députés par le Corps municipal aux Etats convoqués à Dijon pour le 31. Le même jour, les habitans furent invités à une élection beaucoup plus importante. Le tour du Tiers-Etat de la ville, à nommer un des Elus généraux de la province, était arrivé; et cette place, aussi lucrative qu'honorable, était ardemment désirée par la haute Bourgeoisie. Mais M. Billard y avait des droits bien supérieurs à tous ceux de ses compétiteurs. On a vu avec quelle sagacité depuis 26 années, il avait découvert d'énormes abus, avec quel courage il les avait attaqués et fait disparaître. Elu six fois Maire, chacune de ses administrations avait été marquée par des améliorations dans le gouvernement de la ville. C'était lui qui avait reconnu la nécessité d'éteindre les dettes dont la communauté des habitans était écrasée, et avait pris la plus grande part à leur extinction; c'était à lui enfin qu'on devait l'admission de la ville dans l'administration supérieure de la province, vainement sollicitée pendant près de 90 années. Aussi la presque unanimité des suffrages lui déféra-t-elle ce poste éminent, qui était, en quelque sorte, son propre ouvrage; et, malgré son grand âge, il l'accepta. V. 1694, n. III.

II. 8 juillet, élection de MM. Nicolas Creté, marchand, Gouverneur du fait commun; Edme Baudesson, Conseiller, et Laurent Borne, marchand, Echevins; François Gaufilet, Procureur-syndic.

III. Les difficultés déjà élevées en 1642 et 1670, entre les habitans et les Administrateurs de l'Hôpital de la miséricorde de Paris, au sujet de leur minage, s'étant renouvelées, le 28 août un troisième arrêt du Parlement réprima, plus sévèrement encore que les premiers, les nouvelles contraventions. Ce dernier échec détermina enfin le Corps municipal à prendre le seul moyen qui pût concilier les intérêts de cet hospice avec le désir ardent qu'avaient les habitans de s'affranchir de l'obligation de conduire leurs grains au marché; ce fut d'acheter de l'hospice son droit de minage, et de ne le percevoir que sur les grains volontairement exposés à la vente publique. Aux premières propositions adressées, à ce sujet, par le Maire aux Administrateurs de cet établissement, il les trouva parfaitement disposés à traiter à des conditions raisonnables. Ils ne pouvaient pas, en effet, se dissimuler qu'une grande partie des ventes de grains dans les greniers échapperait inévitablement à leurs agens. Les conditions principales ayant été arrêtées, furent soumises, le 10 septembre, à une assemblée des habitans; ils applaudirent aux démarches du Corps municipal, et choisirent M. Thomas Marie, Avocat du Roi, pour aller terminer la négociation. Le 14 du même mois, par acte passé devant Boisseau, Notaire à Paris, les Administrateurs vendirent aux habitans le droit de minage de l'Hôpital, à la charge d'acquitter des rentes en grains et en argent dues sur ce droit au Chapitre de S.-Etienne, ainsi qu'aux Religieux de S.-Marien, et moyennant une rente de 2000 livres. Peu de jours après, ce même droit fut affermé pour n'être levé que sur les grains du marché, et le prix du bail surpassa toutes les obligations contractées pour l'acquisition. V. 1730, n. v.

1692.

I. La demande des Officiers municipaux pour que les 33,000 livres dues au Roi, aux termes de l'arrêt du 15 mars 1686, fussent fournies par un octroi, fut enfin accueillie, après cinq années de sollicitations, par des lettres patentes du 14 avril; qui accordèrent à la ville le droit de percevoir pendant huit ans, trente sols par muid de vin entrant dans la ville pour y être consommé, et trois sols par muid passant dessus et dessous le pont. Mais, en même temps, des ordres furent donnés aux Officiers municipaux, afin que, sans retard, les 33,000 livres fussent portées au Trésor royal.

II. 24 juin, élection de M. Thomas Marie, Maire; de MM. Louis Raffin, Avocat, et Edme Caillat, Procureur, Echevins. Leur premier soin fut d'obéir aux ordres sévères du Ministre au sujet des 33,000 livres. Dès le 13 août, en la présence de M. Billard, qui résidait à Dijon, le nouvel octroi fut affermé 6,000 livres par an, à la charge par l'adjudicataire d'en verser, sur-le-champ, les deux premières années au Trésor royal. V. 1693, n. 1.

III. Dans le même mois, il fut porté aux libertés du pays la première des atteintes nombreuses qu'elles ont éprouvées sous le règne de Louis XIV. Le but du Monarque n'était pas d'ajouter à ses prérogatives ; mais le luxe de sa Cour, la plus somptueuse de celles de l'Europe, et les guerres qu'il avait continuellement à soutenir, élevaient les dépenses de l'Etat à un degré que les impôts ne pouvaient plus atteindre. Successivement augmentés depuis son règne, ils étaient si exorbitans, que la moindre augmentation aurait tourmenté le peuple, sans accroître le revenu de l'Etat. On imagina donc d'exploiter au profit du Trésor cette soif ardente du pouvoir et des emplois qui, partout, se faisait remarquer lors des élections ; et l'on commença par une des places les plus recherchées. Un édit du Roi créa, pour la plupart des villes, des offices de Maire perpétuel et d'Assesseurs de ces Maires. Auxerre y fut compris pour un Maire et quatre Assesseurs. La finance du Maire était de 20,000 livres. Mais on lui donnait 800 livres de gages à prendre sur les octrois ; on ôtait au Bailli, pour le lui conférer, le droit de convoquer et de présider les assemblées des habitans ; on lui attribuait aussi l'inspection et la direction de la milice bourgeoise ; enfin c'était à lui que, désormais, il appartiendrait d'allumer les feux de joie ; et c'était de tous ses attributs celui qui devait lui occasioner plus de tribulations. Il n'y eut cependant pas, pour cette place, l'empressement sur lequel on avait compté. Probablement, ceux que leur fortune et l'amour des honneurs pouvaient y porter, étaient retenus par la crainte du ridicule auquel serait exposé celui qui, le premier, viendrait, avec de l'argent, prendre un poste jusque-là réservé au mérite, à l'expérience, et presque toujours, la récompense de services éminens. Aussi, l'année s'écoula sans que personne osât franchir ce pas difficile. V. l'année suivante, n. III.

1693.

I. M. Marie, Maire, se rendit à Dijon, où, aidé de M. Billard, qui déjà y avait acquis une grande considération, il parvint, le 27 mars, à emprunter à constitution le surplus de la somme due au Trésor ; en sorte que, la ville ayant encore à recevoir les six dernières années du bail des nouveaux octrois, et conséquemment plus qu'il ne fallait pour rembourser cet emprunt, la dette se trouva éteinte, sans que la population en eût été fatiguée, au moins directement.

II. 31 mars, audience solennelle du Bailliage pour la réception de M. Pierre-Paul Coignet de la Thuilerie, Comte de Courson, remplaçant M. André de la Rivière, en qualité de Grand-Bailli d'Epée.

III. Le 16 avril, enfin, Auxerre eut un Conseiller du Roi Maire perpétuel. Ce fut M. Jean Baudesson,

Avocat, qui, le 13 mars, avait obtenu sa nomination, et avait prêté serment le 5 avril, devant l'Intendant de Dijon. Il fut solennellement installé à l'Hôtel de Ville.

IV. Le 14 mai, le Corps municipal présidé par lui, étant informé que l'esprit de monopole avait gagné jusqu'aux tonneliers, et que, dans l'espoir de faire la loi aux propriétaires sur leur salaire, ils sollicitaient à Paris afin d'être autorisés à s'organiser en maîtrise ou jurande, arrêta qu'ils seraient traduits au Conseil du Roi, pour arrêter leurs démarches évidemment hostiles à la Bourgeoisie. Quinze jours après, 31 tonneliers intimidés vinrent apporter à M. Baudesson un acte notarié par lequel ils révoquaient le pouvoir qu'ils avaient donné à ce sujet.

V. En l'absence de l'Evêque, M. Colbert, le Chapitre avait ordonné plusieurs processions sans lui en écrire, ni consulter ses Grands-Vicaires. Ceux-ci l'en ayant instruit, il se pourvut au Conseil, qui, par arrêt du 16 mai, fit défense au Chapitre d'ordonner aucunes cérémonies religieuses, sans l'assentiment de l'Evêque ou de ses Grands-Vicaires, et le condamna à lui en faire excuse, par une députation de douze Chanoines. Cet arrêt mit l'Evêque et les Chanoines dans un fâcheux état de mésintelligence, dont il fut tourmenté jusqu'à sa mort.

VI. Le 16 juin, M. Baudesson donna une seconde preuve de sa sollicitude pour l'intérêt de la ville. Il arrêta, avec le Corps municipal, l'état de toutes les dettes contractées par l'administration, depuis le paiement intégral fait en 1678, de celles antérieures ; et il fut reconnu que, dans les quinze années suivantes, la ville s'était obérée de 43,368 livres. Il fut, en conséquence, arrêté que le Roi serait supplié d'accorder aux habitans une addition aux octrois pour payer cet arriéré, et empêcher qu'il ne s'en formât par la suite.

VII. Le 28, M. Baudesson usa, pour la première fois, de son droit de convoquer et de présider l'assemblée des habitans. Il y fut procédé à l'élection de M. Etienne Boucher, marchand, Gouverneur du fait commun, de M. Jean Marie, Avocat, Echevin, et de M. François Grasset, Procureur-syndic.

VIII. Le 27 septembre, M. Baudesson reçut le serment de MM. Michel Gilloton, Pierre Richer et Thomas-Charles Angelesme, qui, à son exemple, avaient acheté trois des quatre offices de Conseillers du Roi, Assesseurs du Maire. Il les installa le même jour.

IX. Le 11 octobre, un nouveau Magistrat se fit encore reconnaître par le Corps municipal. Ce fut M. Robinet, Seigneur de Chicon, investi pour 4,400 livres, de l'office de Conseiller du Roi Commissaire aux revues du logement des gens de guerre.

X. Ces Officiers municipaux de nouvelle espèce, parvenus, moyennant quelques écus, à exercer sur leurs concitoyens des fonctions qu'auparavant ils n'auraient pu obtenir que de leurs suffrages, ne furent pas exempts de tracasseries, surtout de la part des autres Officiers, qui avaient pour eux le choix du peuple. Un jour que M. Baudesson, Maire, était absent, et que le Corps municipal était composé de MM. Boucher, Gouverneur, Raffin et Caillat, Echevins, et Grasset, Syndic, M. Gilloton, Assesseur, se présenta pour prendre part aux délibérations ; ces Messieurs le forcèrent à se retirer, prétendant qu'il n'avait de place dans le Corps de ville que pour les cérémonies publiques, et même après le Syndic. Il se pourvut au Conseil, et revint le 13 octobre avec un arrêt du 1er septembre, par lequel il était maintenu dans le droit de concourir à toutes les délibérations, et de les signer avant le Syndic, avec défense aux Officiers qui l'avaient expulsé, de le troubler à l'avenir, à peine de 500 livres d'amende par chaque trouble. M. Gilloton exigea que cet arrêt fut enregistré, ainsi qu'il était ordonné. On protesta, mais on obéit.

1694.

I. A peine l'hiver avait-il interrompu les travaux des champs, que le peuple tomba dans la plus profonde misère. Les causes en sont données dans une délibération du Corps municipal, du 4 février. Il y est dit que « l'année précédente était de celles du siè-
» cle qui allait finir, celle où la stérilité était la plus
» grande ; qu'on pouvait la dire universelle dans le
» royaume, par le manque de toutes choses utiles et
» nécessaires à la vie des hommes, des blés, vins,
» fruits et légumes de toute espèce. »

A la suite de cette délibération, on fit le recensement des personnes déjà sans pain, et leur nombre s'éleva à 2,400. Le clergé s'assembla sur-le-champ, au palais épiscopal, et sur le vu de cet épouvantable inventaire, il se chargea d'en nourrir 600, jusqu'à la cessation du fléau. Les 1,800 autres furent distribuées entre les familles aisées, proportionnellement à leurs facultés. Chacun de ces malheureux reçut du Maire un billet portant le nom de la personne chargée de pourvoir à ses besoins, et la ration d'alimens qu'elle lui devait, suivant son sexe et son âge.

Les maux du pays semblaient être à leur comble; cependant ils s'aggravèrent encore. Louis XIV avait sur pied ces grandes armées avec lesquelles il faisait face à la plupart des puissances de l'Europe, et il fallait les nourrir. La rareté et la cherté des subsistances décuplant les dépenses prévues, une contribution extraordinaire en grains fut demandée aux villes; Auxerre eut à en fournir à l'armée d'Allemagne 670 sacs, ou 2,680 bichets, mesure de la ville. Les livrer en nature était chose impossible. Heureusement, dans ces circonstances, il se trouve, presque toujours, des gens hardis et entreprenans, qui, pourvu qu'un large bénéfice leur soit assuré, savent trouver ce que le commun des hommes chercherait inutilement. Les sieurs Collinet et Buissonet se chargèrent de la dette de la ville qui dut être très-considérable. (1) V. 1695, n. VII.

II. Du 7 au 14 février, par suite d'un mandement de l'Evêque, le clergé des églises va successivement faire l'office dans celle des Cordeliers, et y célébrer

---

(1) Suivant une table historique du prix des grains, donnée par M. Garnier*, dans sa traduction du traité de Smith sur les richesses des nations, t. 2, p. 87, en 1694, le setier de froment à Paris se vendit 60 f. 99 c., ce qui fait pour le bichet d'Auxerre (4 décalitres) 16 f. 24 c., équivalans à plus de la moitié d'un marc d'argent, qui n'était qu'à 30 livres.

* M. Garnier, fils d'un notaire d'Auxerre, est mort Pair de France.

la canonisation de S. Jean de Capistran et S. Pascal-Baylon, tous deux de l'ordre de ces Religieux.

III. Dans le même mois, M. Billard mourut à Dijon, peu de temps avant l'expiration des trois années pendant lesquelles il participait à l'administration de la province, en qualité d'Elu général. Il mérite d'être signalé comme le citoyen le plus courageux et le plus utile à son pays, qu'Auxerre ait eu pendant le siècle dans lequel il a vécu.

IV. Au mois de mars, le Roi fit, pour les places d'Officiers de la milice bourgeoise, ce qu'en 1692, il avait fait pour celles de la municipalité. Un Edit les érigea en offices avec finance. Il fut publié et affiché ; mais ces places, cessant d'être le prix de l'estime et de la considération, personne ne voulut les payer. Celle de Procureur du Roi près le Corps municipal, créée dans le même temps, fut plus recherchée. Sa finance n'était que de 8,800 livres, et ses gages de 500 livres. M. Jean-Baptiste Morin s'empressa de l'acheter, et se fit recevoir le 9 mai. Quand à celle de Greffier de la municipalité, aucun acheteur ne se présentant, un arrêt du Conseil ordonna que la ville en paierait la finance, sauf à elle à disposer de l'office. On fut réduit à le vendre aux enchères, et le sieur Creté le prit pour la finance.

V. Jamais le printemps n'est attendu avec plus d'impatience et accueilli avec plus d'enthousiasme, qu'à la fin d'un hiver passé dans les privations, par suite de la stérilité de l'année précédente. Les promesses d'abondance que prodigue ordinairement cette belle saison, ne font pas cesser les maux, mais elles en font apercevoir le terme, et encouragent à les supporter. Il n'en fut pas ainsi dans les premiers mois de cette année. On était déjà à la fin de mai, et la terre semblait avoir perdu la faculté de produire. Depuis la fin de février, elle n'avait pas reçu du ciel une seule goutte d'eau, on ne voyait pas encore le moindre signe de végétation ; les blés, surtout, paraissaient anéantis ; le peuple était au désespoir. Tels sont les motifs exprimés par l'autorité municipale pour obtenir une procession générale *afin d'apaiser l'ire de Dieu*. Elle eut lieu le 31 mai, avec la plus grande solennité. L'Evêque, M. Colbert, y officia, et les châsses de toutes les églises y furent portées. Ces vœux furent certainement exaucés, car il n'existe rien dans les archives de la ville, qui donne à penser que, l'hiver suivant, on ait été obligé de porter aux pauvres aucun secours extraordinaire, et le prix des grains ne fut plus qu'au tiers de ce qu'il était au commencement de 1694.

VI. Une des quatre charges d'Assesseurs du Maire était restée vacante ; mais enfin elle fut achetée par le sieur Germain Joly, installé le 21 juillet.

VII. De toutes celles d'Officiers de la milice bourgeoise dans la province entière, il n'en avait pas été levé une seule ; en sorte que les Ministres déconcertés à ce sujet, mais habiles à réparer leurs désappointemens, firent rendre par le Conseil, le 20 juillet, un arrêt portant que ces Officiers seraient nommés à l'avenir comme par le passé, et que les villes paieraient les finances attachées à ces charges. Auxerre y fut compris pour 13,000 livres. V. 1695, n. II.

VIII. 15 août, assemblée des habitans ; MM. Gilloton, Assesseur, et Jacques Chrétien, Procureur, sont nommés Echevins.

IX. 30 septembre, MM. Baudesson, Maire, et Marie, Echevin, sont députés aux Etats convoqués à Dijon pour le 14 octobre.

X. 11 octobre, M. le Prince de Condé et M. le Duc d'Enguien, traversent la ville, se rendant aux Etats. Ils avaient couché à Régennes, où le Corps municipal avait été les saluer.

XI. 20 ; jusqu'alors l'Hôtel-Dieu n'avait pas eu de Chapelain ; le Curé de S.-Georges en était l'Aumônier : ce qui donnait souvent lieu à des plaintes, soit des Religieuses de l'Hôtel-Dieu, soit des habitans de S.-Georges. L'Abbé Brosse, Curé de S.-Sauveur, frappé de cet inconvénient, légua à l'Hôtel-Dieu, deux domaines situés dans la Puisaye, à la condition expresse qu'un Chapelain, nommé par les administrateurs, y serait entretenu pour se consacrer exclusivement au service des malades. V. 1721, n. II.

XII. Le père Courtot, savant Cordelier, fait imprimer et publier à Auxerre, un ouvrage intitulé *la science des mœurs*, qui fut fort estimé. Ce Religieux, né à Vézelay, avait fait son noviciat à Auxerre, et reçu le bonnet de Docteur à Paris. Depuis, il avait été Provincial de son ordre, puis Définiteur général à Rome, où il avait composé plusieurs ouvrages recherchés. Dans ses dernières années, il voulut revenir à Auxerre, où l'attirait la riche bibliothèque du couvent, et s'y chargea de la direction des novices jusqu'à sa mort.

1695.

I. 8 janvier, déclaration du Roi établissant la capitation, nouvel impôt, auquel sont assujettis tous les privilégiés, même les nobles et le clergé. Ceux qui ne paient que 20 sols de taille, ou moins, sont les seuls déclarés exempts. V. 1698.

II. La ville se trouvant obligée de payer 13,000 livres, pour les finances des offices de la milice bourgeoise, le Corps municipal voulut, en tirer quelque parti, en les mettant à l'encan. Les habitans furent assemblés à l'effet d'en délibérer, et approuvèrent la mesure, en réservant cependant l'office de Colonel pour être exercé par le Maire; et par ce moyen conserver à l'autorité municipale la surveillance immédiate de la milice. Les dix-huit autres Offices, savoir : un de Major, huit de Capitaine, et neuf de Lieutenant, furent vendus, et les prix réunis ne s'élevèrent qu'à 8,775 livres. Ces nouveaux Officiers prétèrent serment devant le Maire le 30 mars.

III. Le 10 avril, à la procession, et au sortir de S.-Germain, le Maire voulut, suivant l'usage, croiser les rangs des Conseillers pour reprendre le sien ; M. Seurat, l'un d'eux, l'arrêta par la manche, et encouragé par ses confrères, s'obstina à le repousser ; le Maire et le Corps de ville se retirèrent, dressèrent un procès-verbal, sur lequel les Conseillers furent traduits au Conseil du Roi. V. n. vi.

IV. 5 mai, testament de M. Edme Leclerc, Seigneur des Barres, Président au Présidial, par lequel il lègue à l'Eglise S.-Etienne 200 louis d'or, pour que chacun an, le jour de S. Edme, il y soit célébré un salut, et que les Magistrats du Bailliage qui y assisteront, reçoivent, savoir: les Dignitaires, les mêmes honoraires que ceux attribués aux Dignitaires du Chapitre, et les Conseillers, les mêmes que ceux payés aux Chanoines.

V. Le 3 et le 4 mai, M. l'Evêque présida l'assemblée du clergé du Diocèse, dans le chœur de la Cathédrale, et y fit arrêter la rédaction définitive des ordonnances synodales préparées dans l'assemblée de 1679, et observées jusqu'à celles de 1738.

VI. Le 24 juin, au moment où les habitans étaient réunis pour nommer aux quatre places devant bientôt vaquer dans le Corps municipal, M. Baudesson, qui présidait, leur donna lecture d'une lettre que le Prince de Condé lui avait écrite, dès le 28 mai, et dans laquelle il lui mandait qu'il savait qu'incessamment on aurait à élire un Gouverneur du fait commun, deux Echevins et un Procureur du fait commun; qu'il désirait que l'élection désignât pour ces places, MM. Liger, marchand; Martineau, Conseiller; Angelesme, Assesseur; et Caillat, Procureur; ajoutant qu'il voulait *que sa lettre fût rendue publique, et que ceux qui assisteraient à l'élection lui feraient plaisir de leur donner leurs suffrages.*

On vit généralement, dans cette singulière démarche du Prince, une preuve de la faveur dont M. Baudesson jouissait auprès de lui. On pensa que le procès au Conseil, entre les Officiers de la ville et ceux du Bailliage, par suite de la scène du 10 avril, ayant mis ces deux compagnies dans un état de vive hostilité, M. Baudesson avait craint que les nouveaux membres du Corps municipal ne se refusassent à suivre ce procès; et même que le Conseiller élu premier Echevin, ne fût ou M. Seurat, ou quelqu'autre Conseiller aussi ardent que lui; qu'en conséquence il avait imaginé de recourir ainsi à la bonté du Prince, en lui indiquant les quatre personnes qui lui convenaient le plus, et dont, à coup sûr, le Prince n'avait jamais entendu parler auparavant. Alors, comme aujourd'hui, on était disposé à se raidir contre l'ordre d'un Grand, s'il n'avait pas le droit de le donner; mais le Prince se bornait à émettre, en termes fort gracieux, son désir; il fallait se rendre. C'est ce que firent les habitans.

Quinze jours après, on apprit que, le 30, un arrêt du Conseil avait, par provision, maintenu l'usage invoqué par le Corps municipal, et fait défense aux Officiers du Bailliage d'innover à cet égard jusqu'au jugement du fond. V. 1701, n. IV.

VII. Le 6 août, un événement plus sérieux occupa les esprits. Sur la somme promise aux sieurs Collinet et Buissonnet, à raison des blés qu'ils avaient fournis à l'armée d'Allemagne pour les habitans, en 1694, il leur était encore dû 11,000 livres. Après des demandes réitérées et des ordres de l'Intendant, auxquels il n'avait pas été possible de satisfaire, un huissier de Dijon et quatre recors se présentèrent à l'Hôtel de ville, avec un nouvel ordre de l'Intendant, portant qu'on eût à leur payer de suite la somme due, sinon qu'ils étaient autorisés à saisir et vendre les meubles des quatre principaux habitans de la ville. A cette apparition, grande sensation dans Auxerre, surtout parmi les plus riches. La caisse municipale était vide, et les premiers en place n'avaient pas leur coffre en meilleur état; ce fut un marchand, le sieur Liger, Gouverneur du fait commun, qui apaisa l'orage. Il offrit de payer à l'instant 2,000 livres, si Collinet et Buissonnet accordaient de nouveaux délais à la ville pour le surplus; ce qui fut accepté par eux.

VIII. 16 août, service funèbre à la Cathédrale, pour M. le Comte César de Chastellux. Tout le Clergé et les Corps séculiers y assistèrent.

1696.

I. Les Officiers commensaux qui avaient perdu, devant le Conseil du Roi, l'injuste procès par eux gagné au Bailliage, sur les taillables, en 1689, renouvelèrent leurs efforts, et se pourvurent auprès de l'Intendant, en modération des cotes qu'on leur avait imposées. Le Corps municipal, à qui leur requête fut communiquée pour avoir son avis, l'exprima rudement, dans une délibération du 8 février; voici sa réponse : « ils sont les plus riches de la ville ;
» ils n'ont acheté des charges sans service, que pour
» s'affranchir des impôts; enfin, leur demande fait
» horreur au pauvre peuple. » L'Intendant rejeta leur réclamation.

II. 5 avril, M. Morin, depuis deux ans, Procureur du Roi de la ville, cherchait l'occasion de prouver aux habitans qui en doutaient, l'utilité de son ministère; et crut l'avoir trouvée en déchiffrant les plus vieux titres des archives. Dans un acte de 1260, il put en lire assez pour se convaincre que les habitans avaient le droit de pêcher dans le biez des moulins des Religieux de S.-Marien. Glorieux de sa découverte, il s'empressa de reprendre possession pour les habitans, en faisant pêcher dans le biez. Les Religieux, étonnés, examinèrent aussi le titre de 1260 ; et l'étudiant mieux que M. Morin, ils trouvèrent qu'en effet il concédait la pêche aux habitans, mais à la charge de fournir à l'Abbaye, chaque année, six livres de cire blanche ; ce qui était alors une charge énorme. Ils en prévinrent les Officiers municipaux, qui n'hésitèrent pas à désavouer M. Morin, et renoncèrent au droit, par une délibération expresse.

III. Quels que fussent les soins du Corps municipal pour éviter que la ville ne retombât dans l'état de pénurie et d'arriéré dont elle était sortie en 1678 et 1692, les exigences du gouvernement l'y replongeaient sans cesse. Ainsi, le 19 août, on reconnut que, malgré les octrois obtenus, et l'emploi fidèle de leur produit, il était encore dû 10,000 livres et plus sur l'ancien arriéré ; 12,000 livres exigées par le fisc, pour le rachat des cens et rentes de la Communauté des habitans ; 15,400 livres également demandées pour la suppression des offices de jurés mouleurs et mesureurs de charbon, dont personne n'avait voulu ; et 6,339 livres restant dues aux sieurs Collinet et Buissonnet, sur le prix des blés par eux fournis. Toutes ces sommes étaient dues à des traitans, qui, alors, comme aujourd'hui, savaient faire payer le prix du temps. Il devint donc indispensable de déterminer les habitans à supporter encore une augmentation aux octrois ; sans quoi on serait exposé, chaque jour, à des mesures de rigueur, comme celle employée l'année précédente, par les sieurs Collinet et Buissonnet. Les habitans assemblés, le 30 décembre, adhérèrent, non sans difficulté, à la proposition du Corps municipal. V. 1697, n. 1.

IV. Au mois de novembre, le Bailliage enregistra et fit publier et afficher le fameux Edit sur les armoiries ; vrai chef-d'œuvre de fiscalité, en ce qu'il procura au trésor beaucoup d'argent, sans que le peuple y ait contribué. Mais la Noblesse se vit obligée d'en donner, à peine de perdre ses écussons et la faveur de la Cour. Le Clergé n'eut pas même la faculté de s'en affranchir ; le plus petit bénéficier fut obligé de faire enregistrer ses armes s'il en avait, et d'en prendre s'il n'en avait pas. Il en fut de même des Provinces, des Villes et même des Communautés d'arts et métiers. Quant aux Bourgeois, ils étaient seulement autorisés à en prendre ; mais la modicité du droit fixé pour eux à 20 livres seulement, était une tentation adroitement offerte à l'orgueil, et à laquelle, dans l'idée de s'assimiler aux Gentilshommes, succombèrent beaucoup de familles d'Auxerre, comme dans les autres villes ; dont les descendans ont encore les cachets, signes irrécusables de l'amour propre de leur auteur.

1697.

1. Le 22 janvier, la demande des habitans, à l'égard des nouveaux octrois, fut accueillie par le Con-

seil, qui les autorisa à lever, pendant huit ans et six mois, dix sols par muid de vin vendu en gros ou en détail dans la ville; cinq sols pour l'entrée de chaque moule de bois; par charretée en proportion; et vingt sols par charretée de charbon. Il n'y eut d'exempts que les Hôpitaux, le Collége et les Capucins. Cette perception fut affermée à Dijon, le 27 avril, au sieur Roch Liger, d'Auxerre, moyennant 40,000 livres, payables moitié dans un mois, et l'autre moitié six mois après.

II. 12 mars, Déclaration du Roi portant que les Etats de Bourgogne ont racheté tous les offices de Maire, Echevin et Assesseur; qu'en conséquence, les Elus généraux sont autorisés à faire exercer ces offices par des personnes dont les commissions seront révocables. Par l'effet de cette mesure, M. Baudesson fut remboursé par la province des 20,000 liv. de sa finance. Il fut néanmoins maintenu dans ses fonctions par les Elus généraux; mais il perdit sa perpétuité, et ses gages de 800 livres.

III. Nouvelles dissensions entre les habitans, au sujet de la taille. Le *rôle de pied*, arrêté en 1682, avait pu, pendant quelques années, servir de base à la répartition des impôts, et inspirer de la confiance aux contribuables; mais les changemens survenus depuis dans le personnel et la fortune des habitans, avaient de nouveau livré cette difficile opération à l'arbitraire des asséeurs, et fait renaître tous les soupçons, tous les murmures. Une seconde cause irritait encore les esprits. L'arrêt du Conseil du 26 février 1680, qui, sur la demande même des Officiers municipaux et des habitans, avait ordonné que le recouvrement de la taille fût fait par des collecteurs choisis dans chaque paroisse, et responsables seulement du contingent de cette paroisse, par une négligence impardonnable, ou dans des vues malveillantes, n'avait pas été exécuté; on avait continué à n'en charger que quatre personnes, et les désordres que le Conseil avait voulu faire cesser, désolaient plus que jamais la population.

Un parti nombreux, dirigé par les sieurs Louis Blonde et Jean Manicat, s'éleva contre cet état de choses. Leurs réclamations auprès du Corps municipal n'ayant pas été écoutées, ils s'adressèrent aux Elus généraux de la province; et dans leur plainte, ils accusèrent les Officiers de la ville de s'être, au mépris des réglemens, emparés de l'assiette de la taille, en faisant opérer les quatre asséeurs sous leurs yeux, prenant voix délibérative, et l'emportant toujours par leur influence comme par leur nombre; ajoutant que, de ce travail irrégulier, il résultait des rôles d'une injustice révoltante. Ils se plaignaient aussi de ce qu'un des quatre asséeurs était toujours pris parmi les Conseillers du Bailliage, quoiqu'ils fussent parvenus à se faire exempter de la taille.

Dès le 29 mars, les Elus généraux, frappés de la gravité de ces faits, et voulant s'assurer de leur exactitude, ordonnèrent que cette plainte fût soumise aux habitans réunis en assemblée générale, sous la présidence de l'Intendant, M. Ferrand. Peu de jours après, il vint à Auxerre, se fit représenter les rôles, ainsi que les procès-verbaux de répartition; fit expliquer les Magistrats inculpés sur les reproches qui leur étaient faits, et enfin présida l'assemblée. Elle fut très-nombreuse, et à peine la lecture de la plainte était-elle achevée, qu'une immense majorité, adhérant aux demandes qu'elle contenait, vota des remercîmens à ceux qui avaient eu le courage de faire connaître la vérité. Sur le vu de cette délibération et l'avis de l'Intendant, les Elus généraux en référèrent au Conseil. V. n. VII.

IV. Au mois de mai, au moment où l'on se félicitait d'avoir, par de grands sacrifices, affranchi la ville de ses dettes, on eut le chagrin d'en subir de nouvelles. On reçut l'ordre de fournir encore 1,000 bichets de blé pour l'armée; ce qui, d'après les tables de M. Garnier, a dû coûter 14 à 15,000 livres.

V. 20 juin, MM. Baudesson, Maire, et Martineau, premier Echevin, sont députés aux Etats convoqués à Dijon pour le 4 juillet.

VI. 24, assemblée générale dans laquelle sont élus MM. Edme Dormoy, Gouverneur du fait commun, François Grasset, Procureur, et Lemuet, Conseiller, Echevins.

VII. 13 août, arrêt du Conseil, qui, sur l'avis des Elus généraux, ordonne qu'à l'avenir, et à commencer par l'année présente, chacune des huit paroisses de la ville élira deux collecteurs sachant lire et écrire; que les quatre paroisses des faubourgs en éliront chacune un, sachant aussi lire et écrire; ce qui se fera tous les ans le dimanche avant la S. Jean; que dans l'assemblée, devant toujours avoir lieu à cette époque, les habitans éliront quatre prudhommes pris alternativement entre tous les taillables, dont sera nécessairement un Avocat ou un Procureur, et jamais un Conseiller, à moins qu'il ne s'agît d'une imposition dans laquelle les Conseillers dussent être compris, pour ensuite l'assiette de la taille être faite par ces quatre prudhommes, concurremment, pour chaque paroisse, avec les collecteurs choisis par elle. L'arrêt ordonne que le Maire, ou celui qui le remplacera, pourra assister à l'opération, mais sans voix délibérative; et fait défense aux asséeurs et collecteurs de se cotiser, ainsi que leurs parens et alliés, jusqu'au 4e degré, à une moindre somme que celle qu'ils avaient les deux années précédentes, proportionnellement à la somme imposable, sous peine de 2,000 livres d'amende.

VIII. Les ressources extraordinaires qu'à chaque instant les Ministres se créaient, n'avaient pas seulement pour effet la misère du peuple, mais encore de l'irriter contre les Magistrats. Ceux-ci, pour satisfaire à ces exactions, étaient contraints de les reverser sur la population; ce qui pour les ignorans, comme pour les malveillans, était une occasion de supposer des prévarications. Les Officiers municipaux l'éprouvèrent le 19 octobre. Une délibération du 20 porte « que, la
» veille, quelques particuliers ont tenu des propos
» injurieux sur leur compte; qu'un certain habitant,
» dans une académie, a proféré qu'ils volaient et pil-
» laient la ville; qu'ils étaient tous des maltôtiers,
» des caboliers. » Ils arrêtèrent que ces calomniateurs seraient poursuivis. Il est probable qu'une punition fut infligée; mais, dans de telles circonstances, le remède

augmente le mal, en irritant davantage ceux qui souffrent.

IX. Le 5 décembre enfin, un remède plus efficace fut annoncé. La paix conclue à Riswick, entre le Roi, la Hollande, l'Espagne et l'Angleterre, les 20 et 21 septembre, fut publiée avec la solennité accoutumée. Dans l'espoir d'un meilleur sort, le peuple put se livrer aux réjouissances, avec plus de cordialité que lorsqu'il y était invité pour des victoires. Le soir du même jour, ces réjouissances devaient se terminer par un feu d'artifice, préparé sur la place S.-Etienne; et les habitans s'y rendirent en foule. Mais la guerre commencée en 1695, entre le Bailliage et le Maire, n'était pas encore terminée. A l'heure convenue, le Corps municipal alla chercher l'Evêque, pour, concurremment avec le Maire, allumer le feu. L'Evêque étant arrivé, le Lieutenant général, M. Marie, prétendit que c'était à lui à concourir avec l'Evêque, à cette cérémonie. A ce sujet, violent débat, pendant lequel le Maire fit reporter à l'Hôtel de ville toutes les pièces d'artifices, au grand désappointement du public. Singulière manière de célébrer la paix!

X. 25 décembre, publication et affiche d'un arrêt du Conseil, du 17, qui, attendu la paix récemment conclue, ordonne que la capitation ne sera levée que pour les trois premiers mois de 1698.

1698.

I. La paix publiée le 15 décembre n'était pas générale, et laissait encore des inquiétudes à l'égard de l'Empereur, qui n'y avait pas accédé ; mais le 30 janvier, on reçut le traité conclu avec lui le 30 octobre, et sur-le-champ, il fut publié. Cette fois, l'enthousiasme fut vif et sincère, la France n'avait plus d'ennemis armés contre elle ; heureuse position dont elle avait cessé de jouir depuis plus d'un demi-siècle. On conçut, d'autant mieux, l'espérance d'un heureux avenir, que la lettre du Roi à l'Evêque d'Auxerre, pour le Te Deum, et qui fut lue au prône des paroisses, contenait ces paroles remarquables : « le soulagement » que mes peuples en ressentiront, et le plaisir que je » me fais de les rendre heureux, me dédommagent » suffisamment de ce que je fais pour eux ; et l'éclat de » la plus grande gloire ne l'emportera jamais sur le » désir que j'ai de récompenser le zèle que mes sujets » m'ont fait paraître. » Quand de telles paroles retentissaient alors dans un cœur français, tous les maux étaient oubliés.

Le soir de cette heureuse journée, le public vit avec plaisir rétablir, sur la place S.-Etienne, les pièces d'artifices si brusquement soustraites à son divertissement, le 5 décembre. Tout donnait à espérer qu'on s'entendrait mieux. L'Evêque était absent, le Maire et le Lieutenant général avaient tous deux occasion d'exercer ce qu'ils regardaient comme une précieuse prérogative. Mais il y eut encore désappointement. M. Marie, Chanoine, prétendit représenter l'Evêque, et à ce titre, devoir allumer le feu, avec son frère, le Lieutenant général. Le Maire soutint que les prérogatives étaient personnelles, le Lieutenant général fut de l'avis de son frère. Envain des hommes sages voulurent, par un expédient, concilier ces pitoyables susceptibilités; aucun des contendans ne voulut céder, et le Maire fit, encore une fois, reporter à l'Hôtel de ville les pièces d'artifice. En sorte que le public n'eut d'autre divertissement que le spectacle d'un débat aussi ridicule.

II. 24 juin, élection de MM. Etienne Léger, Avocat, et Didier Dubiez, marchand, nouveaux Echevins.

III. 17 novembre, publication et affiche d'une ordonnance de l'Intendant, faisant défense de faire sortir de la province aucuns grains ni légumes, et prononçant la nullité de tous marchés qui auraient pour objet d'en faire sortir. En effet, à Paris, le prix moyen du froment, dans les dix années antérieures, ne s'était élevé, malgré l'excessive cherté de 1694, qu'à 24 livres 14 sols le setier; mais les récoltes de 1697 et 1698 ayant été très-médiocres, le prix du froment avait monté à 27 livres 16 sols en 1697; et au moment de l'ordonnance, il était déjà à 33 livres 10 sols. L'hiver suivant, il fut porté à 41 livres 17 sols. Néanmoins, cette mesure donne à croire que les récoltes de la province pouvaient nourrir ses habitans, puisqu'elle se séparait ainsi des autres. On la verra souvent prendre cette précaution; d'où je conclus que la Bourgogne, quoiqu'une partie de son territoire fût mise en vigne, avait, dans la proportion des populations, plus de blés que l'Ile de France. En comparant, en effet, le petit nombre de mercuriales que m'ont fourni nos archives, avec la table de M. Garnier, j'ai toujours trouvé le prix du froment beaucoup moins cher à Auxerre qu'à Paris.

IV. 20 décembre, arrêt du grand Conseil au profit de M. l'Evêque Colbert, contre le Duc de Nevers, qui, nonobstant l'hommage rendu par son père, en 1661, à M. de Broc, voulait méconnaître la suzeraineté de l'Evêque d'Auxerre, sur les Baronies de Donzy et de S.-Verain; et qui fut condamné à lui en faire également hommage, avec aveu et dénombrement.

1699.

I. Le 18 mars, sur la demande de l'Evêque, les Officiers municipaux firent démolir une arcade qui faisait jadis la clôture du Chapitre, en descendant de l'Evêché à la rivière, du côté de S.-Germain, ainsi qu'un cabinet qui était au-dessus. Cette lourde construction s'appuyait, d'un côté sur le mur de l'Archevêché, de l'autre sur celui de la maison de l'Abbé Chapotin. Le Chapitre, en consentant à cette destruction, pria l'Evêque de laisser dans son mur un signe de cette arcade; il y est encore.

II. Election d'un Gouverneur du fait commun, M. Jean Gentil, marchand, et d'un Echevin, M. Loiset, Procureur.

III. Le 29 août, dans la soirée, grande agitation parmi les vignerons. Un arrêt du Conseil, en date du 13 mai, autorisait le Corps municipal, conformément aux désirs des Bourgeois, à établir des gardes-vigniers, et à lever sur la Communauté une taille spéciale à ce sujet. Un jour était indiqué pour faire l'adjudication de cette garde; lorsque les vignerons, dont elle avait pour objet de surveiller la conduite, s'irritèrent et se réunirent dans le dessein de s'y opposer. Des attroupemens se formèrent dans plusieurs quartiers, et la police, informée qu'ils s'étaient donné rendez-vous au grand cimetière, le fit fermer, ce qui les contraria, sans les décourager. On sut que, le lendemain, ils devaient s'attrouper ailleurs, pour concerter leur révolte. Le 20, dès le matin, les Officiers municipaux, après avoir entendu les rapports de tout ce qui avait été fait et projeté par les séditieux, députèrent MM. Liger et Loiset, Echevins, auprès de M. le Lieutenant général, Marie, et du Procureur du Roi, pour les prévenir que, si on ne se hâtait pas de se mettre en garde contre les attroupemens, ils finiraient par *une émotion populaire*. En même temps, tous les Capitaines de quartier furent convoqués à l'Hôtel de ville. Là, il fut convenu que chacun des Magistrats et des Capitaines surveillerait dans son quartier les principaux moteurs de ces mouvemens, qui étaient connus; qu'au premier signe de rassemblement toute la milice serait sous les armes, et tomberait sans pitié sur les factieux. Ces dispositions, prises et annoncées hautement, déconcertèrent les plus obstinés, et rendirent le calme à la ville, tenue pendant vingt-quatre heures dans de vives alarmes.

Néanmoins, la garde des vignes n'eut pas lieu. Cette mesure, qui était en vigueur dès le XIVe siècle, (V. t. I., p. 241.) et que les guerres civiles seules avaient fait abandonner, était alors si ardemment désirée par les propriétaires, qu'ils s'étaient exposés à la haine populaire pour l'obtenir; elle leur fut cependant refusée par les Officiers du Bailliage. Ces Magistrats plus intimidés des menaces des vignerons, firent publier et afficher une ordonnance contenant défense à tout habitant de se rendre adjudicataire de la garde, aux Officiers municipaux d'en faire l'adjudication; et à tous autres de prendre la qualité de vigniers.

1700.

I. 3o avril, assemblée provinciale des Jacobins dans leur couvent d'Auxerre. Pendant huit jours, un d'eux fit un sermon à la Cathédrale; et le huitième, ils y vinrent tous en procession, célébrer une grand'-messe.

II. Le 23 mai, le Corps municipal s'assembla à l'effet de nommer deux députés aux Etats de Bourgogne, convoqués à Dijon pour le 22 juin. L'usage immémorial était de déférer cette mission honorable au Maire, et au premier Echevin. M. Morin, Procureur du Roi, qui probablement aspirait à cet honneur, fit une harangue pour attaquer cette habitude, non à l'égard du Maire, il ne lui fallait qu'une place; ce fut celle du premier Echevin qui fut l'objet de sa dissertation. Il prit pour texte: *homo liber è naturâ*, *Dieu a fait l'homme libre de sa nature*, et partit de là, pour faire écrire, en six pages *in-folio*, sur le registre, une invitation à ses collègues de s'élever à la hauteur de son indépendance, en nommant, pour second député, tout autre que le premier Echevin. On ne répondit à son savant discours, qu'en portant tous les suffrages sur M. Lemuet, premier Echevin.

III. Il s'était introduit pour l'assiette des tailles,

par suite de la délibération du Corps municipal, du 13 avril 1679, un usage que les contribuables regardaient, avec raison, comme un abus de pouvoir. Les asséeurs réduisaient toujours à vingt sols la cote de celui qui parvenait à avoir un emploi à l'Hôtel de ville, quelle que fût sa fortune. Déjà plusieurs contribuables s'étaient réunis et avaient porté plainte contre les asséeurs ; le procès était suivi à la Cour des Aydes. Pareille demande fut formée contre les asséeurs de 1699, et dénoncée aux Officiers municipaux le 24 juin. Ils la firent joindre au procès subsistant. Les lenteurs et les dépenses de la procédure découragèrent les plaignans, et les Officiers municipaux eurent la prudence de laisser périmer l'instance.

IV. 1er juillet, élection de trois Echevins, MM. Claude Joly, Avocat, Henri Chapotin, marchand, et Joseph de la Châsse, Conseiller.

V. La cherté des grains dont la France était affligée depuis deux ans, et la médiocrité de la nouvelle récolte, ne permettant pas d'en espérer la diminution, la police de Paris prit le parti d'expulser de cette ville les innombrables mendians qui en encombraient les rues et les églises ; et le 23 août, les Officiers municipaux furent informés de cette mesure par le Ministre, avec ordre de fournir à ces malheureux, qu'on faisait retourner dans leur pays, du pain et un abri pendant vingt-quatre heures. Partout on prit la même mesure, pour forcer les mendians à rester dans leur pays ; là, le Gouvernement voulut que ceux qui seraient incapables de travail fussent nourris par les habitans, et que les autres fussent punis de leur misère volontaire par l'emprisonnement. Le 23 octobre, les Officiers municipaux reçurent de l'Intendant l'ordre de faire le recensement des pauvres valides et invalides nés et résidant dans la ville, et de pourvoir aux besoins de ceux qui ne pouvaient pas travailler. S'étant concertés avec les Curés pour ce recensement, ils ne trouvèrent que cent onze pauvres à nourrir. Aussitôt ils arrêtèrent que tous les privilégiés seraient invités à se réunir aux autres habitans, pour cette bonne œuvre. En attendant, le Receveur de la ville fut autorisé à faire les avances nécessaires aux personnes chargées, dans chaque paroisse, de distribuer les secours. Son compte fait connaître que ces dépenses s'élevèrent à 1,579 livres 6 sols.

VI. Un Edit avait créé des offices de Lieutenans généraux, Procureurs du Roi et Greffiers de police, dans plusieurs villes, et notamment à Auxerre; mais les Etats de la province les ayant achetés dans tout le ressort, une Déclaration du Roi, du mois d'août, réunit ces offices à ceux des Maires, Procureurs du Roi et Greffiers des villes. Elle fut publiée et affichée à Auxerre, le 10 octobre. Depuis ce moment jusqu'à la révolution, la police a appartenu en première instance au Corps municipal, et sur appel au Bailliage.

CHAPITRE XIV.

DIX - HUITIÈME SIÈCLE.

1701.

I. Au mois de mars, Jubilé pour l'exaltation du Pape Innocent XII.

II. 12 mars, Déclaration du Roi qui rétablit la capitation à partir du 1ᵉʳ janvier; la guerre se rallumant plus violemment que jamais, pour la couronne d'Espagne. Le contingent assigné à la ville a du être énorme. Je ne l'ai pas découvert; mais celui payé par les Officiers du Présidial et ceux de la Chancellerie, ainsi que par les veuves des Officiers décédés, faisant en tout soixante familles, a été de 4,132 livres 13 s. Le clergé du Diocèse fut imposé à 32,333 liv.; dont celui de la ville eut à payer 11,506 livres.

III. Le 10 avril, une lettre de l'Intendant au Maire annonça que, dans quelques mois, M. le Duc de

Bourgogne et M. le Duc de Berry, petits-fils du Roi, passeraient par la ville. Les Officiers municipaux compulsèrent les archives pour régler le cérémonial à observer; et l'on s'arrêta à celui qui avait été suivi pour Louis XIII, en 1631, et Louis XIV, en 1650. Ils ne négligèrent, surtout, pas l'article qui, dans ces circonstances, faisait habiller à neuf, et aux frais de la ville, tout le Corps municipal. On fit aussitôt emplette de robes violettes pour les neuf Officiers municipaux, y compris le Secrétaire, et de *juste-au-corps de drap gris, avec doublure et paremens de drap bleu,* pour les 33 hommes de la garde municipale, qui eurent aussi des *chapeaux bordés de galons d'or.*

IV. 3 août, arrêt du Conseil qui improuve la conduite des Officiers du Bailliage, dans la scène du 10 avril 1695; ordonne qu'à l'avenir ils laisseront, au retour d'une cérémonie, reprendre les rangs que chacun y avait en allant, et les condamne en 1,100 livres de dépens.

V. 24 juin, élection de MM. Dubiez, Gouverneur du fait commun, et Edme Mérat, Echevin.

VI. 4 novembre, les marchands merciers et joailliers renouvelèrent les tentatives tant de fois faites en vain, pour s'établir en maîtrise ou jurande, malgré l'arrêt de 1666; et se prévalant du texte équivoque de plusieurs Déclarations du Roi, ils s'adressèrent à l'Intendant pour y être autorisés. Les Officiers municipaux, consultés par l'Intendant, répondirent que ces Déclarations du Roi ne concernaient que les villes, où déjà les maîtrises étaient établies, mais qu'un des priviléges de celle d'Auxerre était la liberté du commerce ; liberté précieuse, qui, par le concours et la rivalité de ceux qui se livraient au trafic, procurait au consommateur plus de facilité dans le choix des marchandises, et des prix plus modérés. L'Intendant rejeta cette demande.

VII. Depuis six mois et plus, tous les préparatifs pour la réception des Princes étaient faits, et l'on désespérait de les voir, lorsque, le 19 novembre, un Officier du Duc de Bourgogne vint annoncer qu'il arriverait le jour même, et ne s'arrêterait que le temps de changer de chevaux ; qu'en conséquence, il ne voulait ni présent, ni harangue, ni même que la milice prit les armes. En effet, peu d'heures après, il traversa la ville ; le Maire et le Corps municipal ne purent que l'attendre à la porte du pont, où devait se faire le relais, pour lui offrir les hommages des habitans. On s'en consola le surlendemain ; le Duc de Berry se rendit à l'invitation de M. l'Evêque, chez lequel il dîna, et passa la nuit. Il se prêta à son entrée, comme à son départ, à tout le cérémonial dont on ne lui épargna pas le moindre détail, pas même les mauvais vers écrits au bas des portraits du Roi, du Dauphin, et de ses deux fils, qui avaient été placés sous un dais, devant l'Hôtel de ville. Les voici :

> Le Roi, notre soleil, se peint en Monseigneur,
> Monseigneur dans ses fils, et tous, comme un tonnerre,
> Faisant sortir l'Iris du sein de la terreur,
> Ils assurent la paix, par l'effroy de la guerre.

1702.

I. La capitation est réduite aux deux tiers, et elle est restée à peu près à cette quotité jusqu'à la révolution.

II. Le 23 février, le Subdélégué du Prévôt des marchands de Paris, vint conférer avec les Officiers municipaux sur des plaintes nombreuses portées à ce Prévôt, au sujet des fûts dans lesquels le commerce de Paris recevait les vins des vignobles d'Auxerre, de Chablis et de Tonnerre, et qui souvent n'avaient pas la capacité réglée par l'ordonnance d'Henri II, du 16 octobre 1557. Pour réprimer cet abus, et mettre la police des villes où les tonneaux étaient fabriqués, à portée d'en surveiller la fabrication, il avait fait faire de nouvelles expériences sur l'étalon-matrice de la pinte, ainsi que du setier qui doit en contenir huit, et envoyait aux Magistrats de ces villes une pinte et un setier, frappés des armes de la ville de Paris, recommandant de veiller à ce que la contenance des tonneaux fût à raison de 36 setiers le muid, marc et lie compris, le demi et le quart en proportion.

Le 16 mars, les Officiers municipaux, avec trois tonneliers et deux anciens courtiers, firent également des expériences pour comparer l'ancienne jauge avec ces nouvelles mesures envoyées par le Prévôt des marchands; elle s'y trouva parfaitement conforme. Ils se bornèrent, en conséquence, à publier une ordonnance par laquelle il fut enjoint à tout fabricant de tonneaux, de se régler sur cette jauge, sous peine de confiscation ; et annoncé que les ouvriers trouveraient, en tout temps, à l'Hôtel de ville, quatre cercles de fer leur indiquant les justes dimensions à observer. V. 1715, n. 1.

Dans le même temps, les Officiers municipaux s'occupèrent des mesures dont on se servait pour les grains ; et reconnaissant qu'il n'y avait pas entre elles la conformité désirable, qu'elles variaient soit dans le diamètre, soit dans la hauteur, ce qui occasionnait de la différence dans la coupe, ils ordonnèrent qu'elles seraient ramenées à des dimensions uniformes.

III. 24 juin, élection de deux Echevins, MM. Edme Chrétien, Avocat, et Pierre Robinet, marchand.

IV. 30 août, installation de M. Etienne Liger, Procureur du Roi de la ville, acquéreur de l'office de M. Morin.

V. L'exemption de la taille, dont jouissaient les Officiers du Présidial, en 1697, leur avait été retirée ; mais le 17 décembre, une Déclaration du Roi les en affranchit de nouveau, à la charge de verser au trésor royal un supplément de finance. Avant même d'avoir fait ce versement, ils s'empressèrent de faire signifier aux asséeurs de la taille pour 1703, une opposition à ce qu'ils y fussent imposés. Les asséeurs ayant déféré cette opposition aux Officiers municipaux, il fut arrêté qu'ils seraient imposés jusqu'à ce qu'ils eussent justifié du paiement auquel était attachée leur exemption.

1703.

I. Le 21 mars, les Officiers du Bailliage appelèrent à délibérer avec eux deux Echevins, le Syndic des Avocats, M. Etienne Liger, et le Syndic des Procureurs, M. Etienne Grasset. Il s'agissait de faire des fonds à l'effet de mettre enfin un terme au procès contre le Duc de Nevers pour le Donziais, lequel était pendant au Parlement depuis 151 ans. (V. 1605, n. II.) La ville avait, en 1684, contribué aux dépenses pour un quart, mais les Echevins, se fondant *sur la dureté des temps et l'accablement du public*, déclarèrent qu'elle ne pouvait plus en payer que le sixième; les Greffiers s'étaient déjà soumis à en supporter également un sixième; ces offres étant acceptées, on convint que les Officiers du Bailliage fourniraient trois sixièmes, et que les Avocats, conjointement avec les Procureurs, resteraient chargés du dernier sixième. On ajouta que, si le Duc de Nevers offrait une indemnité acceptable, elle serait répartie dans les mêmes proportions. Enfin, M. Chrétien, Avocat, fut délégué par tous pour suivre, à Paris, ce procès jusqu'à jugement définitif, et ses honoraires furent réglés d'avance, à raison de cinq livres par jour. V. 1738, n. II.

II. 20 avril, installation de M. Robinet, Lieutenant du Maire, et de M. Robinet, son père, Commissaire aux revues. Ces deux offices avaient été créés au mois de mai 1702, et achetés par MM. Robinet, au mois de décembre. Il y eut de grandes difficultés pour le rang que ce Lieutenant prendrait dans le Corps municipal. La nature de ses fonctions, et le texte de l'Edit de création, le lui donnaient immédiatement après le Maire. Les deux Gouverneurs et les quatre Echevins protestèrent de se pourvoir au Conseil, mais, ou ils furent assez sages pour n'en rien faire, ou leur réclamation fut rejetée ; car M. Robinet resta le second dans l'ordre municipal. Une scène plus ridicule, parce qu'elle fut publique, eut lieu le même jour. Les Officiers de tous les corps venant à la Cathédrale assister au Te Deum pour la prise du fort de Kell, le Lieutenant du Maire s'y présenta, couvert d'une superbe robe de satin violet; et le Maire eut la sottise, non-seulement de s'en offusquer, mais d'exprimer hautement dans l'Eglise son mécontentement. Il prétendit qu'il n'était pas possible qu'il y eût une aussi complète similitude entre son Lieutenant et lui. A ces paroles amères, le Lieutenant répondit sur le même ton. Chacun d'eux dressa un procès-verbal, et n'y pensa plus ensuite, que pour gémir d'avoir ainsi donné au public l'occasion de rire à ses dépens.

III. Au printemps, les Officiers municipaux, autorisés par l'Intendant, firent construire la partie de l'Hôtel de ville qui donne sur la cour; addition qui, dès 1635, avait été jugée nécessaire. Ils employèrent à cette construction tous les matériaux des guettes et des regards de l'aquéduc de Vallan, qu'on avait conservés jusque là, quoique, depuis 35 ans, on eût celui de Ste-Geneviève: ce qui prouve combien les habitans ont eu de peine à se réduire à ce dernier. Indépendamment de ces matériaux, la dépense s'éleva à 2,060 livres.

IV. 16 mai, le Duc d'Enguien arrive à Régennes, se rendant aux Etats convoqués à Dijon pour le 20. Toutes les autorités y allèrent lui présenter leurs hommages; le lendemain, il ne fit que traverser la ville, et le même jour, M. le Maire et son Lieutenant furent choisis par le Corps municipal pour suivre le Duc aux Etats.

V. 1er août, installation de MM. Claude Caillaut, Assesseur, Laurent Borne, marchand, Gouverneur du fait commun, et Mousse, Procureur, Echevin.

VI. 2 décembre, affiche et publication d'une Déclaration du Roi, faisant nouvelle défense au Corps municipal d'envoyer des députés, soit à Paris, soit ailleurs, sans une autorisation expresse des habitans, réunis en assemblée générale, et approuvée par l'Intendant.

1704.

I. Au mois de février, des Officiers allemands, faits prisonniers à la bataille de Spire, sont reçus à Auxerre, pour y être gardés par la milice bourgeoise.

II. Ouverture du jubilé pour le nouveau siècle; il dura deux mois.

III. 6 juillet, M. l'Evêque, André Colbert, tombe malade à Régennes, et expire le 19. Son corps, le lendemain, fut apporté à Auxerre, et inhumé dans le sanctuaire de la Cathédrale, avec le cérémonial accoutumé.

IV. Au mois d'août, Auxerre eut encore à sa garde 300 prisonniers de guerre de la garnison de Verceil.

V. Le 10, installation de M. Collinet, Echevin, élu dans l'assemblée du 24 juin.

VI. Le 18, M. Charles-Daniel de Lévi de Tubière de Caylus est nommé par le Roi à l'Evêché d'Auxerre.

Aussitôt que la nouvelle en parvint à laville, le Corps municipal députa M. Baudesson, pour lui présenter les félicitations des habitans. Le Chapitre de S.-Etienne lui envoya également une députation, composée du Grand-Archidiacre, du Trésorier et de deux Chanoines. V. 1705, n. II.

VII. Un édit du mois de février ayant créé des Inspecteurs aux boucheries, avec des droits considérables sur l'abattage des bestiaux, et réservé aux villes la faculté de lever ces offices, en en payant la finance, qui, pour Auxerre, était de 24,750 livres, les habitans assemblés crurent qu'il était de leur intérêt d'user de cette faculté, et d'affermer ensuite la perception des droits. La ville en devint effectivement propriétaire, et les afferma par adjudication au sieur **Thiriot**, pour douze années, à la charge par lui de payer la finance. Mais cet adjudicataire éprouva tant d'opposition, de résistance et de fraudes, de la part des bouchers, qu'il prit la fuite sans avoir rien payé. Vainement voulut-on procéder à une nouvelle adjudication sur sa folle-enchère, les bouchers s'étaient rendus si redoutables, que personne ne se présenta, en sorte que les Officiers municipaux se virent contraints, le 9 septembre, de prendre pour le compte de la ville l'adjudication, sous le nom de Jacques Frappé, et de demander au Conseil un octroi pour payer la finance de l'office, ce qui fut approuvé par les habitans. Pour percevoir les droits, et vaincre les menées des bouchers, on établit un abattoir dans la rue du Cul-de-sac, près de la boucherie, et quatre commis, habitués à cette petite guerre, furent chargés de la recette des droits et de la surveillance des bouchers. Il y eut alors tant d'exactitude et de sévérité à leur égard, qu'ils proposèrent par abonnement de payer annuellement à la ville 2,800 livres pendant douze années. Leur proposition ayant été acceptée, le traité fut signé, le 18 décembre, par 17 bouchers, qui s'obligèrent solidairement. La plupart étaient les ancêtres des familles actuelles de la boucherie. Ce sont des Tangy, Bijon, Hérisson, Bourdin et Defrance.

1705.

I. Le 3 mars, un arrêt du Conseil fit droit à la demande des habitans du 9 septembre, et autorisa les Officiers municipaux à établir l'octroi nécessaire pour payer la finance des offices d'Inspecteurs aux boucheries.

II. Le 21, toutes les autorités et la Bourgeoisie en armes allèrent recevoir, à la porte S.-Simon, le nouvel Evêque, M. de Caylus, sacré à Paris, le 1er du mois, et le conduisirent à l'abbatiale de S.-Germain. Le soir, le Chapitre, en corps, alla lui présenter ses hommages, et lui offrir, suivant l'usage, douze pains et douze bouteilles de vin. Le lendemain, dimanche, il fut intronisé. Le cérémonial de cette intronisation étant le premier que j'aie découvert, j'ai cru devoir le rapporter comme un document historique méritant d'être connu. Très-certainement, il n'est que la copie fidèle de tout ce qui avait été observé pour les Evêques précédens, et dans la rudesse de ses formes, on reconnaît facilement celles des mœurs du moyen âge.

A deux heures après midi, l'Evêque se rendit en carrosse, de S.-Germain devant la chapelle de la Vierge qui était au bas de la tour non-achevée de la Cathédrale. Il fut introduit dans cette Chapelle par deux députés du Chapitre, et s'y revêtit de ses habits épiscopaux. Les députés le conduisirent ensuite à la grande porte de la Cathédrale, qui était fermée, et devant laquelle étaient tous les Chanoines en châpes, ayant à leur tête le Doyen. Là se placèrent encore et auprès de lui, l'Abbé de Tencin, Grand-Archidiacre de Sens, deux Chanoines de la même ville, et Me Leriche, Notaire, aussi de Sens. Alors le Doyen s'approcha et dit à l'Evêque : *Est ne pacificus ingressus tuus ?* Votre entrée est-elle pacifique ? il répondit : *est pacificus* ; elle est pacifique. Sur cette réponse, le Doyen lui fit baiser la croix, et ouvrant le livre des évangiles, lui fit jurer qu'il garderait inviolablement les droits, usages et coutumes de l'Eglise S. Etienne, et qu'il maintiendrait, autant qu'il le pourrait, ses immunités, priviléges et statuts ; à quoi il répondit : *promittimus in verbo Episcopi* ; nous le promettons, parole d'Evêque. Aussitôt la porte fut ouverte ; tous les Chanoines descendirent les degrés, et s'arrêtèrent devant le premier pilier. L'Evêque les suivit, précédé de l'Archidiacre de Sens, qui, en lui offrant de l'eau bénite, lui dit : *ingredere benedicte Dei*, entrez béni de Dieu. En même temps, le Doyen s'approchant, le complimenta en latin, et l'Evêque le remercia également en latin ; le Doyen lui dit ensuite :

habes ne pannos aureos a te debitos et per prædecessores tuos dari solitos? Avez-vous les ornemens de drap d'or que vons devez, et que vos prédécesseurs ont été dans l'usage de donner? sur sa réponse, *non habeo*, je n'en ai pas, le Doyen repliqua : *promittis ne illos dari ?* promettez-vous de les donner ? il répondit : *libentissime promitto*, je le promets volontiers. Sur-le-champ, les Chanoines se rendirent au chœur, et y prirent leurs places. L'Evêque alla jusqu'au milieu du chœur, où l'Archidiacre de Sens lui présenta la corde du petit clocher, en lui disant : *accipe regimen hujus ecclesiæ per ministerium nostrum*, prenez, par notre ministère, le gouvernement de cette église. Conduit par lui au grand autel, il le baisa et s'agenouilla, puis au trône, où l'Archidiacre lui dit : *Ascende cathedram dignitatis, et solium gloriæ tenens, sta in fide, justitiá et veritate, et retine locum a Deo tibi datum; potens est enim Dominus ut augeat tibi fidem;* montez sur ce siége de dignité, et conservant ce trône de gloire, tenez vous ferme dans la foi, la justice et la vérité ; retenez la place que Dieu vous a donnée, car il peut encore augmenter votre foi. Il finit par le complimenter en latin. A cet instant, le Chantre, accompagné du Sous-Chantre, vint annoncer le **Te Deum** au Prélat, qui l'entonna. Après le cantique, deux enfans de chœur chantèrent le verset *A Domino factum est istud*, C'est le Seigneur qui a fait cela. L'Evêque chanta l'oraison *Actiones nostras*, puis adressa un discours français au peuple, et lui donna sa bénédiction. S'étant retiré pour quitter ses habits pontificaux, il revint au chœur, dans le costume de

Chanoine, participer à l'office. Tous les Curés de la ville et des faubourgs assistaient à cette cérémonie en soutane et manteau long. Le lendemain, les Corps religieux et civils allèrent complimenter le nouvel Evêque, qui, par son esprit et son affabilité, prit, sur-le-champ, dans la ville et dans le Diocèse, la grande influence qu'il y a exercée pendant les 43 années de son épiscopat.

III. 24 juin, élection de MM. Etienne Navarre, marchand, Gouverneur du fait commun, Pierre Baudesson, Conseiller au Bailliage, et Claude Caillaut, Assesseur, Echevins.

IV. 13 septembre, M. d'Aguesseau, Procureur général du Parlement, dont la renommée publiait déjà les éminentes qualités du cœur et de l'esprit, étant venu, avec Madame d'Aguesseau, dans sa terre du Val-de-Mercy, les Officiers municipaux s'y rendirent en corps pour le complimenter, et lui offrir *des vins d'honneur, ainsi que du gibier, des truffes et des confitures pour Madame.*

V. Le 19, mêmes démarches et mêmes présens pour M. Pinon, nouvel Intendant de la province.

VI. 30 novembre, ce jour étant le dernier du temps pendant lequel M. Liger pouvait percevoir les énormes octrois à lui affermés en 1697, pour le remplir des 40,000 livres qu'il avait payées d'avance, les habitans en furent prévenus par une publication à son de trompe.

1706.

I. 1er mars, départ des Officiers allemands, prisonniers de guerre.

II. 5 avril, installation de M. Roch Liger, acquéreur de l'office nouvellement créé de Substisut du Procureur du Roi de la ville.

III. 30 mai, MM. Baudesson, Maire, et son fils, Echevin, sont députés aux Etats convoqués à Dijon pour le 8 juin. Le même jour, le clergé fut assemblé à l'effet d'élire l'Elu général, qui devait participer à l'administration de la province pendant trois années. M. de Caylus, président de l'assemblée, réunit tous les suffrages.

IV. 2 juin, M. de Caylus reçoit à Régennes M. le Duc d'Enguien, se rendant aussi aux Etats. Le Prince fut complimenté par toutes les autorités. Le lendemain, il traversa la ville, la Bourgeoisie étant sous les armes.

V. 24, élection de deux Echevins, MM. François Grasset, Avocat, et François Gaufilet, Procureur.

VI. Au mois de juillet, la chaleur fut si excessive que tous les arbres perdirent leurs feuilles, et la campagne desséchée n'offrit plus que le triste spectacle de l'hiver. Ce phénomène extraordinaire remplit les esprits superstitieux de terreur et de pronostics funestes. Le Corps municipal n'en fut pas exempt. Une délibération du 8 août porte que : « des bruits alar-
» mans se répandent dans la ville ; on se croit à la
» veille d'incendies, de meurtres, et autres grands
» malheurs ; des étrangers *à figures étudiées* parcou-
» rent les rues, semblent examiner les maisons, et
» justifier l'effroi général. » En conséquence ils arrêtèrent que les portes de la ville seraient fermées pendant la nuit, et que de nombreuses patrouilles

surveilleraient les quartiers. Quelques jours après, un peu de pluie rendit à la végétation son activité, à la terre sa verdure, et aux habitans un calme d'autant plus parfait, que la moisson avait été bonne, et que la vendange meilleure encore leur donna un vin délicieux. C'est pendant ce brûlant été que commencèrent les difficultés entre les habitans et les Capucins, pour les eaux de Ste-Geneviève (1).

VII. Depuis la majorité de Louis XIV, tous les brandons de discordes intestines étaient éteints. Le Roi avait fait la guerre sans relâche, mais toujours sur le sol étranger. Cet heureux état de l'intérieur du royaume, avait fait tellement négliger à Auxerre, comme dans la plupart des autres villes, l'entretien des fortifications, que leur rétablissement complet eût surpassé les facultés des habitans. Il fut donc arrêté, en assemblée générale, qu'on demanderait à l'Intendant l'autorisation de détruire les lisses et les courtines, de diminuer de beaucoup la hauteur des murs, en ne leur laissant que celle nécessaire pour se prémunir contre les brigands et les fraudeurs des droits d'entrée. Cette résolution fut approuvée par l'Intendant, et exécutée.

1707.

I. Le 12 janvier, M. l'Evêque ouvrit une mission à la Cathédrale. Il prêcha sur ce sujet, et une procession générale se rendit à S.-Germain. Toutes les

---

(1) V. ma Notice historique sur les grandes fontaines, p. 24.

autorités y assistèrent, à l'exception des Officiers du Bailliage qui, depuis l'arrêt du 3 août 1701, ne se présentaient plus aux processions.

II. Sur la fin de juillet, la chaleur fut encore plus forte que l'année précédente, ce qui dura cinq à six jours. Non-seulement la terre perdit toute sa verdure, mais des moissonneurs en grand nombre moururent dans les champs; les chemins se jonchèrent des chevaux des diligences et des carrosses publics; les tuiles des couverts étaient si brûlantes, que les couvreurs ne pouvaient pas rester sur les toits. Dans la crainte qu'elles ne missent le feu aux charpentes, les Officiers municipaux firent publier une ordonnance pour que chaque habitant eût chez lui, au moins quatre feuillettes d'eau en provision. Il y eut cependant une extrême abondance de blé et de vin ; ce qui eut, comme on le verra, de bien funestes conséquences. Le prix du plus beau froment tomba de 2 liv. à 27 et 28 sols; celui du meilleur vin ne passa pas 26 à 27 livres, et le moindre descendit jusqu'à dix livres. Il en fut de même de toute espèce de fruits; un quart de toutes les récoltes suffit aux approvisionnemens du commerce, un second quart égalait les besoins de la consommation ordinaire du pays, et la moitié restait pour encombrer les celliers, les caves, les granges et les magasins. Cette surabondance fit tomber le peuple dans un état continuel de fainéantise et de débauche. L'ouvrier qui, dans le travail d'un jour, trouvait de quoi vivre pendant la semaine entière, ne sortait plus du cabaret. Les laboureurs et les vignerons, dont les habitations regorgeaient de grains et de vins, n'étaient ni plus sobres, ni plus disposés au travail. La plupart négligèrent de cultiver les vignes et les champs, dans la crainte d'avoir encore une récolte dont ils ne sauraient que faire; et les malheureux étaient à la veille d'une des plus épouvantables famines dont nos fastes aient conservé le souvenir! (1)

III. 11 décembre, les musiciens de la Cathédrale, dans ce siècle de priviléges, réclamèrent aussi contre leur imposition à la taille; le Corps municipal, sans exprimer de motifs, et il était difficile d'en trouver de justes, accueillit leur demande.

1708.

I. Le 6 mai, on commença à regretter la consommation abusive qu'on avait faite des vins. Presque tous les vignobles du royaume furent frappés de la gelée. Dans l'Auxerrois, il ne resta presque rien.

II. 24 juin, élection de MM. Pierre Robinet, marchand, Gouverneur du fait commun, Etienne Lemuet, Conseiller, et Edme Mérat, Procureur, Echevins.

III. La moisson et la vendange furent si peu productives, que les regrets du passé, ainsi que les alar-

___

(1) J'ai trouvé tous les détails des événemens de 1707, 1708 et 1709, dans des articles ajoutés par un Bénédictin, au manuscrit de Bargedé, t. 2, article *évènemens*. Ce qui m'a fait juger que l'auteur de ces additions était un Bénédictin, c'est qu'en rapportant ce qui s'est passé à S.-Germain, pour le service divin, il se sert de la locution, *Nous*, etc.

mes pour l'avenir redoublèrent, et la misère qu'on prévoyait pour un temps encore éloigné, commença sur-le-champ. Les personnes aisées qui avaient gardé leurs blés et leurs vins les renchérirent ; ceux qui spéculent sur l'infortune des autres, recherchèrent ces blés et ces vins, dont les prix surpassèrent promptement le taux que le peuple peut atteindre ; et l'abondance de l'année subsistant encore en partie, une disette factice fit déjà souffrir la moitié de la population. Néanmoins, pendant tout le mois de décembre, les blés donnèrent les plus belles espérances ; ce qui tempéra les inquiétudes.

1709.

I. Dans les premiers jours de janvier, la neige couvrit la terre de manière à suspendre tous les travaux de la campagne. Le 6, sur le midi, il s'éleva une bise si froide et si violente, que, le lendemain, la rivière se trouva glacée, et portait ceux qui voulaient s'y promener. En peu d'heures, le froid devint extrême. Tous les efforts pour s'en garantir étaient inutiles ; il pénétrait dans les lieux les mieux fermés, et les plus ordinairement chauds. A la Cathédrale, comme à S.-Germain, l'office divin fut continué, mais dans les églises souterraines, où l'on souffrait encore. Dans toutes les autres églises, il fallut le suspendre ; le vin même était glacé aussitôt qu'il était versé dans le calice ; à l'exception des ouvriers qui emploient le feu, tous les autres furent contraints de cesser de travailler.

Dès le cinquième jour de cette calamité, le 11 janvier, d'innombrables mendians parcouraient la ville dans tous les sens, entrant dans les maisons, et y faisant entendre le cri du désespoir. Aussitôt le Corps municipal, pour arrêter ce désordre, prit la même mesure qu'en 1694, et ordonna que les Curés et les Dames de charité des paroisses s'assureraient du nombre des pauvres à secourir; que tous les autres habitans, sans exception, à qui un ou plusieurs pauvres seraient adressés avec un billet signé d'un Officier municipal, seraient tenus de fournir à chacun de ces pauvres, pendant quinze jours, une ration de cinq quarterons de pain, ou sa valeur en argent. 2,000 pauvres furent portés sur les listes.

Le 24, le dégel survint, déterminé par une pluie douce; et à mesure que la neige fondait, on vit avec une vive satisfaction qu'elle avait parfaitement conservé les blés. Mais cet abri leur était enlevé, et vers le 7 ou 8 février, le froid reprit avec une rigueur à peu près égale à la première, dura huit jours, et porta un grand dommage aux blés. On espérait néanmoins encore une récolte modique, lorsque des pluies continues pendant les quatorze derniers jours de février, détrempèrent la terre, inondèrent les champs, et le grand froid recommençant, ce qui restait des blés périt entièrement. Durant ces trois crises, deux fléaux, le froid et le défaut de subsistance, martyrisaient simultanément les hommes. On peut mieux juger de l'intensité du froid par les effets qu'il produisit, que par ce que les auteurs rapportent du thermomètre (1). Chaque jour on trouvait des pauvres morts dans les chétives maisons qu'ils habitaient ; dans les chemins, la plupart de ceux qui s'y hasardaient y trouvaient la mort. Les animaux et les végétaux partagèrent le sort des hommes. La volaille domestique disparut, le gibier ne fut pas plus épargné. Les arbres les plus durs, qui avaient bravé plus de cent hivers, ne purent pas résister. Dans l'Abbaye de S.-Germain, un buis, ayant la grosseur d'un homme et 25 pieds de haut, fut gelé entièrement. Le seul orme restant sur la place St-Etienne, et gros comme un cuvier, cessa de végéter. Les forêts retentissaient, à chaque instant, du bruit éclatant que faisaient les arbres, et surtout les chênes, se fendant à l'impression de la gelée. La vigne put survivre, mais par ses racines seulement ; il fallut la couper sur pied. Dans toute la France le désastre fut égal ; la Provence perdit ses oliviers, et la Normandie ses pommiers.

Mais on ne peut pas, sans un sentiment d'horreur, rappeler les effets du défaut de subsistances. Toutes les classes un peu aisées, cependant, rivalisèrent de charité envers les pauvres. La mesure prise par la municipalité, le 11 janvier, pour quinze jours, fut continuée pendant tout le mois de février, et dans les premiers jours de mars. L'Evêque, M. de Caylus, ne mit pas de bornes à sa bienfaisance. Après avoir épuisé toutes ses ressources, il s'en prit à sa

---

(1) Il ne descendit à Paris, suivant Valmont-Bomare, au mot *Froid*, qu'à 15 degrés et demi, au-dessous de zéro ; et d'après Lalande, n° 127, à 17 à 18.

vaisselle, et n'en garda pas une seule pièce. Indépendamment des secours à domicile qu'il faisait distribuer dans la ville et le Diocèse, tous les pauvres qui se présentaient chez lui, y trouvaient des potages abondans. Le 13 mars, le mal était si grand, qu'il invita les Officiers municipaux, indépendamment de la mesure générale qui faisait nourrir une partie des habitans par l'autre, de prendre sur les deniers communs un secours extraordinaire, ajoutant qu'il y réunirait une somme proportionnée à celle qu'ils fourniraient. Les Officiers municipaux prirent 600 livres dans la caisse du Receveur, et l'en ayant informé, il leur envoya sur-le-champ une somme égale. Le Chapitre de S.-Etienne, l'Abbaye de S.-Germain, et toutes les autres Communautés religieuses, imitèrent, autant qu'elles le purent, les largesses du généreux Prélat ; mais, chaque jour, le mal augmentait par le renchérissement graduel de tous les comestibles. Le blé, qui d'abord avait doublé de prix, au mois de mars était monté jusqu'à 17 livres, c'est-à-dire huit fois sa valeur ordinaire. Celui du vin, qui, dans les premiers jours de cette crise, s'était élevé à 100 livres le muid, en mars avait doublé. Il en était de même de tout ce qui pouvait nourrir les hommes ; en sorte qu'un grand nombre de ceux qui, d'abord, avaient pu contribuer à donner des secours, finirent par se trouver eux-mêmes dans le besoin, et que la somme des nécessités l'emportant sur les facultés du Clergé et des Bourgeois, la famine détruisit une partie de la population. « Si l'on tuait un cheval, dit la chro-
» nique, on voyait aussitôt cent personnes en em-

» porter un morceau ; on vit, un jour, dans les fos-
» sés de la porte Chante-pinot, des enfans ronger
» avec des chiens un cheval mort. » M. de Caylus,
dans un de ses écrits, dit lui-même que « malgré les
» secours multipliés qui furent répandus, on ne ren-
» contrait dans les campagnes que des spectres brû-
» lés, des mourans et souvent des morts dans les
» chemins. »

La calamité, qui semblait au comble, devait cependant s'accroître encore. Parmi ceux qui souffraient,
il s'en trouva qui, lassés des privations, se livrèrent
au brigandage. D'abord, ce fut sur les chemins, qu'on
ne put pas parcourir sans danger. Ce fut, ensuite,
dans la ville même. Plusieurs maisons furent forcées,
on y commit des vols et des assassinats. Le dernier
supplice subi par plusieurs coupables n'arrêta pas
le cours de ces crimes ; on ne put les faire cesser
qu'en faisant surveiller les maisons pendant la nuit,
par un quart de la milice bourgeoise.

Le 11 avril, les Officiers municipaux, informés
qu'à Girolles on vendait une immense provision de
blé, à 5 livres seulement le boisseau, y dépêchèrent
deux Echevins, qui en achetèrent 4,000.

Le 21, tandis qu'ils étaient ainsi aux expédiens
pour conserver la vie de leurs concitoyens, ils furent
prévenus par l'Intendant que, le 29, un régiment de
cavalerie arriverait à Auxerre, et y aurait séjour. Ils
s'empressèrent de faire acheter du sieur Denèvre, de
Cravant, 300 minots d'avoine, à 3 livres dix sols le
minot, et les firent distribuer, ainsi que les blés de

Girolles aux Bourgeois, en par ceux-ci remboursant seulement le prix d'achat et les frais de transport.

Le 2 mai, le Bailliage fit publier et afficher une Déclaration du Roi, du 27 avril, qui eut des effets salutaires. Le Roi, convaincu que beaucoup de grains étaient soustraits à la circulation, et par l'avidité insatiable des spéculateurs, et par l'odieux égoïsme de ceux qui comptent pour rien les besoins d'autrui, pourvu qu'ils assurent les leurs, ordonnait *à tous de quelque qualité et condition qu'ils fussent*, de spécifier dans un bref délai, la quantité de grains étant en leur possession, à peine de 3,000 livres d'amende. Il était aussi prescrit aux municipalités de faire vérifier ces déclarations par des visites dans les maisons ; et prononcé, en cas de réticence, contre les coupables, la peine des galères, et même celle de la mort, suivant le plus ou moins de gravité des circonstances, et sans avoir égard à la dignité des personnes.

La saison du printemps fut favorable au peu de froment échappé à la gelée ; les orges et les avoines étaient superbes, mais il fallait conserver ces faibles espérances devant une population affamée qui menaçait déjà de les dévorer avant leur maturité. Les mêmes craintes agitèrent toute la France, et une Déclaration du Roi enjoignit à toutes les municipalités de faire garder les récoltes avec le plus grand soin. Le 24 juin, les habitans furent assemblés, et il fut arrêté que cette garde serait mise en adjudication.

II. Le même jour, MM. Gabriel Sallé, Assesseur, et Louis Blonde, marchand, furent nommés Echevins.

III. MM. Baudesson, Maire, et Lemuet, premier Echevin, furent députés aux Etats convoqués à Dijon pour le 8 juillet.

IV. Le 11 juillet, personne n'ayant voulu se charger de garder la récolte des grains, le Corps municipal arrêta, par mesure de police, qu'elle serait faite par la milice bourgeoise; et, depuis ce moment jusqu'à la fin de la moisson, vingt hommes, chaque jour, furent chargés de ce service.

V. 7 août, installation de M. Germain Prevôt, Substitut du Procureur du Roi de la ville.

VI. La récolte des gros grains fut presque nulle, mais celle des orges et des avoines fut très-abondante. Les pluies de février et de mars qui avaient été la cause indirecte de la perte des blés, avaient, au contraire, parfaitement disposé la terre pour l'ensemencement des menus grains. Mais ce qui remplissait les cœurs d'effroi sur l'avenir, ce fut l'impossibilité dans laquelle se trouvèrent la plupart des laboureurs, de se procurer des semences, et presque toutes les terres cultivées pendant l'été, restèrent dans cet état jusqu'au printemps. On trouve des traces de cette déplorable prolongation des maux dans une délibération du Chapitre de S.-Etienne, du 2 janvier 1710. Ses revenus consistaient principalement en blés de fermages et de dixmes; il ne put pas néanmoins en donner à ses fermiers: et convaincu que ceux-ci n'avaient pas pu ensemencer leurs terres, parce qu'ils avaient consommé pour vivre le peu de blé de leur récolte, arrêta qu'ils ne lui devraient pour le fermage de 1710 que le tiers de ce qu'ils auraient semé au printemps, de quelque espèce de grain que ce fût.

1710.

I. Le 9 janvier, deux administrateurs de l'Hôtel-Dieu vinrent exposer au Corps municipal l'état d'épuisement dans lequel la misère du peuple avait fait tomber cet Hospice. Des malades, et des enfans privés de leurs parens ou abandonnés par eux, s'y étaient réfugiés en si grand nombre, que pour les faire subsister, et ne pouvant pas en renvoyer un seul, sans le livrer à la mort, les administrateurs avaient consommé, indépendamment des revenus, une partie de deux capitaux de rente dont ils avaient reçu le remboursement; et comme la calamité augmentait chaque jour, ils demandèrent, non-seulement que cet emploi fût approuvé, mais qu'ils fussent autorisés à disposer de ce qui restait des 5,500 livres, montant de ces capitaux, pour faire vivre la multitude qui encombrait l'Hospice; et même à aliéner des autres biens jusqu'à concurrence de 12,000 livres, y compris ces 5,500 livres. Le Corps municipal, dont tous les moyens suffisaient à peine à secourir le surplus de la population, n'hésita pas à leur accorder tout ce qu'ils demandaient; tant étaient notoires et impérieuses les circonstances qui commandaient ce sacrifice! Pour en apprécier toute l'étendue, il faut considérer que le prix ordinaire du froment, avant et après cette calamité, était de 35 à 40 sols, c'est-à-dire au tiers de son prix actuel; d'où l'on doit conclure que ce qui alors a été distrait de la dotation de l'Hôtel-Dieu, vaudrait aujourd'hui 36,000 livres.

Cependant des deux fléaux qui, l'hiver précédent, avaient été si funestes, un seul, la disette, exerça encore ses rigueurs. Mais l'expérience acquise dans les maux passés, et l'avertissement trop certain que les autorités et les personnes aisées avaient eu, de bonne heure, de ce défaut de subsistances, avaient fait prendre des précautions, qui adoucirent ces rigueurs. La juste étendue des besoins était connue ; des approvisionnemens proportionnés avaient été faits, avec d'autant plus de facilité que la Déclaration du Roi, du 27 avril, avait fait connaître tout ce qui restait de ressources à la France. On put aussi mettre plus d'ordre dans la distribution des secours. Il fallut que, pendant une grande partie de l'hiver, environ 2,000 personnes fussent nourries, comme l'année précédente, par le Clergé et les Bourgeois ; mais on put se rendre un plus juste compte des facultés de chacun. Aussi n'eut-on à déplorer aucun des brigandages dont on avait eu à gémir ; et quoiqu'il y eut dans le royaume beaucoup moins de blé qu'en 1709, puisque la dernière récolte avait été presque nulle, le prix du froment baissa d'un onzième. A Paris, le setier descendit de 55 livres à 50.

II. 27 avril, Te Deum pour la naissance du Duc d'Anjou, depuis Louis XV.

III. 24 juin, élection de M. Claude Martineau, Conseiller, Echevin.

IV. 24 octobre, affiche et publication d'une Déclaration du Roi, du 14, qui établit la perception d'un dixième sur le revenu de tous les biens, rentes et autres droits annuels, pour être payé par leurs possesseurs, nobles et roturiers, privilégiés et non privilégiés, apanagistes et échangistes; laquelle perception cessera trois mois après la paix. V. 1717, n. 1.

1711.

I. 6 mai, service funèbre à la Cathédrale, pour M. le Dauphin, mort le 14 avril, de la petite vérole, à l'âge de 50 ans. Son titre à la Cour était *Monseigneur*; mais, en parlant de lui, on disait dans tout le royaume *le Grand Dauphin*. La douceur de son caractère, jointe à un esprit supérieur et à de vastes connaissances, lui avaient mérité ce second titre. Sa mort imprévue consterna le royaume. Les grandes qualités de son fils, le Duc de Bourgogne, âgé déjà de 30 ans, furent un motif de consolation, qui devait bientôt s'évanouir. V. 1712, n. 1.

II. 24 juin, élection de MM. Edme Petit, marchand, Gouverneur du fait commun; Octave Seurat, Avocat, Jean Gramain, Procureur, et Pierre Durand, marchand, Echevins.

III. 11 octobre, le Corps municipal, les administrateurs de l'Hôtel-Dieu, et ceux de l'Hôpital général, se réunissent sous la présidence de M. l'Evêque, et dans son Palais, pour le réglement des comptes de ces deux Hospices: l'Abbé Moreau, Doyen du Chapitre, et l'un des administrateurs de l'Hôtel-Dieu, veut y prendre place avant le Maire, M. Baudesson, qui s'y refuse. De part et d'autre, on proteste, on verbalise. V. 1712, n. II.

1712.

I. 7 avril, service funèbre, aux frais de la ville, à S.-Germain, pour M. le Duc et Mme la Duchesse de Bourgogne, morts tous deux victimes de la rougeole, la Duchesse le 12 février, et le Duc six jours après. En perdant le Duc de Bourgogne, toute la France, dit de Larrey, crut perdre en lui un Roi juste, tendre pour les pauvres, appliqué aux affaires et capable d'en approfondir les détails.

II. La prétention de l'Abbé Moreau de prendre le pas avant le Maire, donna l'idée d'examiner les rapports qui devaient exister entre l'administration de l'Hôtel-Dieu et le Corps municipal. On reconnut que, depuis environ 20 ans, cette administration s'était émancipée de la tutelle qu'exerçait auparavant sur ses opérations celle de la ville; que des bâtimens avaient été détruits, et d'autres construits; que des emprunts avaient été faits, de nouvelles Religieuses reçues, des dons et legs acceptés, des Médecins, Chirurgiens, Notaires, Procureurs et Receveurs admis, sans le concours de l'autorité municipale. Un procès grave allait s'ensuivre, lorsque M. de Caylus mit tous ses soins à l'empêcher. Les deux administrations ayant promis de se soumettre au règlement qu'il leur donnerait, il ne le fit pas attendre; il décida que les administrateurs de l'Hôtel-Dieu pourraient se dispenser du concours des Officiers municipaux pour les démolitions, constructions de bâtimens, emprunts et acceptations de dons et legs, quand les valeurs de ces opérations seraient au-dessous de 1,000 liv.; qu'il en serait de même pour la réception des Religieuses dont la dot serait supérieure à 1,800 livres; que dans les cas où le concours serait nécessaire, le Corps municipal enverrait deux de ses membres à l'Hôtel-Dieu, délibérer avec les administrateurs; que lorsqu'il s'agirait de nommer des Médecins ou autres Officiers de l'Hospice, le choix en serait fait par les deux administrations réunies à l'Hôtel de ville, et présidées par le Maire. De part et d'autre, on se soumit à ce réglement.

III. 22 mai, installation de M. Germain Robinet de Chicon, Commissaire aux Revues, en remplacement de son père.

IV. Nouvelle scène de l'Abbé Moreau. Le Maire, assistant à la séance de l'Hôtel-Dieu, prit, suivant l'usage, le fauteuil de la présidence. L'Abbé qui, jusque là, ne s'y était pas opposé, prétendit qu'il avait eu tort; qu'en sa qualité de Doyen du Chapitre, il représentait l'Evêque, et devait présider. En même temps il tira le Maire par sa robe, pour le retirer du fauteuil, mais le Maire résista, et l'Abbé Moreau courroucé, s'éloigna, annonçant un procès-verbal. A la séance suivante, le Maire revint avec les autres administrateurs, mais la porte du bureau se trouva fermée, et ils apprirent que l'Abbé Moreau, venu avant eux, avait emporté la clé. Ils se rendirent à l'Evêché, où M. de Caylus leur donna une salle pour délibérer, et parvint encore à assoupir cette misérable contestation ; d'autant plus facilement que cet Abbé, qui avait été élu deux fois par le Chapitre, sans intervalle, ne pouvait plus l'être, suivant les anciens réglemens, et devait être remplacé pour le 1er octobre.

V. 18 septembre, publication et affiche d'une suspension d'armes entre la France, l'Espagne et l'Angleterre.

VI. 1er octobre, l'espoir des Officiers municipaux d'être débarrassés de l'Abbé Moreau ne se réalisa pas. Le Chapitre n'eut égard ni aux réglemens, ni aux hostilités existantes, et continua cet Abbé dans les fonctions d'Administrateur. Envain le Corps municipal se pourvut devant le Bailliage, en nullité de cette élection ; elle y fut maintenue, par sentence du 10 novembre. Mais il y eut appel au Parlement. V. 1713, n. v.

1713.

I. Le 5 juin, les administrateurs de l'Hôtel-Dieu furent autorisés à faire démolir l'ancienne et grande chapelle de la Léproserie de Ste-Marguerite, à la condition d'en reconstruire une plus petite. Cette dernière a été vendue et détruite en 1791.

II. 19, publication de la paix avec le Portugal, la Prusse, la Savoie et les Provinces-unies.

III. Le même jour, arrivée d'Officiers allemands, pris au siége de Landau, et mis à la garde de la milice bourgeoise.

IV. 24, élection du Gouverneur du fait commun, M. André Potel, marchand, et de deux Echevins,

MM. Edme-Jean Baudesson, Avocat, et Louis Lhomme, Procureur.

V. Le 1er août, la cause entre la ville, le Chapitre et l'Abbé Moreau, sur l'appel de la sentence du Bailliage, fut portée à l'audience de la Grand'Chambre du Parlement. Trois Avocats la plaidèrent pendant deux jours; enfin intervint arrêt qui, en réformant la sentence du Bailliage, déclara qu'il y avait abus dans l'acte capitulaire par lequel l'Abbé Moreau avait été, pour la troisième fois et sans intervalle, nommé administrateur de l'Hôtel-Dieu, et condamna l'Abbé Moreau aux dépens.

VI. Au mois de septembre, la Bulle *Unigenitus*, qui condamna cent une propositions extraites des *Réflexions morales du P. Quesnel*, et qui devait bientôt être un sujet d'agitation dans Auxerre, autant et plus que dans toute autre ville de France, fut proclamée à Rome, adressée par le souverain Pontife au Roi, et par le Roi aux Evêques. Celui d'Auxerre étant alors à Paris, fut invité à une réunion de Prélats chez l'Archevêque, M. de Noailles. Il y fut du nombre des quarante qui acceptèrent la Bulle. Sa conduite postérieure ayant été très-contraire à cette acceptation, il s'en excuse dans ses écrits, en disant qu'il fut entraîné par la crainte de déplaire au Roi, et dans l'espoir que le Pape donnerait des explications qui conserveraient la saine doctrine et la paix de l'Eglise. Il s'empressa, en effet, de donner à son Diocèse une instruction pastorale qui mitigeait les dispositions sévères de la Bulle. V. 1717, n. II.

VII. Dans cette année, un médecin en grande réputation, Andry, publia un traité sur les alimens du carême; dans lequel, t. 2, p. 321, il dit que le vin d'Auxerre est un des meilleurs vins de Bourgogne; et il le proposa seul avec celui de Beaune, à ceux qui voulaient prendre un véritable soin de leur santé. Son suffrage était d'autant moins suspect, qu'il était étranger au pays. Il était de Lyon et habitait Paris.

1714.

I. Le prix des grains qui, en 1713, s'était élevé au triple de son cours ordinaire, s'accrut encore jusqu'au quadruple, pendant l'hiver, et augmenta la misère du peuple. Encore épouvanté des maux de 1709, M. de Caylus, pour les combattre, s'ils devaient reparaître, institua l'aumône générale. Une commission composée de plusieurs Chanoines, Curés, Conseillers et Officiers municipaux, fut chargée de prendre des renseignemens exacts sur les besoins des pauvres, surtout à l'égard de ceux qui souffraient en secret; de faire des quêtes pour en employer le produit, d'abord à soulager ces pauvres honteux de leur infortune, en ménageant leur délicatesse; et distribuer aux autres le surplus. Ce précieux établissement à subsisté jusqu'à la révolution; les quêtes se faisaient, chaque année, quelques jours avant les quatre grandes fêtes.

II. 18 mai, publication de la paix avec l'Empereur, et renvoi des prisonniers de la garnison de Landau.

III. 24 juin, élection de M. Dubiez, marchand, Echevin.

IV. 9 août, bail pour 3 années, à M. Lazare Chausson, Procureur du Roi de la ville, à Avallon, du droit sur les boucheries, moyennant 2,100 livres par an, et de celui sur l'entrée des bois, charbons et fourrages, moyennant 13,500 livres en un seul paiement et d'avance.

V. Dès le printemps, les Dames de la Visitation avaient fait commencer la construction de leur chapelle, la plus régulière et la plus élégante des Eglises modernes de la ville ; elle fut achevée dans l'automne.

1715.

I. 8 avril, lettres patentess du Roi, qui fixent la jauge des tonneaux, pour les vins dans l'Auxerrrois, par muid à 37 setiers et demi, au lieu de 36, qui était sa capacité antérieure, (V. 1702, n. 1.) la lie comprise, ou 300 pintes, mesure de Paris, faisant 188 peintes, mesure d'Auxerre.

II. 24 juin, élection de MM. François Ragot, marchand, Gouverneur du fait commun, et Jean Besanger, Procureur, Echevin.

III. 19 juillet, réglement de l'Intendant, M. de la Briffe, contenant, pour la répression de la fraude des octrois, les mêmes mesures que celles employées aujourd'hui : des commis à toutes les portes, d'autres parcourant la ville, la nuit, comme le jour ; des peines de confiscation et d'amende. Il y avait, de plus, un abattoir pour les bestiaux.

IV. 1er septembre, mort du Roi, Louis XIV ; avénement au trône de Louis XV, âgé de cinq ans et demi, sous la Régence de Philippe, Duc d'Orléans, nonobstant les dispositions contraires du testament de Louis XIV, qui fut cassé par le Parlement.

Pendant tout ce mois, par suite d'un mandement de M. de Caylus, il y eut, d'abord, à la Cathédrale, puis dans toutes les Eglises de la ville et du Diocèse, un service funèbre pour le Prince que la France venait de perdre.

1716.

1. Le 1er mai, M. de Caylus, accompagné de ses deux Archidiacres, de l'Abbé Lebeuf, déjà renommé par ses connaissances archéologiques, de M. Houssel, Docteur en médecine, et de plusieurs personnes recommandables par leur science et leur piété, alla à Bouhy, pour y prononcer définitivement sur le mérite de la relique découverte en cet endroit, en 1645. On se rappelle que S. Pèlerin y fut mis à mort, sur la fin du IIIe siècle. (V. t. 1., p. 40.) La tradition était que son corps y avait été enterré; que, depuis, les habitans, ayant embrassé le christianisme, avaient bâti leur église sur son tombeau, la mettant sous son invocation, qu'elle a conservée; qu'au VIIe ou VIIIe siècle, les Religieux de S.-Denis, dédiant une des chapelles de leur église au même Saint, avaient obtenu une grande partie de son corps; mais que le surplus était resté sous le grand autel de Bouhy. Telle était la tradition lorsque, le 23 novembre 1645, les habitans qui reconstruisaient cet autel, trouvèrent

dans ses fondemens un débris de sépulcre renfermant la tête et les vertèbres d'un grand corps humain. Le sieur Henri, médecin à Cosne, à la prière du Curé, ayant examiné ces ossemens, reconnut que la tête *avait été détachée des vertèbres par violence, en travers et en coulant, par un glaive ou coutelas bien acéré*. Le Curé, pour s'assurer que c'étaient des restes de S. Pèlerin, écrivit aux Religieux de S.-Denis, qui, en ouvrant la châsse, virent qu'en effet, ils avaient tous les os du corps, à l'exception de la tête et des vertèbres.

M. de Broc, alors Evêque d'Auxerre, pour obtenir plus de certitude encore, porta ces restes à S. Denis, et les confronta avec ceux que possédait cette église. Le rapprochement eut lieu, le 13 juillet 1647, par l'Evêque, le Grand-Prieur et trois Religieux, en présence du sieur Bornet, médecin à S.-Denis; et tous, unanimement, reconnurent par *la grandeur, la mesure, la couleur et l'odeur*, que tous ces ossemens appartenaient au même corps. Le médecin ajouta « que le chef avait été séparé par violence, en ce que » la vertèbre la plus rapprochée des épaules, aurait » été *visiblement* coupée par le tranchant d'un glaive. » M. de Broc s'était contenté de renvoyer à Bouhy la tête et les vertèbres, et n'avait pas donné de suite à la demande des habitans. Mais ceux-ci, après 69 ans de silence, avaient prié M. de Caylus de rendre enfin, sur le vu de tous les procès-verbaux, une ordonnance définitive.

M. de Caylus, que jamais on n'accusa d'une facile crédulité, après avoir consulté les continuateurs de

Bollandus (1), et en se faisant assister de personnes également douées d'une piété éclairée, se rendit donc à Bouhy. Tous, d'une commune voix, reconnurent sur la tête rapprochée des vertèbres la trace sensible du coup qui avait donné la mort au premier Apôtre du Diocèse. M. de Caylus rendit une ordonnance par laquelle il déclara la relique digne de la vénération des fidèles, et sur-le-champ la vénéra lui-même. (2)

II. 24 juin, élection de deux Echevins, MM. Breuzard, Conseiller, et Regnaudin de Thorigny, Avocat.

III. Au mois de juillet, décès à Paris de M. Girardin, originaire d'Auxerre, instituant l'Hôtel-Dieu et l'Hôpital général, ses légataires universels, par moitié.

1717.

I. L'épuisement des finances produit par les dernières guerres n'avait pas permis d'arrêter la perception du dixième créé en 1710, et qui devait cesser trois mois après la paix ; mais une ordonnance du Régent la supprima pour 1717. V. 1733.

II. Le 1er mars, quatre Evêques firent rédiger, par un notaire de Paris, un acte contenant leur appel au Concile de la Constitution *Unigenitus*. Le 5, La Sorbonne, ainsi que deux autres Evêques, adhérèrent à

---

(1) On sait que ces savans, plus sévères que Bollandus, ont dégagé l'histoire des Saints des fables dont l'ignorance ou une piété mal entendue l'avaient chargée.

(2) V. Son procès-verbal aux archives de la ville.

cet appel; et leur exemple fut suivi par un grand nombre d'Universités et de Communautés religieuses. Pour arrêter ce torrent, le Régent exila les quatre premiers appelans, et fit mettre à la Bastille le Notaire rédacteur de leur appel.

Dans ce moment critique, M. de Caylus était à Paris, où, sans se prononcer ouvertement, il s'occupait avec le Cardinal de Noailles, et plusieurs autres Prélats, comme lui secrètement opposés à la Bulle, à en tempérer les effets. La crainte de se brouiller avec le Régent avait encore de l'influence sur lui; mais un événement imprévu le força de lever le voile sous lequel il cachait sa véritable pensée. Le Doyen du Chapitre, cet Abbé Moreau, que j'ai fait connaître par ses démêlés avec le Maire, en 1711 et 1712, ayant assemblé le Chapitre, proposa d'écrire une circulaire aux autres Chapitres du Royaume, et d'y accepter la bulle sans réserve. Le plus grand nombre des Chanoines, qui avaient deviné l'opinion de leur Evêque, se retirèrent; les uns parce qu'ils la partageaient, les autres par ce qu'il leur répugnait d'entrer en controverse avec lui. Il n'en resta que cinq à six, et il ne fut pas possible de prendre une délibération. Néanmoins, peu de temps après, on vit circuler dans le public un écrit imprimé, intitulé *Circulaire de l'Eglise d'Auxerre, aux autres Eglises de France*, et rédigé conformément au projet du Doyen. M. de Caylus ne fut informé de ce qui s'était passé à ce sujet à Auxerre, que par l'apparition de cet écrit à Paris. Il en conçut un violent chagrin, et en écrivit à M. Leroi, Chanoine et Secrétaire du Chapitre; qui, en lui rendant un compte exact des faits, lui assura qu'il n'y avait pas eu de délibération. Il revint aussitôt à Auxerre, et fit part de son mécontentement aux Chanoines qui avaient résisté à la proposition du Doyen. Ceux-ci, pour le satisfaire, et rendre hommage à la vérité, publièrent aussi une circulaire, dans laquelle celle écrite au nom de l'église d'Auxerre, fut signalée comme un libelle, ouvrage de cinq à six individus. Ils firent plus, ils portèrent plainte au Procurenr général contre ces derniers, comme coupables d'une supposition répréhensible.

Le 29 avril, M. de Caylus crut devoir se prononcer plus franchement contre la bulle, et publia un mandement, par lequel, en se plaignant des troubles qu'elle avait semés dans l'église, il en suspendit l'exécution dans son Diocèse. Le 24 mai, il fit encore un pas, et consigna son adhésion à l'appel dans un acte reçu par un notaire, sans cependant le rendre public. V. 1718, n. IV.

III. Ces dissensions religieuses, sur des points métaphysiques de morale et de dogme, n'étaient pas les seules causes de l'anxiété qui tourmentait la France; le désordre dans les finances était à son comble. Le Régent, lors de l'arrêt qui lui avait déféré le pouvoir, et peut-être pour l'obtenir, avait annoncé que, suivant lui, on pouvait alléger le poids des impôts, et bientôt il reconnut l'imprudence qu'il avait commise. La vérification qu'il fit faire du trésor fit voir que, malgré tous les moyens imaginés sous le dernier règne, pour soutenir la splendeur de la cour, et les guerres du Monarque contre les autres puissances, il avait à combler un déficit immense. Il n'en voulut pas moins tenir sa promesse ; la taille et la capitation furent diminuées, et le dixième aboli ; mais pour remplir ce vide dans le trésor, il créa des billets, avec lesquels on paya une partie des dépenses de l'état. Cette monnaie factice n'eut pas un instant de crédit ; et ne circulant que dans les transactions forcées, elle perdit de suite 75 pour cent. On peut juger des maux qu'elle produisit à Auxerre, comme dans le reste du royaume, par ce qui arriva au Corps municipal. Depuis cinq ans, la ville avait cessé de toucher les 1,000 livres qui lui appartenaient chacun an sur les entrées de Paris. Elle était arriérée d'autant sur ses dépenses. Cette somme de 5,000 livres lui fut payée, le 16 juin, en billets du trésor. Dans l'espoir que plus tard le gouvernement en réaliserait la valeur, on ne voulut pas forcer des pères de famille à les prendre ; on les garda. V. 1718, n. v.

IV. 24 juin, élection d'un Gouverneur du fait commun, M. Pierre Durand, marchand, et de deux Echevins, MM. François Ragot, et Pierre Billetou.

V. Au mois de septembre, les Jacobins, avec l'autorisation de M. de Caylus et du Corps municipal, rouvrirent leur école de théologie, et y enseignèrent publiquement la morale et la scholastique.

VI. Le 15, M. de Caylus tint un nombreux synode dans l'église de S.-Etienne, pour expliquer à son clergé ses sentimens sur la bulle, et les lui faire partager. V. 1718, n. IV.

VII. Au mois d'octobre, affiche et publication d'une Ordonnance du Roi, préparée par le Chancelier d'Aguesseau, qui, imputant à la bulle, et non à l'ouvrage du P. Quesnel, les troubles dont les consciences étaient agitées, imposa silence sur cette matière; mesure peu réfléchie, car elle fut un aliment de plus à la polémique, déjà violente, entre les partisans et les détracteurs de la bulle.

1718.

I. Le 7 avril, sur l'invitation des petits Augustins, le Maire et les Echevins, au nom du Duc de Bourbon, posent la première pierre de leur église. Depuis 1662 qu'ils étaient établis dans la ville, ils n'avaient eu qu'une chapelle provisoire.

II. 24 juin, élection de deux Echevins, MM. Claude Marie, Conseiller, et Philippe Raffin, Avocat.

III. 21 juillet, installation de M. Germain Deschamps, Substitut du Procureur du Roi de la ville.

IV. Le 4 octobre, enfin, M. de Caylus, cédant aux graves événemens de cette année, rendit public son appel de la bulle; le Régent, qui d'abord avait opposé à l'appel des Evêques l'exil et la Bastille, avait changé de système, et soulevait les appelans contre la Cour de Rome. Le Cardinal de Bissy, Evêque de Meaux, ayant invité ses collègues, comme lui soumis au Saint Siége, à publier des mandemens par lesquels ils se sépareraient de ceux qui avaient appelé; par représailles le Régent avait autorisé l'Archevêque de Paris à publier son appel. Mais aussitôt le Pape, par ses lettres *Pastores fidei*, avait déclaré séparés *de la charité de l'Eglise Romaine*, tous ceux qui ne lui rendraient pas une entière obéissance. A cette nouvelle décision, le Régent avait opposé un appel comme d'abus porté au Parlement par le Procureur général. Telles sont les circonstances dans lesquelles M. de Caylus monta en chaire pour y publier un mandement dans lequel il appela au Concile général, non-seulement de la bulle, mais aussi des lettres *Pastores fidei*. Peu de temps après, douze autres Evêques suivirent son exemple.

Dans son mandement, M. de Caylus semblait espérer que les prêtres, ses coopérateurs dans le sacerdoce, se joindraient à lui contre les décisions du Pape. Quelques Chanoines et plusieurs Curés adhérèrent à son appel; mais le plus grand nombre garda le silence. Dans le même moment, les 48 Evêques acceptans publièrent leurs mandemens de séparation, et le Parlement flétrit ces mandemens par des arrêts. Il s'ensuivit une ardente controverse. La France fut inondée d'écrits dans lesquels les droits et les devoirs des Papes étaient discutés et mis en question, comme aujourd'hui ceux des Rois. Partout, mais surtout à Auxerre, la population instruite se divisa en deux partis très prononcés; il n'y eut plus que *des Jansénistes et des Molinistes*.

Parmi les nombreux écrits qui entretenaient cette division, on rechercha particulièrement à Auxerre, une lettre de l'Evêque d'Agde, à M. de Caylus, lui reprochant d'avoir, en 1713, accepté cette bulle qu'il réprouvait en 1718; puis une réponse de M. de Caylus, écrite avec beaucoup d'art et de talent; mais l'aveu de sa variation, et le regret d'être obligé de le faire, n'en furent pas moins remarqués. Les uns y virent une preuve de légèreté; les autres l'admirèrent, comme un acte de conscience et de courage produit par de mûres réflexions. V. 1719, n. vi.

V. 18 octobre, les 5,000 livres montant des billets du trésor, reçus le 16 juin, par la ville, ne lui valurent que 2,000 livres. Un édit du mois de mai avait réduit ces billets à moitié de leur valeur, à moins que les porteurs ne prêtassent à l'Etat l'autre moitié, en vaisselle d'argent ou vieille monnaie. La ville n'ayant pas le moyen d'user de ce procédé, dans lequel, d'ailleurs, peu de personnes avaient confiance, les Officiers municipaux avaient autorisé le Receveur à rendre les billets, en recevant la moitié promise ; mais cette promesse fut éludée, on craignit de tout perdre. Heureusement le Receveur trouva un spéculateur, qui lui offrit 2,000 livres des billets, et le Corps municipal s'empressa de consommer la négociation.

1719.

I. Pendant que les billets du trésor étaient ainsi avilis, ceux de la banque générale créée par un aventurier Ecossais, Law, et autorisée par lettres patentes en 1716, inspiraient une confiance sans bornes. Le Régent crut qu'en réunissant cette banque au trésor royal, tous ses embarras de finances s'évanouiraient. Par un édit du 14 décembre 1718, enregistré au Bailliage, publié et affiché dans le courant de janvier, la banque de Law fut déclarée *Banque royale*. Ce fut par la voie de l'Intendant que le Bailliage et la municipalité reçurent cet édit, avec ordre de le publier ; le Parlement avait refusé de l'enregistrer. V. 1720, n. 1.

II. Dans la nuit du 10 au 11 janvier, l'entablement de la plate-forme qui couvrait la porte du Temple, tomba sur le pont levis, l'enfonça, et brisa le tuyau conduisant l'eau aux grandes fontaines ; en sorte que, pendant plusieurs jours, le passage par cette porte fut interdit, et l'on ne put avoir de l'eau qu'en la puisant dans le fossé où elle s'échappait. En réparant la porte, on substitua à la plate-forme le couvert en ardoise subsistant aujourd'hui ; et le pont-levis fut supprimé.

III. Au mois de février, publication et affiche de la déclaration de guerre du Régent à l'Espagne. On reconnut que le beau mot de Louis XIV, *il n'y a plus de Pyrennées*, prouvait plus sa tendresse pour sa famille, que la justesse de ses prévisions.

IV. Le legs fait par M. Girardin à l'Hôtel-Dieu, permit d'augmenter le nombre des lits ; et dans une assemblée des habitans, les administrateurs avaient été autorisés, pour faciliter cette extension de l'Hospice, à construire la vaste salle allant de la chapelle au mur de la ville, dans laquelle sont aujourd'hui trois maisons. Mais depuis plusieurs années, ils n'avaient pas pu se procurer les fonds nécessaires. Le 26 mars, trois personnes bienveillantes pour les pauvres offrirent de fournir à l'Hospice 7,100 livres, à condition qu'elles seraient employées à la construction de la nouvelle salle, et qu'il leur serait payé, pendant leur vie seulement, l'intérêt de ce capital, à raison du denier vingt pour moitié, et du denier vingt-quatre pour l'autre moitié ; ce qui fut accepté.

V. 24 juin, élection de deux Echevins, MM. Boucher et Liger, marchands.

VI. Si, comme l'avait dit l'Evêque d'Agde, dans sa lettre à M. de Caylus, celui-ci avait, en 1713, accepté la bulle pour complaire au Roi; si, en 1717, il avait rendu public son appel parce que le Régent, cédant aux conseils du Chancelier d'Aguesseau, s'était prononcé contre le Pape; il dut se trouver fort désappointé quand, pendant l'exil du Chancelier, le Régent, qui ne se mêlait de ces querelles religieuses qu'en homme d'état, voulant se réconcilier avec la Cour de Rome, fit dresser par d'habiles théologiens un corps de doctrine explicatif de l'acceptation de la bulle, et qui semblait devoir lever les scrupules des appelans. Il le soumit à tous les Evêques, et cent d'entre eux l'acceptèrent. Le Cardinal de Noailles fut de ce nombre, et révoqua son appel; mais M. de Caylus garda le silence, et se trouva du très-petit nombre des Prélats qui persistèrent. Cette fois, au moins, on ne put pas douter qu'il n'ait préféré à la faveur de la Cour la tranquillité de sa conscience. Aussi quitta-t-il Paris, plus déterminé que jamais dans ses sentimens contre la bulle, et il en donna, sur-le-champ, une preuve dans sa ville épiscopale.

Les Jésuites y professaient hautement l'obéissance absolue au S. Siége. L'Evêque, craignant que la jeunesse par eux instruite, ne fût trop profondément imbue de leurs principes ultramontains, établit près de son palais un petit séminaire, qu'il fit diriger par des prêtres de son choix. Tous les pères de famille qui voulaient se conserver la faveur de l'Evêque, furent invités à y envoyer leurs enfans ; ce qui sépara, plus que partout ailleurs, la population en deux partis. A la mort du dernier Evêque, les Jésuites ayant tenu le Collége depuis près d'un siècle, tout ce qu'il y avait dans la ville d'hommes lettrés leur devait l'instruction ; ils y avaient donc encore une grande influence, et leurs opinions étaient les plus répandues. Mais déjà M. de Caylus avait gouverné le Diocèse pendant quinze ans ; ses instructions pastorales, ses savans écrits, ses vertus personnelles et ses bienfaits avaient donné aux esprits, comme aux cœurs, une direction tout-à-fait opposée ; et l'ouverture de son petit séminaire, qui eut lieu le 9 octobre, pour la rentrée des classes, fit voir combien son influence avait effacé celle des Jésuites ; il eut les trois quarts des écoliers. V. 1721, n. VI.

1720.

I. Cette année, Auxerre, avec la France entière, subit une de ces grandes crises, qui, en un instant, bouleversent toutes les fortunes, enrichissant à l'excès un petit nombre d'intrigans et d'ambitieux, et précipitant dans la misère ceux qui ne connaissent pour subsister que le travail et l'économie. L'engouement pour les billets de la banque s'était d'abord soutenu, malgré qu'elle fût devenue *Banque royale.* Mais on en avait tant abusé ; on avait émis une si prodigieuse quantité de billets, que leur crédit, sur la fin de 1719, commença à chanceler ; que les monnaies d'or et d'argent cessèrent de circuler, et que le trésor n'eut plus que du papier. Pour dissiper cette tempête, le Régent, qui avait, par un exil injuste, éloigné de ses Conseils le vertueux Chancelier, et mis l'aventurier Law à la tête des finances, remboursa, d'abord, en billets tous les créanciers de l'Etat, puis se livra au plus étrange arbitraire. On peut l'apprécier par les divers Edits, Déclarations du Roi et Arrêts du Conseil, enregistrés au Bailliage d'Auxerre, publiés et affichés dans la ville, pendant les premiers mois de cette année; et je ne rappellerai que les plus importans.

Arrêt du Conseil du 21 décembre, qui fixe l'argent de banque à cinq pour cent au-dessus de l'argent monnayé, et ordonne que dans les paiemens, même entre particuliers, on ne pourra donner en monnaie que le nécessaire pour l'appoint, le surplus devant être payé en billets.

Déclaration du Roi du 18 février, qui défend aux orfèvres de fabriquer et vendre aucuns ouvrages d'or et d'argent.

Arrêt du 27, qui fixe à 500 livres l'argent que chaque personne ou Communauté peut garder en sa possession, et ordonne la confiscation de l'excédant, ainsi que des matières d'or et d'argent trouvées dans la même maison.

Arrêt du 11 mars, qui abolit l'usage des espèces d'or au 1er mai, et celles d'argent au 1er août, à l'exception seulement des 6e et 12e d'écus et des livres.

Arrêt du 6 avril, qui déclare nulles les stipulations faites en espèces sonnantes, et autorise à s'en libérer en billets de banque.

Arrêt du 21 mai, qui fixe les diminutions successives que doivent éprouver ces billets de mois en mois jusqu'à ce qu'ils soient réduits à la moitié de leur valeur nominale.

Arrêt du 27, qui révoque ce dernier arrêt.

Toutes ces mesures ne firent qu'accélérer la chute du système. V. n. IV.

II. 14 mars, réception de M. Louis-François de Lambert, marquis de S.-Bris, Maréchal des camps et armées du Roi, en qualité de Gouverneur de la ville.

III. 24 juin, élection du Gouverneur du fait commun, M. Jean Deschamps, marchand, et de deux Echevins, MM. François Grasset, Avocat, et Etienne Leclerc, Procureur.

IV. Dans les derniers jours du mois d'août, publication et affiche d'un arrêt du Conseil, du 15, qui déclare que les billets de 10,000 livres et de 1,000 livres cesseront d'avoir cours, tant dans le commerce que dans les recettes et dépenses de l'état, passé le 1er octobre. Enfin, le dernier coup fut porté au système par l'arrêt du Conseil, du 10 octobre, portant qu'au 1er novembre, aucun billet ne pourra être donné en paiement que de gré à gré.

A l'exception des agioteurs et des mendians, il n'y eut pas en France une famille qui ne ressentît plus ou moins violemment les effets de cette catastrophe. Pour apaiser les cris d'indignation qui, de toutes parts, s'élevaient contre lui, le Régent, par divers Arrêts du Conseil, offrit en remboursement des billets, des rentes viagères pour ceux de 100 livres et au-dessous, et pour les autres des rentes perpétuelles au denier quarante ou cinquante, soit sur les tailles, soit sur les aydes et gabelles, soit enfin des actions ou coupons d'actions sur la compagnie des Indes, suivant l'importance des billets, et la valeur qu'avait fournie le porteur pour les posséder. Mais des formalités sans nombre étaient indispensables pour distinguer les billets vrais des faux, et apprécier ce qui était légitimement dû aux porteurs. Ces formalités exigèrent plusieurs années, ainsi que des démarches sans fin, en sorte que les agioteurs seuls y trouvèrent encore des bénéfices à faire, et que les personnes peu fortunées furent contraintes de vendre leurs billets à ceux qui pouvaient les acheter, en ajoutant à la perte forcée une perte volontaire. On en voit la trace dans une délibération du Corps municipal, du 30 octobre, qui autorise les administrateurs de l'Hôtel-Dieu à acheter d'un particulier douze billets de 100 livres, à la charge de lui en payer l'intérêt pendant sa vie au denier quarante seulement.

La perte de la caisse municipale ne fut pas considérable. Il y restait quinze billets, formant ensemble 2,300 livres. Une assemblée des habitans fut réunie pour savoir ce qu'on en ferait. Le 26 décembre, elle autorisa le Receveur à en employer 1,000 livres à l'achat d'un dixième d'action rentière sur la compagnie des Indes, et le surplus en une rente sur l'Etat, aux conditions fixées par les arrêts.

V. Le 12 septembre, les administrateurs de l'Hôtel-Dieu, qui, par les bons offices de M. de Caylus, avaient obtenu la liquidation de la succession de M. Girardin, et pouvaient recevoir sur la moitié revenant à l'Hospice 13,000 livres en espèces sonnantes, furent autorisés à les placer sur le clergé du Diocèse. Une somme pareille, et en mêmes espèces, fut reçue par l'Hôpital général.

1721.

I. 17 mars, assemblée des notables. Les marchands de bois pour l'approvisionnement de Paris venaient d'obtenir, par le ministère du Procureur du Roi près la Prévôté des marchands, un arrêt du Conseil d'Etat, qui, pour faciliter l'écoulement des trains, ordonnait la destruction des sept moulins établis sur la rivière près de la ville. Déjà ils l'avaient fait notifier au Chapitre, aux Religieux de S.-Marien, et à ceux de S.-Germain, propriétaires de trois de ces moulins.

Cette mesure effraya les habitans. Elle leur eût, effectivement, été funeste par le renchérissement des farines et de la mouture; elle l'eût été plus encore à la navigation. La position symétrique des quatre îles au-dessous du pont, leur existence remontant à la plus haute antiquité, et les matériaux dont elles sont composées ne laissent pas douter qu'elles n'aient été faites de main d'homme, pour y établir les moulins, probablement aussi pour la navigation. En tout cas, il est certain qu'elle en a profité, et que sans les îles et les écluses des nombreux moulins construits sur l'Yonne et ses affluens, la navigation n'y serait pas praticable pendant les trois quarts de l'année. Il fut arrêté que d'instantes remontrances seraient adressées au Roi, et l'existence actuelle de ces moulins prouve qu'elles ont été favorablement accueillies. V. 1731, n. II.

II. 5 mai, les administrateurs de l'Hôtel-Dieu sont autorisés à vendre les deux domaines situés dans la Puisaye, et légués à cet Hospice, en 1694, par l'Abbé Brosse, Curé de S.-Sauveur. Ils en firent la vente au sieur Pierre-Zacharie Pautre, le 27 du même mois, moyennant 8,000 livres. V. 1770, n. VI.

III. 24 juin, élection de deux Echevins, MM. Nicolas Chapotin de Rouvray, Conseiller, et Prix Deschamps, marchand.

IV. 6 et 7 juillet, arrivée et séjour de Mehemet-Effendi, Ambassadeur de la Porte Ottomane, retournant à Constantinople. L'objet de son ambassade était d'assurer au Roi que le Sultan prenait sous sa protection les pères latins, gardiens des Saints-lieux à Jérusalem. On lui fit les mêmes honneurs qu'aux Princes français. Il avait une suite nombreuse et magnifique, en hommes et en chevaux, qui fut nourrie, comme lui, aux dépens de la ville.

V. 13, le Marquis de Lambert réclame le logement que lui doit la ville comme Gouverneur ; on loue pour lui la Commanderie.

VI. 15 octobre, ouverture du Jubilé pour l'exaltation du Pape, Innocent XIII, successeur de Clément XI, mort le 29 mars. M. de Caylus était de si bonne foi dans son opposition à la bulle *Unigenitus*, que, persuadé que le nouveau Pape, dont on vantait la science et la piété, devait la voir comme lui, il se joignit à six autres Evêques pour lui adresser une lettre explicative de leur conduite, en le conjurant de révoquer cette bulle. La réponse fut que leur lettre était écrite dans un *esprit hérétique.*

1722.

I. Du dimanche 6 avril au dimanche suivant, les Jacobins de la province, réunis dans leur couvent d'Auxerre, y tinrent leur assemblée provinciale ; et chaque jour de cette octave, il y eut sermon par l'un d'eux à la Cathédrale.

II. 7 juin, M. Nicolas Commeau, Comte de Créancé, Seigneur de Vincelles, fait enregistrer au Bailliage et à la ville, ses lettres de Lieutenant de Roi au département de l'Autunois, Auxois et Auxerrois.

III. 24, élection d'un Gouverneur du fait commun, M. Germain Boucher, marchand, et de deux Echevins, MM. Germain Raffin, Avocat, et Coullard, Procureur.

IV. 1er octobre, grande cérémonie au Collége pour célébrer l'année séculaire, depuis que la direction en était confiée aux Jésuites. Discours à ce sujet par le régent de rhétorique.

V. Le 22, à l'audience des Juges-Consuls, Charles Lemoine, marchand, proféra contre les Juges, qui probablement venaient de le condamner, des injures infiniment graves. Le même jour, le Corps des marchands s'assembla, et arrêta de le dénoncer au Procureur général. La plainte, renvoyée au Bailliage, y fut suivie d'informations ; et le 17 décembre, Lemoine fut décrété de prise de corps. Il prit la fuite et obtint un arrêt du Parlement, qui ordonna l'apport des pièces du procès au greffe de la cour. Mais un second arrêt, en déclarant valable l'instruction, la renvoya au Bailliage. V. 1723, n. IV.

1723.

I. 7 janvier, réception d'importantes réparations faites l'année précédente à la flèche et à la balustrade de l'horloge, moyennant 5,200 livres.

II. Le Jeudi-Saint, M. de Caylus eut la preuve que les renouvellemens par lui faits dans son Chapitre lui avaient acquis une majorité certaine dans les délibérations de ce corps. Une discussion s'y étant élevée dans les affaires du temps, l'Abbé Monnot dit hautement qu'il ne reconnaissait pour bons catholiques que ceux qui se soumettaient aux décisions de l'Eglise. A ces mots, une vive rumeur agita l'assemblée; on finit par conclure que l'Abbé Monnot se rétracterait, ou qu'il serait exclus du Chapitre pendant un an. Le pétulant Abbé Moreau vivait encore, et comme Doyen il présidait l'assemblée. Partageant l'opinion de l'Abbé Monnot, il voulut empêcher de porter la décision sur le registre et s'en empara; on le lui arracha; il prit l'encrier et disparut. Mais on eut bientôt un autre encrier. Il y eut plainte par le Chapitre au Ministre, qui ne répondit pas. Néanmoins, l'Abbé Monnot se démit de son canonicat.

III. 24 juin, élection d'un Echevin, M. Robinet le jeune.

IV. Le 1er juillet, Charles Lemoine, qui, le 22 octobre, avait insulté les Juges-Consuls en fonctions, fut conduit à leur audience publique, se mit à genoux, et tête nue, déclara à haute voix, en présence des trois Juges qu'il avait insultés, les sieurs Evrat, Billetou et Navarre, « qu'il demandait pardon » à Dieu des blasphèmes qu'il avait proférés, et aux » trois Juges, des injures atroces et scandaleuses qu'il » leur avait proférées. » Il avait été arrêté le 10 mai, et élargi provisoirement deux jours après, attendu l'état de maladie dans lequel il était tombé. Le 30 juin, le Bailliage avait prononcé contre lui la peine du *blâme*, et l'avait condamné à faire cette espèce d'*amende honorable*.

1724.

I. Au mois de février, il parut un journal dans lequel l'auteur fit un brillant éloge des vins d'Auxerre. Les Officiers municipaux à qui il en avait adressé des exemplaires, s'empressèrent de lui témoigner la reconnaissance des habitans, en lui envoyant une feuillette du meilleur vin, sans réfléchir que, par là, ils l'encourageaient à célébrer successivement tous les autres vignobles.

II. 29 mai, exaltation de Benoît XIII, successeur d'Innocent XIII, décédé quelques mois auparavant.

III. 24 juin, élection du Gouverneur du fait commun, M. François Ragot, marchand, et de trois Echevins, MM. Nicolas Martineau de Méré, Philippe Lalouat et Alexandre Thomas.

IV. 9 juillet, M. Charles-Henri-Gaspard de Saulx-Tavannes fait enregistrer au Bailliage et à la ville ses lettres de Lieutenant général, pour le Roi, dans l'Auxois, l'Autunois et l'Auxerrois.

V. L'Abbé Lebeuf publie son histoire de la prise d'Auxerre, imprimée en 1723. Il se trouva à la fin du livre l'extrait d'un sermon du P. Divolé, dans lequel il semble conclure contre l'infaillibilité du Pape, des prières faites chaque jour pour lui. Un anonyme en fit le sujet d'une dénonciation au Garde des Sceaux, M. d'Armenonville. Le Subdélégué de l'Intendant eut ordre de saisir chez le libraire tous les exemplaires, et d'en supprimer le feuillet coupable. Ce Subdélégué ne se borna pas à exécuter l'ordre. Il fit subir interrogatoire à l'Abbé Lebeuf, et à M. Troche, son imprimeur. Il se présenta ensuite chez les personnes qui déjà avaient acheté des exemplaires, et plusieurs eurent la faiblesse de lui en laisser enlever le feuillet. Possesseur de tous ces feuillets par lui recueillis, tant chez ces personnes que chez le libraire, il les fit solennellement brûler par la main de son Greffier, dans sa cour. Fier de toutes ces opérations, il les consigna dans un long procès-verbal qu'il s'empressa d'adresser au Garde des Sceaux; croyant, sans doute, avoir acquis des droits à son estime. L'Abbé Lebeuf aussi rendit compte à ce Magistrat de l'excès de pouvoir commis par le Subdélégué; et sur-le-champ, l'Intendant reçut l'ordre de le destituer. Cependant il courut à Paris, où, à force de recommandations et de sollicitations, l'ordre fut révoqué.

VI. M. Humbert, Supérieur du grand Séminaire, ayant, à l'exemple de M. de Caylus, adhéré à l'appel de la bulle, fut exclus de la Congrégation des Lazaristes, quoiqu'il fût premier assistant du Général. V. 1727, n. IV.

VII. 11 novembre, réception, au Bailliage, de M. Jean-Baptiste Boucher de la Rupelle, Lieutenant particulier, sur la démission de M. Boucher son père.

1725.

I. 7 juillet, élection de M. Millot, Echevin.

II. Le P. Lemoine, régent de philosophie au Collége, avait avancé dans son cours plusieurs propositions que M. de Caylus, surveillant très-actif, jugea contraires à la saine doctrine. Il manda le régent, et exigea de lui une rétractation, lui permettant d'y réfléchir. Le P. Lemoine revint lui déclarer qu'il ne se rétracterait pas. A l'instant, l'Evêque retira à tous les Jésuites d'Auxerre le pouvoir de prêcher et de confesser dans son Diocèse. Il ne se borna pas à cette mesure. Le 18 septembre, il publia une Ordonnance, adressée au clergé et aux fidèles, dans laquelle il stigmatisa, en quelque sorte, toute la Compagnie de Jésus : *gémissant sur la conspiration que des gens trop connus semblent avoir faite contre ce qu'il y a de plus sacré dans la religion.* Le Provincial ne pouvait pas garder le silence après une attaque aussi forte. Sa réponse, intitulée : *Remontrance à Monseigneur l'Evêque d'Auxerre, approuvée par trois théologiens de l'ordre, et par le Docteur Tournely*, fut imprimée et affichée, tant à Auxerre qu'à Paris. Elle était vive et piquante. M. de Caylus qui, dans ses nombreuses polémiques, n'a jamais eu le dernier, repliqua par une *instruction pastorale*. Cependant il en ajourna l'impression, espérant que l'assemblée du clergé se joindrait à lui pour obtenir justice de ce qu'il regardait comme une offense envers l'épiscopat, dans le ton et les argumens de cet écrit. Mais ses démarches ayant été inutiles, il publia son instruction. V. 1727, n. III.

III. 23 décembre, assemblée générale des habitans, dans laquelle les administrateurs de l'Hôtel-Dieu furent autorisés à employer une partie des capitaux provenant du prix des domaines légués par le Curé de S.-Sauveur, à l'achat du terrain où est aujourd'hui la halle aux grains, et qui servait alors au jeu de la courte paulme. Ils furent également autorisés à y édifier la halle, et à faire auprès du Ministère les démarches convenables pour obtenir son assentiment. Jusque là, les grains étaient mis en vente sur le pavé de la place des fontaines. V. 1726, n. IV.

IV. Dans le même mois, M. de Caylus publia un mandement par lequel il annonça au clergé une nouvelle édition du bréviaire; voulant que ce fût la seule en usage, à commencer du premier dimanche de Carême de 1726. M. de Caylus avait une vaste érudition, surtout en matière ecclésiastique; et la plupart des Chanoines nommés par lui n'avaient fixé son choix que parce qu'ils joignaient le savoir à la pureté des mœurs. C'est avec eux que, trouvant insuffisante la correction de l'ancien bréviaire, achevée sous le pontificat de M. de Broc, il parvint à donner le bréviaire actuel, généralement regardé comme un des plus parfaits.

1726.

I. 7 mars, le sieur Morand, Directeur des Aydes, est chargé de la recette des deniers patrimoniaux de la ville et des octrois. Dans l'état des recettes et des charges qu'elles devaient acquitter, on voit que les revenus se composaient de rentes modiques, de la taille négociale montant à 2,275 livres 6 sols; d'un droit d'entrée sur les vins du dehors, destinés à la consommation de la ville, évalué à 1,600 livres; de 1,000 livres sur les entrées de Paris; du droit sur les boucheries, affermé 3,020 livres par an, et des gages attribués à plusieurs offices achetés par la ville; qu'en tout ces revenus s'élevaient à 9,436 liv. 11 sols; que les charges, y compris l'entretien des murs, n'allaient qu'à 7,411 livres 2 sols.

II. 24 juin, élection d'un Echevin, M. Gaspard Coullaut de Berry, Conseiller.

III. 16 juillet, publication et affiche d'une Déclaration du Roi, qui retire de l'aliénation faite, en 1649, au Maréchal de Turenne, des droits d'Aydes dans le Comté, celui de *Gros*, à percevoir sur les vins qui y arriveraient, soit pour être consommés, soit en transit. Un Directeur particulier, un Receveur et des Commis furent établis, et l'on joignit à cette direction tout le ressort de l'Election de Vézelay; en sorte qu'Auxerre, qui n'aimait pas les Aydes, et encore moins leurs agens, eut deux Directions, l'une pour les droits du Roi, l'autre pour ceux restés à ce qu'on appelait la ferme de Bouillon; et le nombre des employés explorant sans cesse la ville et les faubourgs, fut, à peu près, doublé.

IV. 7 décembre, lettres patentes qui autorisent l'administration de l'Hôtel-Dieu à établir la halle aux grains, avec la faculté d'y percevoir tous les droits en usage dans les halles des autres villes. Sans être complètement achevée, elle fut livrée au public, en 1728. V. 1731, n. VIII.

1727.

I. Cette année était celle où les Etats de la province devaient être assemblés; et après une révolution de 36 années, le tour de la ville d'avoir l'Elu général du Tiers-Etat était arrivé. Les Etats furent effectivement convoqués pour le 5 mai; en conséquence, le 14 avril, le Corps municipal y députa MM. Baudesson, Maire, et Martineau de Méré, Echevin. Le lendemain, les habitans furent réunis pour nommer l'Elu général. Tous les suffrages se réunirent sur le Maire, M. Baudesson, comme en 1691 sur M. Billard.

II. 24 juin, élection du Gouverneur du fait commun, M. André Potel, marchand, et de trois Echevins, MM. Nicolas Chapotin, Roch Liger et Claude Billecaut.

III. 16 août, Concile d'Embrun, composé de 14 Evêques. M. Soanen, Evêque de Senez, y fut cité et déclaré *suspens des fonctions épiscopales et sacerdotales*, comme auteur d'un écrit intitulé: *Testament spirituel*, dans lequel il avait réfuté les dispositions de la bulle, et pris la défense du P. Quesnel. Douze Evêques, au nombre desquels se fit remarquer M. de

Caylus, attaquèrent la décision de ce Concile dans une lettre rendue publique, et qu'ils ne craignirent pas d'adresser au Roi. Chacun d'eux reçut, en réponse, du Cardinal de Fleury, alors Ministre, une lettre de cachet qui l'exilait dans son Diocèse.

Le prosélytisme de M. de Caylus avait amené à ses opinions, non-seulement le Supérieur du grand Séminaire, mais plusieurs des professeurs. Le Général de leur congrégation, en ayant été informé, probablement par le nouveau Supérieur, les retira et en envoya d'autres. Alors l'Evêque prit le parti de recueillir tous les Séminaristes dans son Palais, où ils eurent des maîtres choisis par lui. Il y en eut même pour les humanités et la philosophie; en sorte que les jeunes gens destinés à la prêtrise trouvèrent, sans sortir d'Auxerre, sous ses yeux, dans son petit et son grand Séminaire, une instruction complète et conforme à ses doctrines. Il admettait, même, dans l'un et l'autre, tous les enfans dont les parens, quoiqu'en les disposant à toute autre carrière, étaient flattés de les voir élever dans les mêmes principes. Ce dernier établissement lui coûta beaucoup. Il fut obligé d'en faire toute la dépense. Les Lazaristes n'avaient pas un seul élève; mais il n'était pas en son pouvoir de leur reprendre les revenus attachés au grand Séminaire sur les décimes. Ils continuèrent à les recevoir, sans rien faire. V. 1728, n. I.

IV. Sur la fin de l'année, on fit, pour la répartition de la taille, un recensement des contribuables, et des privilégiés; non compris le clergé, alors habituellement assujetti aux décimes. Le résultat fut

135 privilégiés et 2,056 taillables. Cette liste curieuse fait voir à quel degré était alors porté l'abus des exemptions, et combien on savait transiger avec l'amour propre, pour échapper à la taille. Avec les noms des meilleures familles, on trouve *trois valets de chien, un valet de limier, deux courriers de cabinet, un capitaine de toile,* et *un taupier de haras.* On voit aussi dans ce recensement, qu'entre les 2,056 familles des contribuables, les professions étaient ainsi distribuées : Conseillers, Avocats, Notaires, Procureurs, Médecins, Chirurgiens et Marchands, 259 ; artisans, 997 ; et vignerons, 800.

1728.

I. A mesure que M. de Caylus multipliait les moyens de faire marcher ses diocésains dans la voie qu'il croyait la meilleure, la Compagnie de Jésus redoublait ses efforts pour diriger les esprits dans un sens contraire ; probablement persuadée aussi que celle de cet Evêque conduisait à l'erreur. On a vu, en 1622, que, lorsque le Collége fut donné à cette Compagnie, une des conditions fut qu'indépendamment d'un régent pour les classes, ils auraient des Pères spécialement chargés de faire des instructions et des missions. Ce fut, surtout, lorsque M. de Caylus se fit remarquer par le zèle et le talent avec lesquels il attaquait la bulle, que la Compagnie de Jésus envoya, et entretint à Auxerre, ce qu'elle avait de plus habiles Docteurs. Il en résulta que la ville avait, en quelque sorte, deux communions de fidèles dirigées, l'une par l'Evêque et ses Curés, l'autre par les Jésuites. Il paraît même qu'à l'époque où je suis parvenu, cette dernière était la plus nombreuse. Les Curés, en effet, écrivirent à M. de Caylus, que les Jésuites avaient formé des associations d'écoliers et d'un grand nombre d'autres personnes, qui s'assemblaient à tous les offices dans leur église, tandis que *celles des paroisses étaient presque désertes*, et que leurs paroissiens méprisaient leurs instructions. Le 18 septembre, il publia une Ordonnance dans laquelle il fit défense aux Jésuites de tenir des congrégations dans leur église, et aux fidèles d'en faire partie. Mais une ordonnance est vaine, si l'on manque des moyens de se faire obéir. C'est ce qui arriva à celle de M. de Caylus. Pour qu'elle fût efficace, il aurait fallu qu'il pût empêcher les Jésuites de confesser, et ils continuaient à le faire, quoiqu'il leur en eût retiré le pouvoir. Il voulut effectivement s'y opposer, mais à ses premières démarches à ce sujet, il fut menacé d'une lettre de cachet, et garda le silence.

1729.

I. Durant tout le mois de janvier, le peuple eut à souffrir d'un froid rigoureux et continu, ainsi que du renchérissement des blés. Aux secours que le Clergé et les Bourgeois répandirent, le Corps municipal ajouta 300 livres.

II. Le 15 mai, les habitans furent assemblés, pour délibérer sur la demande de douze jeunes gens, fils de Bourgeois et de marchands. S'étant exercés, depuis deux ans, au jeu de l'arquebuse, sur le rempart entre la porte d'Eglény et la tour S.-Vigile, où jadis avait été le jeu de l'arbalète, ils désiraient être organisés en compagnie royale, ainsi que l'avaient obtenu récemment les jeunes gens de Dijon, de Beaune et d'Avallon. Ils demandaient aussi à jouir des honneurs et des priviléges qu'avaient eus les Chevaliers de l'arbalète; et comme ces priviléges faisaient retomber sur les autres habitants les charges dont il exemptait les Chevaliers, le consentement de la Communauté était indispensable. Il fut donné à l'unanimité. V. n. VIII.

III. 24 juin, élection de deux Echevins, MM. Claude Choppin, Avocat, et Claude Borne, Procureur.

IV. 17 juillet, les Officiers municipaux, après un incendie, prirent enfin des mesures depuis long-temps pratiquées dans les autres villes. Ayant fait confectionner des crochets et des sceaux, ils en laissèrent une partie dans l'Hôtel de ville, et distribuèrent le surplus dans les quartiers éloignés du centre.

V. 25 août, installation de M. Edme-Jean Baudesson, nommé Maire par les Elus généraux, sur la démission de son père.

VI. 17 septembre, procession générale, Te Deum et réjouissances pour la naissance du Dauphin, impatiemment attendue et vivement désirée pendant 4 ans.

VII. Publication d'un nouveau Rituel par M. l'Evêque. Au moment où il avait voulu le faire imprimer, le privilége qu'il avait précédemment obtenu pour l'impression de ses ouvrages, étant expiré, il en avait sollicité le renouvellement; mais le Garde des Sceaux avait exigé qu'il soumît son manuscrit au Censeur.

Toutes ses démarches pour faire révoquer cet ordre, qui l'humiliait, ayant été vaines, il l'avait fait imprimer sans permission, le publia dans cet état, et ne fut pas recherché. C'est celui en usage aujourd'hui. V. 1730, n. IV.

VIII. Au mois de décembre, les Chevaliers de l'arquebuse obtinrent les lettres patentes qui les autorisaient à se former en Compagnie royale.

1730.

I. Dans le courant de janvier, la cherté du pain diminua; le prix du froment descendit de 3 livres 18 sols à 2 livres 18 sols.

II. En février, les Bénédictins, avec l'autorisation de l'Intendant, firent démolir la tour de Toullongeon dépendant des murs qui leur avaient été cédés par la ville, parce qu'elle menaçait de s'écrouler.

III. 10 avril, MM. Baudesson, Maire, et Chapotin, Echevin, furent députés aux Etats convoqués à Dijon pour le 2 mai. L'Abbé Moreau s'y rendit également en qualité de Doyen du Chapitre, et avec d'autant plus d'empressement, que cette année l'Elu général du clergé ne pouvait être pris que parmi les Doyens des Chapitres. Ce fut, en effet, sur lui que la Chambre du Clergé fixa son choix; mais il le dut entièrement à M. de Caylus qui, par là, se vengea noblement des tracasseries qu'il avait éprouvées de la part de cet Abbé, au sujet de la Bulle. Non-seulement il s'était assuré pour lui de la recommandation toute-puissante du Prince de Condé, mais il l'avait aidé dans la composition des discours qu'il aurait à prononcer, et il lui avait donné les officiers de sa maison, pour qu'il représentât convenablement. Au surplus, il n'eut qu'à se louer de sa générosité : l'Abbé Moreau se fit remarquer par les talens d'un habile administrateur, et « marqua, dit l'historien de M. de Caylus, à M. d'Au- » xerre, une reconnaissance qui ne s'est jamais dé- » mentie ; dans toutes les circonstances il se fit un » mérite d'aller au-devant de ce que son bienfaiteur » pouvait désirer. »

IV. 25, transaction entre les Officiers municipaux et les administrateurs de l'Hospice des cent filles de Paris, au sujet du droit de minage de cet hospice sur tous les grains vendus dans la ville. Il n'était pas possible, en effet, d'échapper à l'annulation de la vente qui en avait été faite aux habitans en 1691. Non-seulement on n'avait rempli aucune formalité ; mais les lettres patentes, par lesquelles Louis XIV avait confirmé la cession du minage à ces filles, portait « qu'el- » les devaient en jouir à titre d'aumône et de fonda- » tion royale, sans qu'il pût être diverti à autre ef- » fet qu'au pain de ces orphelines, et sans que l'Hô- » pital pût en être dépossédé, sous quelque prétexte » que ce fût. » D'ailleurs, cet Hôpital éprouvait une énorme lésion. Dès l'origine, comme on l'a vu, la vente avait procuré aux habitans un avantage considérable, mais il était devenu bien plus important par le renchérissement des grains. En 1691, le prix du bichet de froment, année commune, n'était que de 45 sols ; ainsi la rente de 2,000 livres équivalait à 889 bichets (1): en 1730, ce prix moyen s'étant élevé à 3 livres 15 sols, elle ne représentait plus que 533 bichets; et pour donner à l'Hôpital une valeur égale à celle de 1691, la rente devait être portée à plus de 3,000 livres. C'est sans doute à peu près à ce taux que la rente fut fixée pour l'avenir. Je n'ai pas pu me procurer cette transaction, mais elle est relatée dans les pièces de l'instance dont je rendrai compte en 1773, où je vois que, pendant 44 ans encore, la ville étant restée propriétaire du minage, les Bourgeois ont conservé la faculté, à laquelle ils mettaient beaucoup de prix, de vendre leurs grains chez eux et sans rien payer. V. 1773, n. XIV.

V. Le 18 juin, MM. Hubert-Thomas Morin de Barecourt, Germain Arnauld, Jean Duvoy, Erard Millot, Philippe Berault, Olivier Evrat, François Blonde, Toussaint Robinet, et Jacques Billetou, se présentèrent au Corps municipal pour faire enregistrer les lettres patentes qui les autorisaient à former une *Compagnie du jeu de l'arquebuse*, pouvant élever le nombre de ceux qui la composeraient jusqu'à cent, et leur accordaient les mêmes priviléges qu'avaient eus jadis les Chevaliers de l'arbalète. Déjà ces lettres avaient été enregistrées à la Cour des Aydes, le 21 avril; mais les Officiers municipaux, remarquant par-

---

(1) Si à cette quantité on ajoute 87 bichets de froment et 76 d'avoine, que la ville était chargée de payer en outre au Chapitre de S.-Etienne; on reconnaît que ce minage est celui dont jouissait, en 1323, le Voyer d'Auxerre, et qui lui rapportait environ 1000 bichets tant de froment que d'avoine. V. Lebeuf, t. 1, p. 446.

mi ces priviléges l'exemption donnée au Chevalier devenu *Roi*, pendant son règne d'un an, et à celui devenu *Empereur*, pendant sa vie entière, de tous droits d'entrée ou autres sur les vins de leur crû; jugèrent qu'il était convenable de régler l'exercice de cette exemption, pour en prévenir les abus. Craignant que ces nouveaux Princes, pour étendre le profit de leur franchise, n'achetassent beaucoup de vignes, ou des vins qu'ils confondraient avec les leurs; ils exigèrent que l'exemption fût resreinte, par année, à cent feuillettes vendues en gros, ou 60 vendues en détail; pourvu encore qu'elles fussent du crû du privilégié, condition qui fut acceptée par les Chevaliers. Le surlendemain ils furent admis au serment *de vivre et mourir dans la Religion Catholique, Apostolique et Romaine; comme aussi de défendre la ville, et d'observer les statuts qui leur seraient donnés par le Corps municipal.* V. n. VII.

VI. 24 juin, élection du Gouverneur du fait commun, M. Pierre Robinet, marchand, et de deux Echevins, MM. Nicolas Marie, Conseiller, et Pierre Boyard, marchand.

VII. Le même jour, la population se porta en foule sur le rempart, pour y voir les Chevaliers de l'arquebuse faire leur premier exercice régulier. Ils y arrivèrent, tambours battans, en bien plus grand nombre que le 18 juin, et précédés de l'innocent oiseau de bois destiné à leurs coups. Leur brillant uniforme se composait d'un habit de drap écarlate, avec boutons d'or, et de plumets blancs sur leurs chapeaux. Leur drapeau de soie blanche portait l'écusson du

Prince de Condé et celui de la ville. Chacun d'eux avait l'arquebuse au bras, et l'épée au côté. Les Officiers municipaux s'y rendirent aussi, pour surveiller la régularité de l'exercice, et proclamer le plus adroit Chevalier à qui seraient dévolus la royauté et ses attributs. Après quelques heures, l'oiseau fut mis en pièces par M. Berault, que le Maire proclama Roi.

La ferveur avec laquelle ces Chevaliers s'étaient exercés au jeu de l'arquebuse avant cette cérémonie, leur persévérance ensuite, le luxe de leur uniforme, l'éclat qu'ils avaient donné à leur organisation, et l'indiscrétion de quelques-uns d'eux, indisposèrent la milice bourgeoise. On craignit qu'ils ne voulussent paraître en corps dans les cérémonies publiques, où leur belle tenue aurait été un point de comparaison désagréable pour la milice composée d'hommes de toutes les professions, et habillés de toutes les couleurs. On sut que leurs prétentions allaient jusqu'à vouloir marcher avant la milice. Les Officiers municipaux, pour éviter toute collision, prièrent le Prince de Condé de faire, à ce sujet, un réglement qu'il donna le 21 novembre. Ses principales dispositions furent que, quand la milice serait sous les armes, les Chevaliers y reprendraient leur ancien rang comme Bourgeois, à moins que le Corps municipal n'autorisât leur Compagnie à marcher séparément; mais que, dans ce cas, la milice aurait toujours le pas sur les Chevaliers.

VIII. 5 décembre, arrêt du Conseil qui, sur la demande des habitans, consignée dans une délibération du 10 octobre, leur concède les portes et les tours de la ville, à la charge de les entretenir en bon état; les autorisant, en outre, à démolir les corps-de-garde et autres ouvrages extérieurs. Les fermiers du domaine s'en étaient emparés, depuis quelques années, et louaient les logis sur les portes, dans les tours et les corps-de-garde, sans y faire aucunes réparations.

1731.

I. Au printemps, par suite de l'arrêt du 5 décembre, le Corps municipal fit démolir le bastion qui était à l'extrémité du pont, du côté du faubourg, ainsi que les corps-de-garde extérieurs de la porte du Temple et de celle de S.-Simon.

II. Les marchands de bois n'ayant pas réussi à faire sacrifier les moulins de la banlieue à l'accélération de la marche de leurs trains, imaginèrent, cette année, de couper les sinuosités que l'Yonne décrit autour du parc de Régennes, et qui font de cet endroit une charmante presqu'île. M. de Caylus s'y étant opposé, les Officiers municipaux se joignirent à lui, persuadés que cette coupure, en donnant aux eaux, sur un seul point, la pente qu'elles avaient dans toute l'étendue de leurs circuits, elles acquerraient une rapidité qui briserait les bateaux conduisant les vins à Paris; danger que ne courraient pas les trains. V. 1738, n. III.

III. 3 juin, réception de M. le Marquis de Lambert, nommé après la mort de son père, Gouverneur de la ville pour le Roi. Le Corps municipal, accompagné de tous les Officiers de la milice bourgeoise, et de quatre sergens par compagnie, alla le recevoir à la porte du Temple. Là, le Maire lui remit les clés de la ville, et le conduisit à la Commanderie, où son logement était préparé.

IV. 15, publication et affiche d'un arrêt du Conseil, du 5, qui défend de faire aucune plantation nouvelle de vigne dans le royaume, et de rétablir celles qui n'auraient pas été cultivées pendant deux années, sans une permission du Roi, à peine de 3,000 livres d'amende. Les motifs exprimés dans l'arrêt sont que ces plantations tendent, par leurs progrès, à absorber les terres propres au blés; qu'elles enchérissent les bois par les échalas qui leur sont nécessaires; et que par l'abondance de vin qu'elles produisent, elles en diminuent la valeur.

V. 24, les Chevaliers de l'arquebuse font leur second exercice régulier pour le tirage de l'oiseau; mais ce n'est plus sur le rempart étroit de la porte d'Eglény; c'est sur une grande partie de ce qui fait aujourd'hui le jardin qui a conservé le nom de l'arquebuse. Dès le 22 mars, se voyant au nombre de 24, ils s'étaient déterminés à se procurer un local plus vaste et plus commode, dont ils pourraient disposer à leur gré. Après avoir emprunté de M. Jodon, médecin, 2,000 liv. à constitution, ils avaient acheté, moyennant 418 livres 10 sols, des sieurs Hérisson et Mignon, 162 carreaux de terre, situés dans le faubourg, près de la porte du Temple; et les avaient appropriés à leur usage. Le résultat de ce second exercice fut le même que celui du premier, M. Berault conserva sa royauté.

VI. Décès de M. Jean Baudesson, ancien Maire. Dans une délibération du lendemain, le Corps municipal consigne « qu'on ne peut pas trop regretter ce premier Officier, qui a rempli sa place pendant 40 ans, avec honneur, intégrité et désintéressement. » Le Corps de ville, toutes les autorités et la milice bourgeoise, assistèrent à ses obsèques.

VII. Une sécheresse excessive et continue depuis le mois de juin, avait totalement tari les grandes fontaines, lorsque, le 26 août, le feu dévasta le quartier du Grand-Querre, plus anciennement appelé *l'Autre monde*, dont presque toutes les maisons étaient couvertes en paille. On ne put arrêter le ravage qu'en abattant les maisons voisines du foyer; et le mal fut si grand, qu'indépendamment des secours que les familles incendiées trouvèrent dans la ville, M. de Caylus obtint pour elles, du Cardinal de Fleury, 2,000 livres, malgré l'état de disgrâce dans lequel ce Ministre le tenait. Le Corps municipal prit occasion de ce déplorable événement pour défendre, par une Ordonnance de police, de couvrir désormais en paille les maisons situées dans l'enceinte de la ville. Le défaut d'eau était si évidemment la principale cause de l'étendue de la dévastation, que les habitans, réunis le 2 septembre, autorisèrent le Maire à consulter, sur les sources de Ste-Geneviève, l'ingénieur hydraulique le plus en réputation. Il s'adressa à Servais-Sualem Rennequin, fils de l'auteur de la fameuse machine de Marly. Il vint au mois d'octobre, et donna un avis qu'on ne suivit pas.

VIII. 10 novembre, le sieur Aubin Mignon, marchand à Moulins, près de Toucy, fit don à l'Hôtel-Dieu, de 4,000 livres, à condition que la messe y serait dite tous les jours, et que cette somme serait employée à terminer la salle des hommes, ou la halle aux grains, dont la construction était suspendue.

IX. 25, audience solennelle du Bailliage pour la réception du nouveau Grand-Bailli, M. Jacques Coignet de la Thuilerie, Comte de Courson, succédant à son père.

X. Dans le courant de décembre, les Chevaliers de l'arquebuse, qui, au mois d'août, avaient acheté, pour 250 livres, 58 carreaux contigus au terrain qu'ils avaient déjà, firent entourer la totalité de haies vives, et planter l'intérieur en tilleuls et maronniers, par le sieur Granger, jardinier de Sens. V. 1732, n. 1.

1732.

I. Le 31 mai, les Chevaliers de l'arquebuse qui, jusqu'alors, ne devaient avoir pour Commandant que celui qui serait Roi, et seulement pendant son règne éphémère, reconnurent qu'il était beaucoup plus convenable d'avoir constamment le même chef, et même de le choisir dans un rang supérieur. Déjà ils avaient pour Lieutenant M. Baudesson, fils du Maire, ils déférèrent le grade de Capitaine à M. le Comte de la Tournelle. V. 1734, n. III.

II. 2 juin, le Chapitre de S.-Etienne reçoit M. Guillaume-Antoine de Chastellux, prenant possession de la prébende laïque de sa famille.

III. 24, élection de M. André Petit, Avocat, Echevin.

IV. Le même jour, M. Berault ayant abattu l'oiseau de l'arquebuse, pour la troisième fois, fut proclamé Empereur; ce qui lui assura pour sa vie, non-seulement les exemptions de taille et de gabelle, mais la faculté de porter le cordon bleu, dans toutes les cérémonies où sa Compagnie était admise.

V. 11 novembre, audience solennelle du Bailliage pour la réception de M. Prix Richer de Lucy, Lieutenant criminel, sur la démission de M. Claude Richer de Lucy, son père.

1733.

I. 12 avril, MM. Baudesson, Maire, et Marie, Echevin, sont députés aux Etats convoqués pour le 27. Le Duc d'Enguien, Gouverneur, devant aussi s'y rendre, se disposait à loger, à son passage, chez M. de Caylus, à Régennes, comme dans ses précédens voyages; mais le Ministre lui fit savoir, de la part du Roi, que sa Majesté désirait qu'il n'y allât pas. Sur l'avis qu'il en donna à M. de Caylus, l'Evêque l'invita, au nom de M. Baudesson, Maire, à descendre chez lui. Déjà le Prince avait promis à M. de Villeroy de coucher au château de Charmoy, mais il manifesta le désir d'y trouver M. de Caylus, ainsi que M. Baudesson. Ils y allèrent en effet, le 24, et furent admis au souper du Prince, qui passa à Auxerre, le 25.

II. 24 juin, élection du Gouverneur du fait commun, M. Pierre Boyard, marchand, et de trois Echevins, MM. Jean Robinet de la Coudre, Conseiller, Gaspard Coullant de Berry, aussi Conseiller, et Henri Duché, marchand.

Le même jour, M. Pochet est proclamé Roi de l'arquebuse.

III. Au mois de décembre, affiche et publication d'une Déclaration du Roi, du 15 de ce mois, qui rétablit l'impôt du dixième des revenus, comme en 1710. Durant près de 20 années, les Princes de l'Europe désarmés avaient cessé d'appeler les peuples à la guerre ; mais parce que les Polonais se divisèrent pour l'élection d'un Roi, il fallut reprendre les armes. Louis XV, voulant soutenir l'élection de Stanislas, son beau-père, déclara la guerre à l'Empereur d'Autriche, et exigea ce nouvel impôt, pour être perçu jusqu'à la paix. V. 1737, n. 1.

1734.

I. Dans les premiers mois de cette année, M. de Caylus publia, par un mandement, son grand Catéchisme, qui est en usage dans le Diocèse. V. 1735, n. II.

II. 24 juin, élection d'un Echevin, M. François Leblanc, Procureur.

III. Le même jour, M. Pierre Pochet devint Roi de l'arquebuse, pour la seconde fois. Dans cette réunion, la Compagnie qui comptait déjà plus de 30 Chevaliers, et plusieurs aspirans, arrêta de substituer à *la baraque*, qu'il fallait refaire à chaque exercice, le pavillon et le bâtiment du concierge qu'on voit aujourd'hui. Sur-le-champ, M. Guilbert-Latour, architecte, dressa le plan, ainsi que le devis des constructions, qu'il se chargea de diriger gratuitement. Lorsqu'on eut un aperçu de la dépense, au mois d'octobre, une délibération signée de tous les Chevaliers, obligea chacun d'eux à une subvention extraordinaire de 200 livres. Les travaux furent commencés aussitôt, et à la fin de l'année la dépense montait déjà à 1,198 livres 3 sols. V. 1736, n. 1.

1735.

I. Au mois de mars, une assemblée des paroissiens de S.-Eusèbe fut convoquée pour nommer un premier Marguillier. Jusqu'alors, l'usage avait été de déférer cette place d'honneur à un Conseiller, ou à un Avocat; mais les marchands, qui n'avaient jamais que la seconde place au ban de l'œuvre, se trouvant en nombre, voulurent en profiter pour passer à la première; et manœuvrèrent si adroitement, que le choix tomba sur M. Pierre Robinet, marchand de bois. Le 2 avril, les Conseillers du Bailliage, courroucés, prirent une délibération dans laquelle, traitant cette élection comme une œuvre de sédition, ils arrêtèrent d'en porter plainte au Parlement. Il s'ensuivit un procès grave et dispendieux, terminé par un arrêt de la Grand'Chambre qui annula l'élection, ordonna qu'à l'avenir, comme par le passé, le premier Marguillier de S.-Eusèbe serait toujours un Conseiller ou un Avocat, et condamna les marchands aux dépens.

II. Le 29 mai, M. de Caylus reçut, avec le public, une lettre imprimée qui lui était adressée par cinq Curés de son Diocèse, et dans laquelle, affectant un style caustique et offensant, ils lui faisaient des remontrances sur le catéchisme qu'il venait de publier. Après les avoir, mais inutilement, invités à une conférence, il les fit traduire à l'Officialité. Cette démarche fut encore vaine ; les Curés se pourvurent devant l'Archevêque de Sens, alors M. Languet, qui arrêta les poursuites. M. de Caylus finit par découvrir que la lettre était moins l'ouvrage de ces Curés que celui de l'Archevêque. Il se disposait à donner à cette affaire tout l'éclat dont elle était susceptible, lorsqu'un arrêt du Conseil prononça la suppression du catéchisme et des remontrances. Malgré l'arrêt, ce catéchisme n'a pas cessé de servir à l'instruction de la jeunesse du Diocèse, sans que les successeurs de M. de Caylus ayent eu la pensée de lui en substituer un autre.

III. 24 juin, M. Pochet abat l'oiseau de l'arquebuse pour la troisième fois, et Auxerre eut deux Empereurs. Peu de jours après, la Compagnie perdit son Capitaine, le Comte de la Tournelle, et lui fit faire un service funèbre dans l'église des Cordeliers, auquel tous les Chevaliers assistèrent en grande tenue.

1736.

I. Pendant toute l'année 1735, et les trois premiers mois de celle-ci, les constructions commencées dans le jardin de l'arquebuse furent continuées ; et au 1er avril, époque où les Chevaliers reprenaient leurs exercices, tout était terminé. La dépense totale fut de 4,810 livres 10 sols 6 deniers. Les principaux ouvriers employés à ces travaux furent Bornicat et Langlois pour la maçonnerie, Dallis pour la charpente, Maufron pour la couverture, et Debierne pour la serrurerie.

II. 18 mars, MM. Baudesson, Maire, et Robinet de la Coudre, Echevin, sont députés aux Etats convoqués à Dijon pour le 2 mai. Le tour de la Noblesse du Comté pour fournir un Elu général étant arrivé, M. le Comte de la Tournelle fils fut appelé à cet honorable et lucratif emploi, par la Chambre de la Noblesse des Etats.

III. Les travaux de l'arquebuse avaient duré cinq années, pendant lesquelles l'accès en était resté libre; et les Bourgeois s'étaient habitués à en faire le but de leurs promenades. L'opinion générale était même que l'entrée n'en serait jamais interdite au public. Mais aussitôt que les constructions des bâtimens furent achevées, ce jardin, déjà clos par des haies vives, fut fermé par une porte en grille de fer, qu'un sévère concierge n'ouvrit plus qu'aux Chevaliers et à leurs amis, porteurs de permissions. Cette exclusion piqua vivement les Bourgeois, et c'est à la mauvaise humeur qu'elle leur donna, que la ville doit la promenade du Temple, beaucoup plus agréable que l'arquebuse, par la beauté de l'immense bassin sur lequel elle projette la vue. Son emplacement vain et vague n'avait, jusque-là, servi qu'au dépôt des décombres de la ville; les Bourgeois entreprirent de le convertir en promenade toujours accessible au public. Ils sollicitèrent des souscriptions qui furent abondantes. Les Officiers municipaux, ne voyant dans le but de ce projet que l'amélioration de la chose commune, se mirent au rang des souscripteurs. En peu de mois, le terrain fut nivelé et planté, comme celui de l'arquebuse, de quatre rangées de tilleuls, dont plusieurs existent encore. (1)

1737.

I. 1ᵉʳ janvier, arrêt du Conseil qui fait cesser l'impôt du dixième. Dès le 3 octobre 1736, les préliminaires de la paix avaient été signés à Vienne. Stanislas, tout en conservant le titre de Roi, perdit le trône de Pologne; mais la France s'assura la propriété de la Lorraine et du Duché de Bar, après la mort de ce Prince. V. 1741, n. ix.

II. M. de Caylus, désirant renouveler les Ordonnances synodales qui régissaient le Diocèse, et y ajouter les régles dont le temps avait fait connaître la nécessité, voulut réunir tout son clergé en Synode. Pour ne pas donner d'ombrage au Ministre, il l'en prévint; et ayant reçu une réponse conforme à son désir, le 27 mai il publia un mandement par lequel, en expliquant les motifs de cette assemblée, il la convoqua pour le 11 septembre. V. n. vi.

III. 24 juin, élection du Gouverneur du fait com-

(1) Les archives de la ville ne contiennent aucun renseignement à ce sujet. Mais toutes les circonstances dont je viens de rendre compte m'ont été, maintes fois, rapportées par mon aïeul; qui, né en 1700, n'est mort qu'en 1786, lorsque j'avais 24 ans. Le silence des archives sur cette promenade, quand pour toutes les autres exécutées par l'autorité municipale, elles fournissent, comme on le verra, les détails les plus minutieux, prouve lui-même qu'elle n'a été l'œuvre que de simples particuliers. V. 1741, n. xi.

mun, M. Roch Liger, marchand, et de deux Echevins, MM. Pierre Baudesson, Conseiller au Bailliage, fils du Maire, et Antoine Blonde, marchand.

IV. Pendant dix années, M. de Caylus, avec des commissaires choisis dans le Chapitre, avait travaillé à un nouveau Missel, et l'avait achevé en 1732. Désirant de ne le faire paraître qu'avec l'agrément du Cardinal de Fleury, il lui en avait envoyé une copie ; mais depuis cinq années, il n'éprouvait que des difficultés. Pour y mettre un terme, il s'éleva au-dessus de la répugnance qu'il avait à soumettre à un Censeur l'œuvre d'un Evêque. Le Garde des Sceaux, M. de Chauvelin, lui désigna l'Abbé Thierri, Chancelier de Notre-Dame. Le Censeur se borna à quelques observations auxquelles M. de Caylus déféra, et l'approbation lui fut donnée. Ce Missel, qui a servi de modèle dans quelques Diocèses, notamment dans celui de Châlons-sur-Marne, fut publié par un mandement, et mis en usage pour le jour de S. Louis. Une grande partie du clergé et des fidèles de l'ancien Diocèse s'en sert encore.

V. Le 31 juillet, un violent orage lança sur la ville, pendant quelques minutes, des torrens de grêle d'une grosseur extraordinaire. Les toits et surtout les vîtres des maisons, comme des églises, éprouvèrent des dégâts dont on a le mesure dans les réparations des vîtraux de la Cathédrale, qui coutèrent 1,200 livres. Le nuage se fondit en entier sur la ville ; dans la campagne il n'y eut pas le moindre mal.

VI. Le 25 août, M. de Caylus, voyant approcher le jour de la tenue du Synode, crut devoir envoyer son mandement au Cardinal de Fleury, et ajouter cette précaution à celles qu'il avait déjà prises. Le 3 septembre, huit jours seulement avant celui indiqué pour la réunion de 200 ecclésiastiques de toutes les parties du Diocèse, il eut la douleur de recevoir du Ministre l'ordre de surseoir à cette réunion. En vain il réclama, sur-le-champ, en faisant observer qu'il était trop tard pour prévenir les Curés, dont une grande partie étaient éloignés de 12, 14 et 18 lieues d'Auxerre. Le Cardinal ne répondit que pour persister dans sa défense. Le 10, sur les 200 Curés, 180 étaient à Auxerre. Ils avaient annoncé ce Synode au prône de leurs paroisses, et fait les prières solennelles en usage dans cette circonstance. M. de Caylus ne put que gémir avec eux du caprice ministériel qui rendait inutiles tous leurs efforts pour cette œuvre, à ses yeux, très-importante. V. 1738, n. 1.

VII. Pendant les deux dimanches qui précédèrent la S. Hubert (3 novembre), une multitude d'habitans d'Auxerre et des environs, malgré les Ordonnances de 1686, 1706 et 13 février 1713, qui leur défendaient de s'attrouper, et de chasser, même le jour de S. Hubert, soit avec des bâtons, soit autrement, se répandit sur les territoires voisins, et y commit avec des fusils, des bâtons et des chiens, un brigandage désolant. A leur exemple et avec eux, les habitans de S. Bris, Aucep et Irancy se jetèrent sur les bois du Marquis de Lambert; un de ses gardes, voulant faire son devoir, fut désarmé et assommé. Un grand nombre d'individus furent emprisonnés et condamnés à des peines très-graves; et le 29 décembre, une Ordonnance du Roi, imprimée, publiée et affichée tant dans Auxerre que dans les villages de la banlieue, renouvela toutes les dispositions des premières Ordonnances.

1738.

I. Malgré les mesures prises en 1703 par les Officiers du Bailliage et de la ville, pour faire terminer le procès, contre le Duc de Nevers, au sujet du Donziais, la procédure avait été, encore une fois, abandonnée par ces Officiers, comme par le Duc. Cet abandon, prolongé pendant plus de 30 ans, avait fait croire aux Officiers du Bailliage de Donzy que l'opposition à l'enregistrement des lettres patentes de 1552 était périmée; que leur siége était définitivement distrait de celui d'Auxerre, et ne resortissait plus que du Parlement. Dans cette persuasion, ils avaient établi des assises, comme dans un siége supérieur; y avaient appelé les Officiers des Justices de leur ressort, et avaient condamné à des amendes ceux qui ne s'y étaient pas rendus; notamment ceux de Fontenoy et de Taingy. Sur les plaintes qui leur en furent portées, les Officiers du Bailliage, reconnurent qu'enfin il fallait, ou ne plus penser au Donziais (1), c'est-à-dire à la moitié la plus riche du ressort, ou reprendre l'instance, et la suivre sans interruption jusqu'à un arrêt définitif; en conséquence, par une délibération du 13 mars, deux Conseillers, MM. Martineau des Chesnez et Didelet furent nom-

(1) Il comprenait sept Châtelaines: Cône, Entrains, Saint-Sauveur, Corvol, Billy, Druyes et Château-Censoir.

més commissaires, chargés de toutes les démarches et dépenses nécessaires pour conduire cette procédure séculaire à son terme. V. 1739, n. 1.

II. De nouvelles instances de M. de Caylus auprès du Cardinal de Fleury, pour la tenue du Synode, furent plus heureuses que les premières; le 4 mai, il reçut enfin une autorisation, qui ne fut pas révoquée; et aussitôt il convoqua tout son Clergé pour le 13 juin. L'assemblée fut très-nombreuse; pendant deux jours, les anciennes Ordonnances sur le gouvernement des paroisses, la célébration des offices et l'administration des Sacremens, furent examinées, et reçurent les modifications que les circonstances, ainsi que les nouvelles lois civiles, commandaient. L'Ordonnance, résultat de ce travail, a toujours depuis servi de régulateur dans le Diocèse. V. 1741, n. IV.

III. 8 septembre, arrêt du Conseil sur l'opposition de M. de Caylus et l'intervention des habitans d'Auxerre, relativement au projet des marchands de bois de Paris de couper les sinuosités de l'Yonne à Régennes. Avant de statuer, le Conseil avait fait visiter cette partie de la rivière par des Ingénieurs, dont l'avis avait été qu'*il serait du plus grand risque pour la navigation de faire la coupure demandée.* Ils avaient ajouté qu'un moulin, construit dans une de ces sinuosités, gênait le passage des trains et des bateaux; qu'il convenait de le détruire, et de faire de son biez le canal de la navigation. L'arrêt fut conforme à leur avis. Régennes conserva ses belles sinuosités; mais l'Evêque perdit son moulin, qui lui rapportait 3,000 livres, et ne reçut aucune indemnité. V. 1768, n. 1.

1739.

I. Le 11 avril, MM. Martineau des Chesnés et Didelet rendirent compte, dans une assemblée des Officiers du Bailliage, de ce qui avait été fait en exécution de la délibération du 13 mars 1738. L'instance avait été reprise et distribuée pour le rapport, à M. l'Abbé Bochard de Sarron, Conseiller-Clerc de Grand'Chambre; Collier, Procureur au Parlement, avait recouvré toutes les pièces de l'immense procédure, et surtout une bien précieuse : les conclusions données, en 1702, par l'illustre d'Aguesseau, alors Avocat général; dans lesquelles, avec la profondeur et la lucidité qui lui étaient familières, il avait développé tous les moyens favorables au Bailliage d'Auxerre. Ainsi l'affaire touchait à son terme. Sur cet exposé, la Compagnie confirma les pouvoirs des deux commissaires; et pour que la correspondance avec les conseils du Bailliage ne fût pas ralentie par les délais qu'entraînait la convocation de toute la Compagnie, on forma une Commission à laquelle on donna les pouvoirs les plus illimités. Les membres de cette Commission furent MM. de Fortbois, de la Rupelle, Breuzard, de la Coudre, de S. Georges et des Chesnés, fils. V. 1745, n. v.

II. 16 avril, MM. Baudesson, Maire, et son fils, Echevin, sont députés, par le Corps municipal, aux Etats convoqués à Dijon pour le 27.

III. 19 juin, les Officiers municipaux en robe

montent à cheval pour aller publier la paix conclue définitivement avec l'Empereur.

IV. 24, élection de deux Echevins, MM. Thomas Marie de S. Georges, Conseiller, et Nicolas Imbert, marchand.

V. Une chaleur excessive et continue pendant le printemps et l'été eut une influence funeste sur les blés; au point que le prix du froment, qui n'avait été à Paris, pendant les dix années antérieures, qu'à 15 livres 9 sous le setier, terme moyen, s'éleva sur-le-champ à 22 livres 13 sols. La sécheresse produite par cet été brûlant eut encore pour effet de tarir, en quelque sorte, la rivière ainsi que les ruisseaux; et le peuple manqua de farine. Ce fâcheux état, qui se renouvelait souvent, et quelquefois dans les deux saisons, l'été par l'épuisement des eaux, et l'hiver par leur congélation, inspira au Corps municipal le désir de faire édifier sur la montagne S.-Georges plusieurs moulins à vent. La proposition fut soumise aux habitans assemblés, qui l'accueillirent avec empressement. On arrêta, pour subvenir à la dépense, de rétablir, pendant dix années, la perception du droit de 3 deniers sur chaque livre de pain mollet; et le 8 décembre, un arrêt du Conseil autorisa cette perception.

1740.

I. Cette année est, après 1709, celle du dix-huitième siècle, où le froid a été le plus rigoureux; moins par son intensité, qui ne fut que de 14 degrés, que par sa prolongation pendant plus de deux mois sans relâche. Aux rigueurs du froid se joignirent la rareté des farines, les moulins étant enchaînés par les glaces; et la cherté de tous les comestibles qui fut si élevée que, pendant long-temps, cette année fut appelée *l'année chère*. A Paris, le prix du setier de froment monta jusqu'à 25 livres 5 sols.

II. 23 janvier, M. de Caylus reçut du Cardinal de Fleury, et sur sa demande, une lettre qui l'autorisa à aller à Paris, consulter sur sa santé. L'état valétudinaire dans lequel il était depuis sa 70ᵉ année, donnait des inquiétudes, et elles étaient générales. Si sa doctrine trouvait des contradicteurs, son amabilité, sa générosité sans bornes, et sa disposition constante à rendre service, même à ses antagonistes en matières religieuses, comme on l'a vu pour l'Abbé Moreau, le rendaient cher à tout le monde. Ce voyage eut le résultat le plus satisfaisant.

III. 26 février, l'octroi de 3 deniers sur chaque livre de pain mollet, pendant dix ans, fut affermé moyennant 1,210 livres par an. V. 1754, n. ix.

IV. Au mois de juillet, le produit de la moisson fut encore inférieur à celui de 1739; et le prix des grains continuant à s'élever, le 29 septembre, une Ordonnance de police fit défense aux boulangers de fabriquer du pain mollet.

V. 8 octobre, gelée générale qui arrêta la maturité imparfaite des raisins. Il fallut se hâter de les cueillir pour faire, en petite quantité, du très-mauvais vin. Cette gelée détermina des pluies continues qui occasionnèrent une inondation désastreuse.

1741.

I. La température de l'hiver fut supportable, mais la rareté et l'excessive cherté des subsistances désolèrent le peuple, malgré les secours abondans qu'à Auxerre le malheur a toujours obtenus. Les mêmes calamités affligeant toute la France, une multitude effrayante de mendians la parcourait dans toutes ses parties. Pour n'avoir à secourir que ses pauvres, Auxerre, comme toutes les villes clôses, fit réparer ses portes, les ferma pendant la nuit, et les fit garder sévèrement pendant le jour.

Dès le 30 mars, les emblaves dans les champs promettant une récolte abondante, les Officiers municipaux avaient cru pouvoir lever la prohibition du pain mollet; mais le peuple, pour qui des espérances ne sont pas suffisantes, conçut des alarmes et fit entendre des murmures qui déterminèrent la révocation de cet imprudent arrêté.

II. Le 2 avril, MM. Baudesson père et fils, vont aux Etats à Dijon, comme députés de la ville.

III. Dans l'année précédente, un ordre de M. de S.-Florentin, Ministre, avait suspendu les élections municipales; mais le 30 avril, il autorisa l'élection du Gouverneur du fait commun, et de deux Echevins, à la condition cependant que les Magistrats élus n'entreraient en fonctions, qu'après que le procès-verbal aurait été approuvé par lui.

IV. 3 mai, arrêt du Parlement qui homologue les Ordonnances synodales du 19 juin 1739.

V. 24 juin, élection d'un Gouverneur du fait commun, M. Henri Duché, commissionnaire de vins, et de deux Echevins, MM. Claude Choppin, Avocat, et André Gramain, Procureur.

Dans la même assemblée, les vignerons obtinrent qu'on recueillît dans un bassin la source précieuse qui surgit au bas de la montagne S.-Simon (1), du côté des Chesnés.

VI. Le 28, M. de Caylus qui, absent comme présent, n'oubliait pas ses Diocésains, informa le Corps municipal qu'il avait obtenu du Contrôleur général des finances, pour le commissaire chargé de vendre les blés du gouvernement à Moret, l'ordre d'en délivrer gratuitement trente muids pour les pauvres de la ville. On y envoya, sur-le-champ, M. Prix Deschamps, pour les faire expédier; on le chargea, en outre, d'en acheter pour la ville. A cet effet, M. Pierre Robinet, marchand, ancien Echevin, prêta généreusement 3,000 livres.

VII. Le 30 juillet, les trois Officiers municipaux élus le 24 juin, et confirmés par le Ministre, furent installés.

VIII. Pendant ce mois et le suivant, les espérances conçues au printemps se réalisèrent; de riches moissons rendirent à l'Auxerrois, et à tout le royaume, le calme et la prospérité que la stérilité des deux années précédentes en avait bannies. Néanmoins, comme il arrive toujours après de semblables crises, l'empressement qu'on mit à renouveler les approvisionnemens, maintint le prix des grains à un taux assez élevé pour que le terme moyen des prix de l'année

---

(1) Le nom primitif était *Siméon*; mais on prononçait, et dans les actes publics on écrivait *Simon*.

entière ait été, à Paris, de 37 livres 12 sols le setier.

IX. Au mois de septembre, affiche et publication d'une Déclaration du Roi, qui, attendu que la guerre s'est rallumée en Allemagne après la mort de l'Empereur Charles VI, rétablit l'impôt du dixième. V. 1746, n. v.

X. Le 4 décembre, une première colonne de la suite de Zaid-Effendi, Ambassadeur de la Porte, allant à Paris, arriva. Elle était composée du Grand-Trésorier, 70 officiers et soldats turcs, 20 palefreniers français et 80 chevaux. Elle séjourna jusqu'au matin du 6. Peu de temps après son départ, elle fut remplacée par la seconde colonne, où était l'Ambassadeur, et dans laquelle se trouvèrent 80 officiers et soldats turcs, 12 gentilshommes français; 30 palefreniers et 100 chevaux. Zaid-Effendi fut reçu avec les mêmes honneurs qu'un Prince français, et la ville fit les frais de sa nourriture, ainsi que de celle de sa suite. Il ne se remit en route que dans la matinée du 7.

XI. Tout ce qu'avaient fait les Chevaliers de l'arquebuse et, à leur exemple, les Bourgeois pour l'embellissement de la ville, inspira aux Officiers municipaux, sur la fin de l'année, l'idée de convertir en promenades tous les glacis extérieurs des fossés de la ville, et l'on commença par celui qui est entre la porte d'Egleny et celle de S.-Simon. Pour réaliser ce projet, ils profitèrent du désir qu'eut le Directeur des coches d'acquérir un petit emplacement près du port, et dont il offrait 500 livres. Sa proposition, soumise aux habitans dans une assemblée, y fut agréée, et les Officiers municipaux furent autorisés à employer cette somme à la promenade. On était si pressé d'en jouir, que, sans attendre l'homologation de l'Intendant, on dépensa les 500 livres, et l'on fit en grande partie le nivellement du terrain. V. 1742, n. III.

1742.

I. 7 janvier, M. de Caylus publie, par un mandement, ses Ordonnances synodales.

II. 14 mai, MM. Baudesson, Maire, et Marie de S.-Georges, Echevin, sont députés aux Etats convoqués à Dijon pour le 4 juin.

III. Le 14 juillet, on reçut l'ordonnance de l'Intendant, approbative de la délibération des habitans, au sujet de la promenade commencée; on reprit les travaux, et au moyen de 200 livres, prises sur les deniers communs, le nivellement du terrain fut achevé. V. 1744, n. II.

IV. Le 22, les habitans furent réunis pour les élections municipales; mais la surveillance du Ministre sur ces opérations subsistait toujours, sans que j'aie pu en découvrir la cause; car ce ne fut qu'avec l'autorisation de M. de S.-Florentin, que cette assemblée fut convoquée. Elle choisit pour Gouverneur du fait commmun, M. Nicolas Imbert, marchand, et pour Echevins, MM. Roch Camelin, Conseiller, et Pierre Bard, marchand. Ce choix fut soumis à l'examen du Ministre, qui l'approuva par une lettre du 5 août.

1743.

I. Au printemps, les Chanoines firent démolir dans

l'église S.-Etienne un immense jubé, qui séparait le chœur de la nef. C'était un ouvrage postérieur à la construction de l'église, dont elle obstruait et défigurait les proportions élégantes. Il fut remplacé par un jubé beaucoup moins large et moins élevé.

II. 1ᵉʳ décembre, l'Abbé Lebeuf publie ses *Mémoires concernant l'histoire ecclésiastique et civile d'Auxerre*, et en fait offrir par M. Fournier, son imprimeur, un exemplaire au Corps municipal.

1744.

I. Il n'avait pas été possible aux Officiers municipaux, en 1743, de trouver sur les deniers communs la moindre somme qu'on pût consacrer à planter les arbres de la promenade, préparée en 1742 ; ils furent plus heureux cette année. Un nommé Berthelet entreprit la fourniture des tilleuls et leur plantation, moyennant 500 livres, qu'il reçut du Receveur de la ville, et dès les premiers jours du printemps, les habitans purent jouir de cette promenade.

II. Le 24 juin, les entraves mises par le Ministre aux élections municipales ayant été levées, on procéda à l'élection d'un Echevin ; ce fut M. Boursin, Procureur ; il entra sur-le-champ en fonctions.

III. Le mois de septembre, en grande partie, se passa en réjouissances pour célébrer la convalescence du Roi. Ce jeune Monarque était alors universellement chéri des français. Depuis qu'il gouvernait lui-même, les maux éprouvés sous la régence étaient oubliés. Le Royaume avait recouvré la prospérité qu'i avait eue dans les meilleurs temps du règne précédent. La santé et la jeunesse du Roi faisaient espérer que cet heureux état durerait long-temps ; quand on apprit que, le 8 août, il était tombé dangereusement malade à Metz, où il commandait en personne son armée, et que, le 14, il était à toute extrémité, la consternation fut universelle. Le fils du Roi, le Dauphin, n'avait que quinze ans, et l'on se rappelait toutes les misères du temps de la minorité. « Il est » difficile, dit un historien, de lire les nouvelles pu- » bliques de ce temps-là, sans être attendri. » C'est dans ce moment que, d'une voix unanime, il fut nommé *Louis le bien aimé*. La force de sa constitution l'emporta sur celle de la maladie, et l'allégresse suivit de près les prières et les alarmes. Elle fut si vive à Auxerre, que, sans ordre du Ministre, les feux de joie, les danses, ainsi que les repas, s'y multiplièrent pendant plusieurs jours, et que le Te Deum, après avoir été chanté dans toutes les églises, le fut aussi dans la chapelle du Palais de Justice, par les musiciens de la Cathédrale, en présence de tous les corps, qui y avaient été invités par les Officiers du Bailliage.

1745.

I. Le 9 mai, les Officiers du Bailliage sont informés qu'enfin l'affaire du Donziais va être jugée, et que déjà les conclusions de l'Avocat-général sont complètement favorables. Ils empruntent 4,000 livres pour subvenir aux dépenses. V. n. v.

II. 13 juin, MM. Baudesson, Maire, et Camelin, Echevin, sont députés aux Etats convoqués à Dijon pour le 21. Probablement on avait voulu priver M. Camelin de cet honneur, et il en avait informé le Ministre ; car quelques jours avant la réunion du Corps municipal, pour le choix des députés, M. de S.-Florentin avait écrit au Maire, que pour éviter les intrigues, on devait s'en tenir à l'usage, à moins qu'il ne se trouvât de justes motifs d'exclusion, mais que, dans ce cas, on aurait dû en prévenir le Roi six semaines auparavant..

III. 9 juillet, *Te Deum* et réjouissances pour la célèbre victoire de Fontenoy, et peu de jours après pour la prise de Gand. Ce dernier avantage remporté par le Roi sur ses ennemis, fit sensation surtout à Auxerre. La colonne de l'armée qui avait pris cette ville importante, était commandée par M. du Cayla, neveu de M. de Caylus, et Madame du Cayla était auprès de son oncle, quand il reçut la lettre du Roi qui l'informait de cette heureuse nouvelle. M. de Caylus ne manqua pas de signaler cette circonstance d'une manière très-ingénieuse dans son mandement pour le *Te Deum*. Il reçut à ce sujet des félicitations générales.

IV. 19, ouverture du Jubilé publié par Benoît XIV, invitant toute la chrétienté à prier pour la cessation des calamités qui désolaient l'Italie. Elle endurait à la fois tous les maux qu'enfantent la guerre, les tremblemens de terre et les maladies contagieuses. M. de Caylus en prit occasion de se justifier des reproches que lui faisaient ses détracteurs, sur sa résistance aux décisions de la Cour de Rome. Dans son mandement,

il invita les fidèles « à prier pour le Pontife placé sur
» le premier siège d'où sa vigilance et ses regards s'é-
» tendent sur tous les autres, pour l'honneur de la
» religion, la consolation de l'église, la paix et la
» sanctification de ses pasteurs et de ses enfans. »

V. 28, arrêt du Parlement qui termine enfin, après 191 années de procédures, le procès de l'Evêque, de la ville et du Bailliage, contre le Duc de Nevers. Toutes les prétentions du Duc sur l'état d'indépendance du Donziais à l'égard, tant du Bailliage d'Auxerre, que de la suzeraineté féodale de l'Evêque, dans laquelle il voulait placer sa Baronie de Donzy, et sa Châtellenie de Châtel-Censoir, furent rejetées; les droits de l'Evêque et ceux du Bailliage sur ces deux pays, furent maintenus; le Duc fut en outre condamné en tous les dépens dont la masse était énorme. L'arrêt lui réserva seulement la faculté de faire cesser la juridiction du Bailliage sur ses justices seigneuriales, pour les cas ordinaires seulement, en indemnisant les Officiers, des conséquences de cette distraction. V. 1747, n. II.

VI. 11 novembre, audience solennelle du Bailliage, pour la réception de M. Gilles Thierriat, en qualité de Prévôt royal, succédant à son père, décédé en 1740.

1746.

I. 25 mars, arrivée d'un grand nombre de prisonniers de guerre Hollandais, mis sous la surveillance de la milice bourgeoise, ce qui l'obligea, pendant long-temps, à un service pénible et régulier. Un des

Officiers, M. Pierre-Germain Billetou, fut chargé spécialement d'organiser et de surveiller ce service.

II. 27 mai, décès de l'Abbé Moreau, Doyen de la Cathédrale. Le lendemain même, le Chapitre s'assembla pour déférer à l'un de ses membres, le Doyenné vacant, c'est-à-dire la place la plus éminente dans le clergé, après celle de l'Evêque. Mais le Ministre avait été prévenu du danger qui menaçait la vie de l'Abbé Moreau, et voulant empêcher le Chapitre dévoué à M. de Caylus, de se donner un chef qui aurait professé sa doctrine, il avait adressé au Procureur du Roi du Bailliage un ordre, daté du 13, faisant défense au Chapitre d'élire un Doyen jusqu'à nouvel ordre. A peine les Chanoines étaient-ils réunis, que le Procureur du Roi se fit introduire, et donna lecture de la lettre du Ministre. Le Chapitre, interdit, garda le silence; et l'on se sépara.

III. 18 juillet, élection d'un Echevin, M. Martineau de Montenai, Conseiller.

IV. Les prisonniers Hollandais avaient, d'abord, été logés chez les habitans; mais dans les premiers jours de septembre, on s'aperçut que ces étrangers, qui voyaient des raisins pour la première fois, les dévoraient avant leur maturité. Les plaintes devinrent si générales, que le Corps municipal se vit contraint de les caserner et renfermer dans une partie des bâtimens de S.-Germain.

V. 11 novembre, audience solennelle du Bailliage pour la réception de M. Marie d'Avigneau, succédant à son père en qualité de Lieutenant général du Bailliage.

VI. 25 décembre, affiche et publication d'un Édit du Roi, qui ajoute deux sols pour livre au dixième, à commencer de 1747.

1747.

I. Au mois de mars, M. le Duc de Nevers se pourvut au Conseil, en cassation contre l'arrêt du 28 juillet 1747; mais il y éprouva le même sort qu'au Parlement.

II. 10 avril, installation de M. Martineau de Mormont, Procureur-Syndic de la ville.

III. 24 juin, élection de M. Claude Leclerc, Procureur, Échevin.

IV. 30 novembre, la modicité de la récolte et le renchérissement du blé déterminent les Officiers municipaux à suspendre la fabrication du pain mollet.

V. Au mois de décembre, ils firent dessiner, sur la tour de l'horloge, le cadran solaire qui sert à la régler. L'artiste se nommait Lefebvre.

1748.

I. 18 mars, audience solennelle du Bailliage pour l'installation du Grand-Bailli, M. le Comte de Courson, succédant à son père.

II. Jusqu'alors, le Gouverneur du fait commun, qui était toujours un marchand, avait rang immédiatement après le Maire, et en son absence le remplaçait dans toutes ses attributions, de marcher à la tête

de la Compagnie, lorsqu'elle était appelée aux cérémonies publiques, de présider les assemblées des habitans, ainsi que celles du Corps municipal, et même de juger les affaires de police. Depuis long-temps, les Conseillers du Bailliage supportaient impatiemment cette prééminence d'un marchand sur ceux d'entre eux qui étaient Echevins. Ils se décidèrent enfin, le 17 mai, à faire une tentative pour renverser, s'il était possible, avant les élections alors prochaines, cet état de choses, qu'ils regardaient comme injurieux à la magistrature, et adressèrent un mémoire à M. de S.-Florentin, Ministre de la maison du Roi. M. de Caylus eut la complaisance d'appuyer leur réclamation. Le Ministre fut probablement frappé de cette circonstance, que depuis 1700, la police était réunie au Corps municipal; qu'auparavant, le rang donné au marchand, Gouverneur du fait commun, n'offensait que l'amour propre des Conseillers; mais que le Corps municipal ayant acquis l'autorité judiciaire, il était de l'intérêt public d'y appeler le Magistrat avant le marchand : en conséquence, il écrivit au Maire, le 26, « que le premier Echevin étant toujours pris par-
» mi les Conseillers du Présidial, il devait, dans
» toutes les circonstances, avoir rang immédiate-
» ment après le Maire, et précéder le Gouverneur
» du fait commun. »

Dans l'assemblée des habitans, du 24 juin, où l'on devait renouveler les quatre Echevins, le Maire donna lecture de cette lettre. L'irritation des marchands fut vive, et donna lieu à des protestations violentes, dont MM. Zacharie Arnault, Nicolas Imbert, et Antoine

Blonde demandèrent l'insertion dans le procès-verbal, et qu'ils signèrent.

On n'en procéda pas moins à l'élection, qui se porta sur MM. Potherat de Billy, Conseiller, Claude Babelot, Avocat, Antoine Blonde, épicier, et Edme Boyard, commissionnaire de vins. Il fallut adresser le procès-verbal au Ministre, qui, dans sa réponse au Maire, approuva l'élection, mais ajouta « que le » Roi était très-mécontent de la hardiesse qu'avaient » eue les marchands de faire des protestations contre » cet ordre donné en son nom ; qu'il voulait que cet » ordre fût exécuté, et que, si quelqu'un renouvelait » l'opposition, il aurait à s'en repentir. »

Le 20 juillet ayant été indiqué pour l'installation des nouveaux Echevins, le Conseiller et l'Avocat se présentèrent, mais les deux marchands ne parurent pas. Cependant, quelques mois après, voyant qu'on savait se passer d'eux, sans que les affaires de la ville en souffrissent ; craignant, d'ailleurs qu'un refus obstiné n'amenât pour le commerce la privation totale de l'Echevinage, ils vinrent et furent installés.

III. 11 juin, arrêt du Conseil qui concède à l'Hôtel-Dieu, moyennant cinq sols de cens, tout le terrain existant entre cet Hospice et le mur de la ville, avec la faculté de percer ce mur pour prendre des jours, ou appuyer des constructions.

1749.

I. 18 janvier, départ des prisonniers Hollandais

par suite de la paix générale signée à Aix-la-Chapelle dans le mois d'octobre précédent.

II. 4 mars, installation de M. Garnier, Notaire, en qualité de Substitut du Procureur du Roi de la ville, sur la démission de M. Martineau de Mormont.

III. Le 21 avril, une compagnie qui n'eut, pour se faire remarquer, ni le luxe, ni le bruit, ni les priviléges de celle de l'arquebuse, mais dont le but était beaucoup plus utile, se forma sous les auspices de M. de Caylus. Quatre Chanoines, les Abbés Mignot, Dulérains, Potel et Moreau, se réunirent à cinq laïcs, amis, comme eux, de la littérature et des sciences : MM. Berryat, médecin ; Robinet de la Coudre, Conseiller ; Lepère, Directeur de la poste aux lettres ; Silvestre de Sacy, Bourgeois ; Mérat, Apothicaire, et s'organisèrent en *Société des sciences et belles lettres.* Ils choisirent pour Président l'Abbé Mignot, et pour Secrétaire l'Abbé Moreau. Animés du désir sincère, en s'éclairant mutuellement, de répandre dans le pays le goût des sciences, ils arrêtèrent par leurs statuts qu'ils auraient une bibliothèque, et qu'elle serait ouverte au public un jour par semaine ; que l'objet principal de leurs études serait l'histoire ecclésiastique, civile et naturelle, ainsi que l'agriculture ; qu'ils auraient, dans l'année, plusieurs séances publiques, destinées à la lecture des mémoires produits par les membres de la société, que, dans une réunion préliminaire, elle aurait jugés dignes de la publicité ; enfin, qu'ils se procureraient, autant qu'il leur serait possible, parmi les savans de la Capitale, des associés libres, avec lesquels de précieuses correspondances pourraient être établies. M. Trébuchet, qui cultivait avec zèle et succès, l'astronomie, étant alors à Paris, fut chargé par la société d'acheter pour la bibliothèque, non-seulement les livres nombreux que venaient de publier les Réaumur, les Lemonnier, les Nollet, etc.; mais aussi les principaux instrumens avec lesquels ces savans faisaient faire, à cette époque, des pas immenses aux sciences physiques. Dès le mois de juillet, la bibliothèque et le cabinet de physique étant disposés, le public y fut admis. La curiosité y amena la foule, qui s'émerveilla aux expériences du Docteur Berryat; surtout à celles qu'il fit avec la machine électrique, probablement la première qu'on ait vue à Auxerre. V. 1750, n. II.

1750.

I. 3 janvier, en exécution d'un arrêt du Conseil, les Officiers du Bailliage réunirent à leur siége celui de la Prévôté royale, en payant à ceux qui la composaient, 28,200 liv. d'indemnité, et il n'y eut plus, dans la plus grande partie de la ville, qu'un degré de juridiction.

II. Dans le même mois, la société des sciences et belles lettres ouvrit sa première séance publique, en présence de M. de Caylus, son protecteur. On y fit lecture de cinq mémoires, qui inspirèrent beaucoup d'intérêt: le premier de M. Mignot, sur l'utilité des sociétés littéraires; le second de M. Berryat, sur les eaux de la ville; le troisième de l'Abbé Potel, sur la vie de M. André Colbert, dernier Évêque; le quatrième de l'Abbé Moreau, sur l'état ancien et nouveau du commerce d'Auxerre ; le cinquième de M. Lepère, sur les mesures en usage dans la ville et le Comté.

III. 24 juin, élection d'un Echevin, M. Desœuvres, Procureur.

IV. Le même jour, M. Viot, commissionnaire de vins, ayant abattu l'oiseau de l'arquebuse pour la troisième année de suite, fut proclamé Empereur ; en sorte que, MM. Berault et Pochet vivant encore, la ville eut trois cordons bleus dans toutes les cérémonies publiques.

1751.

I. 31 mai, MM. Baudesson, Maire, et Potherat de Billy, premier Echevin, furent députés aux Etats convoqués à Dijon pour le 14 juin.

II. 4 juillet, élection du Gouverneur du fait commun, M. Edme Boyard, commissionnaire de vins, et de trois Echevins, MM. Melchior Choppin, Conseiller, René Buisson, Avocat, et Jean-Baptiste Monnot, marchand.

III. Le 23, M. de Caylus publia, par un mandement à son clergé, un nouveau Martyrologe, c'est-à-dire le tableau, pour chaque jour de l'année, des actions et des mérites des Saints les plus généralement honorés par l'Eglise, et particulièrement de ceux appartenant au Diocèse. Il en avait existé un anciennement, mais il finissait au xe siècle. D'ailleurs, lors du pillage des églises par les Calvinistes, ce qui en restait d'exemplaires avait disparu. Dom Durand et Dom Martenne, travaillant à leur collection générale, en avaient trouvé un à la bibliothèque du Roi, et l'avaient inséré dans leur collection. M. de Caylus, voulant le reproduire, avec les additions que les derniers siècles rendaient nécessaires, en chargea l'Abbé Lebeuf. Ce laborieux écrivain en fit un chef-d'œuvre de recherches et d'érudition. Sur chaque sujet, il offre une analyse succinte, mais pleine de faits, accompagnée de notes indicatives des sources à consulter. Il termine l'ouvrage par un glossaire géographique de tous les pays indiqués dans le tableau par des noms latins du moyen âge. Le Pape Benoît XIV, à qui il fut envoyé, en conçut pour l'auteur une idée si favorable, qu'il voulut l'attirer auprès de lui. L'affaiblissement que l'Abbé Lebeuf éprouvait déjà dans sa santé, lui en ôta, non le désir, mais la faculté. Par ce Martyrologe, M. de Caylus se trouva avoir renouvelé tous les livres essentiels dans son Diocèse. Il déclare lui-même, dans ses mandemens, qu'il a été heureusement secondé par les Chanoines de son Chapitre. On cite particulièrement, à ce sujet, MM. Mignot et Potel.

IV. Dans le mois de décembre, M. Fournier, imprimeur, publie, pour 1752, le premier almanach de la ville et du Diocèse.

1752.

I. Le 10 juillet, M. de Caylus commença les cérémonies en usage pour la béatification de Madame de Chantal, proclamée l'année précédente par le Pape Benoît XIV. Quoiqu'il eût 83 ans, et que la chaleur fût excessive, il suivit la procession de S.-Etienne à la Visitation, monta en chaire et fit l'éloge de la bienheureuse.

II. 15 octobre, décès à Paris de Claude Prévôt, né à Auxerre, le 22 janvier 1693. Entré fort jeune dans l'Ordre des Genovéfains, à Paris, il s'y livra à l'étude des lettres, et y obtint des succès qui lui méritèrent d'être appelé à l'emploi de Bibliothécaire de Ste-Geneviève. Ce savant modeste a beaucoup écrit, et n'a rien publié. La Biographie universelle, où il a un article, donne les détails de ses nombreux manuscrits. L'Abbé Lebeuf a reçu de lui de précieux renseignemens pour la liste des *Ecrivains Auxerrois*.

1753.

I. Aux approches du Carême, M. de Caylus, qui touchait au complément de sa 84ᵉ année, averti d'ailleurs par des infirmités que sa dernière heure ne tarderait pas à sonner, prit *la mort* pour sujet de son mandement, et le finit en disant *qu'elle venait à lui à grand pas*. Ce mandement, lu dans les paroissses du Diocèse, y fit couler bien des larmes. V. 1754, n. II.

II. 22 juillet, élection de deux Echevins, MM. Etienne Housset, Conseiller, et Simon Pasqueau, Procureur, élus le 24 juin, et agréés par le Ministre de la maison du Roi.

III. Les Elus généraux, voulant faire communiquer facilement l'Auxerrois avec la Champagne, firent faire le tracé de la route par Egriselles et Montigny-le-Roi. Ce projet fut amèrement critiqué par plusieurs notables de la ville, dans une requête qu'ils adressèrent au Corps municipal, l'invitant à se joindre à eux. Le Maire en fit le rapport dans la séance du 11 novembre. Conformément à son avis, il y fut arrêté qu'il serait formé opposition au projet; qu'il serait demandé que la route fût ouverte par Monéteau, *où elle serait plus commode, plus facile, moins coûteuse et plus intéressante pour le public*; qu'à cet effet il serait présenté requête à M. l'Intendant, par le porteur de la délibération, à qui elle servirait de pouvoir. Ce député n'eut pas à se féliciter de sa commission. Il reçut en réponse une ordonnance de l'Intendant, qui annula la délibération; fit défense au Corps municipal de recevoir à l'avenir aucune requête sur des matières supérieures à sa compétence; comme aussi de faire aucune députation sans que lui Intendant l'eût autorisée; ordonna que le voyage du député fût payé par ceux qui l'avaient envoyé; qu'enfin cette ordonnance fût lue dans une assemblée du Corps municipal convoquée exprès, et inscrite en entier sur le registre des délibérations. La réclamation au fond était juste, mais la forme en était maladroite. La route fut exécutée conformément au projet.

IV. 11 novembre, audience solennelle du Bailliage pour la réception de M. Lemuet de Bellombre, Lieutenant général d'épée. Il avait été pourvu de cet office dès le 20 mars 1745, et reçu au Parlement le 29 du même mois; mais, depuis ce temps, son installation avait été refusée par les autres Officiers du Bailliage. Ils avaient formé opposition à l'arrêt de réception, en donnant pour motif que l'Edit de création de son office ne le qualifiait que de Lieutenant général d'épée *du Bailliage*, et que, dans l'arrêt de réception, on avait ajouté *et siège présidial*. Il fallut huit années de procédure pour aboutir à un arrêt qui déclara le motif de l'opposition *puéril*, et condamna les opposans aux dépens.

1754.

I. 3 avril, mort de M. de Caylus à Régennes. Le lendemain, son corps fut transporté à Auxerre, et exposé à la vénération publique, dans le Palais épiscopal, jusqu'au 9, que se firent ses obsèques avec la plus grande solennité. Dès le surlendemain du décès, le Ministre, craignant probablement qu'un éloge de ce Prélat ne fût une nouvelle occasion de dispute entre les deux opinions sur la bulle, fit notifier au Chapitre défense de s'occuper de cet éloge. V. n. VI.

II. 24 juin, élection du Gouverneur du fait commun, M. Jean-Baptiste Monnot, commissionnaire de vins, et de trois Echevins, MM. Thomas Coullard, Avocat, Louis Doutreleau, Avocat, et Antoine Paradis, commissionnaire de vins.

III. 4 juillet, le Chapitre est informé que le successeur de M. de Caylus est M. Caritat de Condorcet, Evêque de Gap, transféré à Auxerre; et s'empresse de lui adresser son hommage.

IV. 14 juillet, MM. Baudesson, Maire, et Housset, premier Echevin, sont députés aux Etats convoqués à Dijon pour le 13 août.

V. 10 août, M. le Prince de Condé, se rendant aux Etats, arrive à Auxerre, et est logé chez M. Baudesson. M. de Tavannes, Lieutenant du Gouverneur de la province, avait, à l'avance, réglé l'ordre de service pour sa garde. Les Chevaliers de l'arquebuse à cheval avaient été au-devant de lui jusqu'à Régennes, et s'étaient rangés en bataille à son passage, pour lui faire le salut des armes. Sur la route, la maréchaussée seule escortait la voiture. A la porte S.-Simon, après l'offre des clés par le Maire, ce fut la milice bourgeoise qui prit la garde du Prince; et elle la conserva jusqu'à la sortie de la ville, le lendemain matin. Ce second jour, les Chevaliers de l'arquebuse allèrent l'attendre à la porte de S.-Bris, où ils lui présentèrent les armes.

VI. 6 septembre, service solennel à la Cathédrale, pour M. de Caylus. Le Chapitre l'avait annoncé, dès le 30 août, par un mandement; dans lequel, pour satisfaire ses sentimens de vénération et de reconnaissance envers le Pontife que venait de perdre le Diocèse, et remplacer l'oraison funèbre interdite par l'ordre du Roi, il rapportait sur les actions, les écrits et les mérites de l'Evêque, tout ce dont l'éloge le plus complet aurait pu présenter le tableau.

VII. 12 du même mois, enregistrement au Bailliage, publication et affiche dans la ville, d'une Déclaration du Roi, du 5, qui abolit toutes les procédures commencées contre ceux qui résistent à la bulle; impose un silence absolu sur cette matière, et charge le Parlement de veiller à l'exécution de cette loi. Elle n'était que le complément d'une révolution qui venait de se faire dans le système du gouvernement à cet égard. Le Parlement avait été d'abord exilé pour avoir condamné les ecclésiastiques qui refusaient les sacremens aux mourans, s'ils ne se soumettaient pas à la bulle. Mais Louis XV, après avoir perdu un de ses petits-fils, en avait vu naître un autre (depuis Louis XVI) le 23 août; et la joie qu'il en avait conçue l'avait déterminé, pour la faire partager à tous ses sujets, à rappeler le Parlement de son exil, et à le laisser libre de condamner le refus des sacremens. A la nouvelle de ces événemens inattendus, le clergé d'Auxerre, qui s'était effrayé de l'avénement de M. de Condorcet, connu pour un des zélés partisans de la bulle, se tranquillisa, espérant trouver une sauve-garde dans les dispositions des Ministres, ainsi que dans la nouvelle Déclaration du Roi.

VIII. 12 novembre, arrêt du Conseil qui autorise les Officiers municipaux à faire plusieurs dépenses, impatiemment attendues par les habitans. Le désir qu'ils avaient eu, en 1739, de voir établir un ou deux moulins à vent sur la montagne S.-Georges, pour faire moudre leurs grains, quand les eaux étaient rares ou glacées, n'avait pas pu être satisfait; les hommes de l'art, après plusieurs essais et observations, avaient déclaré qu'il y avait impossibilité d'en édifier utilement un sur ce mont, où nous en voyons deux aujourd'hui. On n'en avait pas moins perçu, pendant dix ans, l'impôt destiné à cette dépense; et 12,100 livres étaient restées, depuis plusieurs années, sans emploi. Enfin, dans une assemblée des habitans, il avait été arrêté qu'il serait demandé au Conseil l'autorisation d'employer cette somme, 1° à construire un corps-de-garde dans la cour de l'Hôtel de ville, pour servir aux troupes passant par Auxerre, dont la garde, jusque là, était placée dans la halle au poisson ; ce qui avait, plusieurs fois, occasionné des incendies ; 2º à faire au pavé de la ville une réparation très nécessaire ; 3º à acheter des pompes à incendies ; 4º à réparer les murs de la ville, qui s'écroulaient dans beaucoup d'endroits ; enfin, à continuer les promenades commencées autour de la ville sur les glacis des fossés. Toutes ces demandes étaient accueillies par l'arrêt. V. 1756, n. viii.

IX. Sur la fin du même mois, une troupe de comédiens demanda à élever un théâtre sur une des places publiques, pour y jouer des comédies et vendre un orviétan incomparable ; ce que la génération existante n'avait jamais vu. Les Officiers municipaux leur en donnèrent la permission ; mais le Chapitre qui, attendu la vacance du siége, gouvernait le Diocèse, s'en alarma ; ne vit dans cette nouveauté qu'une occasion de scandale, et publia un mandement, non-seulement lu au prône des paroisses, mais imprimé et distribué avec profusion, pour détourner les fidèles de ces spectacles. Cette mesure eut son effet ; un écrit du temps assure que ces comédiens eurent si peu de spectateurs, que la faim les chassa de la ville plus promptement que la censure.

X. Dans le cours de cette année, les Chevaliers de l'arquebuse, dont le nombre était de 31, et qui avaient pour Capitaine M. d'Avigneau de Cruzy, et pour Lieutenant son frère, Lieutenant général du Bailliage, firent, pour la décoration de la vaste salle haute de leur pavillon, l'acquisition d'une précieuse collection de portraits historiques ; dont elle fut complètement garnie, depuis le carreau jusqu'au plancher. Indépendamment de la série entière des Rois de France, et des quatre derniers Ducs de Bourgogne, on y voyait les plus célèbres Généraux français, tels que Coligny, Montmorency, Créqui, de la Meilleraye, Turenne, et beaucoup d'illustres Princes français, allemands, espagnols ; en tout 180 portraits de dimensions égales, et encadrés dans une boiserie très-habilement travaillée. Ce musée historique était un objet de curiosité pour les voyageurs instruits (1); mais l'armée révolutionnaire qui désola Auxerre, au mois de juin 1792, y fut conduite par de lâches habitans, et avec eux en fit un monceau de cendres.

1755.

I. Taille, 28,651 livres 11 sols 3 deniers ; taillables, 1641 ; insolvables, 238 ; exempts ; 99, total, 1978 familles : 78 de moins qu'en 1725. V. 1785, n. 1.

II. Pendant les deux années précédentes, Mandrin, fameux chef de voleurs, avait audacieusement exploré plusieurs provinces, et particulièrement la Bourgogne ; mettant à contribution les Receveurs des deniers publics, et souvent de simples particuliers : tantôt campant militairement dans la campagne, et désolant les voyageurs sur les routes ; tantôt s'introduisant jusque dans les villes, et y mettant à mort quiconque osait lui résister. (2) Son expédition dans

---

(1) V. l'almanach d'Auxerre pour 1755.
(2) V. Causes célèbres, t. 21, p. 372.

Autun avait répandu l'épouvante à Auxerre ; et la garde de la ville y avait été reprise, comme au temps des guerres civiles. Il s'était ensuite retiré dans les montagnes de la Suisse ; ce qui avait un peu tranquillisé les esprits, et rendu au repos la milice bourgeoise ; lorsque, le 23 janvier, le Maire reçut de M. de Tavannes une lettre datée du 21, par laquelle il le prévenait « que ces scélérats se préparaient à faire
» une nouvelle irruption dans le royaume ; qu'on ne
» saurait trop avoir d'attention à mettre la ville en
» sûreté ; qu'une garde devait être constamment aux
» portes, pour veiller sur tous ceux qui s'y présente-
» raient ; et que, sur l'avis qu'on aurait de l'approche
» des brigands, il fallait fermer les portes, sonner le
» tocsin, et faire prendre les armes à tous les habi-
» tans. » On conçoit facilement avec quelle promptitude cet ordre fut exécuté.

III. C'est dans cet instant d'alerte, et le 28, au point du jour, que l'Abbé de l'Isle, Grand-Vicaire de M. de Condorcet, se présenta à la porte de la ville, et y subit l'examen scrupuleux auquel tout étranger était assujetti avant d'être introduit. L'ordre à ce sujet était d'autant plus sévère, qu'on était prévenu que Mandrin était toujours précédé d'habiles espions, couverts des costumes les plus rassurans. Enfin la porte fut ouverte à l'Abbé, qui se rendit de suite au Chapitre, et y présenta la bulle de translation de M. de Condorcet, du siége de Gap à celui d'Auxerre, ainsi que sa procuration pour prendre possession. Elle eut lieu le lendemain matin sans difficulté ; et le soir du même jour, à huit heures, M. de Condorcet lui-même, après s'être fait connaître à la porte de la ville, fut conduit au Palais épiscopal.

Dès le matin du jour suivant, le Chapitre, après avoir fait annoncer aux habitans l'arrivée de leur nouvel Evêque, au son de la grosse cloche, lui envoya des députés chargés d'exprimer le désir qu'avait le corps entier de le saluer. Sa réponse fut qu'il était prêt à le recevoir, et aussitôt le Chapitre fut admis. Dans les complimens d'usage, il y eut un peu de froid et d'embarras, mais beaucoup de politesse, et il y fut convenu que, le surlendemain dimanche, après vêpres, on procéderait à l'intronisation. Elle se fit avec le cérémonial accoutumé, l'Evêque étant accompagné de M. de Villebreuil, Grand-Archidiacre de Sens, assisté de deux Chanoines du même Chapitre, et de M⁰ Legris, Notaire, aussi de Sens. Ainsi la ville et le Diocèse se trouvèrent placés sous la houlette d'un nouveau pasteur.

Ici commence une ère très-différente de celle qu'on vient de parcourir. Pour en bien apprécier les graves événemens, il importe, d'abord, de se rappeler l'état du Diocèse, au moment où elle a commencé. On a vu le zèle et les talens avec lesquels M. de Caylus s'était occupé à rendre sa doctrine dominante ; en même temps qu'il allait au-devant des maux de ses Diocésains pour les guérir, ou, au moins les adoucir, comme de tous leurs besoins pour les satisfaire. Ces efforts, continués avec une rare persévérance, pendant un demi-siècle, avaient nécessairement, et malgré les efforts contraires des Jésuites, des Lazaristes et de tous ceux restés soumis aux décisions du chef de l'Eglise, donné à la grande majorité de son Diocèse, toutes les opinions du Prélat, ainsi que ses craintes et ses espérances, dans la controverse qui agitait et l'Eglise et l'Etat. Son clergé, surtout, qu'il avait renouvelé presqu'en entier, le peuplant de prêtres élevés dès l'enfance dans sa maison, et sous ses yeux, avait pour lui le dévouement des enfans soumis au plus tendre des pères. Les étrangers qu'il y avait admis, étaient des hommes de science et de mérite, que leurs opinions conformes à la sienne, sur la condamnation de Jansénius et de Quesnel par le Pape, avaient mis en disgrâce auprès de leurs Evêques. Ainsi, il faut le dire, et tous les historiens l'ont remarqué, à l'arrivée de M. de Condorcet, Auxerre était un des foyers les plus ardens du Jansénisme; on l'appelait le réfuge *des pécheurs*. Mais il paraît également que la plupart des collaborateurs de M. de Caylus avaient constamment donné l'exemple d'une conduite pure, d'un zèle ardent pour le service des autels, et qu'ils avaient par là, plus encore que par leurs instructions, acquis sur les esprits dans le Diocèse, un ascendant difficile à balancer, en sorte que leurs opinions presque généralement admises dans le pays, y avaient toute la vigueur que peut donner une conviction profonde.

Changer cet état de choses était une œuvre, sinon impossible, au moins fort difficile. Si on l'entreprenait, il fallait y apporter plus de prudence que de zèle, plus de patience que d'empressement; et surtout il fallait plutôt chercher à captiver les esprits qu'à les effrayer. Mais vouloir, tout-à-coup, sans avoir encore acquis aucune influence personnelle, persuader au Diocèse que celui qu'il avait cru voir vivre et mourir en saint, n'était qu'un hérétique; c'était certainement tenter l'impossible. C'est cependant ce que M. de Condorcet, et plus encore l'Abbé de l'Isle, son Grand-Vicaire, paraissent avoir voulu.

Après que tous les corps de la ville eurent été présentés au nouveau Prélat, douze vieux prêtres, exilés à Auxerre depuis longues années, demandèrent à le saluer. Il y consentit; mais ils ne furent introduits que l'un après l'autre; subirent une espèce d'interrogatoire, et reçurent tous en définitive sa déclaration, qu'ils eussent à choisir le lieu où ils voulaient se retirer, étant déterminé à ne pas les souffrir dans son Diocèse. Un vieux prêtre de Dijon, quand il lui dit: « où voulez-vous aller? » lui répondit: « au ciel, Mon-« seigneur; » et il mourut deux mois après. Les autres écrivirent au Ministre qu'ils avaient obéi aux ordres du Roi, en se fixant à Auxerre; qu'ils y étaient depuis long-temps; que tous fort âgés, et la plupart infirmes, ne pouvaient pas, sans une criante injustice, être contraints d'aller chercher un autre asile: ils n'obtinrent pas de réponse; mais l'Evêque reçut assurément l'ordre de respecter leur fâcheuse position. Tous finirent leurs jours à Auxerre.

Le Chapitre le pria de renouveler les pouvoirs qu'avaient les Chanoines de prêcher et de confesser, et que son avénement faisait cesser; il garda le silence. Invité à officier, il s'y refusa, et n'assista à aucun office, pas même pendant les fêtes de Pâques. Les Curés de la ville n'obtinrent pas plus de confiance, et il leur en donna des preuves en arrivant. Dès les premiers jours, il fit afficher aux portes de toutes les églises qu'on ferait, sous son autorité, les dimanches et les jeudis, dans la chapelle du Séminaire, des catéchismes, qui seraient suivis de premières communions. Cette nouveauté attira beaucoup de monde. Les Curés, ainsi troublés dans une des plus importantes attributions de leur ministère, après lui avoir fait d'inutiles remontrances, obtinrent, à Paris, une savante consultation de dix anciens Avocats, considérés dans le barreau, qui établirent sur les lois de l'Eglise, comme sur celles du royaume, que l'instruction des enfans, pour les disposer à la première communion, appartient exclusivement au Curé; que si l'Evêque n'a pas de motifs pour l'interdire, il ne peut, ni directement, ni indirectement, lui retirer une instruction, qui, pour lui, est moins une prérogative qu'un devoir. Munis de cette consultation, qu'ils firent imprimer, les Curés se pourvurent au Bailliage, qui en référa au Parlement, et le 18 mars, intervint arrêt faisant défense au Supérieur du Séminaire de continuer le catéchisme, et de recevoir les enfans à la première communion.

Avant la fin de ce procès, et dès le 28 février, M. de Condorcet avait rendu une Ordonnance par laquelle il révoquait tous les pouvoirs donnés par ses prédécesseurs, ou en leur nom, aux prêtres non pourvus de Cure, et résidant dans le Diocèse. En si peu de temps, tant de mesures violentes, sans avoir eu le temps de connaître les choses ni les personnes, ne purent qu'aigrir, irriter; et si la plaie que l'Evêque croyait voir était réelle, il en rendait la cure bien plus difficile. Cependant, comme alors la puissance et le crédit d'un Evêque avaient encore une grande importance, il n'en vit pas moins tous ceux qui n'avaient pas suivi, contre les Jésuites, la bannière de M. de Caylus, très-disposés à suivre la sienne; et leur nombre dans la Magistrature, comme dans les hautes classes de la société, sans atteindre la majorité, fut bientôt considérable. Un grave événement lui en donna la preuve, et eut encore le déplorable résultat d'élever l'esprit de contradiction entre les deux partis, jusqu'au degré de l'hostilité la plus acharnée.

Le Curé de Perrigny était traduit à l'Officialité, comme accusé d'avoir mal parlé en chaire contre M. de Condorcet. M. Marie de S.-Georges, le 3 avril, dans une réunion des Conseillers du Bailliage, proposa de prendre connaissance de la plainte sur laquelle l'Official informait. Aussitôt, M. Robinet de la Coudre dit que, si on s'occupait ainsi de venger M. de Condorcet, on devait le même zèle à la mémoire de M. de Caylus, qui venait d'être outragée par le Curé de Montigny-le-Roi, également dans sa chaire. La compagnie décida qu'elle connaîtrait des deux affaires, et l'on invita le Procureur du Roi, M. Regnaudin, à venir en conférer; mais sous divers prétextes, il refusa. Sur ce refus, la compagnie le dénonça au Procureur général.

Néanmoins, deux plaintes pour les mêmes faits ayant été portées directement au Bailliage, l'une, le 8 avril, par un anonyme; l'autre le 16, par M. de la Coudre; le Procureur du Roi poursuivit, et fit entendre les témoins indiqués dans ces plaintes: mais ensuite, prétendant que des dépositions des témoins entendus sur celle de M. de la Coudre, il ne résultait aucune preuve, il lui fit notifier qu'il eût à lui en fournir d'autres, sinon qu'il le poursuivrait comme dénonciateur calomnieux. M. de la Coudre s'empressa de demander justice de cette singulière sommation au Bailliage, qui en référa au Parlement. Le 30 avril, le Parlement fit un premier examen de l'affaire, et lui trouvant de la gravité, la renvoya au 6 mai, pour entendre les gens du Roi. M. d'Ormesson, Procureur général, demanda au Procureur du Roi des explications, et le fit dans des termes qui alarmèrent M. Regnaudin. Il en fut si effrayé que, dans sa réponse, il reconnut ses torts, tant à l'égard de la Compagnie, à l'invitation de laquelle il s'était refusé, qu'envers M. de la Coudre par sa sommation. Le 6 mai, M. d'Ormesson donna lecture de cette lettre au Parlement qui ordonna que M. Regnaudin viendrait en personne rendre compte de sa conduite; que toute l'instruction sur la plainte de M. de la Coudre serait apportée au greffe de la Cour, pour y être examinée; et renvoya le procès au 3 juin. V. n. v.

IV. Les œuvres de M. de Caylus venaient d'être publiées, lorsqu'on vit paraître un volume intitulé *Supplément aux Œuvres de M. de Caylus*. Ce volume reproduisait tout ce qu'il avait écrit dans sa jeunesse en faveur de la Bulle *Unigenitus*. On y trouvait aussi la circulaire mise au jour, sous le nom du Chapitre, en 1717, sur cette Bulle. Le Chapitre porta plainte au Bailliage contre la publication de ce dernier écrit qui semblait être l'ouvrage du Chapitre, quand il avait été reconnu, dans le temps, qu'il n'avait été fabriqué que par cinq à six Chanoines contre les réclamations du Corps entier. Par sentence du 26 mai, le Bailliage prononça la suppression de cet écrit, et ordonna que sept Conseillers iraient au Chapitre, y faire enregistrer la déclaration du Roi, du 5 septembre 1754, qui ordonnait le silence sur la Bulle. Le même jour, les députés du Bailliage se présentèrent au Chapitre, et y firent enregistrer cette Déclaration.

V. Le 3 juin, M. Regnaudin comparut en la Chambre du Conseil du Parlement, et y renouvela l'aveu de ses torts, se recommandant à la clémence de la Cour. Le Rapporteur fit remarquer qu'il y avait deux plaintes; qu'il résultait cependant de l'examen des informations que le Lieutenant criminel, M. Richer, n'en avait fait lire qu'une seule aux témoins; que telle était probablement la cause du silence de ceux-ci sur les faits exposés dans l'autre. Sur cette observation, intervint arrêt qui, avant de statuer sur le sort de M. Regnaudin, ordonna que M. Richer viendrait aussi, à la quinzaine, rendre compte de sa conduite; que toute l'instruction par lui faite serait recommencée à ses frais par le plus ancien Officier du Siége. Celui-ci voulant recommencer l'instruction, le Greffier par lui commis remarqua sur la minute de la première information, que le mot *seize* avait été mis par surcharge sur le mot *huit*. Un procès-verbal fut dressé et envoyé, avec la pièce surchargée, au Parlement.

Le 29 juillet, M. Richer comparut devant la Cour, et y déclara qu'il n'avait fait lire aux témoins que la plainte du 16, celle du 8, suivant lui, ne contenant que les mêmes faits; qu'à l'égard de la surcharge, on ne pouvait pas la lui attribuer, n'étant pas le dépositaire de la minute sur laquelle elle existait. Le premier Président lui dit de se retirer, en recommandant aux Huissiers de le garder à vue. Aussitôt le Procureur général se rendit plaignant, et de la surcharge, et du fait avoué qu'une seule des plaintes avait été lue aux témoins; concluant à ce que la nouvelle instruction fût continuée à Auxerre, et à ce que M. Richer, ainsi que son Greffier fussent décrétés d'ajournement personnel. La Cour alla plus loin, elle ordonna la continuation de l'instruction à Auxerre, et décréta de prise de corps M. Richer et M. Yon, son Greffier. M. Richer fut aussitôt conduit à la conciergerie. Après 43 jours de détention, le 11 septembre, il présenta requête pour obtenir, au moins, la liberté provisoire; se prévalant de sa conduite antérieure, et de celle de sa famille dans laquelle était l'office de Lieutenant criminel depuis 120 ans. Sa demande fut accueillie, et le décret de prise de corps converti en ajournement personnel.

Cette affaire, et une infinité d'autres de même nature, n'eurent pas de suite. A la grande satisfaction de MM. Richer, Regnaudin, Yon, de leurs familles et de la majeure partie de la population, une Déclaration du Roi, du 13 décembre, quelques jours après enregistrée au Bailliage, publiée et affichée dans la ville, prononça une amnistie générale pour tous les faits concernant la Bulle, et ordonna que toutes les procédures suivies à ce sujet restassent sans effet.

1756.

I. 30 janvier, Ordonnance de M. de Condorcet faisant défense aux Curés de commettre des Ecclésiastiques pour faire dans leurs Eglises des instructions familières, à moins qu'ils n'ayent été approuvés par lui. Les Curés de la ville se pourvurent au Parlement, se fondant sur ce que l'Ordonnance de 1695 n'exige l'approbation de l'Evêque que pour les prédications. V. n. VI.

II. 14 février, Mandement pour le Carême, dans lequel M. de Condorcet dit aux fidèles : « Demeurez attachés aux successeurs de Pierre, et *au Corps des premiers Pasteurs, n'écoutez que leur voix.* » Les Curés qui le reçurent pour le publier au prône de leur paroisse, s'y refusèrent. Tous, comme de concert, tous *Pasteurs du second ordre*, se crurent injustement offensés par la phrase qui suppose que les premiers Pasteurs sont les seuls dignes de la confiance des fidèles, et dénoncèrent le Mandement au Bailliage. Le 27, le Bailliage, en leur en donnant acte, en référa au Parlement, qui, par arrêt du 6 mars, reçut l'appel comme d'abus du Procureur général, dit qu'il y avait abus dans le Mandement, en ce qu'il était offensant pour le Clergé du second ordre, et ordonna que l'arrêt serait imprimé et affiché tant à Auxerre que dans toutes les paroisses du Diocèse ; ce qui fut exécuté.

III. 25 juin, élection de deux Echevins, MM. Gaspard-Nicolas Coullaut de Berry, Conseiller, et Louis

Auguste Berault, Procureur, agréés par le Roi le 7 juillet, et installés le 18.

IV. 20 juillet, publication et affiche de deux Déclarations du Roi, du même mois, l'une qui proroge indéfiniment la levée du vingtième, l'autre qui en établit un second, à commencer du premier octobre. V. 1760, n. II.

V. 2 septembre, Arrêt qui, sur le pourvoi des Curés, contre l'Ordonnance de l'Evêque, du 30 janvier, dit qu'il y a abus, et défend d'y donner suite.

VI. 9 septembre, réception solennelle du nouveau Maire, M. Jean-Claude Baudesson, Avocat, nommé à cette place par les Elus généraux sur la démission de son père.

VII. Le 7 novembre, M. de Condorcet, au lieu d'être averti par les arrêts rendus contre lui, que ses conseils l'exposaient à la réaction d'un parti puissant; et entraîné par un zèle qu'il faudrait admirer, si le moment eut été favorable, monta en chaire en présence d'un nombreux auditoire, pour y lire un Mandement à ses diocésains sur la foi et sur la soumission qu'ils devaient à l'Eglise. Voulant ensuite en développer les motifs, il parla des maux sans nombre faits à la religion par la désobéissance que des hommes, d'ailleurs estimables, avaient opposée aux décisions données par le souverain Pontife, depuis quarante ans, sur les controverses religieuses. Il fut long-temps écouté avec attention, l'onction de ses paroles semblait même pénétrer les cœurs, lorsque, pour mieux expliquer ses intentions, il lut le mandement que venait de publier l'Archevêque de Paris, et par lequel des peines rigoureuses étaient prononcées contre tous ceux qui ne se soumettraient pas à la Bulle *Unigenitus ;* il ajouta qu'il y adhérait sans réserve. A ces mots, presque tout le Clergé se leva et se retira ; beaucoup de laïcs en firent autant ; des murmures même furent entendus.

Le soir du même jour, les Chanoines en Chapitre firent rédiger, par deux Notaires, un procès-verbal contenant leur déclaration de ce qui s'était passé, et leurs protestations contre les propositions de l'Evêque, comme étant une infraction au silence ordonné par la Déclaration du 2 septembre 1754; comme contraires aux maximes de l'Eglise gallicane ; injurieuses aux dépositaires de l'Autorité du Roi, et capables de troubler la paix publique. Le lendemain, des Commissaires du Chapitre présentèrent au Bailliage une requête pour avoir acte de ces protestations, ainsi que de l'appel comme d'abus qu'ils interjetaient du Mandement et de sa publication.

On mit beaucoup de solennité dans cette démarche. C'était le soir ; tous les Officiers du Bailliage prévenus, étaient réunis dans la Chambre du Conseil. Le Trésorier du Chapitre, M. Clément, assisté de trois Chanoines et d'un Procureur, se présenta au Palais, sa requête à la main. Des députés du Bailliage lui demandèrent l'objet de sa visite ; sur sa réponse on le fit asseoir, ainsi que ceux qui l'accompagnaient, dans le banc des Avocats. A peine les députés furent-ils rentrés dans la chambre du Conseil, que toute la compagnie en sortit et ouvrit l'audience. Alors M. Clément prononça un discours sur l'événement de la veille, à la Cathédrale ; puis le Procureur, après avoir lu le procès-verbal des notaires et la requête, les remit au gens du Roi, qui se retirèrent avec les Conseillers dans la chambre du Conseil. Un quart d'heure ne s'était pas écoulé, que le Bailliage reprit séance. Le premier Avocat du Roi demanda acte de ce que, pour le Procureur général, il interjetait appel comme d'abus du mandement de l'Evêque, et de sa publication. Aussitôt M. Boucher de la Rupelle, Lieutenant particulier, recueillit les suffrages, et de suite prononça la sentence; par laquelle le Bailliage, en donnant acte aux gens du Roi de leur appel, fit défenses provisoires aux Curés de la ville et du Diocèse, Vicaires, Communautés et autres, de publier ce mandement; à tous imprimeurs, libraires ou colporteurs de l'imprimer ou débiter, et ordonna l'impression et l'affiche de la sentence.

Tous ces faits furent en outre transmis par le Chapitre à M. de S.-Florentin, et par le Procureur du Roi au Procureur général. Peu de jours après, un Exempt de la Prévôté de l'Hôtel vint à Régennes, présenter à M. de Condorcet un ordre du Roi de se rendre, de suite, au couvent des Bernardins de Vauluisant, et d'y rester jusqu'à nouvel ordre. L'Exempt l'y conduisit le même jour. V. 1757, n. v.

Le 13 du même mois, le Bailliage donna une preuve de son impartialité, et de son désir de maintenir la paix publique. Entre plusieurs pamphlets mis au jour pour critiquer un autre mandement de l'Evêque sur les missions, la *lettre à un ami* se fit remarquer par son style amer et insultant. Le Procureur du Roi en porta plainte au Bailliage, qui en prononça la suppression, comme attentatoire au respect dû à l'Evêque, et ordonna l'impression et l'affiche de la sentence.

VIII. Ce ne fut que dans le cours de cette année qu'on put exécuter les divers travaux extraordinaires autorisés par l'arrêt du Conseil du 12 novembre 1754. Le corps-de-garde fut construit dans la cour du Palais, et la dépense s'éleva à 5,665 livres 6 sols. On fit au pavé des principales rues des réparations pour 3,030 livres. Le glacis des fossés, depuis la porte du Temple jusqu'à celle d'Eglény, fut nivelé et planté de tilleuls, ce qui coûta pour les terrassiers et l'achat des arbres 2,192 livres.

1757.

I. Le 8 janvier, toute la population fut dans la consternation à la nouvelle que le roi avait été dangereusement blessé par Damien, qui lui avait porté à la poitrine un coup de couteau. Tels étaient, alors, l'amour des français pour Louis XV, et leur confiance en Dieu, qu'à l'instant même, la grosse cloche de la Cathédrale s'étant fait entendre, sans autre convocation, tous les Corps et le reste de la population remplirent l'Eglise, et l'on commença les prières des 40 heures, pour obtenir la guérison du Roi. Le 29, on sut qu'elle était parfaite; aussitôt une messe d'actions de grâces fut célébrée avec un empressement aussi général.

II. Au printemps, on reprit les travaux d'embellissement de la ville. Les Officiers municipaux firent niveler tout le terrain qui s'étend depuis la porte Chante-pinot jusqu'à la rivière, entre le fossé de la ville et les jardins des particuliers. Les deux tiers de la largeur furent consacrés à faire la promenade actuelle, et le surplus laissé pour le passage des voitures. Ces travaux et la plantation de 212 tilleuls coûtèrent, y compris l'achat des arbres, 2,100 livres. On ne s'occupa pas seulement d'objets d'agrément ; 1,552 livres furent employées à la réparation des portes et des tours. On acheta du sieur Vital, de Rouen, deux pompes à incendies. Il vint lui-même les monter, et instruire les premiers pompiers de la ville, dans l'art de s'en servir. Le prix des pompes et les frais de voyage du sieur Vital, s'élevèrent à 1896 livres. Assurément Auxerre était dans un état de prospérité, puisqu'on dépensa 4,335 livres au-delà des 12,100 livres, faisant la bonification de 1754.

III. 4 novembre, MM. Baudesson, Maire, et de Berry, premier échevin, sont députés aux états convoqués à Dijon pour le 21.

IV. 6, Te Deum et réjouissances pour la naissance de M. le Comte d'Artois, depuis Charles X.

V. 6 décembre, après une année d'exil à Vauluisant, M. de Condorcet revint à Auxerre. Combien était grand alors l'empire de l'étiquette ! Au son de la cloche qui annonçait le retour de l'Evêque, tous les Corps devaient aller le complimenter. Le premier qui se présenta fut le Chapitre, dont la plainte avait provoqué son absence. Après le Chapitre, ce fut le Bailliage, qui, par la censure de son mandement, avait plus encore contribué à la mesure dont il venait de goûter l'amertume. Il fallut, de part et d'autre, toutes les ressources du bon ton et de la politesse pour dissimuler l'embarras dans lequel on se trouvait.

VI. 26, installation de MM. Antoine Paradis, Gouverneur du fait commun; Mérat, Avocat, et Etienne Moreau, commissionnaire de vins, Echevins, élus le 24 juin, et agréés par le Roi.

1758.

I. Au printemps, les Officiers municipaux achevèrent de convertir en promenades les glacis des fossés, et formèrent celle qui, jadis, descendait de la porte S.-Simon, du côté de la rivière. Elle était, comme les autres, séparée des murs par le fossé comblé depuis, se terminait à l'endroit où celle actuelle cesse d'être sur un plan horizontal, et y formait une esplanade très-élevée. Cette ancienne promenade a été détruite en 1775, lors de l'ouverture de la route sur le bord de la rivière. La promenade actuelle, plantée sur l'emplacement de l'ancien fossé, a été commencée en 1806 et achevée en 1817 par les soins de M. Leblanc, alors Maire.

II. Dans la même saison, on commença à détruire les piliers qui bordaient deux côtés de la place de la Fanerie. Ceux à l'ouest étaient en bois, et ceux au nord en pierres. Ce sont ceux-ci qui furent démolis, en indemnisant les propriétaires des maisons dont une partie était appuyée sur ces piliers. C'était là qu'autrefois se réunissaient les Bourgeois pour donner ou apprendre les nouvelles du jour : mais depuis que la presse distribuait ses journaux et ses pamphlets, ces réunions paisibles de Magistrats et de Bourgeois ne s'y formaient que rarement, et les galeries ne servaient plus qu'à faciliter les attroupemens tumultueux d'enfans. C'était aussi dans cet endroit qu'avaient été ourdis la plupart des complots séditieux.

III. Pendant l'été, des pluies continuelles, menaçant de détruire les récoltes, la population effrayée demanda une procession générale qui eut lieu le 18 juillet, avec les reliques de toutes les églises. Pendant le reste de l'année, le temps fut plus favorable, car le prix du froment descendit de 4 livres 8 sols à 4 livres.

IV. 16 août, audience solennelle du Bailliage pour la réception de M. Antoine-Léonard Guyot, marquis de S.-Amand, Grand-Bailly. Il fit don de 1,800 livres pour renouveler les tentures, boiseries et parquets de la salle d'audience et de la chambre du Conseil.

V. Le 12 septembre, un brevet du Roi autorisa les Officiers municipaux à démolir plusieurs des tours faisant partie des fortifications sur le bord de la rivière, pour faciliter l'accès et les travaux du port.

VI. Le 17 décembre, le Chapitre, dont la riche bibliothèque avait été dévastée par les Huguenots, ayant arrêté de la recomposer, MM. Lebeuf et Potel firent don de leurs livres, qui furent placés dans les bâtimens occupés par l'ancienne, près le côté méridional du sanctuaire de S.-Etienne.

1759.

I. Indépendamment de la taille, qui s'élevait chaque année à environ 30,000 livres, de la capitation qui excédait 5,000 livres, et des deux vingtièmes de leurs revenus, les habitans eurent encore à payer 8,000 livres, faisant la première annuité de 40,000 livres, payables en cinq années, pour le contingent de la ville dans le don gratuit accordé au Roi par les Etats de Bourgogne, en 1755. Quoique le clergé en ait supporté seul le huitième, cette addition aux charges publiques fit renaître pour la ville l'état de gêne dont elle était sortie depuis quelques années. Elle ne put s'en libérer qu'en sollicitant sans cesse des délais, jusqu'en 1767.

II. Le 21 mai, les habitans du quartier de la porte du Temple commencèrent un chárivari, qui donna lieu à de graves dissensions entre les Officiers municipaux et ceux de la milice bourgeoise. C'était à l'occasion d'un mariage entre une veuve et un jeune homme beaucoup moins âgé qu'elle. La tranquillité publique fut troublée à un tel excès, que le lendemain, les Officiers municipaux firent publier une ordonnance de police faisant défense de se livrer à de nouveaux désordres, sous les peines les plus sévères. Le soir, le charivari fut plus nombreux et plus tumultueux que la veille. Le 23, les mêmes Magistrats arrêtèrent que le soir de fortes patrouilles surveilleraient le quartier séditieux, et arrêteraient les perturbateurs, s'ils récidivaient. A cet effet, ils mandèrent le Major de la milice, qui s'excusa sur ce qu'il était contraint de s'absenter. L'Aide-Major appelé promit d'exécuter l'ordre, et n'en fit rien; le charivari n'en fut que plus audacieux. Le Corps municipal rendit compte à M. le Prince de Condé de cette défection, de la seule force publique dont il pût disposer pour le maintien de l'ordre. Le Prince, dans sa réponse, censura vivement la conduite de la milice, et prescrivit au Maire de faire lecture de sa lettre aux deux Officiers dont, surtout, on avait à se plaindre. Cette lecture les piqua au point qu'ils donnèrent leur démission.

III. 24 juin, élection de deux Echevins; MM. Jean-Baptiste Girard, Procureur, et Edme-Pierre Potherat, Conseiller.

IV. Le 3 juillet, on commença la construction du quai de la Tournelle, entreprise par le sieur Machureau. Le cours de la rivière, accéléré par le perthuis, se porte, en effet, avec tant de force sur cette partie de sa rive gauche, que les murs, qui alors fermaient la ville de ce côté, étant menacés d'une chûte prochaine, ne pouvaient être garantis que par une digue proportionnée à l'impulsion des eaux, pour les forcer à faire l'angle qu'elles décrivent en cet endroit. La dépense fut énorme, et monta à 25,898 livres, y compris des intérêts que la ville fut obligée de payer à l'entrepreneur, n'ayant pu le solder qu'en 1774.

1760.

I. Au mois de février, affiche et publication d'un

Edit qui impose un troisième vingtième à compter du 1er octobre. V. 1763, n. x.

II. 10 avril, décès de l'Abbé Lebeuf, né à Auxerre, le 6 mars 1687, de Pierre Lebeuf, receveur des consignations, et de Marie Marie, sur la paroisse S.-Regnobert. Il fit ses études en grande partie au Collége des Jésuites, mais il n'avait que 17 ans lors de l'avènement de M. de Caylus à l'épiscopat. Ce fut sous sa direction qu'il acheva ses études, adoptant sans réserve, sur les prérogatives de l'Eglise gallicane, tous les sentimens de son Evêque. Ce Prélat, juste appréciateur de ses mœurs et de sa capacité, le fit, en 1712, Chanoine de la Cathédrale. Peu de temps après, il fut élevé à la dignité de Sous-Chantre de la même Eglise. Son goût pour la recherche des manuscrits et des monumens qui pouvaient jeter de nouvelles lumières sur l'histoire de France, l'éloignèrent souvent d'Auxerre, et en 1735, il finit par se fixer à Paris. Le 10 décembre 1740, l'Académie des inscriptions et belles lettres, qui l'avait couronné deux fois, l'admit dans son sein. En 1743, pour l'aider dans les dépenses auxquelles ses fréquens voyages l'entrainaient dans le seul but d'enrichir la science, elle lui fit une pension, ce qui le détermina à se démettre de la Sous-Chantrerie de S.-Etienne. En 1751, il résigna aussi son canonicat en faveur de son frère, Curé de Venoy.

L'Abbé Lebeuf est du petit nombre de ces hommes dont les travaux littéraires étonnent l'imagination par leur immensité, et les peines qu'ils ont dû coûter. Dans la bibliothèque des auteurs de Bourgogne, on cite 160 ouvrages et opuscules mis au jour par lui, de 1716 à 1743. Les principaux sont les *Mémoires sur l'Histoire d'Auxerre*, en 2 volumes *in-4°*, et ceux de *l'Histoire de la Ville et du Diocèse de Paris*, en 15 volumes *in-12*. Mais, indépendamment de ces écrits, composés par lui seul, il a participé à la nouvelle édition du Glossaire de Ducange, qui a paru en 1730, et à celle du Dictionnaire de Lamartinière, en 1740. Son mérite n'était pas dans l'art d'écrire, il n'en avait pas la prétention : son esprit avide de savoir et ardent à produire ne se prêtait pas aux soins nécessaires pour charmer les lecteurs ; il ne voulait que les instruire. Sans ambition personnelle, il écrivait moins pour faire des livres que pour aider ceux qui entreprenaient d'en faire. Il était, dans le monde savant, ce que sont, pour le luxe, les hommes qui cherchent les diamans, et laissent à d'autres le soin de les tailler. Pour cela, il a passé les deux tiers de sa vie à parcourir tous les lieux où il soupçonnait soit d'utiles manuscrits, soit des ruines instructives. Les voyages les plus longs ne l'effrayaient pas, pourvu qu'il espérât d'y déterrer quelques trésors pour l'archéologie. Mais il mettait dans ses recherches ce discernement scrupuleux avec lequel il est rare de s'égarer. Doué d'une admirable mémoire, d'un jugement exquis, et d'une conscience pure, il ne s'est pas laissé séduire par les illusions qui ont souvent livré au ridicule quelques amateurs d'antiquités. Il savait douter, et n'avançait comme certain que ce dont il pouvait donner la preuve. Ce que lui doit la science, surtout à l'égard de l'histoire de France, est incalculable ; et c'est par-là qu'il a mérité l'estime des plus savans de son temps, particulièrement de Danville et de Bernard de Montfaucon, en même temps que la porte de l'Académie s'ouvrit pour lui. Il n'a pas seulement été apprécié par ses contemporains ; aujourd'hui encore, ceux qui écrivent sur l'histoire de France lui rendent des hommages non suspects. Il est cité notamment par M. Thierry dans ses *lettres sur l'Histoire de France*, et par M. de Chateaubriand dans ses *Etudes historiques*. Ce célèbre auteur le met au rang des savans dont les recherches ont répandu le plus de lumières sur notre histoire. Ce qu'il y a de plus remarquable dans la fécondité de l'Abbé Lebeuf, c'est que sa passion pour l'archéologie, les volumineux écrits qu'elle lui a dictés, et les fréquens voyages qu'elle lui a fait faire, n'éteignirent jamais son goût naturel pour le chant religieux. Non-seulement, en 1741, il donna son *Traité historique et pratique sur le chant ecclésiastique*, en un volume *in-*8°, mais c'est à lui que les Diocèses de Paris et d'Auxerre doivent, en presque totalité, le chant de leurs livres d'Eglise.

Depuis 1748, aucun ouvrage ne parut sous son nom. (V. 1751, n. v.) Au mois de mai 1754, une attaque d'apoplexie le surprit au travail, dans la bibliothèque de Ste-Geneviève, et les secours ne le rétablirent qu'imparfaitement. Sa mémoire prodigieuse s'était éteinte et l'application lui était devenue impossible. Dans l'été de 1758, il vint respirer l'air natal, mais ne s'en trouvant pas mieux, au printemps suivant, il retourna à Paris, où une seconde attaque termina ses jours. Il fut inhumé dans l'église du S-Sépulcre, dont il était Chapelain. Quelque temps avant sa mort, il avait fondé, moyennant 10,000 livres un lit aux incurables de Paris, à la présentation de sa famille. Par son testament, il fit des legs à plusieurs établissemens d'Auxerre, et légua au chapitre de S.-Etienne toutes les médailles par lui obtenues dans les concours académiques, à condition que le prix en serait employé à procurer une nouvelle châsse aux reliques de S.-Germain. (1)

III. Le 23 avril, les Asséeurs étant assemblés à l'Hôtel de ville pour faire l'assiette de la taille, le Maire, suivant l'usage, se disposait à les présider, et à prendre part aux décisions; mais M. Disson, l'un d'eux, s'y opposa, en se fondant sur les arrêts des 31 mars 1667 et 16 août 1697. Le Maire insista, prétendant que ces arrêts, étant antérieurs à la création des Maires perpétuels, ne lui étaient pas applicables. Le Subdélégué de l'Intendant, qui fut invité à donner son avis, en référa au Conseil d'Etat; et M. Baudesson se retira. V. 1762, n. 1.

(1) Quelques-uns de ces détails sont différens de ce qu'on lit dans les articles des dictionnaires historiques sur l'abbé Lebeuf; mais la source dans laquelle j'ai puisé, est la plus sûre. C'est l'éloge de ce savant, lu, six mois après sa mort, dans une séance de la Société académique d'Auxerre. M. Lepère, son auteur, et tous les membres de cette Société, compatriotes et contemporains de l'abbé Lebeuf, connaissaient les circonstances de sa vie mieux que personne. Par exemple, dans la bibliothèque de Fontette, t. 4, p. 262, on dit que le principal auteur du Martyrologe est l'abbé Mignot; que l'abbé Potel y a participé, ainsi que l'abbé Lebeuf, qui ne vient qu'en troisième; et c'est en présence des deux premiers, que M. Lepère attribue exclusivement à la plume de l'abbé Lebeuf l'important ouvrage dont il s'agit, sans qu'ils aient fait la moindre réclamation.

IV. Au mois de juillet, une maladie qu'on crut contagieuse, fit de grands ravages dans plusieurs villages voisins. L'effroi se répandit dans la ville, mais le fléau n'y pénétra pas.

V. Le 27 octobre, séance publique de la Société des sciences. M. Lepère y lut l'éloge de l'Abbé Lebeuf, et celui de M. Martin, (1) l'un des membres résidens. La séance fut terminée par la lecture que fit l'Abbé Mignot d'un mémoire sur les méprises de Velly, dans son histoire de France, au sujet de Ste-Geneviève et de S.-Germain.

VI. Le 2 novembre, M. de Condorcet, mécontent des sentimens des Religieuses de l'Hôtel-Dieu, à l'égard de la bulle, suspendit l'admission des novices.

VII. 6, MM. Baudesson, Maire, et Martineau de Mormont, Procureur-syndic, sont députés aux Etats convoqués à Dijon pour le 25.

VIII. Le 8 décembre, à l'invitation de l'Abbé Précy, membre de la Société des sciences, on fit une fouille derrière l'église de la Cité, où jadis avait été son sanctuaire ; on y trouva les squelettes de trois grands corps, ainsi qu'un reliquaire très-antique, portant une inscription composée de neuf lettres romaines, qui exercèrent long-temps le savoir des Académiciens de Paris et d'Auxerre, sans qu'ils aient pu se mettre d'accord.

IX. 14, installation d'un Gouverneur du fait com-

---

(1) C'est l'inventeur de l'instrument de vendange appelé de son nom *Martine*, qui sert à faire très-rapidement le choix de ce que la récolte offre de meilleure qualité.

mun, M. Etienne Moreau, commissionnaire de vins, et de deux Echevins, MM. Etienne Bussière, Avocat, et Lazare Goudard, marchand, élus le 24 juin, et récemment nommés par le Roi.

X. Dans le cours de cette année, le Corps municipal fit faire l'inventaire et la mise en ordre des archives de la ville, par le sieur de Senas. La dépense s'éleva à 6,025 livres 9 sols.

1761.

I. Jusqu'à cette époque, la capitation avait été imposée par des rôles particuliers et par corporations. Chacune d'elles avait son contingent, et le répartissait entre ses membres. Mais à partir de cette année, ce procédé ne fut employé que pour le Clergé. Pour toutes les autres classes, cet impôt, qui s'élevait à 6,671 liv. 16 sols, fut réparti par les Asséeurs de la taille, dont le montant était de 32,548 livres 12 sols 9 deniers.

II. M. de Condorcet avait trop de désagrémens dans la ville et le Diocèse, pour qu'il pût y rester. Dès le 1 décembre, il était intervenu entre lui, M. de Cicé, Evêque de Troyes, et le Ministère, un arrangement par lequel M. de Condorcet était transféré à Lizieux, et M. de Cicé à Auxerre. Mais, dans la crainte que, pendant les délais inévitables pour obtenir de la Cour de Rome les nouvelles bulles, le Chapitre d'Auxerre, si la démission de M. de Condorcet était connue, ne profitât de la vacance du siége pour faire quelques changemens dans l'administration, on garda sur ce projet un impénétrable secret. On n'en avait pas à Auxerre le moindre soupçon le 2 mars, lorsqu'à midi on vit arriver au Palais épiscopal M. de Cicé, l'Archidiacre de Sens, plusieurs Chanoines de la même église, l'Abbé d'Osmond et M. Legris, notaire de Sens. Un instant après, M. de Cicé, accompagné de l'Abbé d'Osmond, se présenta chez le Grand-Archidiacre, Président du Chapitre, et le pria de convoquer sa compagnie, après complies, pour prendre connaissance de la bulle qui le préconisait Evêque d'Auxerre. La convocation ne put pas lui être refusée. Après complies, l'Abbé d'Osmont, introduit dans le Chapitre, y présenta la bulle et prononça un discours très-flatteur pour les Chanoines ; langage que M. de Condorcet et ses agens ne leur avaient jamais fait entendre.

L'Abbé s'étant retiré, on délibéra long-temps pour savoir si on déférerait sur-le-champ à la demande de M. de Cicé. Le mystère que les Cours de Versailles et de Rome avaient mis dans cette affaire ; l'arrivée soudaine du nouvel Evêque demandant, sur la fin du jour, à être intronisé sans délai, et assisté de fonctionnaires disposés à constater un refus ; toutes ces circonstances réunies révélaient l'état de suspicion dans lequel était le Chapitre d'Auxerre, et le parti pris de le forcer à la soumission. Néanmoins, un assez grand nombre voulait ajourner la réception, et en trouvait le prétexte dans le défaut d'une bulle particulière, que les Papes étaient dans l'usage, lors de la préconisation d'un nouvel Evêque, d'adresser au Chapitre du siége pour l'en informer. M. de Cicé ne l'avait pas, et promettait seulement de faire ce qu'il pourrait pour l'obtenir. M. Clément, Trésorier, qui avait eu quelques relations avec M. de Cicé, et jouissait d'un grand crédit sur l'esprit de ses confrères, détermina la majorité à faire l'intronisation ; trois Chanoines furent députés à M. de Cicé, pour le lui annoncer. Quoique la nuit fût survenue pendant la délibération, la prise de possession et ses longues cérémonies s'accomplirent. Le lendemain, le Clergé et tous les Corps furent admis à saluer le nouveau Prélat. M. de Cicé était, pour la soumission au souverain Pontife, dans les mêmes dispositions que M. de Condorcet ; mais doué de beaucoup plus d'esprit, il connaissait mieux les hommes. Il savait plier les voiles pendant la tempête, et ne naviguer qu'avec des vents favorables. Possédant surtout l'art de se faire des partisans, il ne tarda pas, comme on le verra bientôt, à en avoir de zélés dans la magistrature, la bourgeoisie, et même dans le Clergé.

III. 23 mars, probablement, lors des visites que le Corps municipal eut à faire dans cette circonstance, on n'eut pas à se louer de la tenue de quelques-uns de ses membres, car il fut arrêté que, désormais, comme anciennement, ils ne paraîtraient qu'en robe dans les cérémonies, quelles que fussent leurs professions.

IV. La Société des sciences s'étant mise, par ses statuts, sous le protectorat de l'Evêque, cet honneur, créé à l'occasion de M. de Caylus, se trouva dévolu à M. de Cicé. Aussi cette société était-elle allée, le 3 mars, avec les autres corps, lui présenter ses hommages. M. de Cicé flatté de ce protectorat, avait répondu au compliment du Directeur, en invitant la compagnie à tenir sa première séance dans son cabinet, ce qui eut lieu le 25 du même mois. Il parut enchanté de l'esprit, ainsi que des connaissances des Académiciens, et leur promit de solliciter auprès du Roi l'érection de leur Société en *Académie royale*.

V. 17 mai, le Corps municipal arrête que, pour réprimer les désordres qui troublent fréquemment la tranquillité publique, il est nécessaire d'établir deux Commissaires de police, spécialement chargés de surveiller l'exécution des réglemens, constater les contraventions, en dresser des procès-verbaux, et les remettre au Procureur-syndic. Cette mesure fut approuvée, le 9 juillet, par l'Intendant, et le traitement de chacun des Commissaires fut fixé par lui à 200 livres.

VI. Au mois d'août, au moment où les Jésuites, après avoir été long-temps effrayés des intentions bien connues du Parlement de Paris à leur égard, se livraient à l'espérance d'en être garantis par le Ministère qui les protégeait, ils se virent tout à coup livrés à l'opprobre et à la persécution. Deux arrêts, du 6 de ce mois, furent publiés et affichés dans Auxerre : l'un condamnait à être brûlés, comme pernicieux, 24 livres composés par des membres de cette Société, recevait l'appel comme d'abus interjeté par le Procureur général de ses constitutions, (exécutées sans opposition depuis 150 ans), et par provision, défendait à tous les sujets du Roi d'entrer dans les écoles tenues par des Jésuites ; l'autre ordonnait, à l'égard des villes où ils avaient des Colléges, que les Maire et Echevins eussent à adresser au Procureur général un mémoire contenant ce qu'ils jugeraient de plus convenable pour recomposer leurs Colléges. Le Procureur général ayant aussi invité les Officiers du Bailliage à lui envoyer un semblable travail, ils nommèrent sept d'entre eux, qui, réunis à sept membres du Corps municipal, formèrent une commission chargée de la rédaction du mémoire. V. n. XI.

VII. Le 23 du même mois, le Corps municipal, qui avait désiré qu'enfin on s'occupât des moyens de faire cesser la privation d'eau dont souffraient les habitans depuis le commencement de l'été, fut assemblé, et M. Baudesson lui annonça que, par suite des nouvelles recherches sur le plateau de Ste-Geneviève, *il se trouvait des sources considérables.* On fut ravi de cette découverte, et l'on arrêta « que pour pouvoir » tirer de ces sources toute l'utilité qu'on s'en pro- » mettait, il serait écrit, avec la permission de l'In- » tendant, au P. Sery, Minime, pour venir les vi- » siter. » Ce Religieux vint en effet, (1) fit relever et réparer les anciennes rayes couvertes, en fit construire de nouvelles pour les sources dont on se croyait enrichi, traça l'ordre et la nature de travaux immenses qui, suivant lui, devaient assurer pour toujours et abondamment la consommation des habitans. V. 1762, n. II.

VIII. 28 octobre, séance de la Société des sciences chez M. Potel, en présence de M. de Cicé; qui, après la lecture des mémoires, annonça que devant

___

(1) J'ignorais cette circonstance, lorsque j'ai publié ma Notice historique sur les grandes fontaines. C'est en faisant de nouvelles recherches dans les archives de la ville, que j'ai trouvé le compte du sieur Parent, receveur pour 1761, et que parmi les pièces justificatives, j'ai vu les quittances du P. Sery et de tous les ouvriers.

incessamment faire reconstruire le Palais épiscopal, son intention était d'en approprier une partie à l'usage de la Société. Il ne résulta de cette promesse que les remercîmens qu'il en reçut.

IX. 19 novembre, la commission chargée de préparer le mémoire pour le Collége en présenta le projet au Corps municipal. Il contient d'abord le récit de ce qui s'est passé, en 1622, lorsque cet établissement a été confié aux Jésuites, et de tout ce qu'ont fait depuis les habitans pour sa prospérité. Il présente ensuite l'état des biens qui en dépendent, savoir : cinq labourages à Sacy, Sommeville, S.-Georges et Lichères ; deux domaines à Taingy et Aubigny, neuf arpens de vignes à Auxerre, des rentes sur l'Hôtel de ville de Paris ; la prébende préceptoriale, et 3010 liv. sur les entrées de Paris ; le tout s'élevant à un revenu de 7,669 livre 5 sols. Pour le nouveau Collége, on réclame tous ces biens, quoiqu'on reconnaisse qu'à cela près des deux derniers articles, ils proviennent des économies des Jésuites. Mais on fait observer que, comme ils avaient fait vœu de pauvreté, ils n'avaient pu les acquérir que pour le Collége ; ajoutant, pour le cas où la Cour en jugerait autrement, qu'il serait indispensable de rendre à la ville les 20,090 livres, qu'elle avait avancées aux Jésuites en 1622. A ces réflexions on ajoute une critique amère de leur mode d'enseignement, ainsi que de leurs doctrines ultramontaines ; on assure qu'en philosophie, ils en sont encore aux rêves d'Aristote. Enfin, après avoir comparé les bons et les mauvais effets de l'instruction publique, confiée à des maîtres réguliers avec celle qu'on peut attendre de séculiers, on donne à ceux-ci la préférence. On désire que l'administration soit chargée de s'assurer de leurs mœurs, mais que leur capacité soit jugée dans un concours public. Chaque ligne de ce mémoire révèle que leurs auteurs étaient de fervens élèves de M. de Caylus, et comme ils étaient en majorité dans le Bailliage et dans le Corps de ville, ce projet fut adopté et adressé au Procureur général, le 6 décembre. V. 1762, n. III.

X. 31 décembre, décès de M. Creusot, curé de S.-Loup, généralement regretté comme le modèle des pasteurs. Cet ecclésiastique, né à Semur, en 1698, étant resté sans emploi dans le Diocèse d'Autun, par ce qu'il était *appelant*, avait été invité, dès 1735, par M. de Caylus, à se fixer dans celui d'Auxerre, et y était arrivé dans le même temps que M. de Ségur, Evêque de S.-Papoul, avec lequel il vécut dans une parfaite intimité. Son zèle dans le gouvernement de sa paroisse était si ardent, ses mœurs étaient si pures, sa vie si austère, et sa bienveillance si générale, qu'il était appelé le *Saint-prêtre*, même par ceux qui ne partageaient pas ses opinions. Les Jésuites disaient de lui : *c'est bien dommage qu'il soit Janséniste !* Un d'eux voulait faire son oraison funèbre ; mais il fut décidé à l'Evêché qu'il n'y en aurait pas. Son corps fut pendant deux jours exposé à la vénération des fidèles, et il y eut un concours extraordinaire, ainsi qu'à son enterrement le troisième jour. Sa vie a été publiée, avec son portrait, en 1764, par l'Abbé Regnaud, Curé de Vaux, qui le dit décédé *en odeur de sainteté*.

1762.

I. 5 janvier, arrêt du Conseil qui décide que, conformément aux arrêts de 1667 et 1697, le Maire doit être présent à la confection des rôles des tailles, et les signer, mais sans voix délibérative.

II. Les travaux prescrits par le P. Sery, aux sources de Ste-Geneviève, et commencés au mois d'août, ne furent achevés qu'en mars. On y employa 1807 journées de terrassiers et de maçons, 80 voitures de pierres, et une quantité considérable de chaux, en sorte que la dépense s'éleva à 2,725 livres 7 sols 9 deniers, y compris 144 livres payées au P. Sery, et un muid de vin qui lui fut envoyé. V. n. v.

III. Le 26 février, le Parlement avait statué sur le mémoire concernant le Collége. Par son arrêt, qui ne fut reçu que le 3 mars, le Corps municipal fut autorisé à faire, sur-le-champ, avec des séculiers, un concordat pour la réorganisation de cet établissement, en employant aux dépenses les revenus des biens qui en dépendaient, et même à remplacer les Jésuites par les nouveaux régens, dès le 1er avril, la Cour se réservant de statuer en définitive, après que le concordat et les titres des biens du Collége lui auraient été soumis. Les Officiers municipaux avaient une telle impatience d'expulser les Jésuites, en les dépouillant de tout leur mobilier, qu'ils voulurent, le jour même, faire apposer les scellés au Collége, ce qui aurait suspendu l'enseignement : mais M. de la Rupelle, Lieutenant particulier, arrêta leur démarche irréfléchie, en en référant au Parlement, qui garda le silence. On s'occupa alors d'organiser le professorat. Déjà les Officiers municipaux avaient fait choix de l'Abbé Magne, ancien Oratorien, pour lui en confier la direction. Il s'agissait d'en régler avec lui les conditions, et de faire un réglement général pour l'ordre et la méthode à observer dans les divers degrés de l'instruction. Dans une circonstance aussi importante, ils crurent devoir inviter à se réunir à eux, tout ce que le Clergé et la Magistrature avaient d'hommes investis de la considération publique. Ils y étaient, surtout, portés parce que, M. de Cicé étant absent; il importait d'éviter tout ce qui pourrait autoriser une critique sérieuse de sa part. Ce conseil extraordinaire se réunit le 25 mars, et se trouva composé du Maire, de tous les Officiers municipaux, de MM. Huet, Grand-Archidiacre; Clément, Trésorier; Mignot, Grand-Chantre; Dettey et Viel, Chanoines; Marie d'Avigneau, Lieutenant général; Robinet de Pontagny, Robinet de la Coudre, Conseillers, et Grasset, Procureur du Roi. Un concordat y fut arrêté avec l'Abbé Magne, pour 18 mois à compter du 1er avril. Par ce traité, il est établi Principal du Collége; un Sous-principal et six professeurs avec lui doivent y donner à la jeunesse du pays toute l'instruction alors adoptée dans les Colléges de première classe; les professeurs choisis par lui seront agréés par le Corps municipal. Enfin, les divers traitemens du Principal, du Sous-principal et des professeurs son fixés, et s'élèvent ensemble à 5,450 livres par an, qui devront leur être payés par trimestre.

Le 30, deux Echevins, MM. Potherat et Coulard,

députés du Corps municipal, allèrent faire part de ce concordat à M. l'Abbé de Cicé, Grand-Vicaire de son frère, ainsi qu'au P. Beaudot, recteur du Collége. Ce dernier ne fit aucune difficulté, chargea les députés de remercier le Corps municipal des égards qu'il avait eus pour lui et ses confrères, et déclara qu'ils exécuteraient ponctuellement les arrêts rendus contre eux. Il n'en fut pas de même de l'Abbé de Cicé. Il refusa de se concerter avec le Maire et les Echevins pour l'examen du Sous-principal et des professeurs présentés par l'Abbé Magne. Sur son refus, l'examen eut lieu, et MM. Philbert, Charier, Labrosse, Moriès, Paulvé, Gendrot et Charmeux furent agréés. L'Abbé de Cicé informé de cette nomination, vint à l'Hôtel de ville conjurer le Corps municipal de suspendre l'exécution du concordat, jusqu'à ce que son frère, dont le retour était très-prochain, en eût pris connaissance; annonçant que six Chanoines offraient de faire les classes, jusqu'à ce qu'on eût pris un parti définitif à ce sujet. Ces Chanoines étaient MM. Viel, Moreau, Frappier, Leroi, Davignon et Villetard, tous considérés du parti dominant; leur choix détermina les Officiers municipaux à suspendre la nouvelle organisation jusqu'après les fêtes de Pâques.

Enfin, le 3 avril fut le dernier jour des 140 années pendant lesquelles les Jésuites professèrent l'enseignement public à Auxerre; et le lendemain, l'Abbé Magne avec les six Chanoines, les remplacèrent. Quelqu'idée qu'on ait de ces Religieux, on ne peut pas se défendre d'une pénible réflexion sur leur sort. En 1622, ardemment et depuis long-temps désirés à

Auxerre, ils y sont reçus avec enthousiasme ; ils remplissent si bien les espérances, que successivement on en augmente le nombre. Pendant 82 années, leur crédit reste le même. En 1719 et 1723, malgré l'influence de M. de Caylus, on en demande encore plusieurs ; puis à mesure que l'action de ce Prélat sur les esprits s'étend, celle des Jésuites diminue, au point qu'en 1762, aux yeux du parti qui leur est contraire, et que les événemens favorisent, ils ne sont plus que *des gens tenant le Collége*, ou de *ci-devant soi-disans Jésuites* ; et l'on finit par les chasser comme des pervers ! Cependant une vérité universellement admise est que ces Religieux étaient en 1762, ce qu'ils étaient à la fondation de leur ordre ; que les statuts inflexibles de leur Société faisaient que, chez eux, les études, les doctrines, les usages et les mœurs étaient toujours les mêmes. Aussi a-t-on remarqué que c'était le seul Ordre religieux qui n'eût pas besoin de réforme.

On ne peut donc que gémir sur les déplorables effets de l'esprit de parti. Quand cet ennemi de la paix publique divise les citoyens, la providence semble se jouer de leurs travers. Des événemens imprévus amènent alternativement le triomphe des deux factions ; qui, également aveugles sur l'avenir, se livrent sans mesure à la persécution des vaincus. C'est ainsi qu'on ne tardera pas à voir ceux qui, en applaudissant à l'expulsion des Jésuites, prennent leurs places, expulsés comme eux, et non moins impitoyablement, par ceux qui regrettaient la Société de Jésus ; puis ces derniers encore une fois renversés ; et ainsi de suite, jusqu'au moment où la révolution de 1789 les foudroyera tous, en faisant surgir d'autres partis bien plus violens, mais tout aussi aveugles dans leurs succès alternatifs.

Quoi qu'il en soit, M. de Cicé revint promptement à Auxerre, et dès le 9 avril, il entama avec le Corps municipal une négociation qui dura plusieurs jours. Il regardait le concordat comme nul, pour avoir été fait sans sa participation; il prétendait que c'était à lui à choisir les professeurs; qu'au moins ils devaient être approuvés par lui, et que ceux choisis n'avaient pas sa confiance; que, d'ailleurs, il ne lui paraissait pas convenable de mettre des séculiers dans le Collége; qu'il était de l'intérêt de la ville de le donner aux Pères de l'Oratoire, ou à ceux de la Doctrine chrétienne. A cette condition, il offrait de doter le Collége de six prébendes, si le Chapitre y consentait. Le Corps municipal soutenait que seul il avait le droit de choisir des sujets dont la ville payait le traitement; que celui de l'Evêque se bornait à refuser son approbation à ceux de ces sujets à l'égard desquels il pouvait justifier les motifs légitimes de son refus; en conséquence, il persista à maintenir le concordat et le choix des professeurs. De son côté, le Chapitre s'opposa à la distraction des six prébendes; et après beaucoup de démarches, dans lesquelles les contradictions continuèrent, le Maire et les Echevins demandèrent au Bailliage l'exécution provisoire du concordat. Elle fut ordonnée à l'audience du 20; le principal et les professeurs y prêtèrent serment, et le même jour furent mis en possession du Collége, par quatre Conseillers et quatre Officiers municipaux.

Le lendemain, M. l'Evêque, piqué de la toute-puissance que s'était attribuée le Bailliage, et dans l'espoir de le faire rentrer dans de plus étroites limites, envoya au Collége deux Grands-Vicaires constater, par un procès-verbal, l'aveu du Principal et des professeurs qu'ils n'avaient, pour se livrer à l'instruction publique, que l'autorisation judiciaire. Ce procédé n'arrêta pas le Corps municipal, qui, le 21, fit un réglement pour l'administration du Collége, ainsi que des biens qui y restaient attachés, et arrêta qu'à l'avenir, le Principal, le Sous-principal et les professeurs seraient pris parmi les maîtres ès-arts de toutes les universités du Royaume.

Depuis plus de quatre mois, les Jésuites, inhumainement chassés d'une maison pourvue, par leurs soins, de meubles et de provisions de toutes espèces, sans emporter autre chose que leurs habits, attendaient, dans un dénûment absolu, le sort que le Parlement, en statuant définitivement sur leur Société, réservait à ses membres. Enfin, le 6 août, la Cour rendit les trois arrêts qui ont consommé la destruction de cette Société. Le premier, faisant droit à l'appel comme d'abus du Procureur général, déclara la doctrine des Jésuites destructive de tout principe de religion; en conséquence, rendit définitive la défense de fréquenter les écoles, séminaires et missions tenus par ses membres; enjoignit à ces derniers de sortir des Colléges et des séminaires, dans la huitaine de la notification de l'arrêt. Le second condamnait à être brûlés par la main du bourreau 280 ouvrages publiés par des Jésuites depuis 1641 jusqu'en 1734;

parmi lesquels sont signalées les propositions enseignées à Auxerre par le P. Lemoine, en 1725, avec mention de la censure de M. de Caylus, et les remontrances du Provincial adressées à l'Evêque en 1726. Le troisième arrêt accordait à chaque Jésuite, à sa sortie, le lit, les meubles et les livres à son usage, un peu de linge et une somme de 250 livres. Ces trois arrêts envoyés au Bailliage, y furent enregistrés et publiés. La réimpression en fut ordonnée, ainsi que l'affiche, tant à Auxerre que dans tout le ressort du Bailliage.

Le délai de huitaine, à compter de la notification, donné aux Jésuites par le premier de ces arrêts, pour sortir des Colléges, fit connaître que, dans la plupart des villes, les administrations, moins serviles que celle d'Auxerre envers le Parlement, avaient attendu pour reprendre le toît qui couvrait ces Religieux, ainsi que le pain qui les nourissait, que les conditions en eussent été réglées; et l'on vit avec chagrin que ceux d'Auxerre qui, pendant quatre mois, avaient vécu à leurs dépens, ne recevaient pas plus que les autres.

IV. 26 août, le Corps municipal, voulant convertir la Cour-des-Vents en place publique, et lui donner une issue sur le quartier S.-Père, arrêta de l'ouvrir dans le jardin du sieur Chapelain, qui y consentait, moyennant 450 liv. Jusque-là on n'y avait accès que par les deux ruelles qui y conduisent des quartiers supérieurs. Elle conserve encore le nom de Cour, parce que jadis elle était celle du Château des Vicomtes, alors appelés *Véens*, dont par corruption on a fait Vents. Ce Château occupait l'emplacement des maisons qui bordent la rue Fromenteau, entre la boucherie et la ruelle.

V. Les dispendieux travaux faits sur les sources de Ste-Geneviève par les conseils du P. Sery, furent tout aussi inutiles que ceux exécutés antérieurement sur la foi des sieurs Couplet père et fils, et Rennequin. Au mois de décembre, le défaut d'eau fatiguait tellement la population, que, le 9, une assemblée des notables fut d'avis qu'on cherchât ailleurs des sources dont on pût amener les eaux dans la ville ; ou qu'on en fît élever de la rivière, par une des machines en usage dans plusieurs villes ; et que le Maire fît venir un *hydroliste*, ou mécanicien, pour donner son avis à ce sujet. V. 1763, n. 1.

VI. Dans le cours de cette année, la chapelle de Notre-Dame-de-Lorette, réunie, en 1675, à l'hôpital-général, fut démolie, et remplacée par l'Eglise actuelle.

1763.

1. Au mois de janvier, à l'invitation du Maire, M. La Curne de Ste-Pallaye fit plusieurs démarches auprès de M. Desparcieux, membre de l'Académie des sciences, très-renommé dans l'art hydraulique, pour qu'il vînt visiter les sources du pays, ainsi que la rivière, et indiquer les moyens qui pourraient enfin assurer à la ville sa provision d'eau. M. Desparcieux, étant alors malade, remit son voyage à la belle saison. Le printemps donna de l'eau en abondance, et l'on ne pensa plus à M. Desparcieux.

II. M. de Cicé n'avait pas pu empêcher l'organisation du Collége dans le sens qui lui déplaisait ; mais on le verra en faire changer successivement les élémens, jusqu'à ce qu'enfin cet établissement se trouvât à sa discrétion ; et pour bien saisir ce qui va se passer, il faut se rappeler que, dans cette lutte, le Parlement et le Bailliage protégeaient de toute leur autorité les adversaires de la bulle, tandis que le Gouvernement, ouvrant les yeux sur la réaction violente à laquelle ces derniers se livraient, aidait, autant qu'il le pouvait, ceux qui, comme l'Evêque d'Auxerre, osaient tempérer cette réaction. Au mois de février, un Edit auquel on crut que M. de Cicé avait eu grande part, régla le mode d'administration des Colléges. L'article vi s'appliquant à Auxerre, ordonna que les Colléges dirigés par des séculiers, et placés dans les villes autres que celles ayant un Parlement, fussent administrés par un bureau composé de l'Evêque, Président, du premier Officier de la justice royale, du Procureur du Roi, de deux Officiers municipaux, de deux Notables et du Principal du Collége ; en tout sept membres ; l'Evêque, dans les cas de partage d'opinions, devant avoir la voix prépondérante.

Le Parlement, en enregistrant cet Edit, ordonna aux villes de cette dernière espèce de remettre aux bureaux administratifs des expéditions des concordats, passés en exécution des arrêts de février et mars 1762 ; et aux bureaux d'envoyer sans délai au Procureur général leur avis sur ces concordats. L'Edit et l'arrêt furent reçus à Auxerre, le 6 mars. Le 20 du même mois, le bureau composé de MM. de Cicé,

Marie d'Avigneau, Lieutenant général ; Grasset, Procureur du Roi ; Coullard et Bussière, Echevins ; Villetard et Leblanc, Notables, se réunit au Collége ; prit communication du concordat, ainsi que de tout ce qui avait été fait pour la nouvelle organisation de l'établissement ; et malgré tous les efforts de M. de Cicé, adressa au Procureur général son avis tendant à l'homologation, sans aucune modification. V. n. ix.

III. Le 28 avril, le Marquis de Renty vint se faire reconnaître en qualité de Gouverneur de la ville et du Comté, à la place de M. d'Anlezy. Après qu'il eut reçu les hommages de tous les Corps, il invita le Maire à le conduire à son hôtel, et à lui remettre l'état des émolumens attachés à son gouvernement ; ainsi que celui des remparts, fossés, bastions, contrescarpes, chemins couverts et glacis, dont la location lui appartenait. Le Maire lui répondit que M. d'Anlezy, son prédécesseur, s'était contenté de 300 livres par an pour son logement ; que le Grenier à sel lui payerait chaque année un minot de sel, au compte du Roi ; que de toutes les fortifications il ne restait que des murs dont l'entretien coûtait à la ville 1,200 livres, par an ; des fossés sans produit possible ; des glacis sur lesquels étaient les promenades publiques ; enfin, huit tours et neuf portes, concédées à la ville par des arrêts du Conseil. M. de Renty se retira désenchanté de son gouvernement, et se pourvut auprès de l'Intendant. Sur les observations de ce Magistrat, le Corps municipal offrit de porter le logement à 400 livres, et le Gouverneur ne put pas en exiger davantage.

IV. 24 juin, élection du Gouverneur du fait commun, M. Lazare Goudard, marchand, et de quatre Echevins, MM. Claude Billetou, Conseiller, Jacques Carouge d'Orgel, marchand, Thomas Coullard, Avocat, et Laurent-Barthélemy Mérat, Procureur.

V. 18 juillet, publication et affiche d'une Déclaration du Roi, du 13, qui accorde aux Conseillers des Présidiaux et des Bailliages l'exemption de la taille.

VI. 20, tous les Officiers municipaux, en robe et à cheval, escortés des soldats de ville et précédés de nombreux fifres et tambours, parcourent la ville et les faubourgs, pour y publier le traité de paix conclu entre la France, l'Angleterre et le Portugal.

VII. 6 octobre, MM. Baudesson, Maire, et Billetou, premier Echevin, sont députés aux Etats convoqués à Dijon pour le 21 novembre.

VIII. Le 9, les habitans furent de nouveau réunis, pour nommer l'Elu général du Tiers-Etat, devant faire partie de l'administration supérieure de la province pendant trois ans. Ce brillant emploi, que la ville ne pouvait donner, comme on l'a vu en 1691 et 1727, qu'une fois en 36 ans, était fort envié; mais toutes les ambitions cédèrent à la lecture d'une lettre du Prince de Condé, adressée aux habitans, par laquelle il les invitait à fixer leur choix sur le Maire, M. Baudesson; l'assemblée se conforma au vœu du Prince.

IX. 10 novembre, lettres patentes qui confirment l'établissement du Collége. Leurs dispositions réglementaires étaient si ingénieusement conçues, que, sans faire le procès à ceux qui le dirigeaient, elles les en expulsaient tous, à l'exception du Principal. Le degré de maîtrise ès-arts à l'université de Paris était déclaré indispensable pour y être admis à l'enseignement ; ce qui en excluait le professeur de rhétorique, et tous ceux des classes inférieures. Ceux de physique et de logique avaient le grade exigé, mais leurs chaires étaient supprimées, comme inutiles à Auxerre ; il en était de même pour le Sous-principal, et par le même motif. Ces dispositions avaient si évidemment pour but de briser le concordat qui avait contrarié les vues de M. de Cicé, qu'on ne douta pas qu'elles ne fussent dues qu'à sa faveur auprès du Ministre. Mais une dernière clause renvoyait l'exécution de ces lettres au 1er octobre 1764, ce qui donnait le temps d'aviser aux moyens de s'y soustraire. V. 1764, n. IV.

X. Affiche et publication d'une Déclaration du Roi du 21 novembre, qui supprime le troisième vingtième. V. 1782.

1764.

I. Le 19 février, le Maire reçoit de M. de Laverdy, Contrôleur général, une lettre du 16, dans laquelle il déclare qu'il est informé qu'à Auxerre, l'assiette de la taille se fait très-injustement ; il recommande au Maire de surveiller celle qui va être faite pour l'année, de lui en rendre compte, et de prévenir les Asséeurs que, s'il s'aperçoit de nouvelles injustices, il enverra, à leurs frais, des Commissaires pour recommencer la répartition. Il paraît que cette lettre sévère produisit son effet, il n'y eut pas de réclamations.

II. Dès le printemps, des travaux considérables furent commencés par ordre des Elus généraux, sur la route de Paris, depuis la porte S.-Simon jusqu'au pont de pierre. La route qui décrivait, à gauche de sa ligne actuelle, une courbe fort considérable, (dont témoigne encore l'allignement de l'Eglise de l'Hôpital général), reçut sa nouvelle direction. La pente des deux montagnes fut infiniment adoucie, en descendant les terres de leurs cimes dans les vallées, et les y amoncelant en forme de chaussée. On construisit aussi un quai sur le port St-Nicolas. Tous ces ouvrages, mis en adjudication, furent exécutés par les sieurs Machureau et Brunet. Le contingent de la ville dans cette dépense fut de 8,910 livres, et fut fourni par une addition au marc la livre, sur les cotes de taille des corvéables, conformément à une délibération des habitans, pour éviter la corvée en nature. V. 1767, n. vi.

III. Le 10 août, le bureau du Collége, dans lequel M. de Cicé n'avait pas encore la majorité, s'assembla en apparence pour satisfaire aux dispositions des lettres patentes du 10 novembre, et en réalité pour les éluder ; ce qu'on fit avec une adresse remarquable. Les lettres supprimaient le Sous-principal par économie ; le Principal déclara qu'il le conserverait à ses frais. Les traitemens des professeurs de physique et de logique étaient répartis sur les cinq autres professeurs ; ceux-ci déclarèrent renoncer à cette amélioration de leur sort, pour conserver à la ville les deux classes dont elle serait privée. A l'égard de la disposition qui exigeait que tous les professeurs fussent gradués dans l'université de Paris, on supposa qu'elle ne statuait que pour l'avenir, et ne s'appliquait pas aux professeurs en place ; on déclara donc qu'on s'y conformerait lorsque des chaires viendraient à vaquer. Par là, toutes les espérances de M. l'Evêque étaient fort adroitement trompées. Mais il était si manifeste que cette exécution des lettres patentes n'était qu'une résistance étudiée, que M. de Cicé la fit facilement improuver par le Ministre. Dix jours après, une Déclaration du Roi annula la délibération du bureau, et ordonna que, dans la huitaine de son enregistrement au Parlement, il serait procédé au remplacement de tous les professeurs qui n'étaient pas gradués à l'université de Paris.

Si M. de Cicé avait l'oreille du Ministre, les administrateurs du Collége avaient de puissans protecteurs dans le Parlement. Prévoyant le coup d'autorité dont le Ministre pourrait user, ils n'avaient pas craint de lui résister, même à l'égard de ce redoutable pouvoir, en priant le Parlement de se mettre en garde contre tout ce que le Ministre pourrait faire à ce sujet; et leur démarche eut un plein succès. Lorsque la Déclaration du 10 août fut présentée au Parlement pour l'enregistrer, il reconnut que son unique objet était d'éloigner du Collége tous ceux qui déplaisaient à l'Evêque, et députa au Roi le premier-Président, M. de Maupeou, pour lui faire des remontrances à ce sujet. Il paraît que les précautions de M. de Cicé n'avaient pas pu aller plus haut que le cabinet du Ministre; car le Roi répondit que les observations du bureau étaient justes, et qu'il voulait que les maîtres ès-arts de l'université de Paris ne fussent nécessaires dans le Collége d'Auxerre, que lorsqu'il s'agirait de nommer aux chaires devenues vacantes. En conséquence, la Déclaration du

10 août ne fut enregistrée qu'avec cette modification ; en exprimant, dans l'arrêt du 4 septembre, qu'elle était conforme à la volonté du Roi.

Ce succès n'empêcha pas l'Abbé Magne de donner sa démission, en la motivant sur les difficultés et les tracasseries qu'il avait éprouvées depuis qu'il était Principal. Elle fut acceptée le 15 septembre, par le bureau, avec mention *des regrets et de la reconaissance de l'administration pour tout le bien qu'il avait fait au Collège par ses soins et son zèle*. Dans la même séance, le bureau le remplaça par l'Abbé Leroi, Chanoine. Il est dit dans ces deux délibérations que le bureau, composé de sept membres, ne les a prises qu'à la majorité des deux tiers des voix. Ainsi, M. de Cicé y avait déjà quelques personnes votant dans son sens. V. 1772, n. VII.

IV. 3 décembre, assemblée publique de la Société des sciences, en présence de M. de Cicé. Après la lecture de divers mémoires, M. de S.-Georges prononça l'éloge de l'Abbé Dulérains, que la mort venait d'enlever à cette Société.

V. La garde des héritages se faisait, depuis quelques années, au moyen d'un impôt spécial, auquel tout propriétaire, quelle que fût sa qualité, était cotisé dans la proportion de ses propriétés. M. Camelin, Procureur du Roi du Bailliage, en ce qui concernait les aydes et les tailles, crut que l'exemption de tailles dont il jouissait, devait s'étendre jusqu'à cet impôt, et comme les Officiers municipaux n'eurent aucun égard à sa singulière prétention, il en écrivit au Contrôleur général ; accusant ces Officiers *de commettre*, à ce sujet, *toutes sortes de vexations, très-préjudiciables au recouvrement des deniers royaux, qui font craindre les suites les plus fâcheuses*. Copie de cette lettre ayant été envoyée par le Ministre au Subdélégué de l'Intendant, pour être communiquée aux Officiers municipaux, ceux ci, le 30 décembre, répondirent par un mémoire dans lequel ils expliquèrent leur conduite, et accusèrent M. Camelin de calomnie, en priant le Ministre de faire déposer la lettre au greffe du Parlement, pour qu'ils pussent se pourvoir en réparation. V. 1765, n. iv.

1765.

I. 29 janvier, arrêt du Parlement qui envoye le Collége en possession définitive de tous les biens et droits détaillés au mémoire et à la délibération du 21 décembre 1761, ainsi que de la bibliothèque et de tous les effets mobiliers trouvés lors de la sortie des Jésuites; à la charge de faire état aux créanciers de leur Société de 6,000 livres: faisant réserve à la Grand'-Chambre de statuer sur les droits de ces créanciers, ainsi que sur l'effet des fondations faites au Collége en 1719 et 1723, pour des missions.

II. 13 février, décès de M. Marie d'Avigneau, Lieutenant général, et Grand-Bailli.

III. 14 mars, les Officiers municipaux furent informés par l'Intendant qu'une seconde lettre de M. Camelin avait été, le 26 décembre, adressée au Ministre, et qu'elle contenait contre eux des imputations tellement graves, que le Ministre en avait référé au

Parlement. L'Intendant ajoutait qu'ils se devaient à eux-mêmes, s'ils n'avaient rien à se reprocher, de le poursuivre personnellement. Ils le traduisirent, en effet, au Bailliage criminel, demandant réparation de ses calomnies. Il fut d'abord frappé d'un décret d'ajournement personnel, par l'effet duquel il se trouva suspendu de ses fonctions. Mais probablement les Officiers municipaux, dans les mémoires par eux fournis au Ministre, avaient exagéré les faits et employé des expressions injurieuses, car le 2 mai, le Bailliage mit les parties hors de cause, compensa les dépens, et renvoya M. Camelin dans ses fonctions. Le lendemain, les deux parties appelèrent de cette sentence. J'ignore le résultat de l'appel ; je présume même que, de part et d'autre, on l'abandonna. V. 1766, n. v.

IV. 24 mai, arrêt du Conseil d'Etat qui, par suite de l'exemption de taille accordée aux Officiers du Bailliage, par la Déclaration du Roi du 13 août 1763, ordonne qu'ils cesseront de coopérer à l'assiette de cet impôt, ainsi qu'ils avaient continué de le faire pour 1764 ; et que cette répartition, à l'avenir, sera faite par un Avocat, un Notaire, un Procureur, un marchand, un artisan et un vigneron.

V. 31, Edit qui établit une nouvelle organisation municipale. Il enlève au peuple l'élection directe de ses Magistrats, et réduit son droit à élire quatorze Notables, à qui est dévolue l'élection de quatre Echevins, et de six Conseillers de ville, lesquels avec un Maire nommé par le Roi, sur trois candidats présentés par les Notables, doivent composer l'administration municipale. Ces Notables sont encore investis, conjointement avec les Echevins et les Conseillers de ville, du droit de représenter les habitans dans tous les cas où leur autorisation était nécessaire, comme pour imposer de nouvelles charges à la Communauté, aliéner, plaider, etc.

Jusqu'alors, le parti *Latin* (1), formé par M. de Caylus, et conservant encore une grande majorité dans le Corps municipal, ainsi que dans le Bailliage, avait été tout-puissant dans la ville, malgré les efforts de M. de Condorcet, de M. de Cicé, et de leurs partisans. Cependant ceux-ci, dont le nombre augmentait chaque jour, crurent entrevoir dans les dispositions de l'Edit la possibilité de débusquer enfin de l'Hôtel de ville ce parti, qui s'y perpétuait, comme dans un poste patrimonial. Il suffisait, pour cela, d'avoir plus de la moitié des quatorze Notables, puisque c'était par eux que tous les autres Officiers étaient nommés. Mais la même réflexion avait frappé les Latins, et cet Edit fut dans les deux partis un coup de tambour qui appelait au combat. On courut aux armes ; c'est-à-dire que la ville fut inondée de chansons et de pamphlets, de médisances et de calomnies, d'où sont

---

(1) Pour exposer avec clarté les graves événemens dont j'ai à parler, je suis obligé de désigner ces partis par les dénominations qu'ils se donnèrent. Tant que les disputes n'avaient agité que le Clergé, il n'y avait eu que des *Jansénistes* et des *Molinistes* ; mais depuis que le Roi avait voulu comprimer ces mouvemens, ils avaient pris une couleur politique, par l'opposition que le Prince avait éprouvée de la part des Parlemens. Alors tous les hommes un peu instruits s'étaient rangés sous une des deux bannières ; et particulièrement à Auxerre, on appelait *Latins* les partisans des Parlemens, et *Grecs* ceux du Roi.

nées dans les familles des haines personnelles, qui, à la révolution de 1789, n'étaient pas encore éteintes.

Le 24 juin, l'assemblée générale des habitans se forma sous la présidence de M. Jean-Baptiste-Thomas Boucher de la Rupelle, Lieutenant général. Toutes les forces étaient réunies ; la lutte fut longue, mais les espérances des Grecs s'évanouirent, les Latins l'emportèrent. Auxerre eut pour Notables MM. Etienne Housset, Chanoine ; Claude Lallement, Curé ; Leblanc, Procureur du Roi des eaux et forêts ; Ducrot, Avocat ; Millot, Médecin ; Faultrier, Bourgeois ; Dufaur, Noble ; Garnier, Notaire ; Sautereau, Marchand ; Chardon-Evrat, Marchand ; Robinet de Pontagny, Conseiller ; Lesseré, Chirurgien ; Sanglé, pâtissier ; Robeau, menuisier.

Ces Notables se réunirent le 1er juillet, et nommèrent les quatre Echevins, qui furent MM. Etienne Despâtys de Chazeuil, Conseiller ; Etienne-Edme Bussière, Avocat ; Claude Leclerc, Procureur ; et Etienne Moreau, commissionnaire de vins. On s'empressa de les installer le même jour. Le lendemain, ils commencèrent l'élection des 6 Conseillers de ville ; elle ne fut achevée que le 7, et sur-le-champ furent installés en cette qualité, MM. Seurat, Conseiller ; Coullard, Avocat ; Chardon, Notaire ; Nizon, Bourgeois ; Louis Desœuvres, Procureur ; et Mérat, Apothicaire. Ils nommèrent encore M. Deschamps, Receveur, et M. Faultrier-Brinville, Secrétaire-Greffier.

Probablement, dans ce coup d'essai, il s'était glissé de graves irrégularités ; car les Grecs désappointés, mais non découragés, se pourvurent au Parlement, qui, malgré la faveur avec laquelle il accueillait habituellement les prétentions des Latins, annula toutes les élections, et ordonna, par deux arrêts des 21 août et 27 septembre, qu'elles seraient recommencées. Il fallut donc qu'après trois mois d'administration, tous ces Elus quittassent l'Hôtel de ville, où revinrent les anciens Magistrats.

Le 16 octobre, l'assemblée des habitans se reforma ; il y eut les mêmes efforts et le même résultat ; la victoire se rangea encore du côté des Latins : le succès fut même plus complet, car quelques noms de la première élection, qui disparurent dans la seconde, se retrouveront dans celle que, plus tard, le parti Grec fournira à son tour. Dans cette seconde élection, il n'y eut de conservé de la première que MM. Housset, Chanoine; Robinet de Pontagny, Conseiller; Leblanc, Procureur du Roi des eaux et forêts ; Millot, Médecin; Chardon-Evrat, Marchand ; et Lesseré l'aîné, Chirurgien. Les huit autres furent remplacés par MM. Chauchet, Prieur de S.-Amatre ; Rondé, Chevalier d'honneur au Bailliage; Pasqueau, Avocat ; Daubenton, Officier commensal ; Mérat, Procureur ; Martin, tailleur, et Demeaux, cordonnier. Le lendemain ces Notables se réunirent, et donnèrent à la ville absolument les mêmes Echevins et les mêmes Conseillers que les premiers. La nouvelle administration reprit donc le pouvoir municipal, non sans crainte de le perdre encore une fois ; car il y eut sur-le-champ pourvoi en nullité par des Chanoines, des Bourgeois et des Marchands, au nombre de neuf. Les Elus, cette fois, dans la crainte d'une seconde chute, députèrent, aux frais de la ville, l'Avocat Guenot à Paris, pour veiller à leurs intérêts. V. 1766, n. ii et v.

VI. Au mois de novembre, les habitans partagèrent avec la France entière la désolation qu'y répandit la nouvelle du danger imminent dans lequel était la vie de M. le Dauphin. Ce prince, âgé seulement de 36 ans, était généralement chéri. Les historiens s'accordent à rapporter qu'à tous les genres de savoir, il joignait toutes les vertus, et qu'on ne lui connaissait aucun défaut. On peut juger des sentimens des Auxerrois à son égard, par l'abondance des prières qui furent faites spontanément. Le 29, on les commença à la Cathédrale pendant une neuvaine. Elles furent ensuite continuées dans la même Eglise, pendant le même temps, sur la demande des Officiers du Bailliage. Le 11 décembre, le Corps municipal fit commencer une troisième neuvaine dans l'Eglise des Cordeliers; enfin, le Corps des marchands en obtint, le 14, une quatrième dans l'Eglise des Petits-Pères. Ces prières ne furent pas exaucées; le Dauphin expira le 20 du même mois.

1766.

I. 15 janvier, service funèbre pour M. le Dauphin dans la Cathédrale. M. de Cicé y avait invité tous les Corps. Le 21, semblable service à S.-Germain sur l'invitation du Corps municipal.

II. Les démarches et les sollicitations de M. Guenot pour les Magistrats élus le 16 octobre, furent vaines; il eut la douleur d'entendre prononcer l'arrêt du 29 janvier, qui annula toutes les nominations, et condamna ceux qui en avaient soutenu la validité *personnellement aux dépens, sans répétition*. Il fallut encore rendre la place aux anciens Officiers. Le 27 février, nouvelle assemblée générale; mais, cette fois, les Latins furent défaits et les Grecs vainqueurs. De ces quatorze Notables éphémères élus le 16 octobre, il n'en resta pas un. Tous furent pris dans le parti Grec; savoir: MM. Daymard, Grand-Vicaire de l'Evêque; Colombet, Chanoine; Dufaur, Noble; Godot, Conseiller; Raffin, Assesseur; Ducrot, Avocat; Housset, Médecin; Faultrier, Bourgeois; Garnier, Notaire; Sautereau, Marchand; Viot, Commissionnaire de vins; Lesseré, Chirurgien; Nombret, pâtissier, et Robeau, menuisier.

Ces nouveaux Notables se réunirent le lendemain, et fidèles à leur origine, ils ne rappelèrent pas un seul des Echevins ni des Conseillers qui venaient de se retirer. Les quatre Echevins furent MM. Raffin, Conseiller; Marie de S. Georges, Avocat; Paradis, Marchand, et Gaboré, Procureur. Pour Conseillers de ville, ils nommèrent MM. Ducrot, Procureur; Potherat de Pressurot, Conseiller; Leclerc de Champmartin, Officier commensal; Duplessis, Notaire; Billetou de Guilbaudon, Lieutenant des eaux et forêts; Henri, Chirurgien. Pour Syndic-Receveur, ils firent choix de M. Bézanger. Le Secrétaire-Greffier, M. Faultrier-Brinville, fut le seul qu'ils conservèrent. On mit tant de soins, dans ces élections, à éviter les vices qui avaient fait annuler les premières, que celles-ci ne furent pas même attaquées; et de ce moment,

M. de Cicé, fort d'un nombreux Corps municipal composé dans son sens, commença à avoir dans la ville toute l'influence à laquelle il aspirait.

Le 24 juin, les Notables s'assemblèrent à l'effet de nommer deux députés aux Etats de la province, convoqués à Dijon pour le 14 juillet. M. Baudesson, qui appartenait au parti Latin, et s'abstenait de ses fonctions depuis la conquête de l'Hôtel de ville par le parti contraire, réclama le droit consacré en sa faveur par une longue possession, d'être un de ces députés. On n'osa pas encore lui contester son titre de Maire, et il fut député avec M. Raffin, premier Echevin. V. n. IV.

III. 14 juillet, assemblée générale des Officiers de ville. Un mémoire fort étendu leur fut présenté sur un projet alors annoncé, de faire passer par Cravan une route devant servir de communication entre l'Orléanais et la Bourgogne. Suivant ce mémoire, en la faisant passer par Auxerre, il y aurait eu une économie de 436,000 livres ; il fut accueilli par les Notables, qui l'adressèrent aux Elus généraux ; mais ces Magistrats en jugèrent autrement, et la route s'ouvrit par Cravan.

IV. Le 30 juillet, de nouvelles réflexions portèrent le Corps municipal à penser que l'Edit de 1765, qui attribuait aux Notables l'élection de trois candidats, pour l'un d'eux être investi par le Roi du titre et des fonctions de Maire, faisait cesser le titre que M. Baudesson ne tenait que des Elus généraux de la province ; et qu'il fallait profiter de son absence, et le remplacer. En conséquence, les Notables, sans avoir égard aux représentations de M. Grasset, Procureur du Roi, nommèrent MM. Raffin, Marie de S. Georges et Billetou. M. Baudesson, instruit de cette élection, y forma opposition. M. de Laverdy, Contrôleur général, consulté par les Echevins sur cette opposition, leur répondit, le 3 septembre, que M. Baudesson n'y était pas fondé ; et que, s'il ne s'en désistait pas, ils devaient le traduire en justice. Deux députés lui furent envoyés pour lui communiquer cette lettre, et l'inviter à ne pas insister ; mais il se refusa à donner le désistement qu'on lui demandait, et le 9 les Notables réunis de nouveau autorisèrent les Echevins à introduire l'instance. Cependant on n'en fit rien. Le Ministre lui-même hésita à nommer un Maire dans une province où les Elus généraux étaient en possession de le faire. De son côté, M. Baudesson, informé qu'un mémoire avait été adressé contre lui à ce Ministre, après lui avoir fait parvenir sa justification, garda le silence, et pendant plusieurs années, le Corps municipal ne fut présidé que par le premier Echevin. V. 1772, n. IV.

V. Le 11 du même mois et le 1er octobre, les Notables, réunis au Corps municipal, portèrent des coups plus violens au parti vaincu. Ayant à régler les comptes de 1764 et 1765, ils rejetèrent de la dépense, 1° 1164 livres montant des frais faits dans une instance suivie par les anciens Officiers municipaux, sans autorisation, contre les Officiers des Eaux et forêts ; 2° 1186 livres 10 sols pour les frais de celle contre M. Camelin, également suivie sans autorisation ; 3° enfin 1,500 livres reçues par M. Guenot, pour ses dépenses dans le procès au Parlement, au sujet des élections. Leur délibération autorisa le Receveur à exercer son recours contre ceux qui, sans droit, avaient reçu ces sommes ; en sorte que ces derniers payèrent un peu cher les courts instans pendant lesquels ils avaient eu les honneurs municipaux.

1767.

I. La ville éprouva cette année des maux que, depuis long-temps, elle avait cessé de ressentir, même dans les hivers où la cherté du pain augmentait la misère du peuple. A peine la rigueur de la saison avait-elle interdit les travaux de la campagne, que des vols furent audacieusement commis dans les maisons, et que des Bourgeois y furent assassinés. L'éffroi fut si général, qu'un cri unanime fit reprendre à la milice bourgeoise la garde de nuit, dont elle avait perdu l'habitude. Informé de cette prise d'armes, le Commandant de la province, M. de la Tour-du-Pin, l'approuva et l'encouragea par ses lettres des 27 et 30 janvier. On continua donc ce service. Aux premières ombres de la nuit, et jusqu'au point du jour, toutes les rues, qu'éclairaient des lumières sur les fenêtres des maisons, étaient parcourues en silence par de fortes et nombreuses patrouilles. A cette attitude de la force publique, les crimes cessèrent ; mais le zèle le plus ardent, quand c'est la peur qui le donne, est bientôt éteint. Après quelques nuits ainsi passées à comprimer la malveillance, le calme revint, et avec lui le relâchement. Les prétentions à l'exemption se multiplièrent. D'abord les Médecins firent valoir l'intérêt de leurs malades ; les Avocats se prévalurent de la libéralité de leurs professions ; puis les Notaires de l'importance des leurs ; enfin, les Procureurs, de la nécessité de leur ministère pour que le cours de la justice ne fût pas suspendu. Ce fut à M. de la Tour-du-Pin qu'ils adressèrent toutes leurs réclamations. En les contraignant provisoirement au service, il en référa au Vice-Chancelier M. de Maupeou. On ne reçut la décision de ce Magistrat que le 3 mars, et dès le premier, la milice avait été licenciée. Le Vice-Chancelier rejeta toutes les exemptions réclamées, ajoutant seulement, à l'égard des Médecins et Avocats, qu'ils pourraient se faire remplacer par des Bourgeois, à l'exception des cas où la milice en masse serait appelée au service.

II. 5 mars, séance ordinaire de la Société des sciences. M. Mignot y proposa l'admission, comme associés correspondans, de MM. Hérissant frères, jeunes ; mais ayant déjà un rang honorable parmi les hommes de lettres, M. de S. Georges fit observer que M. l'Evêque désirait que la Société ne décidât rien d'important, et surtout une admission de nouveaux membres, sans s'être concertée avec lui. La notice retenue par le Secrétaire, à ce sujet, fait connaître que le désir de M. de Cicé ne fut pas favorablement accueilli : elle porte que, *sur la proposition de MM. Hérissant, on remet purement et simplement à quinzaine, sans rien faire de plus que ce qui a été pratiqué jusqu'à présent.* Le 9 avril, en effet, MM. Hérissant furent admis, sans que M. de Cicé eût été consulté.

Il était difficile qu'il y eût harmonie entre lui et une Société dans laquelle étaient encore des Chanoines de M. de Caylus, qui, avec des Laïcs du parti Latin, y étaient en large majorité. Aussi, malgré ses brillantes promesses de 1761, six années s'étaient-elles écoulées sans que M. de Cicé eût rien fait pour lui procurer les lettres patentes qu'elle désirait. De son côté, la Société déjà fatiguée du poids de ce protectorat, et même inquiète sur son avenir, crut devoir chercher un autre appui. Quelques membres qui avaient des relations avec M. de Livry, premier Commis du Ministère de la maison du Roi, lui firent pressentir que, s'il voulait faire la moindre démarche pour être associé correspondant, la Société serait très-flattée de l'admettre. V. n. v.

III. Jusqu'alors les voitures arrivant par la porte du pont, et conduisant des marchandises au port, n'y parvenaient qu'en entrant dans la ville, et parcourant les rues de la Chévrerie, des Tanneurs et de Sous-Mur, ce qui rendait fort dispendieux l'entretien du pavé. On conçut l'idée d'ouvrir, vers la fontaine des teinturiers, une porte par laquelle ces voitures, après un trajet de quelques toises seulement dans la ville, en sortiraient, et se rendraient au port en suivant le bord de la rivière ; mais ce bord n'ayant pas la largeur suffisante, il fallait, pour la lui donner, détruire la plus grande partie des murs et des tours qui le longeaient en cette partie, comme la ville y était autorisée par le brevet du Roi, du 12 septembre 1758. Il fallait aussi demolir plusieurs tanneries et amidonneries qu'en 1720 et 1731, le Corps municipal avait permis d'y établir, moyennant des rentes modiques, et avec la réserve du droit de révoquer ces concessions si l'intérêt de la ville l'exigeait. Il fallait encore construire une arcade sur le ruisseau de la fontaine. Toutes ces propositions furent accueillies par les habitans dans une assemblée qui eut lieu le 14 mai ; mais les démarches du Corps municipal, pour obtenir l'autorisation du Ministère, furent entravées par les possesseurs des tanneries. L'instance administrative subsistait encore en 1771, quand les Ingénieurs de la province s'emparèrent de ce projet, pour faire passer la grande route dans le même endroit. V. 1771, n. VI.

IV. 23 juin, assemblée des Notables. Il s'agissait de renouveler par moitié les quatre Echevins et les six Conseillers de ville. L'Edit défendait de réélire les mêmes sujets, sans un intervalle de deux années, mais son texte ne s'opposait pas à ce que d'un des deux postes on passât à l'autre ; en conséquence, et pour conserver le pouvoir municipal dans les mêmes mains, sans qu'un seul Latin pût se glisser dans les rangs, on prit les deux nouveaux Echevins, MM. Billetou de Guilbaudon et Duplessis, dans les Conseillers de ville ; et MM. Dufaur, Ducrot et Garnier, de Notables qu'ils étaient, furent faits Conseillers de ville.

V. 13 août, M. de Livry, sur sa demande, est admis par la Société des sciences au nombre de ses associés correspondans. V. 1769, n. II.

VI. Le 16 du même mois, la ville acheva de payer son contingent dans le prix des immenses travaux que, depuis 1764, les Ingénieurs de la province faisaient exécuter sur la route de Paris, entre la ville et le pont de pierre. Jusqu'alors, l'accès de la ville de ce côté, avait été très-difficile et redouté des voyageurs ; surtout dans le vallon de Ste-Marguerite, où le pont actuel fut construit.

1768.

I. Au mois de mars, les marchands de bois, pour l'approvisionnement de Paris, renouvelèrent sur les sinuosités de l'Yonne devant Régennes, les entreprises commencées en 1731, et réprimées par l'arrêt du Conseil de 1738. Le 28 mars, le Corps municipal, convaincu, comme on l'avait été à cette époque, que la rupture de ces sinuosités serait très-préjudiciable à la navigation de l'Yonne, les traduisit également devant le Conseil. Le 4 avril, informés qu'un Commissaire du bureau de la ville était sur les lieux pour donner son avis, MM. Raffin, Echevin, Leclerc de Champmartin, Conseiller de ville, et Pasqueau, Procureur, y furent envoyés. Ils y donnèrent les motifs de l'opposition de la ville, et obtinrent la suspension des travaux. Cette tentative des marchands ne réussit pas plus que la première.

II. 10 avril, dimanche de Quasimodo, ce jour correspondant à celui de la délivrance de la ville, après la tyrannie que les Calvinistes y avaient exercée deux siècles auparavant, la procession générale, qui se faisait tous les ans à pareil jour, en mémoire de cet heureux événement, fut faite, comme en 1668, avec une plus grande solennité. Le même cérémonial, dont j'ai donné les détails, y fut ponctuellement observé. On y ajouta, après le feu d'artifice, un souper de 40 personnes à l'Hôtel de ville, parmi lesquelles le public remarqua un grand Seigneur Suédois, le Comte de Spare, Maréchal-de-camp et Grand-Croix, qui fixait sa demeure à Auxerre (1). Pendant ce repas, le Chapitre faisait distribuer 800 livres de pain aux pauvres. Cette procession ayant été annoncée long-temps à l'avance, il y eut un concours immense des pays environnans. Une note consignée dans les registres du Corps municipal porte qu'il y était arrivé, au moins, vingt mille personnes, et qu'on n'eut pas à déplorer le moindre désordre. Combien 65 années peuvent apporter de changement dans les mœurs d'un pays; cette année (1833) la procession de la Fête-Dieu n'a pas osé franchir la porte des Eglises !

III. Peu de jours après, le Chapitre fit démolir la prodigieuse statue de S. Christophe, qu'un Chanoine, Jean Olivier, avait fait construire vers 1540, le long du premier pilier à droite, en entrant dans la Cathédrale. Elle s'élevait depuis le pavé jusqu'au chapiteau du pilier, et n'avait pas d'autre mérite que d'être de toutes les statues du même genre, la plus colossale. Sous ce rapport, elle était un objet de curiosité pour les étrangers, et si généralement connue, que sa destruction fut le sujet d'un article dans le Journal de Verdun, août 1768, p. 119.

IV. Dans le même temps, on supprima les piliers de bois de la place de la Fanerie, et les pierres de S. Christophe suffirent pour construire, en grande partie, la façade des deux premières maisons qui sont à gauche en sortant de la rue S.-Eusèbe.

---

(1) C'est dans la même année, qu'ayant acheté plusieurs jardins contigus dans le faubourg S.-Gervais, il y fit bâtir la jolie maison qui embellit ce faubourg.

V. 27 juin, assemblée générale des Officiers de ville. MM. Ducrot, Avocat, et Henri, Chirurgien, cessent d'être Conseillers de ville pour être Echevins ; leurs places de Conseillers de ville sont données à deux Notables, MM. Colombet et Raffin. M. Duché est élu aussi Conseiller de ville.

VI. 25 juillet, séance publique de la Société des sciences. M. Mérat y fit lecture d'un mémoire historique sur les eaux de la ville.

VII. 11 août, service funèbre à la Cathédrale pour la Reine, Marie Leczinka, née Princesse de Pologne, morte le 24 juin. Tous les Corps et la milice bourgeoise en armes y assistèrent.

1769.

I. 10 janvier, séance publique de la Société des sciences. M. Pasumot, professeur de physique au Collége, y fait lecture d'un mémoire dans lequel, par suite de nombreuses observations, il croit pouvoir fixer la hauteur du mercure dans le baromètre, à 27 pouces et demi pour les quartiers élevés de la ville, ce qui indique 63 toises au-dessus du niveau de la mer ; et à 29 pouces pour les quartiers bas.

II. Le 4 avril, M. de Livry, qui, depuis son affiliation à cette Société, s'occupait à lui procurer le seul titre qui pût en régulariser et consolider l'existence ; lui écrit qu'enfin il est parvenu à obtenir pour elle des lettres patentes du Roi qui lui donnent le titre d'*Académie royale des sciences et belles lettres*, et dont il envoye une copie. Il annonce qu'elles ne seront scellées que sur le vu des statuts et de la liste des membres qui composeront cette Académie, le tout devant être mis sous le contre-scel des lettres. Dès le surlendemain, les statuts et la liste furent rédigés et portés par le Directeur et le Secrétaire à M. l'Evêque, qui était à Régennes. Il demanda quelques changemens, et pour les arrêter, désira que des commissaires fussent nommés à l'effet d'en conférer avec lui, à Auxerre. Le 8, la Société nomma pour ses commissaires, le Directeur et le Secrétaire, avec MM. Mignot, Potel, de Pontagny, de Monbaron et Pasumot. La conférence eut lieu le 9 ; et le 10, les commissaires annoncèrent à la Société « qu'on s'était parfaitement entendu sur » tous les articles, excepté sur un seul d'un intérêt » très-grand, dont ils croyaient ne pas devoir rendre » compte à l'assemblée, dans l'espoir que M. l'Evê- » que se rendrait à de nouvelles observations. » Le 18, toutes les pièces furent adressées à M. de Livry, en le priant « de concilier par sa recommandation, et » ses bons offices auprès de M. de Cicé, tout ce qu'il » pouvait y avoir encore de difficultés à applanir. » V. n. v.

III. 27 juin, assemblée générale des Officiers de ville. MM. Raffin et Garnier passent du rang des Conseillers de ville, dans celui des Echevins ; et MM. Briand de Fortbois, Thomas et Badin, Notables, sont nommés Conseillers de ville.

IV. 30 septembre, MM. Ducrot et Raffin, Echevins, sont députés aux Etats convoqués à Dijon pour le 20 novembre. Le Corps municipal, par une délibération du 12 novembre, chargea ces députés de demander aux Etats la prolongation de plusieurs routes de second ordre, telles que celle de Coulange-sur-Yonne jusqu'à Clamecy, et celle de Villefargeau jusqu'à Toucy. Mais il leur était particulièrement recommandé de solliciter des Etats que la province fût chargée de la dépense du pavé de la ville, depuis la porte de Paris jusqu'à celle du pont, attendu que, toutes les rues sur cette ligne formant la grande route, l'entretien en était infiniment dispendieux. Depuis on regretta vivement à Auxerre que cette dernière demande eût été hasardée sans en avoir prévu les conséquences. V. 1771, n. VII.

V. 18 novembre, passage de M. le Prince de Condé, se rendant aux Etats. La Société des sciences, alla, ainsi que tous les autres Corps, lui présenter ses hommages. Le Directeur, M. de la Coudre, dans son compliment, lui demanda ses bons offices auprès du Roi, *qui suspend*, lui dit-il, *un bienfait qu'il était disposé à accorder à la Société.* Huit mois s'étaient écoulés depuis que M. de Livry avait toutes les pièces nécessaires pour faire sceller les lettres patentes ; mais le crédit de M. de Cicé l'emportait sur le sien. V. 1772, n. I.

VI. 25 novembre, ouverture, par le sieur Milon, du premier café-billard, à l'imitation de ceux de Paris, dans la rue du Temple.

VII. Cette année vit achever la conversion du vieux château-fort des Evêques d'Auxerre à Régennes, en une superbe maison de plaisance.

1770.

I. 14 mai, décès de l'Abbé Mignot, Grand-Chantre de S.-Etienne. Il était né à Auxerre, en 1688, d'une honorable famille. Les vertus et le savoir que M. de Caylus, fort habile à apprécier les hommes, avait reconnus en lui, le déterminèrent à lui donner, très-jeune encore, un canonicat; et depuis, ses confrères l'avaient élu Grand-Chantre. Jusqu'à sa mort, il jouit d'une grande réputation comme prédicateur; il fut aussi un des collaborateurs de M. de Caylus pour doter le Diocèse des livres d'église encore en usage aujourd'hui. Sa science ne se bornait pas aux matières liturgiques; ami de la saine littérature, il avait été, comme on l'a vu, un des fondateurs de la Société des sciences de la ville. Par son testament il légua au Chapitre sa bibliothèque composée de 3,000 volumes.

Dans le même temps, la Société des sciences perdit encore l'Abbé Précy, qui ne s'était fait remarquer que par une longue et pesante satyre en vers, dont il avait courageusement écrasé les Jésuites, après leur chute.

II. Aussitôt après le décès de l'Abbé Mignot, le Chapitre s'assembla pour élire son successeur. Sur 37 suffrages, 25 furent pour l'Abbé Letellier, l'un des Chanoines; les douze autres se partagèrent entre plusieurs sujets; mais il fallait l'approbation de M. l'Evêque, qui exigea la signature du formulaire, et l'Abbé Letellier s'y refusa. M. de Cicé crut pouvoir nommer seul, et choisit l'Abbé Gaudet, ce qui fut suivi d'un procès au Parlement. Il n'y fut jugé qu'en 1772, par la nouvelle Cour instituée par M. de Maupeou. La nomination de l'Abbé Gaudet fut confirmée.

III. 13 juin, assemblée générale des Officiers de ville. MM. Briand de Forthois et Colombet, Conseillers de ville, passent à l'Echevinage, et sont remplacés, comme Conseillers de ville, par MM. Viot, Notable, et Marie de S.-Georges.

Le même jour, les habitans réunis pour élire sept Notables, nommèrent MM. l'Abbé Gaudet, l'Abbé Lorieux, Liger-Tremilly, Duplessis, Boyard-Forterre, Monnot et Graindorge, tous du parti dominant.

IV. Sur la fin de ce mois, l'Abbé des Maronites du Mont-Liban passa quelques jours à Auxerre, et dit la messe au grand autel de la Cathédrale. Il y eut foule pour entendre une messe célébrée en Syriaque, et avec les cérémonies de l'Eglise d'Orient.

V. 24 novembre, l'Hôtel-Dieu recouvre 650 livr. de revenu. Au mois de décembre précédent, les administrateurs, informés par la tradition que, jadis, il dépendait de cet hospice deux domaines dans la Puisaye, cherchèrent dans leurs archives des traces de cette propriété, et trouvèrent l'acte du 27 mai 1721, par lequel ces deux domaines avaient été vendus par leurs prédécesseurs, aux sieurs Moyeux et Pautre, pour 8,000 livres seulement, sans autres formalités qu'une autorisation du Corps municipal. Après s'être assurés qu'indépendamment des vices de forme, cette aliénation faisait éprouver une lésion énorme à l'hospice, ils traduisirent devant le Bailliage les héritiers des acquéreurs. Ceux-ci s'empressèrent d'arrêter l'action, et constituèrent au profit de l'Hôtel-Dieu une rente de 650 livr., au capital de 13,000 livr. Depuis, MM. Pautre ont obtenu des lettres patentes confirmatives de cette transaction.

1771.

I. 13 janvier, reprise du service de la milice bourgeoise pendant la nuit. Depuis trois années, les récoltes de grains ayant été très-faibles, le prix du pain s'élevait au triple du cours ordinaire, et la misère du peuple était extrême. Malgré les secours abondans qui étaient distribués chaque jour, plusieurs maisons avaient été forcées et pillées par des voleurs. La sécurité ne fut rendue à la ville que par une garde aussi nombreuse et aussi régulière qu'en 1767.

II. Dans le même mois, d'autres tribulations, plus difficiles à prévenir, consternèrent le parti Latin. Exclu de l'administration municipale, il n'y avait pour lui que prévention et défaveur, quand il y était question de ses intérêts. Mais il avait un précieux contre-poids dans la Magistrature du Bailliage et du Parlement, où il était en majorité, et cette ressource allait lui être enlevée! On apprit que l'état d'hostilité dans lequel la Cour et les Parlemens étaient depuis plusieurs années, avait cessé par la destruction du Parlement de Paris; qui serait infailliblement suivie de celle des autres, ainsi que des Bailliages qui, comme celui d'Auxerre, avaient fait cause commune avec eux. En effet, le Parlement de Paris ayant, depuis quinze jours, suspendu le cours de la justice, pour ne s'occuper que des troubles politiques, le Roi, par un arrêt du Conseil du 21 janvier, avait déclaré confisquées toutes les charges des Conseillers, leur défendait de faire les fonctions et de prendre la qualité de membres du Parlement, les exilant tous dans des lieux différens; et depuis le 24 janvier, un nouveau Parlement, composé des membres du Conseil, rendait à la justice son cours ordinaire. V. n. IV.

III. Le 8 mars, M. de Livry, Evêque de Callinique, Abbé de Ste-Colombe de Sens, offrit au Corps municipal de faire don au Collége de sa bibliothèque, en mettant pour condition que les livres ne seraient pas à la discrétion du public, n'étant destinés par lui qu'à l'instruction des professeurs et des écoliers, et que même les professeurs ne pourraient en emporter aucun hors du local où ils seraient placés. Le Procureur du Roi et le Principal du Collége furent députés à Sens, pour remercier le Prélat, et accepter sa libéralité. Déjà le Collége possédait une fort belle bibliothèque, établie dans les combles du principal bâtiment. Il en était redevable aux Jésuites; qui, pendant les 140 années qu'ils l'avaient tenu, y avaient réuni tous les livres essentiels à l'instruction en matière de religion, d'histoire, de physique, et de saine littérature. Ces livres étaient renfermés dans de superbes armoires dont le P. Daubenton, leur élève et leur confrère, avait fait les frais (1). C'est à cette première collection que vint se joindre celle de M. de Livry, d'autant plus précieuse qu'elle rajeunissait en quelque sorte la

---

(1) Ce Religieux, né à Auxerre en 1643, était confesseur de Philippe, Duc d'Anjou, lors de l'avénement de ce Prince au trône d'Espagne; il l'y suivit; et c'est de là que, n'oubliant pas sa ville natale, il contribua à l'établissement de la bibliothèque du Collége. Pour plus de détail sur sa vie, v Lebeuf, t. 2, p. 523.

première, en y ajoutant tout ce dont, depuis un demi-siècle, le domaine de la science s'était enrichi. M. de Livry vint lui-même présider au rangement de ses livres, après les avoir fait marquer du cartouche de ses armes, et de l'inscription *Collége d'Auxerre.* Leur nombre s'éleva à 609 volumes, dont 38 *in*-f°. Les mains impures auxquelles le Collége fut livré pendant la révolution, ont pillé cette riche bibliothèque, dont il ne reste plus que des débris.

IV. Les craintes que le sort du Parlement avait fait concevoir sur le Bailliage, se réalisèrent. Un premier Edit du mois de mai supprima les quatre offices de Conseillers sur le fait des Aydes et tailles, et les incorporant aux autres offices, chargea les Conseillers restans d'en remplir les fonctions. Par là furent éliminés les quatre Conseillers connus pour être les plus attachés à la cause des Parlemens : MM. Robinet de la Coudre, Villetard de Prunières, Martineau de la Villotte, et Hay. Ce premier coup d'autorité ne suffisant pas pour ôter au parti Latin la majorité, un second Edit supprima les offices des dix autres Conseillers : MM. de Champton, de Berry, Baudesson de Poinchy, Housset, Disson, de Chazeuil, de Soleine, Didelet, Housset fils, et Robinet de Pontagny fils. Le même Edit supprima l'office de M. Grasset, Procureur du Roi, et celui de M. Martineau des Chesnés, second Avocat du Roi. Le Bailliage se trouva réduit de 29 Officiers à 13, et composé de MM. de Bellombre, de la Rupelle, Briand de Fortbois, Thierriat de la Maison-Blanche, Rondé, de Billy, Seurat, Billetou, Raffin, Baudesson, Marie, Raffin de Charmoy, Conseillers, et Marie, premier Avocat du Roi. On voit qu'une main exercée dans le choix des hommes avait su faire ce triage que, dans les oscillations politiques postérieures, on a appelé *épuration*; et ce qui précède, fait suffisamment deviner la source des inspirations du Chancelier, qui, très-probablement, ne connaissait personne à Auxerre.

Quelques mois après, les 13 Officiers restans ne pouvant pas suffire à tous les services, quatre nouveaux offices de Conseiller furent créés et achetés, de l'avis des titulaires conservés, par MM. Choppin, Billetou de Guilbaudon, l'abbé Briand de Fort-Bois et Camelin; celui de Procureur du Roi fut aussi rétabli, et acheté par M. Marie de Saint-Georges.

V. 27 juin, assemblée des Officiers de Ville. Messieurs Marie de Saint-Georges et Duché, Conseillers de ville, sont nommés Echevins; et MM. Doutreleau et Liger-Tremilly, notables, sont élus Conseillers de ville.

VI. Par suite de la demande du Corps Municipal aux Etats de 1769, les élus envoyèrent à Auxerre, en 1770 et 1771, les Ingénieurs de la Province visiter la partie de la ville, sur laquelle, comme grande route, passaient toutes les voitures publiques, et dont il s'agissait de mettre le pavé aux frais de la Province. Ils remarquèrent combien cette route était fatigante et même dangereuse, d'abord en montant de la croix de pierre à la place des Fontaines; puis en descendant, soit par la rue des Belles-Filles et de la Monnaye, soit par celle de la Tonnellerie, où était la poste aux chevaux. Ils apprirent que de fâcheux accidens y étaient très-fréquens. Convaincus que, quelque dépense qu'on voulût faire, on ne pourrait que diminuer et non détruire les défectuosités insurmontables de cette position, ils cherchèrent une autre direction pour la route, et la trouvèrent naturellement dans le chemin que, depuis 1767, les habitans demandaient à construire hors de la ville et sur le bord de la rivière, pour l'arrivage des voitures au port. V. 1667, n. III. Sur leur rapport, leurs plans et leur devis, les Elus généraux virent une dépense considérable à faire; mais l'intérêt général la réclamait, et il l'emporta.

Cependant les Ingénieurs, témoins du désir qu'avaient les habitans de conserver la route dans l'intérieur de la ville, avaient mis tant de mystère dans leurs opérations, que la nouvelle du changement projeté ne se répandit à Auxerre qu'au moment où les Elus allaient prononcer. Ce fut une désolation générale, surtout parmi les marchands, les artisans et les aubergistes. En effet, jusque là, la route, traversant le centre de la ville, y entretenait une grande activité, et procurait au commerce des occasions fréquentes de bénéfices et d'utiles correspondances. On crut que le changement de route, reportant au-dehors ces causes d'activité, la ville allait devenir une triste solitude. Le 19 novembre, tous les Officiers de ville réunis arrêtèrent qu'il serait adressé aux Elus une requête dans laquelle seraient développées les funestes conséquences que l'exécution du projet aurait pour la ville; en déclarant que les habitans aimant mieux supporter la dépense du pavé de la route, que de lui voir donner une autre direction, on allait sans retard la mettre dans le plus parfait état. Avant que cette requête fût parvenue aux Élus, le 21 du même mois, ils avaient ordonné la confection des travaux tracés par les Ingénieurs ; et le 10 décembre, ces travaux furent adjugés à un entrepreneur. Toutefois cette requête leur étant présentée, les nombreux motifs opposés au projet ébranlèrent leur conviction. Ils ordonnèrent la suspension des travaux, et arrêtèrent d'examiner eux-mêmes et sur les lieux, tous les points de cette grave difficulté. V. 1773, n. VII.

1772.

I. La foudre qui venait de briser le Bailliage, grondait aussi depuis long-temps sur la Société des Sciences. Cependant son influence dans la ville ne s'exerçait guère que sur l'almanach, où chaque année on lisait des observations astronomiques de M. Trébuchet et des notices historiques de l'abbé Potel ; mais on soupçonnait quelques-uns de ses membres de fournir des articles à la fameuse *Gazette Ecclésiastique*, dans laquelle le Jansénisme exprimait, avec une amère énergie, ses malignes lamentations ; c'en fut assez. Elle espérait encore que les lettres patentes promises par M. de Livry viendraient la consolider, lorsqu'au milieu d'une séance ordinaire, le 7 janvier, M. de Pontagny, Subdélégué de l'Intendant, se fit introduire, et remit au Président une lettre de M. de la Vrillière, Ministre de la Maison du Roi, adressée à l'Intendant. Elle portait que le Roi voulait que les séances de la Société fussent suspendues ; que ses Membres fussent invités à attendre l'autorisation de S. M. avant de les reprendre ;

ajoutant qu'elles n'avaient été autorisées que par une lettre de lui, écrite de Compiègne, le 11 juillet 1749. Après cette lecture, on se sépara. Cette dernière séance est signée de onze Membres : MM. de la Coudre, directeur; Marie, Avocat du Roi; Bussière, Avocat; Moreau, Chanoine; Lesserré, chirurgien; Housset, médecin; Liger, aussi médecin; Mérat, pharmacien; Pasumot, professeur de physique; Potel, chanoine, et Marie de Saint-Georges, Procureur du Roi.

II. Le 5 avril, le moment de procéder à l'assiette de la taille pour l'année, approchant, les Echevins, par une sollicitude remarquable, prirent une délibération par laquelle il fut enjoint aux Asséeurs d'y comprendre tous ceux qui, exclus du Bailliage par les Edits, avaient perdu l'exemption.

III. 21 avril. Depuis un an, le sanctuaire de la cathédrale était interdit. Le maître-autel, ainsi que celui qui est derrière, avaient été refaits à neuf, et mis dans l'état où nous les voyons. On avait posé au-dessus la statue de S.-Etienne nouvellement érigée, les décorations qui l'entourent, et les grilles qui ferment le sanctuaire. Ce jour, M. l'Evêque, en présence des Curés, des Corps Religieux de la ville et de toutes les autorités, fit solennellement la consécration de ces deux autels.

IV. Tandis qu'il n'y avait plus que des perplexités pour les Latins, un des personnages les plus marquans de ce parti, M. Baudesson, ancien Maire, parvint cependant à obtenir, non à Auxerre, mais à Paris et à Dijon, justice et même faveur. Depuis six années, la place de Maire n'était ni remplie, ni vacante. Le Ministre, M. le duc de la Vrillière, sentit qu'il fallait enfin sortir de cet état; prononcer sur les mémoires reçus, à ce sujet, par son prédécesseur, et rendre à M. Baudesson sa place, ou l'en priver, en motivant cet acte de rigueur sur des faits graves et certains. Il prit de nouveaux renseignemens, et s'étant convaincu que la calomnie avait dicté le mémoire contre cet Officier; qu'il n'était pas un seul des reproches qui lui étaient faits, sur lequel il n'eût donné des explications satisfaisantes, fit le rapport de l'affaire au Conseil des dépêches. Il y fut décidé, le 3 mai, qu'il serait écrit aux Elus généraux « que le Roi, ayant » jugé cet Officier irréprochable, son intention était » qu'il fût de nouveau institué Maire d'Auxerre. » Le même jour, M. de la Vrillière fit partir la dépêche. Les Elus généraux ne mirent pas moins d'empressement à réparer les inexplicables lenteurs qu'avait éprouvé cette affaire. Au reçu de la lettre, ils rendirent un décret portant que, *par ordre du Roi*, M. Baudesson était nommé Maire d'Auxerre; et comme bien informé de toutes ces démarches, il était à Dijon, ils reçurent à l'instant même son serment.

Le 9, ce décret parvint au Corps municipal. Il était accompagné de deux lettres, l'une de M. de Latour-du-Pin, Commandant de la Province, l'autre de M. Amelot, Intendant; toutes deux contenant l'ordre de reconnaître sans difficulté M. Baudesson pour Maire d'Auxerre, et même de le députer aux Etats de la Province qui allaient s'ouvrir, en révoquant toute nomination contraire, s'il en existait. Ce concours extraordinaire du Commandant et de l'Intendant pour un même objet, et le style impératif de leurs ordres, firent que, sur-le-champ, M. Baudesson fut proclamé Maire, et comme tel, député aux Etats par les Echevins réunis aux Conseillers de ville. Mais le nouveau Bailliage, voyant avec dépit le succès imprévu de M. Baudesson, chercha et crut trouver un moyen de prolonger les tracasseries que ce Magistrat endurait depuis long-temps. Il n'avait prêté serment que devant les Elus généraux, et les art. 4 et 5 de l'Edit de 1771 prescrivaient aux Maires, avant d'entrer en fonctions, de le prêter devant le Parlement. Sans remarquer que l'art. 12 contenait une exception pour les pays d'Etats, le 11, le Bailliage, étrangement aveuglé par l'esprit de parti, rendit, sur le réquisitoire de M. de S.-Georges, Procureur du Roi, une sentence portant « défense au sieur Baudesson de faire aucune fonction » de Maire et Juge de police, jusqu'à ce qu'il ait été » reçu et pourvu en la Cour du Parlement; défense à » tout Officier de la ville et à tous autres de le recon- » naître en cette qualité, à peine d'interdiction. »

Probablement les Officiers du Bailliage espéraient qu'en maintenant ainsi les attributions du nouveau Parlement, cette Cour, où M. de Cicé était en grand crédit, parviendrait à faire révoquer l'ordre du Roi, et rendrait à leur parti la toute puissance dans Auxerre. Mais leur sentence irréfléchie produisit l'effet contraire. La nouvelle en fut promptement transmise à Dijon, où les Etats étaient assemblés. M. Baudesson, qui en faisait partie, ainsi que M. de Cicé, la fit circuler rapidement. Les Elus généraux qui, par cette sentence étaient supposés avoir commis un excès de pouvoir, en recevant le serment de M. Baudesson, s'en plaignirent comme personnellement offensés. Le sentiment qui domina dans les trois chambres fut celui de l'indignation contre ces Juges imprudens qui, M. Baudesson étant absent, sans savoir quand et comment il entrerait en fonctions, lui faisaient défense de le faire, et cela dans des termes qu'à peine il aurait mérités s'il les eût exercées irrégulièrement. Dans la Chambre du Tiers, et même dans celle de la Noblesse, il n'y eut qu'une voix pour reconnaître dans leur sentence une insulte aux Elus et une atteinte aux privilèges de la Province, comme à l'autorité du Roi. Ces deux Chambres émirent le vœu de porter plainte au Roi de la témérité du Bailliage; et que S. M. fût suppliée de casser la sentence. Dans la Chambre du Clergé, il y eut plus de difficultés; M. de Cicé fit tous ses efforts pour qu'on examinât la nomination faite par les Elus, et qu'à cet effet il fût formé une commission; mais huit ou neuf membres seulement se réunirent à lui, trente-six opinèrent pour adopter le vœu des deux autres Chambres; et dix-huit Députés des trois Ordres furent chargés de porter le décret à M. Latour-du-Pin, en le priant de l'appuyer de tout son crédit auprès du Roi.

On parla beaucoup dans le temps d'une singulière réponse qui fut faite à M. de Cicé dans cette circonstance. Il disait tout bas à M. le comte de Tavanes, l'un des trois Elus qui avaient nommé M. Baudesson, vous ne savez donc pas qu'il est Janséniste! — « Eh » bien! Monseigneur, s'il vous demande la tonsure, » faites lui signer le formulaire; quant à nous, nous ne » craignons pas les Jansénistes. »

La décision du Roi sur le vœu des Etats ne se fit pas

attendre. Le Conseil, par arrêt du 22 du même mois, déclara la sentence du Bailliage contraire à l'article 12 de l'Edit, nulle et comme non avenue; ordonna que M. Baudesson exercerait les fonctions de Maire et de Juge de police, par suite de son institution et de son serment prêté devant les Elus, pour être obéi en cette qualité par tous ceux qu'il appartiendrait; fit défense aux Officiers du Bailliage de rendre de semblables sentences à l'avenir, et à tous Juges supérieurs de prendre connaissance de cette affaire, le roi s'en réservant entièrement la connaissance. Enfin le Conseil ordonna que son arrêt fût signifié à la requête du Syndic des Etats au Bailliage; que mention en fût faite sur le registre de la Compagnie, et qu'il fût imprimé et affiché dans la ville.

Le 17 juin, en effet, le Syndic des Etats vint à Auxerre, fit faire les significations et transcriptions ordonnées, ainsi que l'affiche de l'arrêt dans tous les quartiers. Il est difficile de supposer un degré d'humiliation plus bas que celui où descendirent ces nouveaux Magistrats qui, avant la révolution de la première année de leur magistrature, s'étaient exposés à une répression aussi sévère. Mais cette première conséquence de leur faute devait être suivie d'une seconde bien plus favorable encore au parti Latin. On en eut à Auxerre le pressentiment dès le 23 du même mois. Les notables allaient s'assembler pour faire ces réélections annuelles à la faveur desquelles 25 au 30 personnes se concertaient si bien que le pouvoir municipal ne sortait pas de leurs mains; lorsque les Echevins reçurent un ordre du Roi, faisant défense de tenir aucune assemblée générale, ni de procéder à aucune élection jusqu'à nouvel ordre. V. n. ix.

V. Dans la nuit du 29 au 30 juin, depuis le coucher du soleil jusqu'à son lever, un ouragan furieux ravagea la ville et les environs. Des coups de vent d'une impétuosité extraordinaire renversèrent plusieurs arbres des promenades, et un grand nombre de cheminées dans la ville. Deux flèches élégantes en pierre et de forme gothique, qui, avec d'autres ornemens d'architecture, couronnaient l'arcade portant le cadran de l'horloge, furent brisées. C'est pour les remplacer qu'à été construit le modeste toit en ardoise qui couvre cette arcade.

VI. Le 14 août, par suite des changemens qui avaient eu lieu dans le personnel du Corps municipal, celui du bureau du Collége, périodiquement renouvelé par ce même corps, se trouva composé de manière à ce que ceux à qui les professeurs déplaisaient se trouvèrent en majorité. Habiles à tirer parti des événemens, ils résolurent, pour l'année scolaire suivante, de renouveler les tentatives de 1764, que le Parlement d'alors avait rendu vaines, mais qui probablement seraient mieux accueillies par le nouveau. Ils ne furent pas arrêtés par la réponse qu'avait faite le Roi à l'égard des professeurs en place, dans l'espoir que la faveur du Ministre l'emporterait sur la volonté du Souverain, et décidèrent qu'en conformité de la Déclaration de 1763, cinq de ces professeurs seraient remplacés par des maîtres ès-arts de l'Université de Paris. On donna aussitôt à cette délibération tout ce qui devait en assurer l'exécution, sans recours possible de la part des professeurs : approbation par le Corps municipal, homologation du Bailliage, et confirmation par le Parlement. C'est le 22 août qu'intervint l'arrêt confirmatif; et le Procureur général, en l'adressant au bureau du Collége, invita les administrateurs à payer à chacun des professeurs exclus une indemnité, à condition qu'ils se retireraient sans difficultés. V. n. VIII.

VII. Sur la fin du même mois, il y eut de grandes cérémonies religieuses à l'église de la Visitation, au sujet de la canonisation de madame de Chantal, prononcée par une Bulle du pape Clément XIII. Elles furent les mêmes que celles faites pour saint François de Sales, au mois de mai 1766.

VIII. Le 7 septembre, les Administrateurs du Collége firent signifier aux cinq professeurs en disgrâce toutes les décisions qui les expulsaient; avec offre de 160 livres pour chacun d'eux; ce qu'ils acceptèrent. Je ne peux pas me dispenser de faire remarquer que le parti Latin, dans cette circonstance, eut absolument le même sort qu'il avait fait éprouver aux Jésuites dix ans auparavant.

IX. M. de Latour-du-Pin, comme il l'avait promis aux trois Ordres des Etats de Bourgogne, rendit compte au Roi de ce qui s'était passé à ces Etats, à l'occasion de la sentence du Bailliage contre le Maire, et du sentiment d'irritation qu'elle avait inspiré à la presque unanimité de l'assemblée. Le comte de Tavanes, l'Intendant Amelot et tous les protecteurs de M. Baudesson, s'étaient joints à lui pour appeler l'attention du Monarque sur une ville où un seul parti occupait tous les emplois publics; ce qui amenait toujours l'oppression du pays. Ces réflexions déterminèrent Louis XV à user du seul moyen qui, dans les temps de faction, puisse en tempérer les excès ; ce fut de balancer l'influence d'un parti par celle de l'autre. Tout ce qui s'était passé depuis quelque temps prouvait que le Corps municipal partageait sans réserve les sentimens du Bailliage : en conséquence, ne voulant pas toucher à l'organisation trop récente de ce corps de Magistrats, on résolut de dissoudre celui de la municipalité ; et en le réorganisant, d'en prendre tous les élémens dans le parti opposé. C'est dans une telle pensée que, le 23 juin, le Roi avait suspendu les élections. Mais, le 17 octobre, il rendit une Ordonnance motivée *pour le bien de son service et celui des habitans d'Auxerre*, par laquelle il déclare que l'autorité municipale ne sera plus exercée dans cette ville, que par un Maire, quatre Echevins, quatre Conseillers, un Procureur-syndic, un Substitut et un Secrétaire ; que les Echevins ne pourront être choisis que parmi les Avocats, les Médecins, les Procureurs, les Notaires, les Chirurgiens, les Marchands et les Bourgeois ; (ce qui en éloigna les Ecclésiastiques et les Officiers du Bailliage) ; que les Echevins ne resteront en place que deux années ; que les autres Officiers y seront conservés jusqu'à révocation ou démission. Enfin il est dit que, dans la suite, il sera procédé aux élections dans les temps accoutumés, mais que, pour cette fois, le Roi nomme pour Echevins, MM. Pasqueau, Avocat ; Thiénot, médecin ; Mérat, Procureur, et Arnauld de Vogines, marchand ; pour Conseillers de ville, MM. Coullard, Avocat ; Coullaut du Marteau, Bourgeois ; Desœuvres, ancien Procureur, et Soufflot, commissionnaire de vins, pour Procureur-Syndic, M. Leblanc; Substitut, M. Lefèbvre, Notaire; Receveur, M. Deschamps, et Secrétaire, M. Faultrier-Brinville.

Ces choix furent faits de telle manière que la plupart de ceux qui avaient été éliminés en 1766, furent rappelés au pouvoir, et que, des vingt-six personnes qui, depuis ce temps, se le passaient alternativement, il n'en fut pas conservé une seule, si ce n'est le Secrétaire Faultrier, qui, pendant vingt-cinq ans, inébranlable à l'Hôtel de ville, en ouvrit et ferma les portes successivement aux Grecs et aux Latins. Cette Ordonnance ne parvint à M. Baudesson, Maire, que le 27; mais le même jour il convoqua tous ceux qui faisaient partie du Corps de ville supprimé. Aussitôt qu'ils furent réunis, M. de Pontagny, Subdélégué de l'Intendant, ayant été introduit, requit la lecture et l'enregistrement de l'Ordonnance; ce qui fut fait de suite, et l'on se sépara; le lendemain, les nouveaux Officiers municipaux furent installés.

Le 30, le Maire écrivit au Ministre pour obtenir le retrait de la défense de tenir des assemblées des habitans, défense qui pouvait nuire aux intérêts de la ville; il reçut, peu de temps après, un nouvel ordre du Roi qui leva cette défense.

X. Ainsi éloigné de la municipalité, le parti Grec n'en fut que plus ardent à profiter de ses avantages dans l'administration du Collége et dans la nouvelle Magistrature. On avait expulsé du Collége cinq professeurs sous le prétexte qu'ils n'étaient pas de l'Université de Paris; on put encore, en supprimant la chaire de physique, se débarrasser de M. Pasumot; mais à l'égard de l'abbé Leroi, Principal, du Sous-principal, des deux maîtres de quartier, et même du professeur de seconde, qui était de l'Université de Paris, tous les moyens directs ou indirects manquant, l'on ne pouvait s'en défaire que par un procès criminel. Or aux yeux de leurs adversaires, les Jansénistes étaient des hérétiques, des factieux, des ennemis de toute supériorité spirituelle et temporelle; leur laisser l'instruction de la jeunesse dans la ville, c'était y perpétuer la discorde et l'hérésie; il fallait donc, à tout prix, la leur arracher; et puisque la voie criminelle était la seule qui pût conduire à ce terme, on ne craignit pas de saisir cette arme terrible. Dans les derniers jours d'octobre et les premiers de novembre, deux dénonciations anonymes furent portées contre les chefs, professeurs et employés du Collége, les accusant d'avoir fait lire aux écoliers de mauvais livres, tels que l'histoire de Port-Royal, la vie du Diacre Pâris, les Nouvelles Ecclésiastiques et des écrits contre le Gouvernement; d'avoir tenu des assemblées nocturnes, et introduit des femmes dans la maison. Le Bailliage ayant été saisi de ces dénonciations, de nombreux témoins et particulièrement des écoliers furent entendus. V. 1773, n. II.

XI. Pendant que ces querelles, nées de controverses religieuses, mettaient deux partis dans un violent état d'hostilité, un troisième, celui des amis du plaisir, se forma dans Auxerre. Ils se réunirent en grand nombre; par leurs soins, leurs avances et avec l'autorisation du Corps municipal, une grande vinée, située à l'encoignure de la rue du Poncelot et de celle des Petits-Pères, fut transformée en salle de spectacle. Dès le mois de novembre, une troupe de comédiens vint se fixer dans la ville et assurer aux amateurs, non-seulement des représentations dramatiques et musicales, mais aussi des bals parés et masqués.

1773.

I. La salle de spectacle ne fut d'abord pour la ville qu'une cause de désordre de plus. Lors des premières représentations, le public Auxerrois, naturellement malin et frondeur, s'y livra, sans retenue, tantôt à de bruyantes approbations, tantôt à de grossières improbations ; souvent c'était tout à la fois des bravos et des sifflets, et quand les avis étaient ainsi partagés, il s'ensuivait des querelles particulières et des rixes. En vain, le 8 janvier, le Corps municipal rendit une Ordonnance de police, calquée sur celles des spectacles de Paris; aucune force n'était à sa disposition pour la faire exécuter. En charger la milice bourgeoise, c'était inviter les perturbateurs à apaiser leurs propres désordres; et la Maréchaussée se refusait d'entrer dans la salle, sans un ordre du Commandant de la Province. Il fallut donc s'adresser à M. Latour-du-Pin, qui, le 17, approuva l'Ordonnance et en recommanda l'exécution au Prévôt. Elle fut imprimée, publiée et affichée ; la Maréchaussée fut introduite dans la salle. Néanmoins le tumulte allait recommencer; mais aux premiers cris, deux ou trois mutins ayant été expulsés, le calme se rétablit, et l'éducation du parterre fut achevée.

II. 3 février, Sentence du Bailliage, qui décrète de

prise de corps les sieurs Hautefage, Sous-principal du Collége, et Lefranc, maître de quartier, d'ajournement personnel, le sieur Navier, professeur de seconde, et d'*assigner pour être ouï*, l'Abbé Leroi, Principal. La même Sentence ordonne au sieur Navier de quitter le Collége dans les 24 heures, au sieur Leroi de cesser provisoirement ses fonctions, et commet pour les exercer l'Abbé Pallaye, professeur de logique. Si ces mesures devaient, par la suite, procurer dans le Collége une instruction plus parfaite, elles eurent, pour le moment, de bien funestes effets. De 80 pensionnaires qu'il contenait avant le procès, il n'en resta que 12; le nombre des écoliers externes fut réduit de 51 à 30. Tous les autres furent envoyés par leurs parens dans les colléges de Noyers, d'Avallon et de Paris. V. n. vi.

III. 29 mars. Arrêt du Conseil qui met l'entretien et les constructions des Palais de Justice à la charge des villes qui les possèdent. Jusque-là tous les pays du ressort y contribuaient.

IV. Le 24 avril, le Lieutenant criminel, M. de Fortbois, continua d'informer dans l'affaire du Collége. L'Abbé Leroi fut confronté avec des écoliers et plusieurs des nouveaux professeurs. Il se détermina dès-lors, ainsi que ses co-accusés, à appeler de toute la procédure au Parlement, dans l'espoir d'y être mieux apprécié. Cet espoir fut bien trompé. V. n. vi.

V. 24 mai. Une horrible grêle anéantit, en quelques minutes, les espérances de toute espèce de récoltes dans le territoire d'Auxerre et dans presque tout le Comté. Le 28, le Maire en fit constater les ravages par des experts qui, dans leur rapport, déclarèrent

« qu'il n'y avait plus dans les vignes, ni fruits ni bois
» de l'année, qu'il n'y avait plus à en espérer ni pour
» cette année, ni pour la suivante, et très-peu pour la
» troisième ; que les eaux avaient fait des ravines con-
» sidérables, et qu'il y avait une grande partie des
» blés de perdue. V. 1774, n. IV.

A cet événement effrayant pour l'avenir, s'en joignit
un actuel. Le blé était fort cher, et la halle en recevait
beaucoup moins que la consommation n'en réclamait.
Déjà le peuple tenait le langage que lui dicte toujours la
misère ; il murmurait, menaçait, criait à l'accapare-
ment. Les craintes furent telles que les Officiers municipaux demandèrent une garnison au Ministre. Ils ne s'en
occupèrent pas moins de se procurer des blés. Heureusement le Maire de Joigny passa par Auxerre. M. Leblanc,
Procureur du Roi de la ville, apprit de lui que, par les soins
de M. Berthier, Intendant de Paris, Joigny avait plus
que sa provision ; que cet Intendant allait aussi traverser la ville le même jour; qu'on pouvait lui en demander
cinquante sacs, et que, s'il y consentait, ils arriveraient
pour le marché suivant. Deux Echevins et deux Conseillers de ville furent chargés de le voir, de lui présenter les vins d'honneur et de lui demander son autorisation. Il la leur donna très-gracieusement, ajoutant
que, quoique étranger à la ville, il la recommanderait
à M. le Contrôleur-général, ainsi qu'à M. de S.-Priest,
et qu'il ne doutait pas qu'elle ne reçût tous les secours
nécessaires. En effet, MM. Leblanc et Arnauld allèrent à Joigny, obtinrent les cinquante sacs; de nombreux envois furent ensuite faits directement à la ville
par les ordres des Ministres, auprès desquels M. l'E-

vêque fit des démarches très-actives. Du 19 juin au 10 juillet, il arriva 2,543 bichets de grains. Le régiment Dauphin, cavalerie, vint en garnison, et l'année se passa beaucoup plus tranquillement qu'on ne l'avait espéré. V. n. x.

VI. 10 Juin, Arrêt du Parlement, qui, non-seulement maintient les dispositions de la sentence du 3 février, à l'égard des sieurs Hautefage et Lefranc, mais décrète de prise de corps les sieurs Leroi, Navier et Gérard. Heureusement un des Juges d'Auxerre, chagrin de cette excessive mesure, en fit prévenir secrètement l'Abbé Leroi, qui seul, se confiant en la justice des hommes, était resté à Auxerre. Tous les autres, plus prudens, avaient changé d'horizon.

Ce même arrêt ayant renvoyé au Bailliage le procès pour y être suivi jusqu'à sentence définitive, on entendit encore des témoins; et, le 25 juin, des décrets de prise de corps furent lancés contre deux des cinq professeurs que le bureau du Collége avait renvoyés dès le mois d'août précédent. De leur côté, les amis des accusés, jugeant par ces préliminaires de ce que pourrait être le jugement définitif, voulurent servir, autant qu'ils le pourraient, des hommes qu'ils n'avaient pas cessé d'estimer, et 104 pères de famille attestèrent, dans un acte notarié, la pureté des principes religieux et politiques puisés par leurs enfans dans l'enseignement qu'ils avaient reçu de ces maîtres, poursuivis comme ennemis de la Religion et du Roi. V. n. ix.

VII. Dans le même mois, M. l'Abbé de la Luzerne et M. le comte Jaucour, Elus généraux, accompagnés de M. Rousselot, Commissaire général pour les chemins de la Bourgogne, vinrent à Auxerre examiner les rues où passait la route, et prendre un parti sur le maintien ou le changement de cette direction. Ils jugèrent que, dans la ville, elle était dangereuse et difficile; que sur les bords de la rivière elle serait dispendieuse, surtout à cause de la montagne depuis la rivière jusqu'à la porte de Paris (1); ils crurent aussi qu'elle gênerait les travaux du port. En conséquence ils décidèrent qu'elle passerait à l'ouest de la ville, le long des promenades, depuis la porte de Paris jusqu'au pont. V. n. xiv.

VIII. Le 11 juillet, les habitans réunis en assemblée générale, autorisée par M. le Duc de la Vrillière, nomment deux nouveaux Echevins, MM. Leclerc, Procureur, et Carouge d'Orgelle, marchand de bois, en remplacement de MM Mérat et Arnault.

IX. 14 août, sentence définitive du Bailliage dans le procès du Collége qui condamne les sieurs Hautefage et Lefranc au fouet, à la marque et aux galères à perpétuité, comme convaincus d'avoir tenu aux pensionnaires des discours injurieux à la personne du Roi, et de leur avoir enseigné les principes les plus séditieux; l'Abbé Leroi au bannissement perpétuel et à la confiscation de ses biens, pour avoir eu connaissance de ces discours et les avoir tolérés; avoir souffert dans la

---

(1) Nouveau nom donné, à cette époque, à la porte jusqu'alors appelée S.-Siméon et par corruption S.-Simon.

main des jeunes gens des libelles contre le Gouvernement, et avoir laissé les pensionnaires s'entretenir des affaires de l'Eglise et de l'Etat ; le sieur Navier aux mêmes peines, pour avoir dicté à ses écoliers des thêmes contenant des maximes séditieuses ; avoir expliqué dans sa classe des estampes injurieuses à M. le Chancelier, et fait lire à ses écoliers, dans sa chambre, *les Correspondances;* le sieur Gérard à un bannissement de neuf ans, pour avoir nourri dans ses écoliers l'esprit d'insubordination, et leur avoir procuré des livres dangereux; le sieur Ricard à être blâmé dans la Chambre du Conseil, pour avoir coopéré à l'enseignement de principes pernicieux, en procurant le sieur Hautefage pour Sous-principal, et en entretenant avec quelques pensionnaires des relations secrètes tendant à fomenter l'esprit d'insubordination contre toute autorité ; le sieur Gendrot est soumis *à un plus amplement informé* pendant six mois.

Cette même sentence condamne *les Correspondances*, les *Supplémens à la Gazette de France*, et une feuille des *Nouvelles ecclésiastiques*, à être brûlés par la main du bourreau.

Il est enfin ordonné que la sentence sera transcrite sur un tableau qui sera attaché à un poteau planté, par a main du bourreau, sur la place publique des Fontaines ; et qu'en outre elle sera imprimée, lue, publiée et affichée dans toutes les villes, bourgs et paroisses du ressort.

Quelques jours après, ces deux dispositions ayant

été exécutées sur la place publique, la consternation fut profonde et générale.

Pour atténuer, autant qu'il est possible de le faire, le sentiment pénible qu'inspire cette sentence, je crois devoir faire observer qu'ayant été rendue par contumace, elle était révocable si les accusés se présentaient; qu'à cette époque les Magistrats, trop servilement attachés à l'axiôme des criminalistes : *fuga fugientem condemnat*, se croyaient, en quelque sorte, obligés de supposer fondée l'accusation portée contre celui qui fuyait les regards de la justice. Or les faits contenus dans les deux dénonciations contenaient, à leurs yeux, le crime de lèse-Majesté divine et humaine ; tout porte donc à croire que, si les accusés étaient venus se défendre, les explications qu'ils auraient données et leurs confrontations avec les témoins auraient amené un résultat différent. V. 1775, n. II.

X. 15 août, un orage épouvantable éclate sur Auxerre, au moment où une grande partie de la population et tous les Corps de la ville étaient dans l'Eglise S.-Etienne, renouvelant le vœu de Louis XIII. Le tonnerre, avec un terrible fracas, pénétra dans l'église au moment où la procession y rentrait. Des pierres tombèrent entre l'Officiant et le Chantre; la vivacité de l'éclair, le bruit de la foudre, la chûte des pierres, la cessation du chant, toutes ces circonstances simultanées glacèrent d'effroi la foule ; qui, croyant que la voûte de l'église croulait, se précipita vers les portes dans un désordre extrême. Cependant le premier mouvement de terreur passé, on s'aperçut que la foudre avait seulement détaché quelques pierres des croisées et de la tour; que, dans la presse qui s'était faite aux portes, il n'était arrivé aucun accident grave ; de l'excès de la peur, on passa à celui de la reconnaissance envers Dieu, et les Chanoines, au lieu de continuer le chant des litanies, entonnèrent le *Te Deum*. Le lendemain, une innombrable quantité de cannes, de parapluies, de livres et de chapeaux laissés dans l'église, furent renvoyés par le Chapitre à l'Hôtel de ville. Les Conseillers du Bailliage qui se trouvèrent dans la foule, y furent insultés. On leur reprochait leur jugement de la veille contre les professeurs ; on attribuait l'apparition du tonnerre dans l'église à l'irritation du ciel.

XI. Le 17 septembre, on fit le compte des blés achetés du Gouvernement par la ville, et revendus à la halle par les soins des Echevins, qui s'étaient adjoints six Bourgeois et six Artisans, pour éloigner d'eux toute suspicion. Il avait été reçu 10,179 bichets, dont le prix, avec les frais, s'était élevé à 66,838 livres 9 sous 9 deniers ; ce qui mettait le bichet à 6 liv. 11 à 12 sous. La vente avait produit 69,016 liv. 18 s. 6 den., ou 6 livres 15 à 16 sous par bichet ; il restait un bénéfice de 2,178 liv. 8 sous 9 deniers. Des gratifications furent données aux commissaires de police et aux garde-magasins. Le surplus, montant à 1,778 liv. 8 s. 9 den., fut réservé, pour être employé, l'hiver suivant, en travaux de charité.

XII. 5 décembre, les portes de la ville tombant en ruine, on arrêta de demander au prince de Condé la permission de les démolir, et de les remplacer par des pilastres, comme l'avaient déjà fait plusieurs villes. La permission fut accordée, mais on ne l'exécuta que, deux ans après, et seulement pour celles s'ouvrant sur la rivière ; les autres n'ont été démolies que depuis la révolution. On conserva celle du Temple, qui subsiste encore. Quant aux pilastres, on n'y pensa plus. Ceux de la porte S.-Simon, aujourd'hui de Paris, n'ont été construits qu'en 1811.

XIII. Depuis 1730, la transaction passée par les Officiers municipaux avec les Administrateurs de l'hôpital des cent Filles avait été exécutée sans réclamation ; et à la faveur de l'acquisition ainsi faite par la ville du droit de minage, les Bourgeois étaient affranchis de l'obligation de vendre leurs grains à la halle et d'y payer le droit ; mais dans le cours de cette année, les Administrateurs en exercice de cet hôpital, firent sans doute les mêmes réflexions que ceux de 1730 sur la perte que le renchérissement des grains faisait éprouver à leur établissement. Ils menacèrent de se pourvoir en nullité de la transaction et de reprendre leur minage en nature. Les Officiers municipaux s'étant consultés, furent contraints de reconnaître qu'il n'était pas possible de résister à la légitimité de la réclamation. Ils entrèrent en négociation avec les Administrateurs, mais ils n'en purent obtenir qu'un bail pour neuf années, dont le projet fut soumis aux Notables, dans leur séance du 23 de ce mois. V. l'année suivante, n. VII.

XIV. Le 28, décret des Élus généraux qui annulle l'adjudication des travaux de la route projetée sur le bord de la rivière, et ordonne l'ouverture de cette route au côté opposé, le long des promenades. V. 1774, n. IX.

1774.

I. 13 février, assemblée des habitans. On y reconnaît que les dépenses indispensables de l'administration de la ville s'élèvent à 16,970 livres 7 sous, et que les recettes ne consistent qu'en 8,743 liv. 7 s.; il est arrêté, à une grande majorité, malgré les efforts des privilégiés, qu'on sollicitera du Conseil l'autorisation de lever sur tous les habitans, sans aucune exception, même à l'égard du Clergé et de la Noblesse, une taille de 9,000 liv. par chaque année, et que, pour acquitter l'arriéré, ainsi que pour d'urgentes réparations à faire au pavé, on demandera la permission d'emprunter 30,000 liv. à rente viagère. V. 1777, n. II.

II. Le 25 février, MM. Ricard et Gendrot, qui avaient appelé de la sentence du 14 août, et fait imprimer un mémoire justificatif, accompagné de consultations, obtinrent un arrêt qui les déchargea de toutes condamnations. Mais le même arrêt rejeta leur demande en prise à partie, et ordonna la lacération de leur mémoire, ainsi que de leurs consultations, comme calomnieuses envers l'Evêque et les Officiers du Bailliage. V. 1775, n. II.

III. Au mois de mars, établissement d'un jeu de grande-paulme. Ce jeu a eu, pendant long-temps, de nombreux amateurs à Auxerre. Anciennement ils s'y exerçaient sur la place de la Fancrie; plus tard, les Chevaliers de l'arquebuse qui, la plupart, étaient du nombre de ces amateurs, les admirent dans leur jardin; mais plusieurs accidens arrivés dans ces deux endroits par des balles dont des spectateurs avaient été frappés, déterminèrent les joueurs à demander aux Officiers municipaux la permission d'approprier à leur usage une partie du fossé entre la porte d'Egleny et celle du Temple. Cette permission leur ayant été accordée, le fossé fut creusé, élargi et nivelé ; une galerie pour le public fut coupée sur la douve du fossé, du côté de la promenade ; un toit en planches fut élevé à une des extrémités pour le premier jet des balles ; à l'autre, et sous les arches du pont, un café composé de deux salons fut disposé. Jusqu'à la révolution, dont le caractère morose ne sympathisa guère avec les jeux, celui de la paulme occupa beaucoup les amateurs même des villes voisines ; et les spectateurs, placés tant sur la galerie que sur la promenade, conséquemment sur la ligne supérieure aux cours des balles, y assistaient sans danger.

IV. Le 11 avril, les Officiers municipaux furent informés, en même temps, et de la bienveillance du Roi, qui réduisait à six septièmes la taille de l'année, pour indemniser le Comté des ravages du 24 mai précédent, et du danger imminent dans lequel une maladie l'avait fait subitement tomber. Touchés de reconnaissance, ils firent célébrer à S.-Etienne une messe pour le rétablissement de sa santé. Louis XV, qui n'avait que 64 ans, et jouissait d'une constitution fort robuste, fut enlevé un mois après, par la petite vérole, laissant le trône à son petit-fils, âgé de vingt ans.

V. 1ᵉʳ mai, passage du Duc et de la Duchesse de Cumberland, voyageant sous le nom de Duc et Duchesse de Dublin. Malgré leur incognito, les Officiers municipaux, prévenus par M. le Duc de la Vrillière, leur rendirent les mêmes honneurs qu'à des Princes français.

VI. 10, lettre de Louis XVI annonçant aux habitans la mort de Louis XV. Pendant tout le reste du mois, par suite d'un mandement de M. l'Evêque, des services funèbres furent célébrés successivement dans toutes les églises de la ville. Peu de jours après, le premier Edit du jeune Roi, fut publié et affiché. Il avait pour objet son *joyeux avénement*, titre habituellement effrayant, parce qu'il annonçait un impôt de plus ; mais, cette fois, il était l'annonce d'un bienfait. Le Roi, pour préambule, déclarait, dans les termes les plus persuasifs, son dévoûment au bonheur du peuple, son désir, en réduisant les dépenses de l'Etat, d'alléger les charges publiques ; et pour en donner un gage, il faisait remise du droit de *joyeux avénement*. Aucun règne n'avait commencé sous de plus heureux auspices !...

VII. 19, le projet de bail du minage des grains, avec les modifications exigées par les Notables dans leur délibération du 23 décembre, est adopté par les Administrateurs de l'hôpital des cent Filles, et le bail est passé devant M. Boulard, Notaire à Paris. Il est fait au profit des Officiers municipaux pour neuf ans, moyennant 4,500 livres par an. Le 11 juillet suivant, les Officiers municipaux le cédèrent aux sieurs Sallé et Durand, à la charge d'acquitter la ville envers l'hospice, en laissant les Bourgeois libres dans la vente de leurs grains ; c'était le seul bénéfice qu'on désirait.

VIII. 24 juin, les habitans assemblés élisent deux

nouveaux Échevins, MM. Pierre-Edme Petit, Avocat, et Joseph Chardon, Doyen des Notaires.

IX. La direction de la route à l'ouest de la ville, semblait décidée, et l'on s'y résignait, lorsque le 23 novembre, l'auteur d'un mémoire tendant à démontrer que la première idée des Ingénieurs, qui la faisait passer à l'est, sur le bord de la rivière, était celle qui conciliait mieux l'intérêt public avec celui de la ville, le fit signer par plus de cent personnes, parmi lesquelles plusieurs jouissaient d'une grande considération. A l'apparition de ce mémoire, tous les esprits s'agitèrent de nouveau en sens divers, et avec une véhémence telle qu'on aurait pu croire qu'il s'agissait de détruire la ville de fond en comble ou de la conserver. Trois opinions les divisaient : le quartier marchand voulait que la route restât au milieu de la ville; ceux de la marinerie et de S.-Père la demandaient à l'est, d'autres à l'ouest. Les Officiers municipaux, qui partageaient l'opinion des marchands, firent préparer, pour être soumis aux habitans dans une assemblée générale, un projet de délibération fort long, fort étudié, servant de réponse au mémoire et rédigé dans leur sens. L'assemblée fut convoquée pour le 4 décembre. Les habitans y vinrent dans un plus grand nombre qu'on ne l'avait vu depuis long-temps; et après une discussion orageuse, à cela près de quatre suffrages, tous accueillirent le projet de délibération. Deux députés, MM. Baudesson, Maire, et Leblanc, Procureur du Roi de la ville, furent chargés de la porter à Dijon, et d'en solliciter l'adoption par les Élus. Leurs démarches furent sans succès. L'administration, déterminée par le mémoire, revint à sa première pensée, qui plaçait cette route sur le bord de la rivière; et pour faire cesser enfin les incertitudes, peu de temps après, une nouvelle adjudication fut faite au sieur Saintpère, à la charge de commencer les travaux dans les premiers jours du printemps, et de les achever en trois ans. V. 1775, n. IV.

X. 25 novembre, grande nouvelle, grande agitation dans la ville. Louis XVI, qui, du vivant de son aïeul, avait vu, avec chagrin, les moyens violens employés par le Chancelier Maupeou, pour reprendre sur les Parlemens les attributions de souveraineté dont ils s'emparaient, avait voulu, aussitôt après son avénement au trône, rétablir ces Cours dans l'état ou elles étaient avant les coups d'autorité du Chancelier. Dans son lit de justice du 22, y ayant appelé tous les anciens membres du Parlement de Paris, le Roi leur avait fait enregistrer, entre autres Edits, celui qui leur rendait tout ce qu'ils avaient perdu. De cet événement imprévu, la France entière reçut une vive commotion. Que de têtes humiliées se relevèrent! que de têtes élevées s'inclinèrent! A Auxerre, cet effet fut surtout sensible dans la magistrature. La ville avait dans son sein deux Bailliages, l'un renversé, mais qui se crut déjà debout; l'autre encore plein de vie, mais qui, conçu dans la même pensée que le Parlement-Maupeou, et né quelques mois après, ne put pas se dissimuler qu'il allait perdre l'existence comme il l'avait reçue. V. 1776, n. III.

1775.

I. Les premiers à profiter du rappel du Parlement, furent l'Abbé Leroi et les anciens professeurs du Collége. Dans les derniers jours de janvier et les premiers de février, ils se constituèrent successivement prisonniers à la conciergerie du Palais. Chacun d'eux subit interrogatoire le jour même de sa captivité volontaire, et fut renvoyé de suite en liberté provisoire. Faisant ainsi tomber la procédure instruite contre eux par contumace, ils demandèrent que leur procès fût renvoyé à un autre tribunal que celui d'Auxerre. Le 3 mars, un arrêt ordonna que toute la procédure serait renvoyée au Lieutenant général du Bailliage du Palais, pour les témoins ouïs dans l'instruction être confrontés avec les accusés, et être statué sur les plaintes par ce Bailliage, sauf l'appel. Il fut aussi ordonné que les Gazettes et autres écrits signalés dans la sentence du Bailliage d'Auxerre, seraient envoyés à la Cour par le Greffier de ce siége. V. n. IV.

II. 12 mars, MM. Baudesson, Maire, et Petit, Echevin, sont députés aux Etats convoqués à Dijon pour le 8 mai.

III. Le 19 mai, les Officiers municipaux reçurent une Ordonnance de l'Intendant du 3 du même mois, qui, sur leur demande, les autorisa à poursuivre le paiement des cottes de la taille négociale, contre tous ceux qui y étaient imposés et se refusaient de payer; leur prescrivant de n'avoir égard à aucune opposition, sauf à restituer en définitive, s'il y avait lieu. Cette taille, créée, en 1686, pour être payée par tous les habitans, à l'exception seulement du Clergé et des Hospices, avait, d'abord, été difficilement recouvrée sur tous ceux que n'atteignait pas la taille ordinaire; mais pendant plus de 60 ans, les difficultés avaient cessé. En 1765, elles s'étaient renouvelées ; et depuis, il y avait, à ce sujet, autant de procès que la ville avait de Nobles, de Militaires, de Secrétaires du Roi, et d'Officiers commensaux, qui, par mille chicanes, avaient rendu ces procès interminables. Le coup d'autorité de l'Intendant les fit cesser tous, et procura à la ville un recouvrement très-considérable.

IV. 20 juillet, sentence du Bailliage du Palais, qui déclare fausses et calomnieuses les accusations portées contre le Principal, le Sous-principal et tous les professeurs et maîtres du Collége ; ordonne que, dans la quinzaine, le Procureur du Roi du Bailliage d'Auxerre sera tenu de nommer son dénonciateur. Sur la demande des accusés tendant à être autorisés à prendre à partie le Procureur du Roi et les Officiers du Baillage d'Auxerre, ils sont renvoyés à se pourvoir devant la Cour ; ils sont autorisés à faire imprimer et afficher la sentence tant à Paris qu'à Auxerre, et dans le ressort du Bailliage. V. 1776, n. 1.

V. Pendant cette année et les deux suivantes, de nombreux ouvriers furent employés par le sieur Saint-père à la confection de la nouvelle route, sur le bord de la rivière. Il serait difficile de concevoir combien ce travail a changé la forme et le caractère de cette partie de la ville, si je n'entrais pas, à ce sujet, dans quelques détails.

Alors, comme je l'ai déjà dit, le pont et les parapets tenaient immédiatement à la porte de la ville, sans aucune issue sur les côtés. Depuis la tour qui est au bas de la promenade de l'éperon, jusqu'à l'angle du jardin du nouvel Hôtel-Dieu, la ville était fermée par des murs épais de six pieds, et réduits, en 1706, à une hauteur de dix à douze. Ces murs étaient flanqués de trois tourelles, et percés par quatre portes charretières: celle du Pont, celle de S. Pélerin, près l'Eglise, celle des Grands-Moulins (1) et celle de S. Nicolas. Il y avait encore près de la fontaine des Teinturiers, une cinquième porte, appelée *Bourgeoise*, parce qu'elle n'avait de largeur que pour le passage des personnes. La rivière, qui jadis avait baigné les murs, s'en était éloignée, et laissait même à sec, pendant une partie de l'année, la première arche du pont, sous laquelle les hommes et les voitures pouvaient passer. Ce bord fort étroit et inégal de la rivière était constamment encombré et sali par des tanneries, des amidonneries, des dépôts de bois et par les égoûts de la ville. Sur la petite place S.-Nicolas, les eaux de la source S.-Germain étaient recueillies dans deux bassins et un lavoir. Derrière le surplus de cette enceinte, on ne trouvait que des magasins, des écuries et des masures, refuges de quelques misérables, qui, pour ne pas être écrasés par la chûte de ces fortifications, réparées pour la dernière fois, en 1621, les repoussaient en dehors, par des étançons appuyés sur leurs bâtimens.

Toutes ces ruines disparurent, et c'est sur leurs fondations que la route fut établie. Le bord de la rivière fut élargi et haussé de ce qui était nécessaire pour que, dans les crues, les eaux ne pussent pas y

(1) Aujourd'hui l'Ecluse du canal.

atteindre. L'arche du pont près de la porte (1) fut enfouie, et des deux côtés de sa sommité furent pratiquées les pentes douces qui mettent les deux chemins au niveau du pavé du pont (2). Sur la place S.-Nicolas, les bassins et le lavoir furent détruits, et leurs eaux conduites par un aqueduc dans leur bassin actuel. Enfin les Bénédictins, qui, en 1664, ayant réuni à leur enclos les murs et les tours qui le touchaient, l'avaient porté jusqu'au bord de la rivière (3), se virent enlever une partie considérable de leurs jardins et de leur vigne de la Chaînette, qu'occupent actuellement la route et la promenade. C'est ainsi que la partie la plus triste de la ville en est devenue la plus agréable (4).

1776.

I. 28 janvier, arrêt du Parlement sur l'appel de l'Abbé Leroi et ses co-accusés. La Cour confirma la sentence dans toutes ses dispositions, et en outre, autorisa

---

(1) Plus anciennement, une seconde arche sur laquelle la porte était construite, avait été comblée. On la voit encore dans une des caves de la première maison à gauche en sortant de la ville. Elle n'a été comblée que depuis 1625. V. p. 97.

(2) Cette partie des travaux coûta seule 9,800 livres. Je n'ai pas pu acquérir de notions sur le surplus des dépenses.

(3) A l'angle faisant l'extrémité de cette partie de la ville, se trouvait la Tour *Maubrun*, dans laquelle était la porte de *Villeneuve*, interdite depuis l'abandon fait aux Bénédictins, des fortifications longeant leur jardin. On allait auparavant à cette porte par la rue *Maubrun*, dont le reste forme le cul-de-sac du même nom, récemment étiqueté *Montbrun*, par ignorance du vrai nom.

(4) La promenade qui en fait le plus bel ornement, n'y a été plantée qu'en 1818, par les soins de M. Leblanc, alors Maire.

les accusés à prendre à partie M. Marie de S.-Georges, Procureur du Roi, pour avoir donné les conclusions adoptées par la sentence du 14 août 1773, ainsi que les sept Conseillers signataires de cette sentence; ordonna que l'arrêt fût inscrit en marge de la minute de la sentence, de même que sur les registres du bureau d'administration du Collége, et sur ceux de tous autres Greffiers sur lesquels elle aurait été portée; renvoya MM. Leroi et Navier dans leurs fonctions de Principal et de professeur du Collége; déclara nulles les dispositions réglementaires contenues dans ladite sentence; autorisa enfin les appelans à faire imprimer et afficher l'arrêt tant à Paris qu'à Auxerre, et partout où la sentence l'avait été. V. n. IV.

II. 24 juin, assemblée des habitans.. Ils élisent deux Echevins; MM. Bussière et Hay, Avocats.

III. 14 août, Edit du Roi qui supprime les quatre nouveaux offices de Conseillers au Bailliage créés par celui de 1771, et rétablit dans leurs charges tous les Conseillers qui composaient ce siége avant les Edits de mai et juin de la même année. Le Parlement, en l'enregistrant, dans la crainte que M. Marie de S.-Georges, Procureur du Roi, encore en exercice, ne le gardât secret, lui enjoignit de certifier la Cour de son enregistrement au Bailliage, sans aucun retard. Mais le Procureur général, pour en mieux assurer l'exécution, l'adressa à M. Grasset, Procureur du Roi, rétabli par l'Edit. Il lui parvint le 29, et le martyre qu'endurait le Bailliage supprimé cessa. En effet, depuis le retour du Parlement, en novembre 1774, sa suppression était infiniment probable; et ces Magistrats éphémères n'en étaient pas moins obligés de se montrer, plusieurs fois par semaine, à un barreau très-disposé à rire de leur humiliation.

Enfin M. Grasset, rendu à ses fonctions, se concerta, non avec M. Boucher, Lieutenant général, mais avec M. Housset de Champton, Lieutenant particulier, qui convoqua pour le lendemain, au Palais, tous les Officiers réintégrés. Dans cette réunion, il fut convenu que la Compagnie s'installerait elle-même le lendemain. Déjà la nouvelle circulait dans la ville, et la satisfaction y était presque générale. Cependant le parti Latin seul triomphait; mais partout, et dans tous les temps, il y a une multitude toujours prête à applaudir au parti vainqueur. Dès le soir, les Conseillers rétablis reçurent des aubades; des feux de joie furent allumés dans plusieurs quartiers. Le 31, après une messe célébrée dans la chapelle du Palais, tous les Officiers ayant repris leur place, M. Marie, premier Avocat du Roi, demanda la lecture et l'enregistrement de l'Edit de rétablissement; des députés du Corps municipal, du Chapitre de S.-Etienne, de l'Ordre des Avocats, ainsi que des Chambres des Notaires et des Procureurs, qui y assistaient, furent ensuite admis à présenter leurs félicitations dans la chambre du Conseil. Des notables de toutes les classes s'y présentèrent également. Le soir du même jour, les feux de joie recommencèrent; le Corps municipal en fit dresser un au milieu de la place S.-Etienne, sur lequel on lisait :

Lux orta est justo et rectis corde lætitia.

Ob restitutos civium judices.

Le Lieutenant particulier fut invité par le Maire à allumer le feu.

IV. Le 6 septembre, l'Abbé Leroi se présenta au bureau du Collége, et demanda qu'on reconnût sur cet établissement le droit dans lequel l'arrêt du 25 janvier l'avait maintenu. Probablement, pour ne pas troubler les exercices dans le cours d'une année scolaire, il avait attendu les vacances. Le bureau ne fit aucune difficulté, et le Collége lui fut livré. Mais M. de Cicé, qui n'applaudissait pas au nouvel ordre de choses, et savait se procurer des ressources dans les cas qui auraient désespéré tout autre, parvint à arrêter, à cet égard, le triomphe du parti Latin. Peut-être trouva-t-il dans le Ministre les mêmes dispositions; ce qui est certain, c'est que, le 26 octobre, cinq à six jours avant celui de la rentrée des classes, le Corps municipal reçut deux Déclarations du Roi du 19 : l'une érigeant le Collége en Ecole-royale-militaire ; la seconde ordonnant un sursis à la rentrée des classes.

Le 27, le Corps municipal reçut des députés de tous les ordres, qui s'affligeaient de ce que les jeunes gens de la ville allaient être privés d'instruction, pendant un temps dont on n'apercevait pas le terme. L'assemblée invita MM. Baudesson, Maire, et Leblanc, Procureur-syndic, à se rendre à Fontainebleau, où était la Cour, pour solliciter la révocation du sursis. Pendant qu'ils étaient en route, le Corps municipal reçut une troisième Déclaration du Roi, par laquelle la direction de l'Ecole-royale-militaire d'Auxerre était confiée, à compter du 1er décembre 1777, aux Bénédictins de la

Congrégation de S.-Maur, qui était autorisée à en charger les Religieux de S.-Germain. V 1777, n. III.

1777.

I. Depuis trois années, les Officiers municipaux sollicitaient en vain du Conseil l'établissement de la taille spéciale de 9,000 livres, votée par les habitans le 13 février 1774; une puissante coalition de tous les privilégiés, que cette imposition devait atteindre, avait manœuvré en sens contraire: cependant, la justice l'emportant enfin sur l'intrigue, le 18 février, un arrêt autorisa l'assiette de la taille demandée. Mais pour l'exécuter, il fallait l'Ordonnance de l'Intendant. V. 1780, n. I.

II. 24 juin, élection de deux Echevins, MM. Guéron, Procureur, et Duché, Commissionnaire de vins.

III. 2 juillet, les Bénédictins sont mis en possession du Collége, ainsi que de tous les biens qui en dépendent, par M. Marie d'Avigneau, Lieutenant général, en présence d'un député du Corps municipal. Les démarches de MM. Baudesson et Leblanc auprès du Ministre, pour faire révoquer la suspension des classes, avaient été inutiles. La Congrégation de S.-Maur avait seulement été autorisée à anticiper sur l'époque de sa mise en possession, et invitée à faire cesser le plus tôt possible le défaut d'instruction dont souffrait la jeunesse de la ville.

Ainsi finit le combat à outrance livré pendant cinq années par le parti Grec au parti Latin, pour lui enlever le Collége. Condamné à le lui rendre, il trouva le moyen d'adoucir l'amertume de sa défaite, en en faisant profiter la Congrégation de S.-Maur. Heureusement la ville y gagna un précieux établissement.

Les Bénédictins organisèrent dans le Collége un cours complet d'instruction civile et militaire. Soixante élèves, au compte du Trésor royal, y formèrent le noyau d'un pensionnat, qui bientôt fut très-nombreux. L'instruction du 28 mars 1776, sur l'administration des Ecoles militaires, voulait que, tous les trois mois, le Ministre de la guerre reçût l'état du progrès dans les études, non-seulement des élèves admis par le Roi, mais de tous les autres. Les Inspecteurs qui, chaque année, devaient faire l'examen des classes, étaient également chargés d'examiner les élèves qui y étaient entretenus par leurs parens, afin, portait l'instruction, « que ceux qui se seront le plus distingués, soient » préférés pour être placés, soit dans les troupes du » Roi, soit dans tout autre emploi. » (1).

(1) C'est dans cette école que fut élevé, dès son enfance, Jean-Joseph Fourier, né à Auxerre le 25 février 1764, qui, à 13 ans, avait achevé ses études et professait à 18. Ses écrits dans les hautes sciences mathématiques, et particulièrement son *Traité analytique de la chaleur*, lui firent décerner, par ses collaborateurs, le beau titre de *Génie*, à l'égal des Newton, des Laplace, des Cuvier, etc., en même temps que la Société royale de Londres l'invitait à prendre place parmi ses membres ; et que l'Académie des sciences, après l'avoir introduit dans son sein, en faisait son Secrétaire-perpétuel. Fourier ne s'est pas moins fait remarquer comme habile administrateur, en Egypte, dans les fonctions de Commissaire de l'armée française près le Divan, et en France dans celles de Préfet de l'Isère. Il est mort à Paris, le 26 mai 1830. Pour plus de détail, V. la Biographie universelle, t, 6, p. 94. Je puis citer encore le Prince d'Eckmühl, né d'Avoust, qui a du sa première éducation à cette école.

Depuis cet événement, les occasions de se mesurer manquèrent aux deux partis. Leur dissidence reparut encore lors de la révolution de 1789. A son avénement, les Latins la saluèrent avec beaucoup plus de grâce et d'empressement que les Grecs, jusqu'au moment où ses rigueurs furent égales pour tous.

IV. 16 juillet, passage de Monsieur frère du Roi, depuis Louis XVIII, revenant de parcourir les provinces du midi. Il alla coucher à Régennes, où M. de Cicé le reçut magnifiquement. Tout le parc, ainsi que le bois de Chaumoy, dans toutes ses allées et son pourtour, étaient illuminés. Une partie de la population de la ville y passa la nuit pour jouir de ce spectacle.

1778.

I. 15 mars, MM. Baudesson, Maire, et Bussière, Echevin, sont députés aux Etats convoqués à Dijon pour le 4 mai. Le Chapitre y envoya l'Abbé Frappier, qui y fut élu Alcade.

II. Le 1ᵉʳ août, le Corps municipal s'adjoignit des Notables pour avoir leur avis sur une demande adressée au Prévôt des marchands de Paris, par les meuniers des deux moulins au-dessous du pont. Ils demandaient qu'il leur fût permis, dans les temps de sécheresse, de fermer l'entrée du pertuis avec des planches liées et soutenues par un câble, pour faire refluer les eaux dans leurs biefs. On n'aperçut dans cette nouveauté aucun inconvénient à craindre; on y vit que l'avantage qu'il procurerait aux meuniers leur serait commun avec le public, et l'avis leur fut favorable. Leur exemple fut bientôt suivi par les meuniers des moulins supérieurs et inférieurs. Aujourd'hui tous usent, comme d'un droit, de ce qui ne fut alors que permis.

III. 5 août, Ordonnance du Roi portant qu'à l'avenir les habitans éliront trois sujets pour chaque place d'Echevin; que le procès-verbal constatera le nombre des suffrages donnés à chacun d'eux, et que le Roi choisira celui qu'il jugera convenable. Le Ministre s'était aperçu, ou on lui avait fait apercevoir, que les choix roulaient toujours sur dix à douze personnes, et on voulut élargir un peu le cercle de la faveur. Le 23, on procéda à l'élection de deux Echevins, et les candidats furent MM. Pasqueau, Guenot et Grasset, Avocats; Millot, Médecin; Fromantin, Notaire, et Tenaille-Millery, Bourgeois. Le 29 octobre, une lettre de l'Intendant fit connaître que le Roi avait nommé MM. Pasqueau et Tenaille.

1779.

I. 15 janvier, audience solennelle du Bailliage pour la réception de M. Rémond, Procureur du Roi, remplaçant M. Grasset.

II. Dans les premiers jours de mai, des pluies abondantes et continues produisirent, depuis les sources de la Seine et de l'Yonne jusqu'à la mer, la plus effrayante inondation qu'on eût vue de mémoire d'homme. Le 13, jour de l'Ascension, elle atteignit à Auxerre son plus haut degré, envahissant les quartiers de la porte du pont, de S.-Pèlerin et de la marine.

rie, ainsi que la nouvelle route sur le quai; un pied d'eau couvrit le pavé de l'Eglise S.-Pélerin, et dans tous ces quartiers, on ne put communiquer qu'en bateau. Le désastre fut plus déplorable encore au-dessus du pont : cinq trains abandonnés par leurs conducteurs s'y étant amoncelés en travers, ce barrage se grossit en peu d'heures, de tout ce que le débordement entraînait des contrées ravagées; alors on vit avec effroi les eaux s'élever au-dessus de la clé des arches, et la rivière, ainsi arrêtée dans son cours, jeter sur sa rive gauche un bras immense. Bientôt tout l'espace qui s'étend du pont à la montagne S.-Gervais, ne fut plus qu'un fleuve impétueux, réduisant en îles toutes les maisons de la plaine, dont plusieurs habitans ne trouvèrent de salut que sur leurs toits. On s'attendait, à chaque moment, à voir s'écrouler le pont, incessamment battu par les eaux sur le barrage qui s'y était formé; mais, malgré son extrême caducité, il résista.

Pour éviter à l'avenir une semblable invasion, dont déjà on avait eu plusieurs exemples, mais beaucoup moins désastreux, les Elus de la province firent élever de plusieurs pieds et paver cette partie de la route qui traverse le faubourg S.-Gervais, et qui était, presque en tout temps, fangeuse et difficile.

III. 14 juin, élection de six candidats pour l'Echevinage; ce sont MM. Deschamps, Notaire; Bachelet et Ducrot, Procureurs; Collot, Imbert et Legueux, marchands. Le Roi nomma MM. Bachelet et Imbert.

IV. 3 octobre, Te Deum pour les victoires remportées sur les anglais, par MM. de Bouillé et d'Estaing.

1780.

1. Le 16 avril, le Corps municipal reçut enfin de l'Intendant l'ordonnance nécessaire pour l'exécution de l'arrêt du Conseil du 18 février 1777. La taille de 9,000 livres que cet arrêt accordait à la ville pour mettre ses revenus au niveau de ses dépenses, devant s'étendre sur les classes privilégiées, un mode particulier pour en faire la répartition individuelle était indispensable. L'Intendant ordonna qu'elle serait faite par le Corps municipal, avec le concours de deux Ecclésiastiques, deux Nobles ou militaires, deux Conseillers, deux Officiers commensaux, deux Employés dans les fermes, deux Avocats, deux Juges-Consuls, deux Notaires, deux Procureurs, deux Bourgeois, deux Artisans et deux Vignerons, tous choisis par leurs corporations. Dès le jour même, ces corporations furent invitées par le Maire à s'assembler, à nommer leurs députés et les envoyer à l'Hôtel de ville le 22.

Le 22, la réunion générale eut effectivement lieu; cependant telle était l'obstination des privilégiés, qu'ils s'étaient assemblés, mais seulement pour arrêter que, loin de coopérer à cette assiette par des députés, ils persisteraient dans leur résistance. Les autres Corps n'en commencèrent pas moins la répartition, qui ne fut achevée que le 28. Mais au moment de clorre le travail, les députés des Procureurs s'y opposèrent, voulant qu'il fût dit que le rôle ne serait obligatoire pour personne, s'il ne l'était pas pour les privilégiés; ajoutant qu'il serait préférable de n'avoir ni pavé, ni fontaines, ni promenades, à en laisser le fardeau sur ceux qui seuls payaient déjà les autres charges. Cette opinion devint, d'abord, presque générale ; mais les Officiers municipaux insistèrent, en faisant observer que les non-privilégiés n'auraient à payer que leurs cotes, et qu'on obtiendrait justice contre les autres ; la séance fut remise au 11 mai. Enfin, dans cette dernière réunion, il fut arrêté que les non-privilégiés ne pourraient être contraints qu'au paiement de la moitié de leurs cotes, jusqu'à ce que le refus des privilégiés eût été jugé ; que dans le cas où l'opposition serait admise, les non-privilégiés ne paieraient rien au-delà de la moitié, et que l'impôt ne serait pas assis dans les années suivantes. Le rôle fut donc clos et signé ; mais avant la mise en recouvrement, il fallait encore l'approbation de l'Intendant. V. 1782, n. 1.

II. 26, arrêt du Conseil qui, sur la demande des habitans, leur concède ce qui avait été réservé au Roi des fortifications de la ville, par l'arrêt du 5 décembre 1730. Il ne leur avait été abandonné que les portes, les tours et les corps-de-garde, et c'était à la condition de les entretenir ; les murs, les remparts, les fossés et les glacis étaient restés au domaine. Depuis 130 ans, Auxerre ayant cessé de craindre un siège, le terrain des remparts, que personne ne surveillait, était chaque jour morcelé par les anticipations des riverains ; c'est pour faire cesser ces usurpations que le Roi concéda à la ville tout ce qui lui avait été réservé, à la charge de payer à son domaine 10 livres de rente ; ainsi que de conserver et entretenir les promenades et chemins établis sur ces terrains. Par le même arrêt, les Officiers municipaux furent autorisés à disposer des terrains qu'ils jugeraient n'être pas nécessaires à des usages publics, en imposant aux acquéreurs trois deniers de cens par toise carrée au profit du domaine. V. 1781, n. vi.

III. 24 juin, six candidats sont élus pour l'Echevinage, ce sont MM. Pasqueau, Guenot et Guinault, Avocats; Millot, Médecin; Robinet, Avocat, et Richer du Bouchet, Bourgeois. Le 13 août, MM. Pasqueau et Millot, agréés par le Roi, furent installés.

1781.

I. 4 février, l'Abbé Courtépée fait hommage aux Officiers municipaux, pour la ville, du sixième volume de son Histoire de Bourgogne, consacré en partie au Comté et à la ville d'Auxerre, dont il parle très-favorablement. Les Officiers municipaux, pour lui témoigner la reconnaissance de la ville, lui décernent le titre de *Citoyen d'Auxerre*.

II. 14 mars, MM. Baudesson, Maire, et Pasqueau, Echevin, sont députés aux Etats convoqués à Dijon pour le 7 mai. Pendant cette session, le 25 mai, M. Baudesson qui, dans la Mairie d'Auxerre, avait succédé à son père, et par l'intermédiaire de celui-ci, à son aïeul, ayant offert sa démission, eut la satisfaction de voir les Elus lui donner pour successeur, M. Pierre-Henri Baudesson de Poinchy, son fils.

III. 24 juin, sous la présidence de M. de Poinchy, installé le 11, élection de six candidats pour l'Echevinage. Ceux agréés par le Roi furent MM. Girard, Procureur, et Moreau, commissionnaire de vins.

IV. 7 novembre, Te Deum et réjouissances en l'honneur du Dauphin, né le 22 octobre.

V. Dans le cours de ce mois, en exécution de l'arrêt du 26 avril 1780, le sieur Barbier, géomètre, fut chargé de lever le plan de tous les terrains abandonnés à la ville par cet arrêt. Le résultat de son opération fut que l'étendue superficielle des remparts était de 3,687 toises carrées, sur lesquelles les voisins en avaient usurpé 1,118; que le sol occupé par les murs était de 744 toises carrées; l'étendue des fossés de 11 arpens 12 perches, et celle des promenades de 5 arpens 95 perches, non compris les chemins. Dans les années suivantes, tous les remparts, ainsi que les fossés, depuis la porte Chante-pinot jusqu'à la rivière, furent vendus; le surplus est resté à la ville.

1782.

I. 20 janvier, une lettre de l'Intendant informe les Officiers municipaux qu'ils ne doivent plus penser à la taille locale dont le rôle a été soumis à son approbation, en 1780; qu'ayant consulté M. Joly de Fleury, Ministre des finances, sa réponse a été que les promesses faites au Clergé par M. Necker, pendant qu'il était Contrôleur général, ne permettaient pas d'accéder au vœu des habitans. L'Intendant ajoute que, pour atteindre le même but, les habitans doivent demander un octroi qui pèsera sur les privilégiés, comme sur les autres. M. Necker, effectivement, ayant demandé aux agens du Clergé un don gratuit de 15 millions, ces agens lui en avaient offert 18, sous la condition que les *franchises* du Clergé, qui dès-lors étaient menacées, lui seraient conservées. Plus tard, il se serait trouvé heureux de ne perdre que ses *franchises*.

II. Au printemps, les Ingénieurs de la province firent reconstruire, par le sieur Saintpère, entrepreneur, le pont de la grande route qui traverse le ruisseau de Beauches, dans la plaine de Monéteau, et y séparait jadis l'Auxerrois de la Champagne. Probablement, ce pont avait anciennement été en pierre, car il en portait le nom, quoiqu'en bois. Il le mérita mieux par sa nouvelle construction, dont la dépense s'éleva à 45,664 livres.

III. 24 mai, on suivit le conseil de l'Intendant. Les habitans, dans une assemblée générale, arrêtèrent que, les recettes ne s'élevant qu'à 8,058 liv. 7 s., et les dépenses, quoique réduites au plus strict nécessaire, étant de 13,045 liv. 13 sols 7 den.; pour remplacer la taille refusée, il serait demandé un octroi de 24 s. à percevoir, pendant 15 ans, sur chaque minot de sel vendu au Grenier : ce qui était présumé devoir produire 5,000 livres par an. V. 1783, n. 1.

IV. 18 août, installation de deux nouveaux Echevins, MM. Guenot, Avocat et Legueux, marchand, nommés par le Roi, sur les six candidats élus le 24 juin.

V. Au mois de septembre, affiche et publication d'un arrêt du Conseil d'Etat, du 7 du même mois, qui, sur de nouvelles plaintes au sujet de la jauge des tonneaux, servant au commerce de Paris, et pour assurer l'exécution des lettres patentes du 8 avril 1715, dans les villes d'Auxerre, Tonnerre, Chablis, Vermenton, Joigny et Villeneuve-le-Roi, ordonna aux fabricans de les marquer des lettres initiales de leurs noms, à peine de confiscation. V. 1785, n. vi.

VI. Juillet, Edit qui rétablit le troisième vingtième.

VII. 29 décembre, le Corps municipal arrête d'adresser à M. de Vergènes, Ministre des affaires étrangères, un mémoire rédigé par M. Guenot, l'un des Echevins, et tendant à ce que, dans les négociations ouvertes alors avec l'Angleterre pour la paix, les plénipotentiaires du Roi exigent de ceux de l'Angleterre une réduction considérable sur les droits excessifs perçus dans ce pays, sur l'entrée des vins de Bourgogne.

1783.

I. 25 février, arrêt du Conseil qui accorde à la ville l'octroi demandé sur le sel, mais pour neuf années seulement, suivi de lettres patentes du 16 juillet, enregistrées à la Cour des Aydes le 5 août, et au Grenier à sel, le 13.

II. Au mois de juillet, installation de M. Villetard, Echevin, désigné par le Roi sur la liste du 24 juin.

III. 15 décembre, publication de la paix conclue à Paris, entre la France, l'Angleterre, et les autres puissances belligérantes, le 25 novembre, par laquelle la liberté est assurée aux Etats-Unis d'Amérique. On suivit, à peu près, le même cérémonial que pour la paix de 1763. Quand les jeunes gens virent de graves personnages en perruques, en robes, et à cheval, ils crurent que la carnaval commençait. Le Te Deum fut chanté, le même jour, à S.-Etienne; le soir, il y eut danses sur les places publiques, et pour la première fois l'Hôtel de ville fut illuminé.

IV. 28, le Procureur du Roi, M. Rémond, requiert des Officiers municipaux qu'ils aient à exécuter la Déclaration du Roi, du 10 mars 1776, et à déterminer le délai qui leur paraît nécessaire pour acheter, hors de la ville, le terrain dans lequel devront se faire les inhumations. Les Officiers municipaux arrêtent que, la Déclaration du Roi n'exigeant la translation des cimetières, hors des villes, qu'à l'égard de ceux qui sont reconnus nuisibles, il n'y a pas encore lieu d'interdire ceux des paroisses. V. 1784, n. v.

1784.

I. 4 janvier, M. Poursin de Longchamp fait don à la ville de six canons par lui recueillis dans la succession de son père.

II. Dans le même mois, M. Ménassier, maître particulier des Eaux et forêts d'Auxerre, fut appelé devant une Commission du Conseil, pour faire son rapport sur un travail important dont il avait été chargé. Il s'agissait de savoir s'il était possible de réaliser le canal de navigation de la Haute-Loire à la Seine, par les vallées de l'Aron et de l'Yonne, proposé par les Etats de Bourgogne au Président Jeannin, sous Henri IV, et rappelé sous Louis XIII, par Jean du Gers, Maître des digues de France. M. Ménassier, qui avait pris sur ces vallées, sur leur point de partage, et les eaux dont on pouvait disposer, toutes les notions et les nivellemens nécessaires, démontra la possibilité de ce canal, en perçant le seuil de la montagne de la Colancelle, entre Clamecy et Decise. En conséquence, un arrêt du Conseil en ordonna la confection ; et, dès l'année même, les travaux commencèrent. Après une dépense de 5 millions, ils ont été suspendus en 1791, puis repris en 1810, puis encore abandonnés jusqu'à la loi du 14 août 1822, qu'on exécute aujourd'hui. Ce canal, qui commence à Decise et se termine à Auxerre, aura 174,565 mètres de longueur, à peu près 40 lieues. (1)

III. 24 juin, les habitans réunis à l'effet de nommer deux Echevins, pour remplacer MM. Guenot, Avocat, et Legueux, marchand, arrêtent de demander au Roi que ces Messieurs ne soient pas encore remplacés, et qu'à l'avenir les Echevins restent quatre ans en place ; qu'en conséquence, il n'en soit nommé qu'un chaque année. Le 15 août, le Maire reçut une lettre de M. le Comte de Breteuil, du 23 juillet, lui annonçant que la demande des habitans était agréée par le Roi.

IV. 11 juillet, MM. Baudesson, Maire, et Guenot, Echevin, sont députés aux Etats convoqués à Dijon pour le 26.

V. 7 décembre, ordonnance de M. l'Evêque qui

----

(1) V. l'Histoire de la navigation intérieure de la France, par Dutens, t. 1, p. 595.

interdit les cimetières des paroisses, et ordonne qu'à compter du 1ᵉʳ janvier, les inhumations se feront hors de la ville. V. 1785, n. v.

VI. Un antique usage établi par la piété avait, depuis long-temps, dégénéré en une dépense de luxe, au profit des plus riches de la ville. Jadis, chaque année, toutes les autorités assistant à l'office de la fête de la Purification, appelée *Chandeleur*, parce que tous les fidèles y avaient un cierge à la main, c'était sur les deniers communs qu'on procurait aux Officiers du Bailliage et à ceux de la Municipalité, les cierges qu'ils y portaient, et qu'ils auraient mieux fait d'acheter eux-mêmes ; mais, au moins, ceux-là seulement avaient des cierges, qui participaient à la dévotion. Depuis, on avait imaginé de se dispenser de l'acte religieux, mais de n'y rien perdre en ce monde. La veille de la Chandeleur, des paquets de bougies, au lieu de cierges, étaient distribués, aux frais de la ville, à tous les Officiers des deux compagnies. Pendant quelques années, un Intendant, fidèle à ses devoirs, avait supprimé cette dépense abusive. Mais, cette année, les Officiers du Bailliage ne craignirent pas de solliciter auprès de son successeur le rétablissement de cette distribution, en la décorant du nom de *présent d'honneur*. Cet Intendant facile, demanda, sur l'opportunité du présent, l'avis des Officiers municipaux, qui devaient en avoir la moitié ! Par une délibération, du 3 décembre, il fut arrêté que 70 livres de bougies, divisées en 46 paquets, seraient distribuées, chaque année, la veille de la Chandeleur, savoir : trois paquets au Lieutenant général, trois au Maire, deux au

Procureur du Roi, et un à chacun des autres Officiers du Bailliage et de la Municipalité.

1785.

I. La taille de cette année, montant à 24,955 liv. 18 sols, ne put être assise que sur 1,414 personnes, tandis qu'en 1755 le nombre des taillables était de 1641, en 1725 de 2056, et en 1667 de 2331. Il faut en conclure, que la population, en 1667, était supérieure, de plus de moitié en sus, à ce qu'elle était lors de la révolution ; et la cause de cette diminution n'est pas difficile à découvrir. En 1666, la Franche-Comté, le Lyonnais, la Bourgogne et le Tonnerrois n'avaient encore de communication avec le Nord de la France que par la voie romaine de Lyon à Boulogne, et par la navigation de l'Yonne. Cette navigation était si active à Auxerre, et les voituriers par eau y étaient si nombreux, qu'on a vu, en 1641, le Corps municipal rejeter une pétition de plusieurs d'entre eux, par le motif qu'elle n'était l'œuvre que de 30 à 40. (V. p. 155.) Mais les passages continuels de gens de guerre que la ville a eu à supporter pendant tout le règne de Louis XIII, et la minorité de Louis XIV, ainsi que l'état de défense dans lequel elle a été sans cesse obligée de se tenir, l'avaient obérée de l'immense arriéré qu'il fallut éteindre en 1666. On ne put le faire qu'en créant des octrois excessifs sur les comestibles, ainsi qu'un énorme péage sur les vins passant dessus et dessous le pont. Il en est résulté que le commerce, pour éviter ce péage, s'est ouvert des routes et des ports au-dessous d'Auxerre; que les occasions de travail y étant devenues moindres, et les vivres plus chers, une partie de la population s'est éloignée. Cet effet fut si prompt et si sensible, qu'on a vu le Corps municipal, en 1672, consentir la réduction d'un tiers sur le bail des octrois, et, en 1685, demander quatre foires, à cause de la diminution de la population.

II. 11 avril, Te Deum et réjouissances pour la naissance du Duc de Normandie, depuis Louis XVII, venu au monde pour être une des plus déplorables victimes de la révolution.

III. 1ᵉʳ mai, vente par les Officiers municipaux d'une vieille couleuvrine, longue de 10 pieds, et pesant 2,649 livres, moyennant 2,376 livres. C'est celle qui avait été enterrée, le 26 mars 1667, sur la plate-forme entre la porte d'Eglény et celle du Temple, et qui, depuis ce temps, avait fait appeler le quartier où elle était cachée *le Canon*. Elle avait été retirée du sol qu'elle occupait, dès 1782; ce terrain ayant été vendu au sieur Leblanc, charpentier, qui avait promis d'y construire un moulin à vent pour l'utilité commune, et n'y bâtit qu'une loge pour les Francs-maçons.

IV. 23 août, installation de M. Deschamps, Procureur, Echevin élu le 24 juin, et agréé par le Roi.

V. Les Officiers municipaux ne faisant aucune démarche pour établir un cimetière hors de la ville, malgré les réquisitions du Procureur du Roi, et l'interdiction des cimetières des paroisses ordonnée par l'Evêque; le Procureur du Roi les traduisit devant le Bailliage, et le 6 septembre, obtint une sentence qui les condamna à exécuter la Déclaration de 1776. Alors on cessa les inhumations dans les églises et les petits cimetières des paroisses ; mais elles se firent toutes dans celui de l'ancien Hôtel-Dieu, aujourd'hui le champ de foire, jusqu'en 1790. A cette époque, la ville, ayant acheté le couvent des Capucins, consacra une partie des jardins aux inhumations.

VI. Malgré l'arrêt de réglement de 1782, les abus dans la fabrication des tonneaux pour les vins continuèrent. De nouvelles plaintes furent adressées aux Officiers municipaux par le commerce de Paris et de Rouen. Les commissionnaires de vins furent consultés sur les nouvelles mesures à prendre pour réprimer plus efficacement ces abus ; ils firent remarquer que la plupart des feuillettes défectueuses provenaient de Saulieu et d'Avallon ; et le 16 décembre, le Corps municipal arrêta « que tout acheteur de vins » était autorisé à refuser le tonneau n'ayant pas la ca- » pacité fixée par les réglemens ; que de fréquentes » visites seraient faites dans les magasins des fabri- » cans et des marchands ; que tous les tonneaux vi- » cieux seraient saisis et confisqués, et qu'il serait de- » mandé au Conseil un arrêt qui étendît à la province » de Bourgogne, notamment aux villes d'Avallon et » de Saulieu, les dispositions de l'arrêt du Parlement » de Paris. » Cette ordonnance de police fut imprimée, publiée et affichée.

1786.

I. 14 février, décès de M. Jean-Claude Baudesson, ancien Maire. La ville observa pour ses obsèques, le même cérémonial qui avait été réglé pour son aïeul en 1731.

II. 19 mars, M. Pasquier, Prieur de S.-Amatre, avait conçu l'espoir d'assujettir à la dîme tous les héritages situés sur sa censive, qui comprenait une partie importante du territoire. Déjà il avait formé sa demande contre plusieurs propriétaires, et l'avait fait évoquer au Parlement, attendu l'intérêt personnel que pouvaient y avoir les Officiers du Bailliage. Les alarmes de ceux qui possédaient des héritages sur cette censive furent bientôt partagées par tous les habitans, dans la juste crainte que, si le Prieur de S.-Amatre parvenait à son but, la même prétention ne fût élevée par les autres Seigneurs du territoire, savoir: l'Evêque, les Religieux de S.-Marien, ceux de S.-Germain, le Prieur de S.-Gervais. C'est, surtout, à l'égard des vignes que cette réclamation était effrayante pour le pays; elle venait d'autant plus à contre temps, que déjà on y entrevoyait la possibilité d'affranchir les vins, même des droits d'Aydes, et de leur procurer une franchise égale à ceux de la Haute-Bourgogne. Cédant donc au vœu général, les Officiers municipaux arrêtèrent d'intervenir dans l'instance, au nom des habitans. V. n. iv.

III. Effectivement, depuis 1783, que M. Villetard, commissionnaire de vins, était Echevin, il négociait activement l'affranchissement de l'Auxerrois. De concert avec les personnes les plus influentes de la ville, il avait fait des démarches auprès des Elus généraux, et était parvenu à leur faire adopter son projet. Ils finirent même par l'étendre au Comté de Bar-sur-Seine, qui était, à cet égard, dans la même position que le Comté d'Auxerre; puis au Duché, pour plusieurs droits dont le fisc l'avait récemment chargé, malgré ses priviléges. Les Elus ensuite avaient concerté cette grave opération avec le Ministère, et le traité allait être conclu, lorsque le Corps municipal fut invité à donner son avis plus régulièrement qu'il ne l'avait fait jusque là. Par une délibération du 3 mai, il donna à cette négociation l'assentiment le plus complet. V. n. VII.

IV. 19 août, l'instance sur la demande du Prieur de S.-Amatre fut solennellement plaidée à la Grand'-Chambre du Parlement, qui, par son arrêt, rejeta sa tardive réclamation. La ville, tout en obtenant un succès complet, dépensa en faux frais 2,910 liv. 13 sols 6 den.; néanmoins, à la nouvelle de cet arrêt, des feux de joie furent spontanément allumés dans tous les quartiers.

V. 30 septembre, la réélection de M. Legueux, comme Echevin, est agréée par le Roi.

VI. Dans ce même mois, fut achevée la construction de l'Abbatiale de S.-Julien, commencée en 1784. C'était un vaste et magnifique bâtiment faisant le complément du Monastère que les Auxerrois, pour leur sûreté, avaient détruit en 1591, et que les Bénédictines n'avaient rétabli qu'en partie en 1649. Sa beauté ne l'a pas garanti du marteau révolutionnaire; vendu comme domaine national, en 1792, les acquéreurs l'ont entièrement démoli; il n'en reste que la porte de la cour d'honneur, ouverte sur la grande rue du faubourg. L'élégance de ses formes peut donner une idée de celle de l'édifice.

VII. 27 novembre, la négociation des Elus généraux avec le Ministère des finances, pour rédimer la province et les deux Comtés des droits du fisc sur les vins, fut terminée par des lettres patentes qui fixèrent le capital des droits à racheter à six millions ; savoir : pour le Comté d'Auxerre, 2,114,964 livres 13 sols, pour celui de Bar-sur-Seine, 1,946,615 liv. 7 sols, et pour le Duché, 1,938,420 livres. Par ces mêmes lettres, la province fut chargée de faire l'avance des six millions, dans des délais qu'elles fixent, pour en être remboursée, à l'égard du Comté d'Auxerre, par une perception en nature sur les vins ; à ces conditions, l'abolition des droits rachetés fut prononcée pour le 1er janvier 1787.

L'annonce de cet affranchissement porta l'enthousiasme des habitans au plus haut degré. Vignerons et Bourgeois ne s'abordaient que pour dire et répéter : plus de commis ! plus d'exercice ! pas même dans les auberges, les cafés et les cabarets ! les vins de l'Auxerrois circuleront désormais partout, sans payer d'autres droits que ceux d'entrée dans les villes qui y sont sujettes ! Dans le premier élan de cet enthousiasme, l'énormité de la somme à payer était comptée pour rien ; on ne goutait que l'indépendance dont elle était le prix. La mesure de l'exaltation des esprits en ce moment se trouve dans les moyens imaginés par le Corps municipal, pour témoigner la reconnaissance des habitans envers tous ceux qui avaient participé à cette grande œuvre. Sa délibération porte que le Maire fera exécuter en marbre le buste du Roi, celui du Prince de Condé, et ceux des trois Elus généraux pour en orner la Chambre du Conseil ; que M. Villetard, à qui l'on devait et la première pensée du projet, et toutes les démarches qui l'avaient réalisé, serait, sous le bon plaisir du Roi, Echevin honoraire et perpétuel ; que M. Girard de la Brely, Secrétaire en chef des Etats, et ses descendans, seraient *citoyens d'Auxerre.* V. 1788, n. II.

1787.

I. Le 24 janvier, MM. Baudesson, Maire, et Guenot, Echevin, furent députés aux Etats convoqués à Dijon pour le 25. Mais, peu de jours après, un nouvel ordre du Roi prorogea cette convocation au 25 avril, attendu que, les Notables du Royaume devant être réunis à Versailles, le 25 février, il était convenable d'attendre leur détermination sur les propositions qui leur seraient faites, avant la tenue des Etats provinciaux.

On apprit, en même temps, les graves motifs qui avaient fait appeler les Notables. Le Trésor ne pouvant plus suffire aux dépenses de l'Etat, MM. de Vergennes et de Calonne avaient mesuré le *déficit*, et l'avaient trouvé immense ; la guerre d'Amérique seule avait coûté un milliard. Le Roi, sur leur rapport, avait jugé que le seul moyen de combler cet abîme, et de maintenir la France dans l'état de splendeur et de prospérité dont elle jouissait, était de faire cesser enfin les priviléges pécuniaires du Clergé et de la Noblesse, contre lesquels l'opinion publique s'élevait ardemment, depuis longues années. C'était sur cette grande mesure que le Roi voulait se concerter avec les principaux membres de ces deux Ordres, dans l'espérance que, convaincus de la nécessité des sacrifices que le salut de la France exigeait d'eux, ils s'y soumettraient volontairement.

Cette nouvelle fit sur le Tiers-État, c'est-à-dire sur les neuf dixièmes de la population, une impression difficile à décrire. Elle fut infiniment vive, particulièrement à Auxerre, où, comme on l'a vu, la guerre entre les taillables et les exempts était en permanence. On y attendit donc, avec plus d'anxiété que d'espérance, la conférence qui allait s'ouvrir entre le Roi et les Notables, en considérant qu'à l'exception de quelques Maires de grandes villes, l'assemblée n'était composée que de Princes, de Prélats, de Présidens de Cours souveraines, et de grands Seigneurs. On désespéra, surtout, quand on apprit que, le 13 février, M. de Vergennes avait été enlevé par la mort; et que des deux ministres qui, avec le Roi, avaient conçu ce projet hardi, M. de Calonne restait seul pour le soutenir. A peine, en effet, avait-il commencé à en conférer avec les Notables, qu'une intrigue de Cour l'avait fait éloigner, et remplacer par l'Archevêque de Toulouse, M. de Brienne.

Cependant ce nouveau Ministre suivit le même système; mais déjà plus de deux mois s'étaient écoulés depuis que les Notables étaient réunis, sans qu'ils se fussent accordés sur un seul point. Pour les amener à un résultat, il fallut que le Roi se rendît au milieu d'eux, et il le fit le 27 avril. S'il n'obtint pas ce nivellement absolu des citoyens pour supporter les charges publiques, que la droiture de son ame lui faisait regarder comme la base de l'harmonie entre les membres d'une même société, au moins on souscrivit à l'abolition de la corvée, à un impôt sur le timbre devant produire 30 millions, et à une subvention territoriale pouvant en donner 80.

Il n'en fut pas de même au Parlement. Trois Edits furent présentés à son enregistrement pour la corvée et les deux impôts. Les Magistrats, plus attachés à leurs priviléges qu'à l'intérêt général, n'admirent que le premier ; et prétendant que les impôts étaient élevés à un degré tel qu'il n'appartenait qu'aux Etats généraux de le dépasser, ils refusèrent les deux autres. En vain, le 6 août, Louis XVI, dans un lit de justice, les fit enregistrer *de son exprès commandement* ; ce que, dans aucun temps, le Parlement ne s'était permis, il l'osa. Quelques jours après, mettant son pouvoir au-dessus de celui de la couronne, il déclara par arrêt, cet enregistrement *nul et non avenu !* Le Monarque, ainsi bravé, pouvait, suivant les lois d'alors, et de l'aveu de tous les hommes d'Etat, faire poursuivre ces Magistrats comme rebelles ; il se borna à les exiler. Quelle qu'ait été sa modération dans cette circonstance, il vit aussitôt s'élever et se réunir contre lui, dans toutes les classes, d'innombrables ennemis ; les uns parce que leurs prérogatives étaient blessées, les autres parce qu'ils en voulaient à l'existence même de la Monarchie. Remuée par tous, la populace de Paris se livra à des excès si révoltans, que le Roi decourage rappela le Parlement, retira ses Edits, et put croire, un instant, la rebellion apaisée. Il profita de ce calme apparent pour user du seul moyen qui lui restait d'éviter la banqueroute ; et le 19 septembre, il fit présenter au Parlement un Edit qui créait un emprunt de 420 millions. Un refus absolu fut encore la réponse de ces Magistrats auxquels il venait de pardonner. On concevra facilement combien les nouvelles successives de ces événemens tenaient à Auxerre les esprits inquiets et agités ! V. 1788, n. III.

II. Pendant l'été, les revêtemens des piles du pont furent refaits à neuf, ainsi que le parapet entier. Ces travaux furent exécutés par le sieur Herlin, entrepreneur, moyennant 28,700 livres. En reconstruisant le parapet, on dissimula, autant qu'il était possible, les zig-zags qu'il décrivait. Mais il en reste encore assez pour signaler les angles de la Bastille, jadis placée au milieu de ce pont.

III. 29 septembre, 25 invalides commandés par deux Officiers, arrivèrent de Dijon pour faire la garde des héritages, et furent casernés provisoirement dans l'Hôtel de ville. Personne n'avait voulu se charger de cette garde, si ce n'est un sieur Gendot, qui la faisait fort mal. Les plaintes s'étant multipliées, les habitans assemblés, le 16 de ce mois, avaient autorisé le Maire à demander cette petite troupe au Commandant de la province, sous la condition de donner une haute paie de six sols par jour, pour chaque soldat, et 25 livres par mois pour chaque Officier. V. n. v.

IV. Au mois d'octobre, les Administrateurs de

l'hôpital général, fatigués d'entretenir inutilement les bâtimens de l'hôpital S.-Roch, demandèrent aux habitans, dans une assemblée générale, l'autorisation de les démolir, et d'en vendre les matériaux. On les leur abandonna, et ils en vendirent pour 2,000 liv.

V. 6 décembre, les invalides, ne pouvant pas faire le service qu'on avait attendu d'eux, furent renvoyés à Dijon, et la garde des héritages fut mise en régie.

1788.

I. La nuit du 29 au 30 janvier est la première qui, dans la ville, ait été éclairée par des réverbères. Il n'y en eut d'abord que deux, l'un devant l'Hôtel de ville, l'autre devant la maison du Maire, par suite d'une délibération des habitans, approuvée par l'Intendant. L'avantage dont jouirent ces deux quartiers excita l'émulation dans plusieurs autres, où les habitans se cotisèrent et en établirent, jusqu'en 1808, que l'éclairage fut compris dans les dépenses communes, et devint général.

II. L'enthousiasme des habitans sur le rachat des Aydes perdit beaucoup de sa vivacité, quand ils furent assemblés pour délibérer sur le mode d'assiette et de perception du prix de ce rachat. On a vu qu'il était, pour le Comté, de 2,114,914 livres, et la ville devait en payer à peu près la moitié. Il s'agissait d'en servir les intérêts à la province, qui avait fait les avances du capital. Dans une première assemblée, le 3 janvier, on s'était divisé ; les uns voulaient une prestation en argent, d'autres préféraient se libérer en nature sur le produit des vignes. On n'avait pas pu se mettre d'accord ni dans cette première assemblée, ni dans une seconde le 17. Enfin, le 11 février, la prestation en nature réunit les suffrages de la majorité, par la facilité qu'elle donnait aux moins fortunés de se libérer sur-le-champ. Mais elle ne fut pas exécutée. Cette dette se confondit avec celles dont déjà la ville était énormement chargée, et s'éteignit avec elles à la faveur des événemens ultérieurs.

III. 15 mai, enregistrement au Bailliage, publication et affiche, dans la ville, d'un Edit qui distrait le Bailliage du ressort du Parlement de Paris, et le fait ressortir à un Grand-Bailliage créé à Sens.

Cette mesure n'était pas particulière à Auxerre. La résistance opiniâtre que le Parlement avait opposée à toutes les mesures conçues par le Roi et ses Ministres pour rétablir les finances, l'avaient contraint à enlever à cette Cour l'arme dont elle faisait un si déplorable abus. En conséquence, dans un lit de justice tenu à Versailles le 5 mai, le Roi avait fait enregistrer deux Edits : l'un qui attribuait l'enregistrement des Edits à une Cour plénière composée, comme celles de Charlemagne, du Roi, des Princes du sang, et des Grands du Royaume ; le second qui réduisait le Parlement de Paris à 75 Magistrats, ne devant s'occuper que de rendre la justice, dans un ressort beaucoup moins étendu qu'auparavant ; et créait six Grands-Bailliages pour juger les appels des pays distraits de l'ancien ressort.

Cet effort fut le dernier que fit Louis XVI pour conserver l'ancienne constitution du Royaume. Ces Edits ne furent pas plutôt connus, que le feu de la sédition se ralluma avec plus de fureur encore que l'année précédente, non-seulement à Paris, mais en Bretagne, dans le Languedoc, et dans plusieurs autres provinces. Le Roi eut même la douleur de voir le Clergé, qui jusque-là n'avait pas franchi les bornes de la soumission, lui faire des remontrances, blâmer aussi tous ses actes, et parler, comme les autres, des Etats généraux ! Affaissé sous le poids de tant de contradictions, ce Prince, qui voulait sincèrement le bonheur des français, et qui, par un juste pressentiment, redoutait les Etats généraux, se résigna, en ordonna la convocation pour le 1er mai 1789, révoqua les deux Edits, renvoya des Ministres objets de toutes les plaintes ; et, le 27 août, mit à leur place M. Necker, réclamé de toutes parts.

De tous les opposans à ses intentions bienfaisantes, les novateurs seuls étaient conséquens, parce qu'ils voulaient le renversement de tout ce qui existait. Quant aux Ordres privilégiés, ils ne voyaient pas que, parmi les abus dont la réforme était attendue de ces Etats, leurs prérogatives étaient mises au premier rang par tous les écrivains du jour ; mais leurs yeux ne tardèrent pas à se dessiller. A l'instant même où le Roi eut satisfait au cri universel, *les Etats généraux*, deux autres cris, *double représentation du Tiers*, *vote par tête*, lui succédèrent, et furent bientôt répétés dans les villes, les villages et les hameaux comme à

Paris. La révolution alors ne marcha plus dans l'ombre, mais à découvert, bravant les imprudens qui l'avaient aidée dans ses premiers pas. Ce fut en vain que le Parlement, déjà aux regrets, en enregistrant l'Edit de convocation des Etats, y mit pour condition qu'on suivrait strictement les formes de ceux de 1614; ce fut envain que les Notables consultés firent la même réponse; envain que les Princes du sang, dans une adresse au Roi, réclamèrent aussi les anciennes formes; le Tiers-Etat était réveillé et ne s'endormit plus. Les habitans des villes avaient été également invités par un arrêt du Conseil d'Etat, à faire connaître au Roi leur vœu pour la composition des Etats. Aussitôt une multitude de députés et des milliers d'adresses étaient allés solliciter du Prince la *double représentation* et le *vote par tête*, comme seuls moyens de faire cesser les privilèges pécuniaires, ainsi qu'il l'avait proposé lui-même aux Notables. Louis XVI enfin, placé sur le plan incliné où les Ordres privilégiés l'avaient poussé, se détermina en faveur du Tiers; et le 27 décembre, un arrêt du Conseil lui accorda la double représentation, en laissant aux Etats le droit de régler le mode des votes.

Le vœu des habitans d'Auxerre n'arriva à la Cour qu'après cette décision; ils n'avaient été assemblés que le 26, et M. Hay de Lucy, Conseiller, leur avait donné lecture d'un mémoire, dans lequel les droits du Tiers-Etat étaient établis conformément à ses vœux. L'assemblée, après d'unanimes applaudissemens, avait arrêté que ce mémoire servirait de base à la requête au Roi, dont la rédaction avait été confiée à M. Hay lui-même, à MM. Marie de la Forge, Conseiller, Petit et Lepère, Avocats. Quatre jours après, on ignorait encore la décision du Roi; en conséquence, les habitans furent de nouveau réunis pour entendre le rapport de la Commission. M. Hay donna lecture du projet de requête au Roi, dans laquelle on émettait le vœu qu'aux Etats généraux, le Tiers-Etat fût représenté par des députés en nombre égal à ceux qu'y auraient le Clergé et la Noblesse ensemble; qu'il en fût de même aux Etats de Bourgogne; que l'assemblée des Etats fût faite par Bailliages, et que les ordres du Roi, à ce sujet, fussent adressés aux Grands-Baillis, suivant l'ancienne forme. Ce projet fut adopté à l'unanimité. Peu de jours après, l'arrêt du Conseil du 27, qui, à l'avance, accueillait le vœu principal des habitans, fut envoyé au Bailliage, publié et affiché dans la ville.

IV. Sur la fin de cette année, durant laquelle une température constamment favorable avait produit des récoltes abondantes, la population passa, tout-à-coup, de cet état de prospérité à celui de la disette la plus effrayante. Dès le 24 novembre, un froid excessif, en pétrifiant la terre et les eaux, avait suspendu les travaux dans la campagne, et arrêté le mouvement des moulins. Cet état d'inactivité dura deux mois entiers. La misère atteignit promptement ceux dont la subsistance dépend de leur travail. Aussitôt qu'on s'en aperçut, les Officiers municipaux établirent des ateliers de charité, où ils admirent les pauvres indiqués par les Curés des paroisses, en donnant à chacun et par jour, quatre livres de pain et deux sols. M. l'Evêque, qui, le premier, avait provoqué cette mesure, y contribua pour 300 livres ; une somme égale fut fournie par la ville, et les dons volontaires des Bourgeois procurèrent le surplus.

Mais un autre effet du froid, moins facile à combattre, se fit bientôt sentir : les moulins enchaînés par la neige et les glaces, cessèrent de renouveler les provisions de farine, et l'on vit s'approcher le moment où le pain allait manquer. On crut qu'en employant les pauvres à casser les glaces dans les biez, et rendant ainsi l'activité aux moulins, on repousserait cette calamité ; mais cet espoir peu réfléchi faillit être funeste aux habitans. Quelques efforts qu'on fît, l'intensité du froid était si violente que le travail de plusieurs heures était détruit en quelques minutes, et qu'il s'en fallait de beaucoup qu'on obtînt en farine ce que la consommation absorbait. Le 24 décembre, avant midi, les boulangers n'avaient plus de pain à vendre, et beaucoup d'habitans en demandaient, tous en murmurant, plusieurs avec des menaces. Il fallut, sans délai, recourir à des moyens plus sûrs. Sur-le-champ, M. Deschamps, Receveur, fut envoyé en poste à Fossard, acheter des farines. En attendant, on imagina d'appliquer aux moulins du grand S.-Martin, un mécanisme au moyen duquel ces usines, mises en mouvement par des chevaux, donnèrent le même produit que lorsqu'elles avaient l'eau pour moteur. Néanmoins, jusqu'à l'arrivée des farines de Fossart, il y eut de grandes privations de pain dans toutes les classes des habitans.

1789.

I. Le 25 janvier, le dégel étant survenu, les maux cessèrent, et les ateliers de charité furent fermés. En arrêtant le compte de la dépense, on reconnut qu'on avait employé 2,566 journées, et distribué 10,267 livres de pain.

II. Le 3 mars, dans une audience solennelle du Bailliage, le Grand-Bailli d'Epée, M. Marie d'Avigneau, fit donner lecture 1° de la lettre à lui adressée par le Roi, le 24 janvier, pour qu'il eût à appeler à Auxerre les trois Ordres du ressort, à l'effet de nommer leurs députés aux Etats généraux qui devaient s'ouvrir à Versailles, le 27 avril ; 2° d'un réglement du Roi du même jour, contenant les formes à observer pour les assemblées préliminaires dans lesquelles les Corps, les villes et les paroisses éliraient leurs délégués à l'assemblée du Bailliage, et rédigeraient leurs doléances ; 3° d'un second réglement du 7 février, particulier pour la Bourgogne et Comtés adjacens, attribuant au Bailliage une députation composée d'un député du Clergé, un de la Noblesse et deux du Tiers-Etat (1), et donnant à la ville douze délégués dans l'assemblée

---

(1) Dans les anciens Etats, le Bailliage avait six Députés, (v. p. 61) dont deux de chaque Ordre. Mais le Tiers-Etat ayant demandé et obtenu une représentation égale à celle des deux premiers ensemble; pour ne pas rendre trop nombreux les Etat généraux, le Roi, avait réduit à moitié les députations du Clergé et de la Noblesse.

du Bailliage. Après cette lecture, le Bailli rendit une ordonnance par laquelle l'assemblée des trois Ordres pour la nomination des députés aux Etats généraux, fut convoquée à Auxerre, et fixée au 23, huit heures du matin.

Le 5, la lettre du Roi, les deux réglemens et l'ordonnance du Bailli furent publiés, à son de trompe, dans les rues, lus aux prônes des paroisses, et affichés dans tous les quartiers. En même temps les Corps, faisant partie du Tiers-Etat de la ville, furent invités par le Corps municipal à se réunir et à envoyer leurs députés à l'assemblée qui devait rédiger les doléances et élire les douze députés de la ville à celle du Bailliage. Effectivement, le 8, les députés des Corps se réunirent à l'Hôtel de ville et chargèrent une Commission de rédiger les doléances. Le 20, le projet dressé par la Commission fut adopté, et l'on choisit pour députés MM. Baudesson, Maire; Leblanc, Procureur-syndic; Hay de Lucy et Marie de la Forge, Conseillers; Ducrot et Petit, Avocats; Petit de Flacy, Garde-marteau; Guéron, Procureur du Roi au Grenier à sel; Maure, second Consul; Lefebvre, Notaire; Girard, Procureur, et Robin, Pharmacien.

Le 23, les trois Ordres du Comté s'assemblèrent dans l'Eglise des Cordeliers, sous la présidence du Grand-Bailli, ayant à sa droite le Clergé, à sa gauche la Noblesse, et en face le Tiers-Etat. Le Bailli ouvrit l'assemblée par un discours dont les trois Ordres, également satisfaits, votèrent l'impression. Il en fut de même de celui de l'Evêque, M. de Cicé. Néanmoins, c'est le 26 seulement que les députés, devant le lendemain se diviser par Ordre, prêtèrent, par acclamation, le serment de *procéder fidèlement et en leur ame et conscience, à la rédaction du cahier général, et à la nomination des députés.*

Le 27, les trois chambres se formèrent ; celle du Clergé au Palais épiscopal, se trouva composée de 131 ecclésiastiques, la plupart porteurs de procuration des absens, au nombre de 102, ce qui éleva celui des suffrages à 233. Elle fut présidée par M. de Cicé.

La Noblesse resta aux Cordeliers, sous la présidence du Bailli. Il s'y trouva 73 Gentilshommes, ayant les procurations de 61 absens, pouvant conséquemment donner 134 suffrages.

Le Tiers-Etat, réuni au Palais de justice, eut pour Président le Lieutenant particulier, M. Housset de Champton. Le nombre des présens fut d'environ 200. Les absens ne purent pas s'y faire représenter par des procurations, parce qu'ils n'étaient que des délégués, tandis que les membres des deux premiers Ordres exerçaient un droit personnel.

Aussitôt que les chambres furent organisées, celle du Tiers-Etat envoya des députés visiter et complimenter les deux autres, qui peu de minutes après, lui envoyèrent également des députations et se visitèrent entre elles. Ainsi qu'il est d'usage, dans de telles circonstances, on fit échange de complimens, de protestations d'estime, de considération et surtout de dévouement à la patrie. Tous ces discours étaient à l'intant même imprimés et répandus avec profusion dans le public qui dut croire au retour de l'âge d'or. En même temps, des Commissaires s'occupaient de rédiger le cahier des pétitions de chaque Ordre, ce qui ne fut achevé que le 6 avril. Le lendemain, enfin, on fit l'élection des députés qui furent pour le Clergé, M. de Cicé; pour la Noblesse, M. Moncorps de Chéry, et pour le Tiers-Etat, MM. Marie de la Forge, d'Auxerre, et Paultre, de S.-Sauveur. Le 8, les trois Ordres se réunirent de nouveau et entendirent le discours de clôture prononcé par M. Rémond, Procureur du Roi.

A juger des vœux de toutes les parties du Royaume par ceux du Bailliage d'Auxerre, tels qu'ils sont exprimés dans les cahiers remis aux députés, on est conduit à une réflexion bien amère sur les larmes et le sang qu'a coûté une révolution qui était déjà faite dans les esprits. Le Clergé et la Noblesse, reconnaissant que leurs priviléges pécuniaires ne peuvent plus survivre aux changemens que le temps a apportés dans les autres parties de l'ordre social, y renoncent expressément, et demandent eux-mêmes a supporter les charges publiques avec le Tiers-Etat; ils admettent son aptitude à tous les emplois; ils se soumettent, sans réserve, à une parfaite égalité dans les intérêts matériels; votent contre les tribunaux d'exception, les lettres de cachet, et contre tout ce qui compromettait la liberté individuelle; ils demandent une Monarchie constitutionnelle; la Noblesse va jusqu'à désirer la liberté de la presse, et comme il est de vérité historique que, dans presque tous les Bailliages et les Sénéchaussées, les cahiers de deux Ordres privilégiés ont exprimé les mêmes vœux, à quelle cause faut il donc attribuer le caractère hostile et sanglant que prit, depuis, cette révolution ? à l'amour-propre, j'allais dire à l'orgueil, dont furent également animés les trois Ordres. Les deux premiers voulaient que leurs sacrifices n'allassent pas jusqu'à leurs *prérogatives honorifiques*, et le Tiers-Etat voulut sur toutes les têtes le même niveau. C'est de là, et de là, surtout, qu'est sortie cette conflagration épouvantable qui donna aux ennemis de la Monarchie la fatale puissance de briser le trône et traîner à l'échaffaud un Prince dont tous les cahiers, sans exception, avaient, à l'envi, célébré les vertus.

FIN DU SECOND ET DERNIER VOLUME.

TABLE

DES MATIÈRES

DU

SECOND VOLUME.

                                          PAGES.

Abonnemens à la taille, abusifs. . . . 253, 259, 308.
Almanach de la ville et du diocèse. . . . . . . 467.
Ambassadeurs turcs à Auxerre. . . . . . 417, 454.
Amnisties . . . . 78, 82.
Amyot, Evêque. . . . . 13, 14.
Ancre (le Maréchal d'). . . . . 56, 63, 68, 70, 71.
André (Petit-père) à Auxerre . . . . 158.
Ange, (Frère) Duc de Joyeuse, à Auxerre. . . . 38.
Apothicaires, prétentions excessives réprimées. 299.
Appoigny pillé . . . . 65.
Archives de la ville mises en ordre. . . . . . 499.
Armoiries . . . . 355.
Arbalétriers. . . . . 44, 46, 55.
Arquebuse . . 55, 67, 80, 428, 430, 432, 433, 436,
                   438, 440, 442, 443, 473.
Assassinats dans les maisons . . . . . . 389, 530.

Assemblée des Notables du royaume . . . . . . 598.
Assesseurs (Conseillers-) . . . . 341.
Assiette de la taille 253, 265, 307, 308, 318,
        333, 356, 358, 365, 517, 522.
Augustins. (Petits) . . . . 245, 288, 407.
Aumône générale, son établissement. . . . . . 399.
Autriche. (Anne d'). . . . . 66, 163, 254.
— (Marie-Thérèse d'). . . 237, 323, 325, 326.
Auxerrois emprisonnés pour les dettes de la ville, 135,
        167, 174, 227, 233, 250.
Avallon, justice consulaire. . . . . 78.
Avignon (médecin d') . . . . 220.
Aydes . . 43, 46, 59, 119, 184, 228, 281, 288,
        324, 332, 424, 595, 596, 602.

Bailliage . . . . . . 339, 350, 369, 543, 549, 575.
Bailliages. (Grands-) . . . . 603.
Bailliages seigneuriaux dans la ville 3
Baillis. (Grands-) . . 3. 22, 36, 75, 93, 107, 164,
        220, 304, 342, 438, 461, 491, 607.
Ballayage des rues. . . . . 315.
Ballets. (propriété communale au climat des). . . 248.
Barricades. (journée des). . . . . 175.
Bastille sur le pont . . . . 601.
Baudesson, (Pierre) 262, 287; (Edme) 320, 339; (Jean)
    342, 356, 436; (Edme-Jean) 398, 429; (Jean-Claude)
    485, 547, 553, 585, 594; (Claude-Henri) 585.
Béguines d'Abbeville à l'Hôtel-Dieu . . . . . 2, 153.
Bellegarde, (Duc de) Gouverneur de Bourgogne, 30,
        33, 65, 84, 118, 172.
— (Octave de) Abbé de S.-Germain. 44, 112.
Bénédictines à Charentenay . . . . 2, 54, 166, 172.
— à Auxerre . . . . 184, 596.

Bénédictins, 1, 17; réformés, 112, 139, 249, 430, 574; au Collége . . . . 577, 578.
Bernardines aux îles, 4, 103; à Auxerre . . 129, 325.
Bibliothèque du Collége . . . . 542.
Billard, maire, auteur de grandes réformes, 252, 261, 266, 271, 272, 307, 338 : 347.
Billets de banque. . . . . 409, 412, 414.
Billets du trésor. . . . . 406, 409.
Biron, (mort du Maréchal) gouverneur de Bourgogne. 30.
Bléneau, (combat de) . . . . 207.
Bouchers, leurs résistances aux réglemens . 156, 376.
Bourgogne. (Duc de) . . . . 368, 370.
— (rapport de l'Auxerrois avec la) . . . 4.
Bréviaire. . . . . 288, 423.
Bris (Saint-) admis aux Etats de Bourgogne . 120, 273.
Broc, (de) Evêque . . 152, 160, 166, 246, 288, 289.
Buffévant, (de) Capitaine du château et de la ville 42.
Bulle Unigenitus. . . . . 398, 403. 411, 471.

Cadran solaire sur la tour de l'horloge . . . . . 461.
Canal du Nivernais . . . . 589.
Candale, (Duc de) fils du Gouverneur de Bourgogne. . . . . 219, 227.
Canons . . 225, 264, 276, 279, 324, 326, 589, 593.
Capucins . . . . 37, 47, 53, 69, 201, 278.
Cardinaux à Auxerre. . . . . 95, 164, 246.
Catéchisme. 440, 441,
Caylus, (de) Evêque, 375, 377, 387, 398, 401, 404, 407, 411, 417, 419, 422, 425, 427, 439, 445, 448, 451, 453, 458, 468, 470, 471.
Cendres, (commerce de) jadis important . . 154, 156.

Cérémonies, (procès sur le pas dans les) . . . 263, 350.
352, 360, 361, 369.
Chablis. (route de). . . . . 295.
Chaleurs excessives . . . . 381, 383, 450.
Chanoines assujettis à la milice bourgeoise . . . 87.
Chanoines bordés et débordés. . . . . . . 153, 160.
Chantal. (Madame de) . . . . 113, 467, 553.
Chapelain de l'Hôtel-Dieu. . . . . 349.
Chapitre de la Cité. . . . . 3.
Chapitre de Saint-Etienne . . . . . . 3, 460, 538.
Charles-Louis, Prince palatin, à Auxerre. . . . 151.
Chasse (droit de) des habitans . 32, 40, 42, 333, 446.
Chastellux, (prébende de la famille de) à Saint-
Etienne . . . . 179, 323, 353, 438.
Chirurgiens, leur état au commencement du xvıı^e
siècle . . . . 9 . 127.
Christine, Reine de Suède, à Auxerre . . . . . 221.
Christophe. (statue de saint). . . . . 535.
Cicé, (de) Evêque. 499, 510, 514, 516, 518,
531, 537, 560, 577, 606, 609.
Cierges de la Chandeleur . . . . 591.
Cimetières . . . . 589, 590, 593.
Clergé . . . . 11, 206, 208.
Coche d'eau . . . . 123, 126, 281.
Clos du chapitre de Saint-Etienne . . . . 363.
Colbert, (André) Evêque . . . . 306, 310, 343, 375.
— Ministre . . 242, 248, 254, 256, 257, 261,
265, 277, 291, 325, 326.
— (Nicolas) Evêque . 290, 291, 293, 301, 305.
Collége d'Amyot . . . . . . 13, 26, 32, 34, 36, 40.
— dirigé par les jésuites, 89, 258, 502, 504, 506.
— — par des professeurs laïcs, 510, 514, 516,
518, 521, 542, 553.

Collége dirigé par les Bénédictins . . . . . 577 , 578.
— (procès criminel contre les professeurs du) 555 ,
    558, 560, 561, 566, 570, 572, 574, 577,
    578.
— (vieil) . . . . 16, 39, 52, 54, 74.
Comédiens . . . . 105 , 473, 556, 557.
Commanderie . . . . 2, 22, 417.
Commerce de vin . . . . 146.
Commerce (liberté du) à Auxerre . . . 83, 227, 241,
    255, 261.
Condé, (Henri II, Prince de) . 58, 63, 68, 121, 122,
    140, 148, 170.
— (Louis II, Prince de) surnommé le Grand, 171,
    173, 185, 200, 206, 211, 218, 239, 243,
    249, 271, 272, 274, 275, 284.
— (Louis-Joseph, Prince de) . . . . 538.
Congrégations religieuses. . . . . , 458.
Condorcet, (de) Evêque . . 470, 475, 484, 485, 489,
    498, 499.
Consuls, juges . . . . 3, 10, 78, 418, 419.
Connétable à Auxerre . . . . 95.
Conseillers du Bailliage sur le fait des tailles, 283, 293.
Contingent du Comté dans les impôts . . . . . 180.
Conty, (Prince de) Abbé de Saint-Germain . . . 172.
Cordeliers . . . . 2, 47, 164, 337, 346.
Corps-de-garde dans la cour du palais . . . 473, 488.
Corps municipal, ses diverses organisations, 6, 260,
    277, 300, 304, 522, 554, 581, 590.
Correction municipale . . . . 290.
Coulange-la-Vineuse. . . . . 295.
Cour-des-Vents . . . . 512.
Couratiers . . . . 146.
Courtépée. (l'Abbé) 585

Courtot, savant cordelier. . . . . 349.
Cravan. . . . . 30, 273, 295.
Creusot, Curé de St-Loup . . . . 505.
Crieur de nuit . . . . 139.

Daubenton, (le P.) Jésuite Auxerrois . . . . . . 542.
Dauphin. (le Grand) . . . . 242, 394.
— fils de Louis XV . . . . 520.
— fils de Louis XVI. . . . . 586.
Délivrance de la ville, fête séculaire . . . . . 275.
Députations municipales réprimées . 276, 310, 375, 469.
Députés aux Etats généraux . . . . 61, 610.
Dettes de la ville . . 126, 136, 141, 183, 192, 194, 239, 242, 243, 252, 256, 257, 343, 352, 354, 358.
Disettes . . 75, 198, 201, 234, 243, 306, 345, 383, 559, 564.
Dime sur les vins . . . . 595, 596.
Donadieu, (de) Evêque . . . 24, 36, 41, 65, 94, 96.
Dons gratuits . . . . 233, 240, 329, 331.
Donziais . . 28, 34, 241, 327, 363, 373, 447, 449, 457, 459, 461.
Doyen de Saint-Etienne . . . . 1, 460.
Duval, savant Auxerrois 92

Echevins, leur rang . . . . 118, 461.
Ecole militaire . . . . 577, 578.
Eglise de Notre-Dame-la-d'hors. . . . . 107.
— de Saint-Etienne . . . 445, 455, 547, 563.
— de Saint-Père. . . . . 231.

Eglise des Petits-Pères. . . . . 407.
— des Ursulines . . . . 143.
— des Visitandines. . . . . 400.
— du Collége . . . . 128, 158, 169.
Election (tribunal de l') . . . 3, 27, 36, 53, 66, 83, 109, 267, 269.
Élu général de la Noblesse . . . . 445.
— du Clergé . . . . . 294, 313, 381, 430.
— du Tiers-état . . . . 27, 338, 425, 516.
Emeutes . . . . 97, 102, 111, 193, 202, 237, 250, 260, 363.
Empereurs de l'Arquebuse. . . . . . 438, 442, 466.
Enfans trouvés. . . . . 252, 300.
Enguien, (Henri-Jules, Duc d') . 284, 288, 313, 439.
Epernon. (Duc d') Gouverneur de Bourgogne, 200, 224.
Etats de Bourgogne . . . . 4.
États généraux. . . . . 60, 604.
Evêques d'Auxerre, leur rang aux états de Bourgogne . . . . 5, 294.
Exemption de taille des officiers municipaux. . 35, 36, 312, 365.
— des officiers du Bailliage, 357, 372, 516, 547.

Famines . . . . 345, 385.
Foires . . . . 329, 330.
Fontaine Saint-Germain . . . . 573.
Fortifications. (réparations des). . 32, 57, 62, 76, 85, 87, 185, 382, 491.
— concédées aux habitans, 434, 584, 586.
Fourier, savant Auxerrois . . . . 579.
François de Borgia. (Saint). . . . . 596.

François de Sales. (Saint) . . . . 255.
Froids excessifs . . . . . 306, 385, 428, 450, 606.
Fronde. (guerre de la) . . . . 180, 186.

Garçons. (compagnie des) . . . . 12, 151, 164, 230.
Garnier, Auxerrois, Pair de France . . . . . . 346.
Garnisons militaires. . 174, 175, 182, 192, 213, 559,
Garde des vignes . . . . 363, 601, 602.
Gelée des vignes. . . . . 232, 284.
Gelées générales 165, 451
Geneviève. (eaux de Sainte-) . . . 47, 169, 278, 282,
503, 506, 513.
Genovéfains à Saint-Eusèbe. . . . . 218.
— à Saint-Père . . . . 128.
Germain. (Abbaye de Saint-). . , ... 1
Gervais. (habitans du faubourg Saint-) . . . . 182.
Gouverneurs de la ville pour le Roi . 133, 414, 435, 515,
Grains. (cherté des) . 75, 198, 201, 234, 243, 362,
384, 385, 399, 428, 451.
Grand-Chantre. 538,
Grandes-Charités. . . . . 2, 17, 29.
Grandes-Ecoles. . . . . 13.
Grands-Bailliages . . . . 603.
Grêles . . . . 445, 558.
Grenier à sel . . . . 3, 30.
Gros. (droit de) . . . 43, 46, 59, 85, 285, 316, 317,
318, 424.
Gruerie . . . . 3.
Guerres civiles . 56, 61, 63, 68, 70, 71, 180, 186.

Halle aux grains . . . . 423, 425.
Henri IV . . . . 26, 30, 44.

Hôpital des cent filles de Paris. . 159 , 339 , 403 , 431 ,
565.
Hôpital-général . . . 296 , 298 , 303 , 317 , 332 , 416.
— Saint-Roch . . . 17 , 32 , 297 , 317 , 332 , 601.
Horloge . . . . 32 , 48 , 148 , 283 , 419 , 552.
Hôtel des Consuls. . . . . 10.
Hôtel de ville . . . . 127 , 327 , 374.
Hôtel-Dieu. . . 93 , 153 , 162 , 252 , 299 , 349 , 392 ,
395 , 403 , 410 , 415 , 417 , 423 , 425 , 437 , 463 ,
498 , 540.

Iles, (abbaye des) v. Bernardines.
Imprimeurs . . . . 23 , 83 , 223 , 421 , 456.
Incendie . . . . 437.
Innocent XIII, Pape. . . . . 417.
Inondations . . . . 451 , 581.
Instruction publique . . . . 13.
Intronisation d'un Evêque . . . . 317.
Inspecteurs aux boucheries . . . . 376.
Invalides chargés de la garde des héritages. . 601 , 602.
Jacobins . . . . 2 , 47 , 61 , 78 , 241 , 365 , 418.
Jansénisme . . . . 479 , 477.
Jaulge des tonneaux Auxerrois. . 371 , 400 , 587 , 594.
Jésuites . 14 , 89 , 94 , 104 , 128 , 137 , 411 , 418 , 422 ,
427 , 502 , 508 , 511.
Jeu de courte-paume. . . . . 423.
— de grande-paume . . . . 566.
Julien, (Abbaye de Saint-) v. Bénédictines.
Juges politiques . . . . 75.
Jurandes . . . . 10 , 227 , 241 , 255 , 261 , 369.

Laindard, (suppression du) . . . . 220.

Laborde. (maison du Capitaine) . . . . 13.
Lebeuf. (l'Abbé) . . . . . 421, 456, 466, 494, 498.
Léproserie . . . . 18, 94, 300, 397.
Leroi. (l'Abbé) . . . 520, 556, 558, 560, 561, 570,
572, 574, 577.
Liberté du commerce . 10, 227, 241, 255, 261, 369.
Lieutenans généraux du Bailliage . . 3, 23, 89, 460.
Lieutenant de Maire . . . . 373.
Livrets, journaux secrets . . . . 68.
Livry, (de) Evêque de Callinique . . . . 542.
Logemens de gens de guerre . . 282, 309, 321, 344.
Louis XIII . . . . 71, 74.
— à Auxerre. . . . . 115.
— sa mort. . . . . 162.
Louis XIV . . . . 163.
— à Auxerre . . . 189, 208, 229, 302, 322.
— sa mort . . . . 400.
Louis XV . . . . 393, 400, 456, 567.
Louis XVI. . . 472, 567, 568, 570, 598, 603, 605.
Louis XVII . . . . 593.
Louis XVIII . . . . 580.
Lorette. (Notre-Dame de) . . . . 304, 513.

Madelenet, poète latin Auxerrois . . . . 243.
Magie. (abolition des procès pour) . . . . . . 293.
Maires perpétuels . . . . 341, 356.
Maires remarquables 63, 244, 252, 347,
Mandrin. . . . . 474.
Manufactures 248, 254, 264, 269, 281, 282,
291, 298, 315.
Marchands, v. Jurandes; leurs droits à l'échevi-
nage . . . . 277, 278, 300, 304, 461.

Marchands de cendres . . . . 154, 156.
— de bois, leurs entreprises sur la rivière. . . . . 416, 435, 448, 534.
Marguerite. (fontaine Sainte-) . . . . 122, 453.
Marguillier (premier) à Saint-Eusèbe . . . . . . 141.
Marie Leczinska, Reine . . . . 536.
Marie (Thomas) . . . . 63, 302, 205, 244.
Maronites (l'Abbé des) à Auxerre . . . . 540.
Martyrologe . . . . 466, 497.
Mazarin. (Cardinal) . . . . 163, 175, 180, 204, 226.
Maubrun. (Tour) . . . . 574.
Médicis. (Marie de) . . . . 47, 77, 81.
Mendians étrangers. (mesures contre les) . 234, 366, 452, 461.
Mesures des grains . . . . 372.
— du sel . . . . 53.
Mignot. (l'Abbé) . . . . 464, 497, 538.
Milice bourgeoise . 11, 86, 87, 135, 347, 348, 350, 434, 530, 541.
Minage. (droit de). . 159, 284, 339, 403, 431, 565, 568.
Missel . . . . 445.
Moulins à vent sur la montagne St-Georges. . 450, 472.
— — sur le rempart . . . . 593.
— sur l'Yonne . . . . 416.
Municipalité, v. Corps municipal.
Murs et Tours cédés aux Bénédictins . . . . . . 249.
— à l'Hôtel-Dieu . . . . 463.

Navigation . . . . 293.
Négotiale. (taille) . . . . 331, 334, 571.
Notables . . . . 522.

Noyers. (Etats de Bourgogne à) . . . . 231.

Octrois . 18, 77, 81, 127, 154, 184, 192, 201, 202, 239, 242, 256, 282, 294, 311, 314, 340, 355, 587.
OEuvres de M. de Caylus. . . . . 481.
Officialités . . . . 3.
Officiers commensaux . . . 21, 319, 333, 336, 337, 353, 426.
Orages violens . . . . 445, 563.
Ordonnance synodales, . . 313, 351, 448, 452, 455.
Orléans. (Gaston, Duc d'). . . . . 115, 125.
— (Philippe, Duc d') à Auxerre . . . . . 273.
— (Philippe, Duc d') Régent . . . . 401, 405.

Paix publiées . 236, 276, 311, 313, 360, 449, 516, 588.
Palais de justice . . . . . 31, 48, 72, 79, 138, 304.
Parlement de Paris supprimé . . . . 541.
— rétabli . . . . . 570, 600, 603.
Paroisses. (administration des). . . . . 2, 7.
Paume. (jeux de) . . . . 423, 566.
Pèlerinages. (abus des) . . . . 252.
Pèlerin. (corps de Saint) . . . . 401.
Perthuis au-dessous du pont . . . . 580.
Pillage de gens de guerre. . . . . 171.
Piliers de la place de la Fanerie . . . . . . 490, 535.
Place Saint-Etienne . . . . 281.
— Saint-Nicolas . . . . 573.
Police municipale. . . . . 367.
Pompes à incendie. . . . . 473, 489.
Pont de Sainte-Marguerite . . . . 534.

TABLE.

Pont de Saint-Martin. . . . . 92.
—de pierre . . . . 587.
— sur l'Yonne. . . 47, 76, 81, 85, 97, 185, 318, 572, 600.
Pontigny. (procession d'Auxerre à St-Edme de) . 165.
Population. (diminution de la) . . 314, 319, 329, 592.
Portes de la ville . . . . 564.
Porte bourgeoise . . . . 573.
— des grands moulins. . . . . 573.
— de Saint-Nicolas . . . . 573.
— de Villeneuve. . . . . 573.
— du pont. . . . . 97, 573.
— du Temple . . . . 68, 410, 573.
Précy. (l'Abbé). . . . . 498, 539.
Prémontrés. . . . . 2.
Prévost, savant Auxerrois . . . . 468.
Prévôté . . . . 3, 45, 465.
Prévôté des maréchaux . . . . 3, 250, 254.
Prisonniers de guerre . . . 375, 380, 459, 460, 463.
Procession centenaire . . . . 275, 534.
Promenade de la porte d'Eglény à celle de St-Simon 454.
— de la porte d'Eglény à celle du Temple. 488.
— de la porte St-Simon à la rivière . . 490.
— de l'Eperon . . . . 489.
— du Quai . . . . 574.
— du Temple. . . . . 443.
Protestans, leurs attentats à la paix publique · 34, 37, 108.
Providence. (maison de la) . . . . . 231, 303, 309.

Qualifications au commencement du XVIIe siècle · 22.
Quai de la Tournelle · · · · · · · · · · · · 493.

Rachat des aydes . . . . 595, 602.
Recensemens de la population, 253, 272, 426, 474, 592.
Régennes. (prise de) . . . . 65.
— sa reconstruction . . . . 538.
Réverbères 602,
Rituel . . . . 429.
Roi des Merciers . . . . 82.
Rôle de pied . . . . 320, 356.
Route dans la ville . . . . 532, 538, 544, 560, 569.
— de l'Orléanais par Cravan . . . . 528.
— de Paris . . . . 517, 533.
— de St-Florentin . . . . 468.
— sur le bord de la rivière . . . . 572.

Salles de spectacle . . . . 170, 556.
Salut de Saint Edme . . . . 351.
Sécheresses extraordinaires . . . . 347, 437.
Séguier, Evêque . . . . 123, 133, 137.
Sel. (grenier à) . . . . 3, 30.
Seignelay admis aux états de Bourgogne. . . . 273.
Séminaire. (grand) . . . 293, 301, 316, 421, 426.
— (petit) . . . . 411.
Société des sciences et belles lettres . . 464, 465, 501,
503, 531, 533, 536, 538, 546.
Souvré, (de) Evêque. . . . . 104, 120.
Synodes . . . . 313, 351, 444, 445, 448.

Taille. (V. assiette et collecte.) . . . . 21.
Taille de l'équivalant . . . . 21.
Taillon . . . . 21.
Tiers-Etat . . . . 599, 604.
Tonneliers. (danse des) . . . . 189.
Toucy. (Baronnie de) . . . . 311.

Traby. (le Gardien) . . . . 26.
Tureau du Bard . . . . 234, 239.
Turenne, (le Vicomte de) ses droits sur les vins
　du Comté . 184, 207, 213, 228, 230, 232, 237, 238.

Unigenitus. (bulle) . . . . 398, 403, 470.
Ursulines . . . . 54, 74, 143.

Vallan. (eaux de) . . . . . 121, 168, 172, 173, 183.
Vendôme (le Duc de) à Auxerre . . . . 186.
Verain. (Baronnie de Saint-) . . . . 311, 353.
Vermenton . . . . 208, 273.
Vignes. (défenses d'en planter sans autorisation). . 436.
Villeneuve-le-Roi, chef-lieu judiciaire du Comté . 4.
Vins d'Auxerre, leur réputation . . . . 398, 420.
Viole, (Dom) savant Bénédictin . . . . 225.
Visitandines . . . . 113, 223, 230, 231, 237.
Voituriers par eau. . . . . 155.

FIN DE LA TABLE DU SECOND VOLUME.

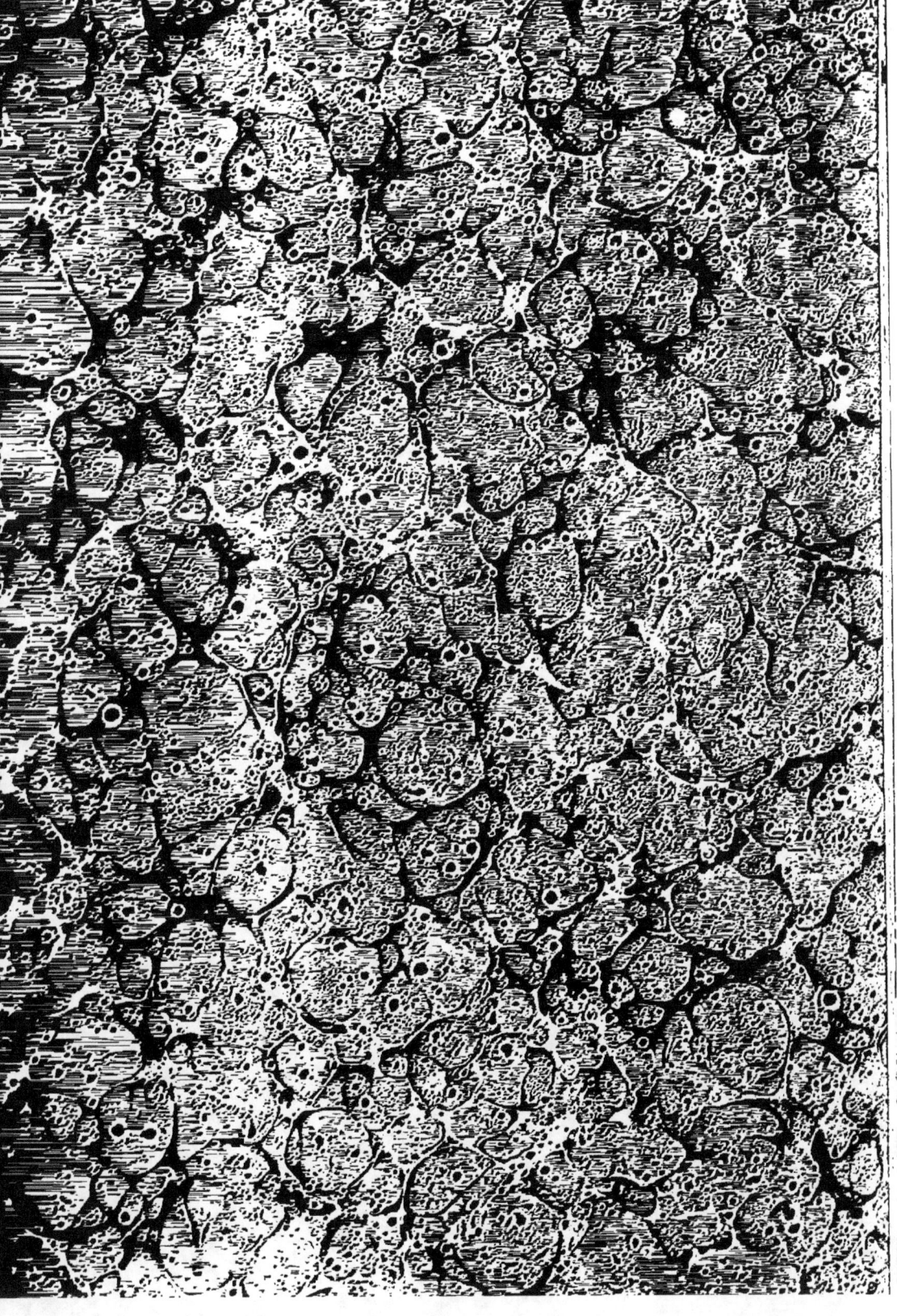

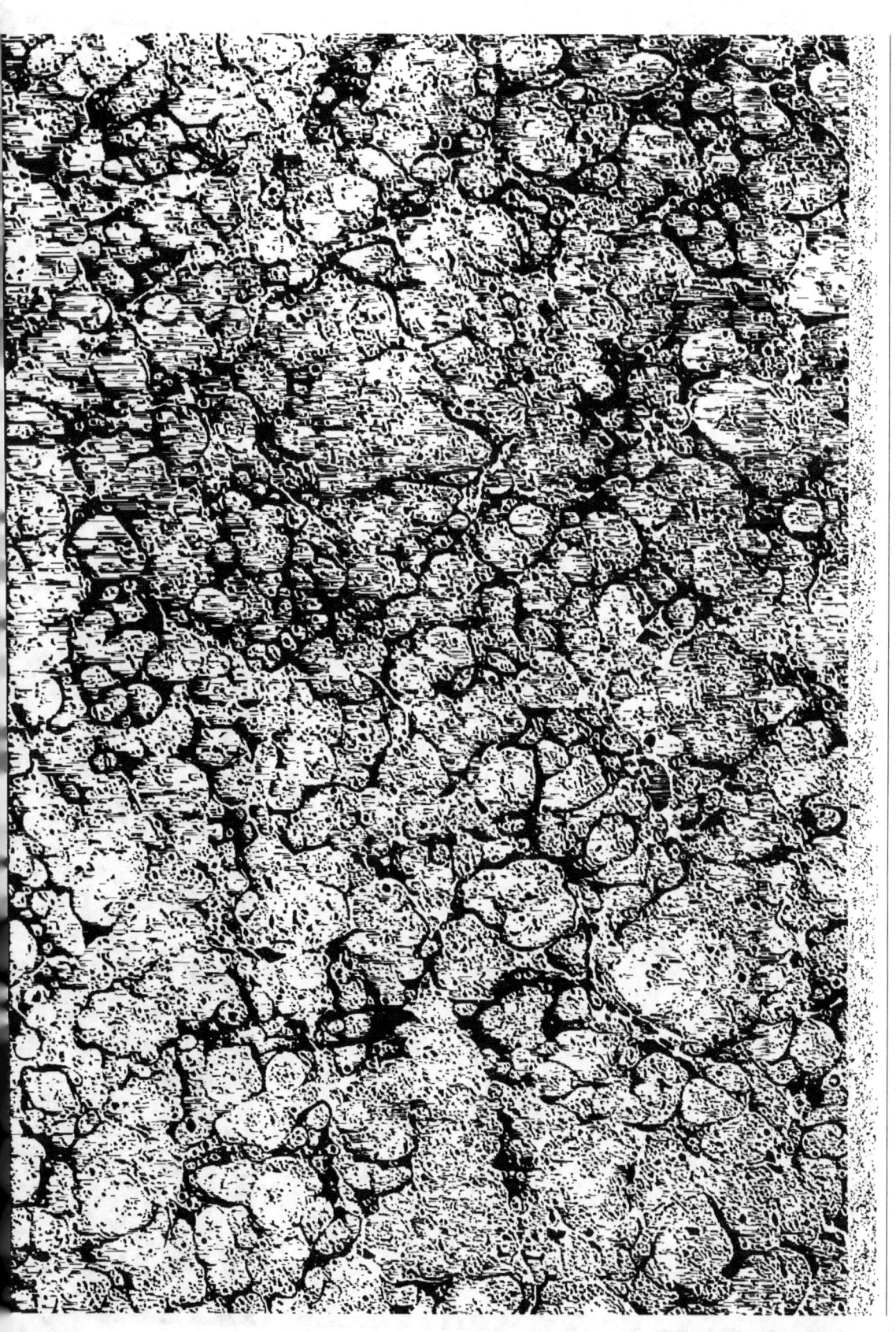